LA GRANDE ENCYCLOPÉDIE
DE LA BÊTISE

Claude Daigneault

LA GRANDE ENCYCLOPÉDIE
DE LA BÊTISE

**Les Éditions
LOGIQUES**

LOGIQUES est une maison d'édition reconnue par les organismes d'État responsables de la culture et des communications.

Révision linguistique: France Lafuste, Corinne de Vailly
Mise en pages: Martin Gascon
Graphisme de la couverture: Christian Campana

Distribution au Canada:
Logidisque inc., 1225, rue de Condé, Montréal (Québec) H3K 2E4
Téléphone : (514) 933-2225 • Télécopieur : (514) 933-2182

Distribution en France:
Librairie du Québec, 30, rue Gay Lussac, 75005 Paris
Téléphone: (33) 1 43 54 49 02 • Télécopieur: (33) 1 43 54 39 15

Distribution en Belgique:
Diffusion Vander, avenue des Volontaires, 321, B-1150 Bruxelles
Téléphone: (32-2) 762-9804 • Télécopieur: (32-2) 762-0662

Distribution en Suisse:
Diffusion Transat s.a., route des Jeunes, 4 ter C.P. 1210, 1211 Genève 26
Téléphone: (022) 342-7740 • Télécopieur: (022) 343-4646

Les Éditions LOGIQUES
1247, rue de Condé, Montréal (Québec) H3K 2E4
Téléphone: (514) 933-2225 • Télécopieur: (514) 933-3949

Les Éditions LOGIQUES / Bureau de Paris, 110, rue du Bac, 75007 Paris
Téléphone: (33) 1 42 84 14 52 • Télécopieur: (33) 1 45 48 80 16

La grande encyclopédie de la bêtise

© Les Éditions LOGIQUES inc., 1996
Dépôt légal: Quatrième trimestre 1996
Bibliothèque nationale du Québec
Bibliothèque nationale du Canada
ISBN 2-89381-410-7
LX-498

Introduction

La misanthropie, un art de vivre impossible

J'ai commencé à collectionner les faits divers insolites il y a une dizaine d'années, cherchant dans la réalité quotidienne des sujets pour des œuvres de fiction que je comptais écrire. Faute de temps, j'ai oublié de les utiliser pour mon propre compte et j'ai entrepris de les classer. J'ai vite pris conscience d'une dominante: les journaux et les magazines (ma principale source d'approvisionnement) ont une préférence pour les petites nouvelles internationales étranges qui témoignent invariablement du fait que la bêtise collective grandit proportionnellement à l'accroissement des populations.

Je n'ai rien inventé. Je me suis contenté de trier, de réécrire, d'agencer, de mettre en contexte ces milliers d'histoires diffusées par les agences de presse, traçant sans lunettes roses le portrait de notre société contemporaine.

Mais il se passe des choses merveilleuses dans le monde chaque jour, m'opposera-t-on! Ah oui? Vous avez écouté les nouvelles récemment? Non, croyez-moi: on peut toujours blâmer le messager qui apporte les mauvaises nouvelles, mais on ne peut rien changer au message. J'en ai déduit qu'il était temps d'apprendre à vivre loin du tumulte humain. Alceste, le célèbre misanthrope de Molière, n'avait-il pas compris avant Sartre que «l'enfer c'est les autres» et se cherchait déjà au XVIIe siècle «un endroit écarté où d'être homme d'honneur on ait la liberté».

Pour avoir tenté pareille démarche avec un insuccès retentissant, j'ai appris à mes dépens que la stupidité humaine nous rejoint dans nos retraites les plus secrètes. En d'autres termes, il y a toujours un crétin de service pour faire hurler sa chaîne stéréo à trois heures du matin ou laisser ses chiens aboyer sous vos fenêtres.

Que reste t-il à faire alors? EN RIRE! C'est ce que vous propose ce livre.

Claude Daigneault

Mode d'emploi du bêtisier

La Grande Encyclopédie de la bêtise peut bien sûr se lire d'un bout à l'autre, de façon ininterrompue, en retenant son souffle... Mais si d'aventure un sujet en particulier vous attire, vous trouverez à la fin de l'ouvrage un index des principaux thèmes abordés. Pour faciliter le repérage dans le texte, les mots qui se rattachent à chacun d'eux ont été mis en ***italique gras.*** On est si souvent à la recherche d'une idée...

A

comme dans... amour

*En amour, comme d'ailleurs
en art, l'intelligence toute sèche,
toute nue, est une disgrâce.*

Henry Bernstein

L'humour naïf des années de mon enfance se délectait d'associations verbales pas toujours de haut vol, mais qui avaient le mérite de faire s'esclaffer les moins exigeants.

Ainsi, à cette époque où la religion guidait encore nos vies, nous aimions répéter que «le mariage est un sacrement qui rend l'homme semblable à la bête et souvent le fait mourir»... Comme dans toute maxime populaire, il y a une once de vrai dans ces assertions facétieuses et la réalité quotidienne se charge de nous le confirmer.

Le harem est un concept qui titille l'imaginaire des mâles occidentaux, mais sa réalisation ne conduit pas toujours à la félicité. Un ancien mannequin de l'Arizona, Vernon Pierce en est arrivé à cette conclusion désabusée lorsqu'il a été inculpé de **bigamie.** La police a découvert à son domicile quatre certificats de mariage en bonne et due forme (un en 1989 et trois [!] en 1994). De plus, le mari «olympique» entretenait des liaisons avec quelques maîtresses. Son activité était telle qu'il devait tenir à jour deux carnets qui lui permettaient de se souvenir de ses propos et de ne pas se contredire. Il a confessé qu'il lui fallait beaucoup mentir. Son activité maritale avait pris tant d'importance dans son existence qu'il ne travaillait plus, faute de temps.

*

L'histoire de bonheur conjugal écourté qui suit a de quoi faire méditer. Après la cérémonie de leur mariage à Mwumba, au nord du Burundi, deux époux cheminent allégrement vers la couche nuptiale. Sur la route, ils sont arrêtés par un ami qui, en guise de félicitations, leur propose de boire une bière au bar le plus proche. Mais au moment de régler la facture, l'ami ne veut payer que sa consommation et celle de la mariée. Le mari, sans le sou, doit alors assister, impuissant, au départ de sa jeune épousée au bras de l'homme plus fortuné à qui elle trouve tout à coup beaucoup plus de charme.

*

Certains amants éconduits ont la **rancune** tenace. Un Belge a été mis en accusation pour meurtre après avoir expédié à son ancienne petite amie à New York une boîte de chocolats en forme de... pénis. Elle et sa colocataire sont tombées immédiatement malades et ont dû être transportées d'urgence à l'hôpital: les chocolats contenaient de la mort-aux-rats.

Deux quadragénaires britanniques ont connu une aventure similaire. Greta Jones et Malcolm Sloman s'étaient juré une fidélité indéfectible dans la petite église du village de Thurnscoe, au nord de l'Angleterre. La soixantaine d'invités au mariage pourraient témoigner que le bonheur était à son comble. Pourtant, durant la fête au pub, les deux nouveaux époux se lancèrent dans une querelle aux propos acrimonieux, le marié accusant la mariée de faire de l'œil à un garçon d'honneur de 20 ans son cadet. La police dut intervenir. Sur-le-champ, le couple décida de divorcer. Le mariage avait duré 12 heures et 34 minutes. Philosophe, Greta a déclaré: «Notre seul point d'accord, c'est de demander le divorce. Mieux vaut s'en apercevoir après 12 heures qu'après 12 ans de mariage.»

L'exemple d'un autre couple britannique lui donne entièrement raison. Bobbie Varnell, 48 ans, a demandé le divorce après 20 ans parce que l'amour exclusif de son mari Andy pour leur chien de berger l'irritait au plus haut point. Elle a allégué qu'elle souffrait de solitude et d'ostracisme parce que le chien suivait son maître partout et qu'il regardait même la télévision avec lui.

Il n'y a pas qu'au pays de la fière Albion où l'*amour d'un animal* soit au cœur des disputes les moins suaves entre gens qui, eux, ne s'aiment plus. À Amsterdam, un mari que sa femme avait fichu à la porte avec pour tout avoir quatre caleçons, deux chemises et un rasoir électrique, s'est vengé en obtenant de la cour des droits de visite à leur tigre de sept ans, qui répond au doux nom de Malaysia.

＊

Le hasard a pris un drôle de visage pour un couple de Seattle incapable de s'endurer. Après le divorce, ils se sont tous deux envolés pour New York, chacun désireux de refaire sa vie loin de l'autre. Depuis, ils ont tous deux intenté une poursuite contre l'agent immobilier qui leur a vendu des maisons... voisines.

＊

Un Égyptien extrêmement riche faisait preuve d'un esprit d'*avarice* si poussé qu'un tribunal a accordé le divorce à l'épouse, phénomène rare dans ce pays musulman. Le malin de mari interrompait le courant électrique dès la tombée de la nuit pour ne pas que sa femme ruine sa santé en se couchant tard, lui expliquait-il. En plus, toujours dans l'esprit de prendre soin de sa santé, il lui interdisait, ainsi qu'à leur fils, de manger de la viande, qui aurait pu leur donner... la goutte. Après l'avoir enfermée à clef dans sa chambre, le mari s'empiffrait, seul, de «chiche Kebab».

Certains individus voient moins d'attrait au mariage. Un jeune Palestinien de 18 ans de la région de Bethléem s'est fait passer pour un terroriste du Hamas et a provoqué son arrestation par la police israélienne de Jérusalem pour échapper à un mariage arrangé par ses parents avec une jeune fille qu'il n'aimait pas.

Le jeune désespéré aurait mieux fait de méditer les paroles du patriarche Lee Kuan Yew, premier ministre de Singapour durant trente ans, jusqu'à 1990. Devant un auditoire enthousiaste d'hommes d'affaires de New Delhi, il a déclaré: «Être amoureux, c'est un mirage occidental. Vous vous en relevez avant même la naissance de votre premier enfant.» Présente à ses côtés, son épouse affichait un grand sourire d'approbation...

D'autres sont prêts à risquer leur vie pour s'unir par les liens sacrés du mariage. Un jeune Londonien de 31 ans, Tim Williams, blessé lors d'un accident de voiture alors qu'il se rendait à son mariage, a refusé de se faire opérer et a quitté l'hôpital en fauteuil roulant et bourré de tranquillisants. Après la cérémonie, il s'est évanoui de douleur, l'effet des calmants s'étant résorbé. De retour à l'hôpital, il a dû passer sous le bistouri. Le retard dans l'intervention a laissé des séquelles: sa jambe ne sera plus jamais aussi fonctionnelle.

À Mineloa, dans l'État de New York, un couple a fait la preuve qu'il était possible de bénéficier énormément de l'*amour qu'on porte à une bête.* Les époux éplorés ont obtenu 1,2 million $ de la direction d'un cimetière d'animaux qu'ils avaient poursuivie en justice pour avoir inhumé leur chien dans une fosse commune, au lieu de la tombe prévue à cet effet et où l'attendaient son collier, ses jouets et sa petite couverture rose.

L'amour pour un animal de compagnie peut prendre d'étranges allures. Je me souviens d'un couple de la région de Québec qui aimait tellement son petit chien que, lorsque l'animal mourut de vieillesse, il garda son poil qui fut filé pour servir à tricoter un petit foulard que le propriétaire portait avec fierté.

Une histoire semblable s'est déroulée à Medina, dans l'État de Washington. Robert et Susan Fleming ne pouvaient se résoudre à faire enterrer Pouli, le chien berger hongrois qui leur avait donné tant de joie. À sa mort, ils ont fait subir à l'animal un traitement par assèchement-congélation; pour 650 $, un taxidermiste a arrangé le chien dans une position allongée sur le flanc avec la tête relevée et le regard vif. La bête pèse cinq kilos et nécessite de temps à autre un petit traitement à l'acétone pour garder son beau pelage. Seule la fille de la famille n'a pas apprécié le geste; cela crée un certain malaise chez ses amis lorsqu'elle explique que l'animal couché devant l'âtre est bel et bien une momie.

Le titre du «Britannique le plus *romantique* de l'année» a été décerné à un Écossais de 30 ans qui n'a pas hésité à faire 11 heures de route pour rapporter à son épouse enceinte les sucres d'orge dont elle avait une envie irrépressible. Que lui avait-elle promis au retour? Je vous le laisse supposer.

Voici un deuxième exemple du ***mal d'amour britannique*** (malus britannicus). Un étudiant de 18 ans a tenté de traverser la Manche sur un petit bateau gonflable à partir de Falmouth, à la pointe des Cornouailles, pour rejoindre une jeune écolière française dont il était tombé amoureux lorsque celle-ci effectuait un séjour linguistique (sic) en Grande-Bretagne. Le passionné avait franchi 25 milles sur la Manche, uniquement nanti d'un agenda avec une carte du monde et d'un petit casse-croûte lorsqu'il fut à portée de voix des marins d'un chalutier à qui il demanda s'il allait dans la bonne direction pour rejoindre la France. «Non» se vit-il répondre par un marin:

«Tu te diriges vers l'Atlantique et la prochaine étape c'est le Canada». Ramené chez lui et accusé de vol d'embarcation, l'amoureux a reconnu qu'il avait agi de manière irresponsable. Et tant pis pour le prochain séjour linguistique.

*

Une Londonienne de 62 ans a gardé durant six mois dans son fauteuil au salon le cadavre de son mari de 46 ans décédé d'une crise cardiaque. Elle n'a averti personne de sa famille parce qu'elle refusait d'admettre le décès de celui qu'elle aimait. La police a été prévenue par la parenté de l'homme parce qu'elle n'arrivait pas à obtenir de ses nouvelles. La veuve habite maintenant une vaste demeure aux fenêtres grillagées où elle a beaucoup de compagnie.

*

Une étudiante danoise d'une petite ville a été convaincue de **harcèlement** à l'endroit de son professeur qu'elle poursuivait de ses avances. En six mois, elle était venue frapper 65 fois à la porte de ce respectueux père de famille pour lui déclarer sa flamme et avait poussé la dévotion jusqu'à déménager dans sa rue pour se rapprocher de lui.

*

Un mari d'Aurillac a tellement été touché par l'*amour désordonné* que lui vouait son épouse qu'il a décidé de lui pardonner d'avoir voulu le tuer à petit feu. Jalouse comme pas une, la dame avait trouvé un moyen original pour «garder son mari à la maison». Sous le prétexte de lui administrer des médicaments (!), elle lui donnait le soir un somnifère, le réveillait le matin avec un fort stimulant et le purgeait durant l'après-midi avec un puissant herbicide mêlé à un produit destiné à faciliter le démarrage des moteurs. Après deux mois, le brave homme ne courait plus la «galipote» mais était tellement mal en point que sa sœur intriguée a porté plainte à la police.

*

À Port Coquitlam, en Colombie-Britannique, le Forensic Psychiatric Institute soigne une vingtaine de patients victimes d'*amour obsessif* chaque année. Parmi les cas que cite le

Dr Stanley Semrau, thérapeute au FPI, celui d'une ménagère bien tranquille est éloquent. La dame était si convaincue que son dentiste était amoureux d'elle, qu'elle se mit entièrement nue pour l'attendre dans son cabinet. Lorsque le praticien appela la police, elle fut sous le coup d'une surprise désordonnée.

*

Un étudiant en droit de 32 ans s'était tellement entiché d'une jeune femme qui le rejetait, qu'il l'inonda de cadeaux, tenta à maintes reprises de s'introduire dans son appartement, la «sérénada» de la rue à la manière d'un troubadour, annonça son mariage aux parents de la belle, envoya des invitations à la réception, acheta du mobilier pour leur appartement et requit l'aide d'un prêtre catholique pour la convaincre. La belle lui versa un seau d'eau sur la tête, le fit tabasser par son frère et le mit devant le fait accompli: elle épousa un autre homme. L'étudiant dut enfin se résoudre à consulter un psychiatre.

*

Au Nouveau-Brunswick, un douanier a saisi la bague de fiançailles d'un jeune étudiant américain de 21 ans qui traversait la frontière pour venir faire la grande demande à une consœur canadienne, étudiant à l'université du Maine avec lui. Tout à la surprise qu'il voulait faire à sa belle, il avait négligé de déclarer la possession de la bague. Le sévère *fonctionnaire* l'ayant trouvé dans son sac, le bijou fut saisi et le jeune homme sommé de verser 730 $ pour le récupérer. Les autorités douanières d'Ottawa ont par la suite ordonné que la bague de fiançailles lui soit rendue sans pénalité, mais n'ont pas vu matière à présenter des excuses.

*

Parce qu'il l'avait *aperçue avec un autre* garçon dans sa voiture, l'ex-petit ami de Caroline Witt, de Crystal Lake, en Illinois, a dirigé sa voiture à toute vitesse contre la sienne et l'a délibérément tuée. L'idiot a malheureusement survécu à l'impact.

*

La chance sourit aux énergumènes. À Longueuil, en banlieue de Montréal, un jeune homme qui venait de se quereller avec sa petite amie tard un soir, l'a obligée à descendre de sa voiture puis a fait marche arrière sur une centaine de mètres en pleine rue. Il a ensuite foncé à toute allure sur un mur de ciment. L'impact fut amoindri par le choc subi par l'auto en heurtant la chaîne du trottoir près de l'immeuble. Il s'est tout de même retrouvé à l'hôpital en assez mauvais état.

＊

Un amoureux de 65 ans, éconduit par sa jeune maîtresse de 34 ans, a eu un geste de *vengeance* qui lui a valu un mois de prison avec sursis et l'obligation de ne pas troubler l'ordre public durant 18 mois. Le citoyen de Montbéliard, en France, avait placardé les murs de la petite ville de Valentigney de photos de son ex-compagne, vêtue seulement d'un cache-sexe et de bas résille. La «campagne d'affichage» a été perçue comme une atteinte à la vie privée de la dame, une commerçante. La police était souvent intervenue pour mettre un terme aux disputes du couple, connu pour ses ruptures à répétition.

Un tel esprit de *vengeance* a valu à un amoureux de Hull, au Québec, une amende de 100 $. Déçu d'une rupture, il avait fait paraître dans un quotidien une petite annonce vantant les mérites de son ex-amie qui offrait selon lui un service de «massage complet». Outre le prénom de la jeune femme, l'annonce mentionnait son adresse et son numéro de téléphone. À la suite de la publication de l'offre sous la rubrique «Personnel», une demi-douzaine d'hommes ravis à l'avance se sont présentés au domicile de la malheureuse qui a dû avoir recours à la police pour faire cesser le harcèlement. Pris de remords, l'amoureux échaudé s'est livré de lui-même à la police.

＊

Corinne et Patricia, deux jeunes Toulousaines de 25 ans *désespérément amoureuses* de leur professeur de gymnastique depuis 12 ans alors qu'elles étaient écolières, ont dû être écrouées parce qu'elles harcelaient les deux pères de famille. Remises en liberté sous condition, elles n'eurent pas sitôt mis le nez hors de la prison qu'elles recommencèrent le manège du harcèlement par téléphone et se retrouvèrent de nouveau en cellule.

*

La femme d'un magicien britannique, Christine Cox, se sentait frustrée des nombreuses absences de son mari. Elle lui a servi à dîner, sous forme de civet, le lapin Roger qu'il tirait de son chapeau durant ses spectacles. Le magicien a avoué qu'il l'avait trouvé délicieux mais que l'épisode avait «provoqué un certain degré de tension» entre sa femme et lui.

*

En proie à un ***chagrin d'amour,*** un Danois de 30 ans a mis le feu à l'église du village d'Oerter Vraa, au nord du pays, causant la destruction de l'édifice de près de cent ans et des œuvres d'art qu'il renfermait. Seules les pièces d'argent, gardées dans un coffre-fort, ont échappé à la folie de l'iconoclaste, qui avait pénétré nuitamment dans l'église «pour réfléchir sur son sort», a-t-il déclaré à la police. On lui a demandé de poursuivre sa méditation dans une jolie cellule.

*

Une jeune Allemande de Wuppertal, près de Düsseldorf, croyait que son ami se penchait vers elle pour l'embrasser et lui demander pardon de la querelle qu'il avait provoquée. Le triste Roméo lui a plutôt arraché le nez d'un coup de dents avant de se jeter par la fenêtre. Il n'a pas survécu à l'impact sur les pavés, dix mètres plus bas.

*

Les parents de la jeune Malika, à Rabat (Maroc), avaient porté plainte à quatre reprises auprès de la police contre le jeune Taoufic qui menaçait leur fille après une rupture. Sans succès. «*Fou d'amour* et de douleur», selon le quotidien qui a rapporté l'événement, Taoufic a attendu Malika à la sortie du lycée, l'a aspergée d'un litre d'essence et a mis le feu à ses vêtements avec son briquet. Souffrant de brûlures graves, l'infortunée jeune fille, défigurée pour la vie, a été conduite à l'hôpital dans un état comateux.

Anabela, 15 ans, était encore écolière; Paulo, 17 ans, était apprenti électricien. À Lisbonne, où ils résidaient, l'amour fou qui les avait réunis depuis quatre mois leur avait valu les interdits de leurs familles. Un passant les a retrouvés morts, enlacés au pied d'un vieux figuier. Près d'eux, un bol et une bouteille vide d'un puissant insecticide témoignaient de leur geste désespéré. Chacun avait pris soin d'écrire une lettre à sa famille pour dire: «Nous nous suicidons parce que nous nous aimons trop.» On les a portés en terre dans le même cimetière.

Abdon Ocampo, un jeune New-Yorkais de 18 ans, brûlait lui aussi d'un *sentiment irrépressible* pour une jeune fille dont les parents s'opposaient à l'idylle. Poussé par le besoin de revoir l'objet de son désir, il grimpa sur le toit de l'édifice de Manhattan où elle résidait, et tenta de se laisser glisser à l'aide d'une corde jusqu'à la fenêtre de sa chambre. Mais en pleine descente, la corde s'est brisée et le malheureux a été retrouvé sans vie sur la chaussée, après une horrible chute du onzième étage.

En Nouvelle-Zélande, une jeune femme a été licenciée par la compagnie nationale des chemins de fer parce qu'elle était la fiancée d'un employé d'une compagnie rivale. Un organisme chargé de régler les conflits de travail a donné raison à la compagnie, même s'il ne détenait «absolument aucune preuve» qu'elle ait jamais divulgué des informations, comme le craignait l'employeur. Cette histoire est d'autant plus aber-rante que la jeune femme se préparait justement à rompre avec son prétendant, au moment où la compagnie a appris l'affaire.

La compagnie Wal-Mart a déjà pratiqué elle aussi une poli-tique rigoriste à l'endroit de ses employés amoureux. Deux employés de Johnstown, dans l'État de New York, avaient été licenciés parce qu'ils entretenaient une liaison. Un premier tribunal donna raison à l'employeur, mais l'avocat du couple porta l'affaire en appel arguant que «les activités récréatives» hors du lieu du travail tombaient sous la protection de la loi. C'est que la belle Laura et le beau Samuel se fréquentaient presque exclusivement à la salle de quilles où ils avaient fait connaissance. Un deuxième tribunal maintint le décision en disant le plus sérieusement du monde qu'une «liaison est quelque chose de très différent d'une "activité récréative" et qu'en fait les deux n'ont rien à voir, un élément indispensable, voire constitutif, de la liaison amoureuse étant l'amour, qu'on le recherche ou qu'on l'atteigne». Même si la compagnie avait adouci ses règlements internes avant le prononcé du jugement, Laura et Samuel avaient déjà évolué vers d'autres préoccupations entre-temps: ils s'étaient quittés.

L'esprit *romanesque* des femmes n'est pas qu'un mythe: 30 millions d'exemplaires de romans Harlequin se sont vendus auprès des lectrices bulgares, tchèques, slovaques, hongroises et polonaises en 1993. L'éditeur torontois, Torstar, révèle que ce nombre a grimpé à 40 millions en 1995. Au fait, qu'est-ce qui nous dit que ce sont toutes des lectrices? Combien de machos à l'âme sensible se cachent derrière ces statistiques?

Suzanne Burroughs, de Los Angeles, n'avait pas, elle, l'esprit à la *romance* en ce 14 février. Mariée depuis 14 ans à Mark, elle lui en voulait d'avoir oublié la Saint-Valentin et de l'obliger à faire un détour par l'aéroport pour aller quérir un paquet au nom d'un ami. Sur place, une bande d'amis les attendaient et leur firent la fête. Suzanne était sans le savoir la victime d'un plan machiavélique de Mark, un galant comme il ne s'en fait plus. Depuis un mois, il avait minutieusement concocté une semaine de vacances à Hawaï pour eux deux: il avait obtenu une semaine de vacances de la part du patron de sa femme, avait préparé sa valise sans qu'elle ne s'en rende compte avec l'aide d'une amie, annulé son rendez-vous chez le coiffeur et vérifié si ses engagements lui permettaient de s'absenter, réservé une suite avec vue sur la mer où l'at-

21

tendaient fleurs et champagne, réservé en outre des séances de thalassothérapie, une croisière en soirée, des dîners aux chandelles et... beaucoup d'intimité. «Ce fut la semaine la plus romantique, la plus merveilleuse de ma vie. J'ai adoré ce kidnapping», a confié Suzanne, au retour.

*

Une aventure impardonnable est arrivée à un Américain peu perspicace, qui n'aurait sans doute pas eu l'heur de plaire à la romanesque Suzanne. Arrêté à un poste d'essence pour faire le plein, il reprit la route *sans son épouse* et mit quatre heures et demie à constater son absence. Il avait traversé des portions de l'Ohio, de la Virginie occidentale et de la Pennsylvanie.

*

Le fils de Joselyn Reid, de Niagara Falls, en Ontario, avait tellement insisté qu'elle accepta de le conduire au centre commercial pour y rendre visite au père Noël. Une fois en présence du célèbre personnage, elle fut un peu étonnée qu'il lui demande de s'asseoir sur ses genoux en même temps que son fils. Mais son étonnement fut encore bien plus grand lorsque le père Noël lui demanda si elle voulait l'épouser en lui présentant une bague à diamant. Son *amoureux*, Tony Gigliotti, avait concocté le stratagème avec l'aide du garçonnet.

*

De nos jours, le mariage continue d'être vu, du moins par les myopes intellectuels, comme la panacée qui sauve la femme de tous les problèmes d'apparence et de questionnement sur ses états d'âme. Rien n'est moins sûr. À Valley Stream, en banlieue de New York, une jeune épouse a créé tout un émoi en déclarant à la police qu'un homme l'avait menacée, à la pointe d'un revolver, de tuer son bébé de deux ans si elle ne faisait pas un retrait de 200 $ à son guichet automatique. Pressée de questions par la police, elle a fini par avouer qu'elle avait inventé l'attentat parce qu'elle manquait d'attention et «qu'elle avait besoin qu'on s'occupe d'elle».

D'autres femmes sont heureusement plus choyées. Lorsque Valerie Lee, une jeune Britannique, a demandé à son petit ami, Craig Goucher, qu'elle fréquentait depuis huit mois, s'il voulait cohabiter avec elle et sa mère, elle était loin de se douter que le mariage envisagé allait réunir son ami et... sa mère. La mère et le fiancé sont effectivement tombés amoureux l'un de l'autre, au point qu'ils se sont épousés. Bonne joueuse, Valerie a accepté d'être demoiselle d'honneur.

*

Dans une banlieue de Chicago, l'affichage d'un panneau-réclame de forte taille a causé une certaine commotion. Le message disait tout simplement: «Teri, s'il te plaît, épouse-moi. Avec amour, Bob». La compagnie d'affichage a reçu une dizaine d'appels téléphoniques de Teri qui se demandaient si c'était leur Bob qui était l'auteur du message. Une d'entre elles était complètement paniquée: elle fréquentait, sans l'avoir avoué, deux Bob en même temps et se demandait bien duquel des deux il pouvait s'agir. «Souvent, femme varie», veut le proverbe.

*

Une fin réjouissante est encore possible en amour de nos jours. Une veuve galloise de 67 ans a rendu l'âme au pied de l'autel où elle devait enfin se remarier.

*

Les rapports entre hommes et femmes sont loin d'être toujours harmonieux et le divorce est souvent la meilleure solution. Une dispute entre deux époux cambodgiens en instance de divorce à propos du partage des biens l'illustre bien: elle a dégénéré en un incendie qui a détruit, en six heures, 80 maisons de la banlieue de Phnom Penh. ***Résultat***: une centaine de sans-abri, quelques blessés légers et 1 million $ de dégâts.

*

Près de Pittsburgh, en Pennsylvanie, la réception qui se déroulait après le mariage de Susan et William Parkinson transpirait le bonheur absolu lorsque la jeune épouse fit une chute malencontreuse et se brisa une cheville. À peine l'ambulance était-elle en route pour l'hôpital, qu'une bagarre éclata entre deux invités. Le nouveau marié et quinze autres convives voulurent s'interposer, mais l'*incident dégénéra* à un tel point qu'il fallut mander la police pour contenir la foule et les badauds qui s'assemblaient. Le pauvre William a passé sa nuit de noces à la prison, inculpé de trouble de l'ordre public, tandis que la mère de Susan et trois invités s'affairaient à nettoyer les lieux.

Le Bangladesh a un nouveau parti politique, «Le parti national des amoureux», fondé par les déçus de l'amour qui ont présenté un programme en huit points. Ils ambitionnent notamment de faire abaisser l'âge minimum pour le mariage à 17 ans, d'interdire l'arrestation des mineurs mariés sans l'autorisation parentale, de créer un prix national de la romance et d'accorder un séjour à l'étranger à ceux qui ont connu au moins trois échecs en amour.

Le club de rencontres californien «*More to Love*» (littéralement «Plus à aimer») a été créé spécialement pour les gros, assure Rossanna Radding qui a décidé de le fonder après avoir été refusée par une agence de rencontres à cause de son poids. Le club compte plusieurs dizaines de membres qui ont généralement entre 30 et 40 ans et dont le poids varie entre 100 et 180 kilos. Après une interview, les nouveaux arrivants remplissent un questionnaire qui sert à l'organisation de rencontres. L'une de ses membres a résumé la situation en ces termes: «Il y a des hommes qui n'aiment que les femmes bien enveloppées. Ils nous trouvent plus douces, plus féminines. Ces hommes, eux-mêmes généralement gros, sont particulièrement attentionnés». Et ils peuvent se dire: «Moi, on m'aime à la livre»…

Un électronicien de Rottweil, en Allemagne, a mis au point un petit appareil émetteur qui doit aider les *personnes seules* à rencontrer un partenaire du sexe opposé. Le gadget a la taille d'un paquet de cigarettes et est de couleur bleue pour les hommes et rose pour les femmes. Lorsqu'un porteur arrive dans un rayon d'environ six mètres d'un émetteur de couleur opposée, l'appareil fait entendre un signal sonore qui annonce que les deux personnes sont bel et bien sur la même longueur d'ondes.

Sous d'autres cieux, la **persistance** paye de retour. Un enseignant formosan, Chen Chih-cheng, a obtenu la main de Yu Hui-e, une hôtesse de l'air, après 102 refus. L'amoureux transi avait répété sa grande demande sur terre, sur mer et dans les airs. Yu a cédé à la 103e proposition en alléguant «ses qualités d'honnêteté et les souvenirs touchants et merveilleux que nous partageons».

Certaines sociétés continuent d'alourdir le mariage du poids d'obligations matérielles irrationnelles dont la pire est la dot. La situation est particulièrement grave en Inde où 6 000 femmes sont tuées ou se suicident chaque année à cause de cette **coutume aberrante.** Pour contrer les effets de ces traditions obscurantistes, l'État d'Haryana et la Croix-Rouge ont réuni 315 couples dans un stade où des prêtres de quatre religions les ont mariés. Aucune dot n'était exigée, mais les époux pouvaient échanger de petits cadeaux durant la fête qui a suivi.

Les mariages insolites se déroulent sous toutes les latitudes. À Kielce, au sud de la Pologne, un couple se tenait par la main avec 12 autres parachutistes pour faire un saut de 1 500 mètres qui les a précipités en formation sur le parvis de l'église où un prêtre les attendait pour recueillir leur serment.

Après avoir couru les 21 kilomètres d'un demi-marathon, à Dayton en Ohio, Carol et Denny Bennet se sont mariés à la ligne d'arrivée. Ils ont expliqué leur décision en disant qu'ils s'étaient connus deux ans auparavant lors d'une autre course et avaient choisi cette façon de s'assurer que tous leurs amis pourraient être présents.

Le jour du mariage de Wanda Winston et d'Alfred Smith, de Raleigh en Caroline du Nord, une violente tempête de neige rendait toute circulation automobile impossible. Privé de leurs invités et d'un officiant, le couple devait-il se résoudre à remettre la date de leur union, ce qui lui paraissait impensable? Ils eurent l'idée de communiquer avec la station de radio locale pour qu'elle leur trouve un ministre du culte qui acceptât de les marier. Les responsables de WLLE-AM appelèrent à la rescousse le père Theodore V. Carter qui animait une émission religieuse le dimanche. Le brave prêtre, ému de la situation, accepta de les marier en ondes et tous les amis et parents (ainsi que des milliers d'auditeurs) purent profiter de la cérémonie sans s'aventurer hors de chez eux.

Victor et Deborah s'étaient rencontrés lors d'une *soirée pour célibataires* dans un supermarché. Quoi de plus naturel que de vouloir s'y épouser? L'entreprise a vite saisi l'occasion de faire un coup de publicité et a organisé le mariage en présence de 1 000 journalistes et caméramen. La mariée, un peu étonnée de cette foule puisqu'elle n'avait invité qu'une centaine de parents et amis, a traversé la section des paniers à provision au bras de son père, jetant un regard attendri aux employés en uniforme, puis a franchi le rayon des ampoules électriques et est venue attendre son fiancé à l'autel, érigé près des caisses enregistreuses. Celui-ci, tout aussi ému, a déclaré après la cérémonie: «Je l'ai vue au comptoir des viandes. Je n'ai pu résister et je l'ai abordée. Un supermarché c'est bien mieux qu'un bar pour rencontrer des personnes intéressantes.»

Une idée semblable a été exploitée par un supermarché de Dublin, en Irlande. Comme quoi les grands esprits sont universels! Le chiffre d'affaires a d'ailleurs doublé depuis que les *célibataires* peuvent s'y rencontrer le jeudi soir. On offre le vin aux hommes porteurs d'une rose rouge et aux femmes qui arborent un œillet rose pour bien marquer leur état de célibataires. Parmi les commentaires satisfaits entendus sur place: «Les vrais hommes se révèlent derrière un chariot d'aliments», a dit une femme, tandis qu'un homme renchérissait sur la fille qui venait d'allumer sa passion: «Dès que j'ai vu la marque de nourriture pour chats et celle de la bouteille de vin qu'elle avait dans son chariot, j'ai su que nous allions nous entendre».

Une ***émouvante histoire d'amour*** s'est déroulée dans le comté de Cook, près de Chicago. Un père qui avait débranché sous la menace d'un pistolet les systèmes qui maintenaient en vie son bébé dans le coma depuis neuf mois, a bénéficié d'un non-lieu. L'enfant était tombé dans un coma irréversible après que sa trachée artère eut été obstruée par un objet. Après le débranchement, le père berça son bébé jusqu'à ce qu'il meure, tout en maintenant le personnel médical sous la menace de son pistolet. Il ne fut condamné qu'à une peine de principe pour un délit d'usage prohibé d'une arme dont il s'était reconnu coupable. Sa femme avait soutenu sa démarche.

B

comme dans... bêtise

Pour se décharger de la lourde responsabilité de sa stupidité, l'être humain a inventé le mot «bêtise», qu'il a tiré du comportement des bêtes. Sans concevoir qu'il se rendait ainsi plus ridicule, puisque la bête assume sa nature d'être programmée, tandis que le «roi de la création» a le loisir de faire profiter son intelligence.

L'actualité internationale nous fournit, jour après jour, des exemples innombrables de l'idiotie dans laquelle peut sombrer le genre humain pour peu qu'il essaie justement de ne pas faire la bête.

Jugez-en.

Au Kansas, sévit un sport complètement **taré**: celui du tir à la vache en automobile. Une dizaine de ruminants qui paissaient paisiblement dans des prés du comté de Clay, non loin de la métropole de Kansas City, ont été abattus de la sorte. Les malfaiteurs risquent gros: le vol de bétail est toujours punissable de pendaison dans la région. Mais l'enquête est difficile: «Les vaches ne font pas de bons témoins», a regretté l'ineffable shérif de l'endroit.

C'est un sport du genre qui a valu à un jeune Anglais la condamnation à trois mois de prison. Bien qu'il affirmât avoir trouvé par hasard la tête de blaireau qu'il gardait dans son congélateur, les traces de morsures profondes sur le museau de l'animal suggéraient qu'il avait été victime d'un sport *cruel,* appelé *badger baiting*, qui consiste à lancer des chiens contre un blaireau dans un enclos.

À son vingtième anniversaire, un Sud-Coréen avait organisé une fête au cours de laquelle il voulait se suicider parce qu'il était découragé à la suite de la rupture que lui avait servie sa petite amie peu de temps auparavant. Le poison qu'il avait mis dans un verre d'alcool a *malheureusement* été bu par un de ses invités. Le suicidé manqué n'a pu expliquer à la police pourquoi il ne l'avait pas prévenu du danger.

Dans certains cas, les lumières de la psychiatrie seraient indispensables. Un *voisin grincheux* d'une résidence de Vancouver en a fait la démonstration en invoquant les règlements de l'immeuble interdisant les animaux pour obliger une vieille dame de 84 ans à se départir de sa... perruche. La rentière en pleurs dut confier le volatile à sa fille; elle était passible d'une amende hebdomadaire de 25 $ et d'une expulsion si elle ne se conformait pas aux règlements.

Les volatiles rendent-ils les humains *idiots*? Deux familles de la région de Melbourne en Australie se disputaient depuis deux ans la propriété d'un cacatoès, l'une prétendant qu'il avait été subtilisé par l'autre deux ans plus tôt. Le juge devant qui on a porté la cause a cru le policier appelé comme témoin qui a juré avoir entendu l'oiseau s'écrier «Hello Racquel», le nom que lui avait attribué la première propriétaire.

Lors de la longue grève des transports en commun à Paris à l'automne de 1995, Lionel Antoine, président de la Ligue de protection des grillons du métro parisien (sic), a entrepris une grève de la faim «jusqu'à ce que le trafic revienne» pour dénoncer ce qu'il qualifiait de «génocide des grillons».

La *sollicitude pour un animal* peut être poussée trop loin. En Autriche, deux hommes ont péri en se jetant à l'eau pour sauver de la noyade un chien épuisé par l'abus d'un jeu. Un adolescent l'incitait à retourner constamment à la rivière y repêcher un bout de bois au plus fort du courant.

La Fondation Brigitte Bardot a proposé de faciliter l'héberge-ment des sans-abri... accompagnés d'un animal en prenant en charge la nourriture des *animaux* et en instaurant des visites vétérinaires systématiques. Les pauvres, c'est comme le métro et les aristocrates: il faut des classes sociales.

L'être humain a inventé d'innombrables façons de *se ridi-culiser* par son comportement envers les animaux. À Brooklyn Heights, en banlieue de Cleveland, un automobiliste appréhendé pour conduite sans permis endossait l'uniforme des prisonniers lorsqu'un serpent s'est échappé de son caleçon. Sa petite amie le lui avait confié pour le garder au chaud, a-t-il expliqué aux policiers.

Il s'agit d'une façon de faire typique des contrebandiers. Un résidant de Majorque qui arrivait de Cuba a été appréhendé à l'aéroport de Madrid-Barajas quand un douanier a constaté qu'il dissimulait dans la doublure de sa veste un bébé cro-codile et un bébé caïman de 60 cm chacun. La maroquinerie menace d'ailleurs plusieurs espèces de reptiles: on évalue à plus de dix millions le nombre de bêtes capturées chaque année dans la nature pour le commerce des peaux. Les trois grands consommateurs sont l'Europe, le Japon et les États-Unis.

L'aéroport de Miami voit souvent ce genre de choses. Des cobras, des crapauds venimeux sont découverts dans des bouteilles; les serpents se trouvent dans les sacs de vêtements, les araignées dans des sacs en plastique. On a même appréhendé un loustic qui avait attaché des oiseaux vivants à son corps à l'aide d'une bande adhésive.

La reine d'Angleterre *affectionne une race de chiens* particulièrement agressifs et insupportables, les corgis. Les serviteurs du château ont trouvé une façon de se défendre: ils les chassent à l'aide d'un siphon d'eau gazeuse. La souveraine n'a pas encore saisi l'astuce. Elle demande souvent s'il pleut lorsqu'elle voit ses chiens mouillés.

Quatre cockers ont mené une *vie de pacha* durant des années dans la résidence d'un riche agriculteur blanc d'Afrique du Sud, décédé en leur faisant don d'une propriété évaluée à 400 000 $ et d'une somme substantielle pour leur entretien. Les quatre employés noirs engagés pour réaliser les vœux de l'imbécile crevaient de faim avec des salaires minables.

Un autre *ami des bêtes* de Fort Lauderdale a été cité à procès pour avoir enterré vivant une portée de neuf chiots rottweiler. L'affaire a été connue parce que la chienne a creusé sous deux pieds de terre pour les sauver de la mort.

Des *sadiques* qui s'étaient introduits nuitamment dans une fourrière de Hanovre, en Allemagne, se sont contentés en martyrisant plusieurs bêtes qu'ils avaient attachées et en tuant deux chatons après les avoir introduits dans une machine à laver qu'ils ont mise en marche.

Peut-on aussi parler de *sadisme* dans le cas des fumeurs propriétaires d'un animal? Pourquoi pas? Des études faites aux

États-Unis démontrent que les chiens ont 50 % de risques supplémentaires de succomber au cancer du poumon et à d'autres affections si leur maître fume. Chez les chats, la fumée cause la bronchite et l'asthme, peu faciles à diagnostiquer à cause de leur discrétion naturelle. Leurs difficultés respiratoires entraînent une dilatation du cœur fatale.

On le sait depuis toujours, mais il n'est pas vain de rappeler que certains individus dépassent les bornes lorsqu'il s'agit de manifester leur ***amour des animaux.*** Une femme de 83 ans et sa fille de 42 ans, de Winnipeg, ont mis leur santé en danger en ne se nourrissant que de thé et de biscottes de façon à consacrer tous leurs maigres revenus à la sauvegarde d'une centaine de chats qu'elles avaient accueillis dans leur maison.

L'***omniprésence des animaux*** de compagnie dans la société américaine constitue un quasi-fléau. À 110 millions d'exemplaires, ils représentent un véritable phénomène de surpopulation, à un point tel que la société protectrice des animaux des États-Unis a suggéré un gel d'un an sur l'élevage de nouveaux animaux. Elle estime que leur nombre s'accroît à un tel rythme que quelque 8 millions d'animaux sont tués ou victimes d'abus chaque année.

Selon un rapport de l'Institut d'études de marché Euromonitor, les Britanniques dépensent presque trois fois plus d'argent pour leurs ***animaux de compagnie*** que pour leurs enfants. Le problème des déjections canines dans les lieux publics est tel qu'un secrétaire d'État a suggéré que les compagnies d'aliments pour chiens, qui vendent pour 600 millions de livres (1,2 milliard $ CAN) de nourriture à chien par année, devraient contribuer à l'assainissement des rues en fournissant des poubelles de rue pour déjections canines, des effectifs renforcés dans les fourrières et en apposant des messages sur les conserves pour rappeler le civisme aux propriétaires de chiens.

Un vétérinaire britannique s'est vu retirer son droit de pratique parce qu'il avait procédé à une hystérectomie sur un chat mâle qui avait déjà été privé de ses organes génitaux. Pendant l'opération, son infirmière lui avait signalé son erreur, mais il avait *rejeté son opinion* et poursuivi l'intervention qui avait valu une facture de 375 $ au propriétaire de «Fat Boy». Pour sa défense, il avait soumis que le félidé était... hermaphrodite.

À Harmony, au Texas, un étudiant d'une école secondaire a castré un porc avec ses dents durant un cours de sciences de l'agriculture. La direction, qui n'approuvait pas ce genre d'enseignement, a congédié illico le professeur responsable d'avoir initié l'élève.

Une femme de Saint-Cyprien, dans le Sud de la France, a été piquée à mort par des centaines d'abeilles furieuses parce qu'elle *avait refusé* de relever la glace de son automobile lors d'une visite que son ami apiculteur faisait à ses ruches.

À Johannesburg, en Afrique du Sud, un homme de 76 ans a été condamné par un tribunal pour avoir poignardé à mort un pingouin. Il a commencé par prétendre que l'oiseau (qui jouit de la protection due aux espèces menacées), l'avait attaqué à coups de becs, avant de reconnaître qu'il l'avait pris pour un... poulet.

Des vétérinaires du service de la faune de Denver, au Colorado, ont dû interrompre une intervention chirurgicale transmise par les caméras de la télévision locale, et destinée à implanter un dispositif de contraception sur «une» castor. Au moment de procéder, ils durent *se rendre à l'évidence*: l'animal était un mâle!

La marine néo-zélandaise n'a pas été engagée dans un combat naval depuis 50 ans. L'ennui pourrait donc être responsable du geste d'un lieutenant qui subtilisa la mascotte de la frégate

Waikato... un rat gris et blanc de 40 cm prénommé Finnegan. Mal lui en prit! Un autre officier ayant voulu s'interposer, l'altercation a tourné à la bagarre. Le kidnappeur a été traduit en justice; 30 témoins ont été cités à comparaître au procès.

La justice n'est pas à l'abri de ce genre de causes importantes: à Bonn, en Allemagne, ***un basset a été traduit devant le tribunal*** pour avoir attaqué une perruche dans sa cage. L'oiseau avait dû être euthanasié. Tout le monde a du temps à perdre; certains en ont plus que d'autres.

Une galerie de Vienne a trouvé une façon originale d'abuser de la crédulité de soi-disant amateurs d'art. Elle leur refile, pour environ 400 $ pièce, les «tableaux» peints par une femelle orang-outan prénommée Nonja. L'animal, qui réfléchit longuement avant de peindre, goûte aussi aux couleurs sur son pinceau et détruit les tableaux qu'elle n'aime pas. Elle a sûrement plus d'*esprit* que ses clients.

Une famille de Yaoundé, au Cameroun, a ***refusé*** de continuer à habiter sa maison, construite en contrebas d'un pâturage, après qu'une vache fut passée à travers le toit en s'aventurant trop près. Sûrs d'être les victimes de magie noire, les habitants ont prétexté que la présence de la vache était un signe et qu'il leur était désormais interdit d'habiter cette demeure.

Un touriste québécois mordu par un chien en faisant son jogging matinal en Martinique a eu ***toutes les peines du monde*** à convaincre la réception de son hôtel de faire venir un médecin. La préposée affirmait sans gêne: «Ici, les chiens ne mordent pas.» Lorsque enfin un médecin s'est dérangé, il a jeté un coup d'œil aux plaies laissées par les crocs, a conclu qu'elles étaient désinfectées correctement et a immédiatement facturé 300 FF (87 $) à l'infortuné touriste.

L'ange fait la bête

L'agressivité est, en fait, un sentiment qui ne le cède, chez la nature humaine, qu'à l'*obstination* la plus obtuse. Un propriétaire de Manille en a fait la triste expérience: en dépit de ses protestations désespérées, des démolisseurs ont rasé par erreur sa maison, inflexibles dans leur détermination d'imbéciles parce qu'ils étaient munis d'un ordre de la cour sur lequel le juge avait inscrit la mauvaise adresse. Le propriétaire a intenté une poursuite contre le juge!

Chacun sait que la colère peut être une vilaine conseillère. Un camionneur de poids lourds de Taiwan en a fourni un exemple éloquent. Furieux d'être soumis à un contrôle routier, il a lancé son lourd véhicule contre le barrage. *Résultat*: un reporter de télévision tué et deux policiers et deux employés d'autoroute blessés. Le vindicatif chauffeur a été appréhendé et médite depuis en prison sur les vertus de la patience pourtant chère à ses ancêtres.

Un automobiliste israélien qui avait été arrêté par un policier parce que ses papiers n'étaient pas en règle, fit montre lui aussi d'*exagération*: il mâcha et avala son permis de conduire sous les yeux du policier médusé. Le chauffeur récalcitrant fut mené dare-dare chez un juge de paix qui l'envoya à l'ombre méditer sur les vertus de l'alimentation à base de fibres.

À Dublin, capitale de l'Irlande, un client d'un restaurant de cuisine-minute a été victime d'un *tour pendable.* Il s'est assis sur un siège de toilette sans se rendre compte qu'il avait été enduit d'une colle à forte adhérence. Prisonnier de sa position propice aux besoins naturels, mais qui expose certaines parties de l'anatomie qu'on préfère généralement garder à l'abri des regards indiscrets, l'homme a dû se résoudre à demander de l'aide. Devant l'impuissance des secouristes, il a fallu démonter la toilette et sortir le pauvre homme au vu de la clientèle attablée pour le transporter à l'hôpital où on parvint à lui rendre la station debout.

⌐

Un quadragénaire de Los Angeles particulièrement ***revendicateur*** a été condamné à 20 ans de prison, 45 000 $ d'amende et d'une facture de 335 000 $ en dommages pour avoir commis des attentats à la bombe et au mortier contre des édifices du fisc qui lui réclamait... 8 000 $.

⌐

Un Anglais de 34 ans a été condamné à 18 mois de prison pour s'être montré trop ***vindicatif*** lors du repas de Noël. Avait-il trop consommé de *egg nog*? Une querelle avec le petit ami de sa sœur a dégénéré au point qu'il lui a arraché une «partie substantielle» d'une oreille avec les dents. En guise d'excuses, il a affirmé: «Il se prend pour un autre et il m'énerve. Après l'oreille, j'allais m'attaquer au nez.»

Les Britanniques ont-ils une ***fixation*** pour les oreilles? À Londonderry, un individu a suscité une longue enquête de la police: il s'en prenait aux fêtards qui sortaient des restaurants et des boîtes de nuit, les provoquait et leur arrachait ensuite une oreille à belles dents. En quatre jours, il avait fait trois victimes. Il est vrai que la cuisine anglaise laisse insatisfait...

⌐

Un Chinois de New York avait trouvé un moyen de s'enrichir rapidement. Il remplaçait les étiquettes de boîtes de nourriture pour chats par des étiquettes de conserves de thon en miettes. Il en a écoulé 33 000 boîtes avant de se retrouver en prison parce que des consommateurs s'étaient rendus malades.

⌐

En Hongrie, la consommation d'une marque de paprika de mauvaise qualité a provoqué l'hospitalisation d'une cinquantaine de clients. Il avait été «amélioré» par un colorant contenant de l'oxyde de plomb. Dans un cas, un kilo du produit contenait 17 000 milligrammes de plomb, alors que la limite acceptable par l'organisme humain est de... 5 milligrammes.

À Victoria, en Colombie-Britannique, les clients d'une Villa du poulet Kentucky ont été pris en otages par des activistes qui les ont enfermés dans l'établissement en condamnant les portes à l'aide de cadenas de vélo pour leur faire prendre conscience de la pollution engendrée par les emballages de restauration rapide. Les clients sont restés de marbre et ont continué de s'empiffrer pendant qu'un employé démontait la porte pour retirer le cadenas.

Cela s'explique peut-être par l'assertion d'une étude de deux professeurs de l'université Trent, en Ontario. Les deux psychologues ont démontré que les hamburgers gras, les frites huileuses et les aliments riches en graisse peuvent rendre **imbécile** en se basant sur le comportement de rats de laboratoire nourris de cette façon et d'autres nourris selon un régime équilibré. Après trois mois, les amateurs de *junk food* se comportaient comme des demeurés lors de tests.

Un professeur de botanique anglais a accusé les végétariens de **cruauté**. Selon lui, les plantes sont des organismes compliqués et sensibles qui souffrent lorsqu'on les coupe.

Il faudrait peut-être le faire savoir à Linda McCartney, l'épouse de l'ex-Beatle. Durant le conflit bosniaque, elle a fait parvenir un million de hamburgers végétariens aux enfants victimes de la guerre. Comme par hasard, la dame a lancé sa propre ligne de produits végétariens.

Tout compte fait, certains individus auraient avantage à être végétariens. À Artem, près de Vladivostok, plusieurs alcooliques réunis pour une beuverie ont tué trois de leurs compagnons et en ont mangé un après l'avoir fait cuire.

Oh! Canada...

Deux adolescents de Montréal qui avaient laissé tomber un ticket par inadvertance, se sont vu coller chacun une contravention de 90 $ par des agents de la paix du métro. Le prétexte? Avoir «souillé» le métro.

⌐

Au Canada, comme personne ne pourrait l'ignorer, la question du bilinguisme est une véritable pomme de discorde. Chacune des deux langues officielles doit figurer sur les symboles du pays. Parfois, cela cause des problèmes inattendus: à l'automne de 1992, Postes Canada a été obligée de détruire des milliers de timbres peu avant leur mise en circulation. Le graphiste avait tout simplement oublié de mettre un tréma au mot «Noël» . Cela n'étonne pas d'un pays où un magazine satirique est parvenu à faire livrer 31 lettres affranchies de faux timbres d'un Québec souverain, l'un d'eux montrant un Noir en train de se faire battre par la police, et l'autre la chanteuse pop Mitsou. C'était le deuxième exploit du genre que réussissait la publication. En matière de bourde, le premier ministre canadien ne donne-t-il pas le ton? Lors d'un voyage au Japon, il a insulté les traditionalistes en faisant mine d'utiliser le fouet de bambou qui sert à brasser le thé à la cérémonie du thé comme un blaireau pour la mousse à raser.

Restons au Canada. Une secrétaire en chômage de Toronto qui avait reçu par erreur deux chèques totalisant plus de 700 000 $ a eu toutes les peines du monde à convaincre Revenu Canada de reprendre l'argent. Après être enfin parvenue à parler à un *fonctionnaire* au téléphone, Jennifer Batten s'est fait dire de rapporter les chèques elle-même et de remplir une montagne de formulaires. Pouvait-elle les mettre à la poste? Elle serait considérée comme responsable de leur perte s'ils s'égaraient dans le courrier. L'affaire ayant été révélée par les quotidiens torontois, un fonctionnaire est enfin allé les chercher et a présenté ses excuses.

⌐

Une jeune femme de Brockville, en Ontario, a reçu du ministère des Affaires sociales de sa province une lettre lui réclamant les trois... cents qu'elle lui devait à la suite d'une révision de son dossier. Elle avait bénéficié de prestations durant sept mois, percevant un demi-cent de trop chaque mois. L'administration lui faisait grâce de cette portion de sa dette. Le papier à lettre, l'enveloppe et le timbre de 45 cents valaient beaucoup plus que la somme demandée. Au ministère, on a expliqué que les réclamations étaient faites automatiquement par ordinateur, ce qui expliquait l'aberration.

Un sidéen de Montréal est mort sans avoir pu obtenir des Affaires sociales la «chaise d'utilité» qui aurait pu le soulager pour ses besoins naturels parce que le médecin qui avait rempli le formulaire avait utilisé le terme «chaise d'aisance». La *fonctionnaire* qui a examiné la demande a jugé que l'objet n'était pas prévu par les «normes» et qu'elle ne pouvait l'autoriser.

Les chauffeurs de la Société de transport de Laval, en banlieue de Montréal, ont fait une grève sauvage d'une journée par un temps d'hiver glacial qui a privé la population d'un service essentiel pour un motif d'une incroyable *stupidité.* L'un des leurs avait été suspendu par la direction parce qu'il portait… un collier.

La *mauvaise blague* du directeur d'une société d'État canadienne s'est avérée assez rentable pour lui. Il avait offert à ses collègues féminines, par courrier interne, des *G-strings* à l'occasion de la Saint-Valentin. Congédié pour harcèlement sexuel et insatisfait de la prime de séparation de 5 000 $ qu'on lui avait offerte, le joyeux drille a porté sa cause devant les tribunaux, qui se sont empressés de lui octroyer 90 000 $ pour congédiement injustifié.

L'art du fonctionnement à tout prix

Le corps d'un homme de 66 ans, décédé d'un cancer de l'œsophage, a été déposé recouvert d'un simple drap, à la porte de l'appartement de son fils à Richmond, au Texas. Le fils avait déjà versé un dépôt, mais n'avait pu réunir le reste de la somme qu'on lui réclamait pour une incinération. La compagnie de pompes funèbres a fait ni une ni deux: elle lui a restitué la dépouille sans autres considérations.

Une morte a eu droit à plus de respect. Des inspecteurs du FBI ayant constaté qu'une jeune victime de l'explosion terroriste d'Oklahoma City, qui avait été amputée d'une jambe, avait été inhumée avec la jambe d'une autre victime, on a procédé à l'exhumation du cercueil afin de lui restituer son membre, avant de la porter en terre de nouveau.

Cette histoire de courrier a de quoi surprendre. Un *facteur* de Newcastle-Upon-Thyme, en Grande-Bretagne, a caché pendant sept ans dans son casier de service des centaines de lettres dont il n'avait pu déchiffrer les adresses parce qu'il était illettré. Le pot aux roses fut découvert à l'occasion d'une opération de nettoyage des armoires. La poste royale a décidé de ne pas le poursuivre parce que, en dépit de son handicap, il était tout de même parvenu à acheminer correctement des centaines de milliers d'autres lettres. Curieusement, aucune plainte des usagers n'a été formulée, même après que le service postal leur eut remis leur courrier en retard de plusieurs années. C'est depuis ce temps, cependant, que la poste britannique fait passer des tests écrits aux aspirants facteurs pour s'assurer qu'ils savent lire. Élémentaire, mon cher Watson!

Un vendeur de sandwiches qui avait pris l'habitude de changer des billets pour de la menue monnaie dans une banque de Londres a eu la surprise de se voir imposer des frais de 5 livres pour changer un billet de 10 livres. La *banque* a expliqué la décision en disant que le petit vendeur de rues n'avait pas de compte chez elle.

Un éboueur de Blackpool, en Angleterre, a été congédié pour avoir commencé sa journée de travail 10 minutes trop tôt en ramassant deux sacs d'ordures. Son employeur, une compagnie française, s'était engagée par contrat à ne pas faire de bruit avant 7 heures du matin. Le travailleur a décidé de trouver un autre emploi, mais a juré de demeurer ponctuel.

~

La *Sécurité sociale anglaise* a supprimé la pension d'un ancien directeur d'exploitation agricole qui avait dû cesser de travailler en raison de problèmes cardiaques. Motif? Ce dangereux resquilleur avait trouvé un bref emploi temporaire comme père Noël chargé de distribuer des cadeaux aux tout-petits.

~

Un *employé* de l'Euro-Tunnel a interdit l'entrée d'un corbillard des Pays-Bas qui ramenait la dépouille d'un Britannique tué dans un accident d'auto. Les cadavres qui veulent rentrer chez eux doivent voyager à bord des trains réservés au fret. L'administration du tunnel ne veut pas indisposer les usagers par la vue d'un corbillard.

~

Un *officier français* a été placé en garde en vue après avoir donné à un soldat l'ordre d'aller se taper la tête contre un arbre pour se punir d'avoir manipulé son arme de façon dangereuse. Protégé par son casque, le soldat a immédiatement exécuté l'ordre et s'est effondré, se plaignant de douleurs à la nuque. À bêtise, bêtise et demie.

~

Des *employés* d'une entreprise d'incinération allemande ont valu à cette dernière des démêlés avec la justice pour avoir profité de la crémation des défunts pour brûler des déchets. En ouvrant trois cercueils au hasard, des inspecteurs ont découvert près des dépouilles des sachets de plastique, des paquets de cigarettes, de vieux catalogues et même des extraits de comptes bancaires.

~

Il y a décidément quelque chose de pourri au Danemark. La loi y permet en effet aux détenus de percevoir des allocations de congé sabbatique, pour l'éducation ou la garde des enfants allant jusqu'à 132 800 couronnes (21 600 $ CAN).

Une ***erreur informatique*** a privé des milliers d'électeurs de leur droit de vote au Brésil. L'ordinateur a estimé qu'il était anormal que deux personnes aient la même date de naissance et les mêmes parents. La machine a donc enregistré un jumeau et rayé l'autre des listes.

Le président du Kenya, Daniel arap Moy, un ancien instituteur, s'est attiré les sarcasmes après la publication d'une photo de lui prise lors de l'inauguration d'une école. Il écrivait alors au tableau la phrase «L'école est officielement (sic) ouverte». Cette faute d'orthographe a fait les délices de la presse d'opposition, tandis que la presse officielle faisait celle qui n'a rien vu.

Stupidité, quand tu nous tiens

Les connaissances géographiques des Français soulèvent toujours l'hilarité chez les Québécois. Mais la bêtise du pauvre touriste dont il est question ici ferait plutôt pleurer. Furieux de constater qu'il lui faudrait trois jours pour se rendre par autobus d'Ottawa à Vancouver plutôt que les deux heures qu'il anticipait, un irascible Parisien de 26 ans a attaqué le chauffeur du véhicule en marche pour s'emparer du volant. Dans la bagarre, il a perdu pied et a été projeté contre la poignée de secours de la portière qui s'est ouverte. Son éjection a signifié sa perte: il est mort en heurtant le sol.

Le tourisme a de drôles d'effets. Le «syndrome de Jérusalem» fait des ravages chez certains pèlerins qui se prennent tout à coup pour le Christ, Jean-Baptiste ou le roi David. On en voit même qui quittent leur hôtel, nus comme un ver sous un drap de lit et qui se mettent à prêcher. Mais Israël n'est pas l'unique pays à connaître ce genre de phénomène. Un touriste américain quadragénaire qui croyait être devenu le roi de Nubie a été appréhendé en pleine crise d'hystérie après avoir fracassé les vitres de cinq voitures en stationnement. Se voyant cerné, il s'est mis lui aussi à se dévêtir. Décidément, il fait chaud sous certains cieux.

À Brazzaville, pourtant, c'est la pluie qui a été à l'origine d'une catastrophe. Une forte pluie qui s'abattait sur des centaines de fidèles au sortir d'une église de Brazzaville a semé une telle panique que 142 personnes (dont une majorité d'enfants et de personnes âgées) sont mortes écrasées lors de la ruée pour se mettre à l'abri.

Le **comportement des foules** relève rarement de l'intelligence. Mécontents des décisions d'un arbitre lors d'un match de soccer à Abidjan, des dizaines de supporters ont commencé à lapider les forces de l'ordre, blessant trois policiers. La foule a dû être dispersée à la grenade lacrymogène. À San Jose, en Californie, c'est à l'ouverture des portes d'un stade où devait avoir lieu un concert du groupe rock Aerosmith que le comportement désordonné de la foule a causé la mort d'un spectateur et des dizaines de blessés.

Certains événements qui tournent au vinaigre laissent songeur. À Cheltenham, au Royaume-Uni, une spectatrice et 18 des 20 concurrents à une course de… meules de fromage ont été blessés; la compétition consiste à faire descendre sa roue de fromage le plus vite du sommet du mont Cooper. Le gagnant mérite un fromage géant. L'événement aurait pris naissance avant l'invasion romaine pour célébrer la fertilité et le retour du printemps.

D'autres n'ont pas l'excuse d'un rite ancestral. Un **jeune étourdi** de 21 ans a été accusé d'une kyrielle de méfaits après avoir descendu, en Honda, la piste du mont Relais près de Saint-Mathieu, au Québec. Il avait gravi la montagne par un sentier d'entretien et avait dévalé une pente à toute vitesse, semant la panique chez les skieurs. L'humour ne vient pas à point à qui sait attendre. Un autre conducteur de véhicule du Québec a eu moins de chance: le camion de la Ville de

Montréal qu'il avait lancé contre un confrère soi-disant pour «lui faire une blague» l'a heurté de plein fouet et l'a écrasé contre un camion-citerne. L'homme est décédé peu après. Le permis de conduire du «blagueur» était sous le coup d'une suspension.

Le sujet du mariage n'est pas toujours gai ou synonyme de licence sexuelle. Certaines histoires farfelues en font la preuve, comme vous pourrez en juger. À Torquay, en Angleterre, une mère qui avait dépensé quelque 35 000 $ pour marier sa fille fut terriblement déçue du vidéo tourné pour l'occasion. Elle déplorait le fait qu'il n'y avait aucune séquence de la réception et que le caméraman avait manqué une bonne partie de la cérémonie à l'église. Elle a donc décidé de réunir à nouveau les 200 invités présents au mariage pour une «reprise» de la cérémonie et de la réception. La ***mère insatisfaite*** a précisé sur les nouveaux cartons d'invitation qu'il serait préférable de porter les mêmes vêtements que le jour de l'union véritable.

Un Égyptien qui avait signalé «l'enlèvement» de sa fille aurait mieux fait de se taire. Rapidement retrouvée chez des voisins, la jeune ouvrière de 22 ans a raconté qu'elle refusait de retourner au foyer familial parce que son père l'avait ***obligée à vendre un de ses reins*** 5 000 $ pour s'offrir une voiture.

Le Livre Guinness des records est devenu une bible en Inde, un véritable baromètre du statut social. Un Indien de New Delhi, qui figure dans la publication depuis 10 ans, a d'ailleurs mis en vente au prix de 200 000 $ ses ongles qu'il laissait pousser depuis 1952. La raison: il en avait marre parce qu'ils l'empêchaient de dormir. L'ongle du pouce mesurait 1,32 m; aucun des ongles ne mesurait moins d'un mètre. Les records, comme on le voit, ne témoignent pas toujours d'une intelligence débridée. Un de ses compatriotes de Bangalore a couvert la distance de 35 kilomètres en sautant à la corde pour accéder à la renommée.

Une **coutume** espagnole du Nouvel An a coûté la vie à une femme: elle s'est étouffée en avalant un grain de raisin à chacun des coups de minuit, le 31 décembre. Les secouristes, aussitôt appelés par le mari, n'ont pu ranimer la dame, qui n'a pas eu l'occasion de dire si elle avait réalisé l'un des vœux qu'elle devait formuler à chaque grain avalé.

La pollution est telle dans l'ancienne Allemagne de l'Est qu'un **écologiste** de Riesa-Grosenhain n'a trouvé qu'un moyen de faire passer son cri d'alarme. Il s'est immolé par le feu dans une décharge en laissant une lettre pour expliquer que la négligence des politiciens menait à la catastrophe. En fait d'éloquence, on ne saurait être plus expéditif.

À Kenersville, aux États-Unis, un homme et sa sœur ont eux aussi utilisé le feu pour nettoyer leur maison dans laquelle ils avaient accumulé des ordures depuis des années. Un policier a expliqué que Terry et Barbara Key voulaient en fait déménager, mais non sans avoir nettoyé la maison dans laquelle ils vivaient depuis 20 ans. «Ils n'ont pas cherché à la vendre, a poursuivi le policier; disons qu'ils ont simplement voulu éliminer le problème.» «Je n'ai jamais compris comment ils pouvaient vivre là-dedans», a commenté un voisin qui disait voir les ordures à travers les fenêtres de la demeure à partir de la sienne.

Vous vous souvenez de la blague à propos de la devise des scouts: «Toujours prêt! Jamais là!» Eh bien, les scouts dont il est question ici étaient malheureusement très présents. Deux bisons peints il y a 15 000 ans sur les parois d'une grotte du sud-ouest de la France ont été effacés par des émules de Baden Powell qui avaient entrepris, par souci d'**écologisme,** de nettoyer un site historique souillé de graffitis.

Un adolescent de 15 ans de Carson, en Californie, désireux d'impressionner sa bande, a tiré plusieurs coups de feu dans les airs. Une des balles, qui est retombée à 800 mètres de là, a tué un enfant de cinq ans sur le coup. La police d'Erie, en Pennsylvanie, n'a pas exclu un geste de même nature pour expliquer l'étrange mort d'une jeune fille de 14 ans, tuée par balle lors d'un feu d'artifice du nouvel An devant lequel s'était assemblé un millier de personnes. Aucune arme n'a été trouvée, personne n'a remarqué quelque geste isolé que ce soit et... personne ne s'est livré aux autorités.

Un chanteur qui animait une soirée de noces à Nazareth, en Israël, a été tué par une balle perdue lorsqu'un grand nombre des 400 invités ont ouvert le feu pour exprimer leur joie en entendant une musique très rapide. De nombreuses voitures en stationnement près des lieux ont aussi bénéficié de la «joie» des *fêtards* et arboraient de jolis trous de fantaisie. Une telle «joie» a aussi cours ailleurs: la municipalité de Podgorica, la capitale du Monténégro, a demandé à la population de renoncer à cette coutume irresponsable après qu'un journaliste de la télévision eut été tué durant une noce. Qui a dit que le mariage rendait l'homme semblable à la bête et souvent le faisait mourir?

Il arrive heureusement que les coups de feu ne tuent que ceux qui les tirent. Un citoyen de Copenhague, âgé de 41 ans, s'est enlevé la vie en se tirant une balle dans la bouche pour impressionner un couple ami. Il avait mal calculé l'emplacement de la balle dans le barillet.

On connaît les termes «parricide», «matricide», «infanticide», etc. Mais il faudra désormais parler «d'arboricide» comme en font foi les deux anecdotes suivantes. Un citoyen inconsolable de Redding, en Californie, a poursuivi son voisin parce qu'il avait abattu son chêne de 84 ans et de 16 mètres de hauteur. La raison? L'*idiot* de voisin prétendait que l'arbre nuisait à la réception de son téléviseur. Il a ensuite voulu offrir un dédommagement de 500 $ au propriétaire de l'arbre qui a maintenu sa décision de le traduire devant les tribunaux. Un autre énergumène du même acabit, cette fois à Austin au

Texas, a été arrêté avant d'avoir mené à terme un «exploit» similaire. L'homme, un maniaque de la magie noire et de l'occultisme, subtilisait un puissant poison dans le cadre de ses fonctions de vendeur de machinerie agricole; il le déversait ensuite au pied d'un arbre vieux de 500 ans appelé le «chêne du traité» parce que, selon une légende, une entente entre le fondateur de la ville, Stephen Austin, et des Amérindiens aurait été signée sous ses branches. Le malfaiteur aurait agi selon un «rituel» pour jeter un sort à une femme. Il a été dénoncé par un appel anonyme après que les autorités eurent offert 10 000 $ à quiconque pourrait fournir des renseignements dans cette affaire.

⌐

Des alcooliques français qui s'étaient lancés dans la consommation de pastis désalcoolisé pour éviter la cirrhose en ont été quittes pour des palpitations au cœur et des douleurs musculaires débilitantes. La réglisse, ingurgitée en trop grande quantité provoque une chute du potassium dans le sang. Les cas les plus graves étaient ceux d'un homme et d'une femme quasi paralysés qui buvaient chacun plus de 20 verres par jour.

⌐

Un parachutiste s'est grièvement blessé en sautant du 76e étage du Columbia Seafirst Center, un gratte-ciel de Seattle. Une bourrasque de vent l'a plaqué contre l'édifice au 17e étage; il a brisé une vitre épaisse avant de s'écraser sur un balcon du 5e.

⌐

Une **soirée estudiantine** a tourné à l'*émeute* à Oshkosh, dans le Wisconsin, après que la police eut appréhendé 174 étudiants mineurs en train de s'enivrer. Le geste a déclenché le saccage du centre-ville par un millier d'étudiants qui ont brisé des vitrines et cassé des feux de signalisation. La brigade antiémeute a dû faire appel à des renforts pour les maîtriser.

⌐

Un **sport idiot** mais populaire chez les jeunes Suisses consiste à se pencher hors d'un wagon d'un train lancé à grande vitesse. Le geste a coûté la vie à un jeune voyageur de 20 ans, près de Schwerzenbash; la vitesse atteignait 100 km/h lorsqu'il s'est penché par une portière dont l'ouverture avait été forcée et qu'il a heurté un panneau indicateur.

Un adolescent de Gujan-Mestras, en France, a été heurté à mort par un train à un passage piétonnier. La musique de son baladeur jouait tellement fort dans ses oreilles qu'il n'a pas entendu les cris de trois amis qui le suivaient et le sifflet du train.

Un jeune Britannique de 20 ans est mort de façon inusitée après avoir consommé de la drogue *Ecstasy*. Il se sentait tellement déshydraté qu'il a bu en vitesse 15 litres d'eau. Le liquide a fait enfler son cerveau et il en est mort.

Une partie de hockey amicale a pris fin de façon tragique sur une patinoire de la banlieue de Montréal. Lors d'une bousculade, un joueur a reçu un coup de poing à la gorge et il en est mort quelques heures plus tard. Le coup avait provoqué la rupture de vaisseaux sanguins, empêchant le sang de se rendre au cerveau.

La santé a un prix

Les histoires d'horreur qu'on se raconte sur les ***erreurs médicales*** et sur les primes d'assurance astronomiques que doivent payer les médecins ont peut-être un fond de vérité. Une Marocaine se plaignait à divers médecins de maux de ventre insupportables depuis neuf ans. Décidé à y voir clair, un radiologiste procéda à un examen: une paire de ciseaux de 13 centimètres de longueur avait été oubliée dans la plaie lors d'une opération antérieure.

La famille d'un Strasbourgeois, décédé de complications postopératoires, a décidé de porter plainte contre le médecin qui avait ***oublié,*** lors d'une opération 14 ans plus tôt, un tissu à l'intérieur de son foie. L'inattention du toubib avait fait

péricliter graduellement la santé de l'innocente victime jusqu'à
sa mort.

~

La méfiance des patients à l'endroit des médecins était pleine-
ment justifiée dans le cas d'un Américain de 32 ans qui s'est
fait passer pour médecin durant une période de 14 mois à
Cincinnati. L'imposteur avait procédé à des examens gyné-
cologiques et avait même pratiqué une intervention bénigne
sur la jambe d'un patient, en plus de prescrire des médicaments par téléphone. L'homme pouvait procéder impunément
parce qu'il possédait une fausse carte d'identification et se
promenait dans l'hôpital universitaire de Cincinnati vêtu de
vêtements de chirurgien. Un patient soupçonneux fut à l'origine de la mise au jour de la supercherie, ce qui lui a valu
une inculpation pour pratique illégale de la médecine.

~

Pour donner à ce chapitre une note «moliéresque», citons le
cas d'un septuagénaire de Romans, en France, qui est resté
hospitalisé durant une dizaine de jours, souffrant de problèmes
respiratoires, avant que des médecins ne s'aperçoivent qu'il
avait tout simplement avalé son dentier... Le phénomène ne
semble pas tellement rare, cependant. À Kuala Lumpur, un
contremaître de 33 ans d'une usine de textile mourut après
avoir avalé son dentier durant une partie de badminton où il
trébucha et tomba face contre terre. Transporté d'urgence à
l'hôpital, on ne put que constater sa mort à son arrivée. Les
fausses dents furent retrouvées dans la trachée artère de l'infortuné contremaître.

~

Les autorités de la Floride ont suspendu le droit d'exercer du
Dr Rolando Sanchez parce qu'il présentait «un danger immédiat et grave pour la santé, la sécurité et le bien-être du
public». Cinq mois après avoir amputé la jambe saine d'un
diabétique, il a amputé un orteil d'un malade sans son consentement. L'hôpital s'est aussi distingué après qu'un de ses
employés eut débranché, par erreur, l'appareil respiratoire d'un
patient qui est décédé une heure plus tard.

D'autres villes américaines ont aussi été au palmarès de la médecine bouffonne. Un chirurgien de Los Angeles a été poursuivi par le Conseil médical de la Californie pour avoir bloqué pendant 11 minutes avec un sac de sable une scie chirurgicale en pleine opération. Motif? Il voulait aller aux toilettes et passer un coup de fil. Un hôpital de New York a mis trois mois à s'excuser auprès d'une patiente qu'il avait confondue avec une autre et à qui il avait annoncé dans une lettre qu'elle souffrait d'une maladie vénérienne. Le mari, ayant décacheté la lettre par erreur, avait fort mal pris la chose, et avait quitté sa femme qui était retournée vivre chez ses parents.

La direction d'un hôpital de Worcester, au Massachusetts, a obligé deux médecins à une mise à l'épreuve de cinq ans, à payer une amende de 10 000 $ et à suivre une psychothérapie commune après une virulente querelle en salle d'opération. L'anesthésiste Kwok Wei Chan, 43 ans, avait jeté un coton imprégné de désinfectant à la tête du chirurgien Mohan Korgaonkar, 49 ans. Les deux hommes ont roulé par terre au cours de la bagarre qui suivit. Ils se sont ensuite relevés et ont terminé l'opération. Avec succès, heureusement, pour la patiente qui ne s'est d'ailleurs pas réveillée au cours de la séance de pugilat.

À Bonn, deux chirurgiens et un médecin ont été mis à l'amende pour avoir contribué à ce qu'un patient soit amputé de la mauvaise jambe. La peine était réduite parce que l'état du malade était tel, qu'il était difficile de distinguer au premier coup d'œil quelle jambe devait être coupée.

À Vicenza, en Italie, un moine de 50 ans s'est réveillé avec une incision douloureuse et béante au thorax que ne pouvait expliquer le personnel infirmier, jusqu'à ce qu'il apprenne qu'il avait été opéré, par erreur, pour un cancer des poumons inexistant, alors qu'il devait subir une intervention... à la prostate.

En Autriche, quelque 2 000 à 3 000 erreurs médicales plus ou moins graves se produisent chaque année, selon le spécialiste de la santé d'un parti politique. En outre, le puissant lobby des médecins fait toujours traîner les affaires de poursuite en longueur pour protéger ses membres. On ne peut que compatir alors avec ce pauvre sexagénaire, confondu avec un autre patient, et qui a subi l'ablation des testicules alors qu'il était là pour une intervention urologique bénigne.

Heureusement, les médecins autrichiens ne sont pas totalement dépourvus d'intelligence. Sous leur pression, un tribunal a retiré la garde d'une petite fille de six ans à ses parents qui refusaient un traitement par chimiothérapie pour la sauver d'un cancer. La fillette avait le ventre distendu par une tumeur de 4,5 kilos. Les parents préféraient faire confiance à un ***guérisseur*** espagnol opposé à la médecine traditionnelle.

Un tribunal de Denton, au Maryland, a soustrait une fillette asthmatique de trois ans à des parents ***dégénérés*** qui refusaient de cesser de fumer en sa présence. Les services sociaux craignaient que l'enfant ne meure. Victime de graves crises d'asthme, la petite avait été hospitalisée à plusieurs reprises auparavant; les médecins ont démontré que la fumée avait joué un rôle dans le déclenchement des crises.

Le cas d'une autre fillette est aussi émouvant. La situation d'une petite Britannique de 10 ans a soulevé l'ire populaire après que deux quotidiens eurent révélé que l'administration publique de la santé refusait de lui accorder des traitements de chimiothérapie parce qu'ils étaient coûteux et que leur pourcentage de réussite n'était pas suffisamment élevé selon leurs normes.

Toujours au pays de la famille royale la plus désopilante, un infirmier particulièrement ***soupe au lait*** (de son propre aveu) a été condamné à cinq ans de prison pour avoir lancé de petits patients en l'air ou contre les murs après avoir perdu son sang-froid. Il mettait son attitude sur le compte du stress.

La médecine est-elle malade en Angleterre? Selon le *Sunday Time* qui interviewait un médecin, des centaines de malades ont été tués involontairement par des médecins qui utilisaient des manuels de médecine dépassés, en particulier dans les cas de rougeole où on ne prescrivait pas le recours à des antibiotiques.

La crainte du sida est devenue universelle. Certains gouvernements n'ont pas hésité à prendre les grands moyens pour prévenir les contribuables des dangers que représente la maladie. Lors d'une telle campagne en Italie, une carmélite de 78 ans, sœur Colomba, fut plongée dans la perplexité par une lettre circulaire du ministère de la Santé qui la mettait en garde contre les risques de contamination au cours des rapports sexuels en dépit de l'usage de préservatifs. Après plusieurs jours de réflexion, la religieuse se décida à demander des explications à la supérieure du couvent où elle vivait en recluse depuis de nombreuses années, car elle n'avait jamais entendu parler du sida. La lettre circulaire, adressée à des dizaines de milliers de familles italiennes, conseillait la chasteté comme meilleur moyen de se protéger puisqu'il avait été démontré, avançait-on, que les préservatifs n'offraient pas une protection suffisante.

De nature obstinée

Parce qu'il avait passé outre à deux jugements de cour qui lui interdisaient de continuer à importuner ses voisins, un Britannique a été condamné à trois mois de prison. L'*imbécile* écoutait ses disques à plein volume jusqu'à fort tard dans la nuit et poussait la stupidité jusqu'à commenter les pièces musicales à l'aide d'un microphone branché sur sa chaîne stéréo. La musique jouait tellement fort que le sol tremblait près de sa demeure. Mais une question demeure sans réponse: en dépit des innombrables plaintes des voisins, pourquoi l'administration de la justice a-t-elle mis des années à sévir?

Un *joueur invétéré* a tenté durant 44 jours de gagner le gros lot de 7 400 $ d'une machine à sous de Christchurch en Nouvelle-Zélande. Il entrait au casino dès l'ouverture et n'en sortait qu'à la fermeture. À raison d'une pièce de 50 cents toutes les dix secondes, le pauvre imbécile avait englouti plusieurs fois la somme lorsque la machine s'est enfin décidée à lui cracher le gros lot.

Un Polonais de 30 ans est mort sur le coup pour avoir voulu *prouver qu'il était un dur.* Au cours de libations abondantes avec trois camarades, dans une forêt près de Szczecin, il a mis au défi l'un des trois autres de lui trancher la tête, allant même jusqu'à mettre la tête sur un billot. Un membre du trio a aussitôt saisi une hache et a réalisé son vœu.

L'armée russe a dû intervenir pour obliger des techniciens d'une centrale électrique à rétablir le courant vers une base de sous-marins qui n'avait pas réglé sa facture d'électricité. Quatre sous-marins atomiques déclassés laissés sans alimentation électrique commençaient à montrer des signes de danger; sur l'un d'eux, le système de refroidissement étant en panne, le réacteur s'était mis à surchauffer.

Si les joueurs de hockey russes ont été bien accueillis en Amérique, on ne peut en dire autant des scientifiques. Les cosmonautes Vladimir Dejourov et Guennady Strekalov venaient de passer quatre mois dans l'espace quand ils ont été ramenés à Cap Canaveral par la navette *Atlantis*. Malheureusement, ils n'avaient pas de papiers puisqu'ils étaient partis de Russie. Il a fallu que le département d'État fasse une demande spéciale aux *services d'Immigration* américains pour qu'on leur délivre des sauf-conduits, sans lesquels ils n'auraient pu descendre de l'appareil.

Anne Conrad-Attonville, premier violoncelle de l'Orchestre symphonique d'Eureka, en Californie, est une femme de **conviction inébranlable**. Elle a préféré démissionner plutôt que d'interpréter *Pierre et le Loup*, de Sergueï Prokofiev, composé pour les enfants en 1936. Partisane enflammée de la cause animale, la musicienne a déclaré que la fable symphonique «encourage les enfants à haïr et à craindre les loups, et à applaudir les chasseurs qui les traquent pour les tuer».

Le père d'un adolescent américain de 17 ans a accepté de verser 132 $ pour satisfaire un **caprice** de son fils, qui désirait souligner de façon personnelle l'obtention de son diplôme d'études secondaires. Sa progéniture porte désormais le nom de «Pêche à la truite en Amérique» plutôt que Peter Eastman. L'inspiration lui est venue après avoir lu un livre du même titre. Commentaire de sa mère, après quelques minutes de réflexion: «C'est un nom bien long».

Sous les cieux nord-américains, la logique est souvent du même acabit. L'**administration municipale** de Saint Augustine, une station balnéaire de la Floride, ne croit pas en l'adage selon lequel un dessin vaut mille mots. Elle a concocté un texte de 136 mots pour décrire les... fesses. Elle interdisait désormais aux vacanciers et à ses administrés de les exhiber à la plage, précisant même la surface de la célèbre partie charnue du corps humain qu'il est seyant de faire voir sans offusquer. On n'ose penser à l'épais livre qu'il lui faudra pour décrire les seins ou les parties génitales.

À Villefranche-sur Saône, en France, un garçonnet de quatre ans a comparu devant le juge des enfants sous l'accusation d'attentat à la pudeur. La **plainte** a été déposée par les parents d'une fillette de son âge dont il avait regardé «avec insistance» les parties génitales auxquelles il avait même touché! Cachez ce sein que je ne saurais voir!

Un Ukrainien de Kiev souhaitait se repaître de la vision du corps nu des baigneuses d'un bain public. Mal lui en prit: il est resté coincé dans le conduit d'aération qui devait lui permettre d'accéder à la salle des dames. Heureusement pour le voyeur, ses amis, qui faisaient la queue pour lui succéder au poste d'observation, ont pu faire appel aux pompiers pour le sortir de sa pénible position.

Il a suffi d'un peu de sens de l'observation à des cambrioleurs de Davenport, en Iowa: ils parvinrent sans peine à rafler tout l'argent du coffre-fort d'une boulangerie dont les employés avaient affiché la combinaison au babillard pour s'éviter l'embarras de s'en souvenir chaque fois qu'ils voulaient y avoir accès.

L'humour obtus fait bon ménage avec les règlements obtus. La blague d'un membre du groupe *acid-jazz* britannique Heavyshift a occasionné un retard de quatre heures d'une envolée entre Vancouver et Edmonton. La raison? L'avion avait dû être fouillé en entier. À un douanier qui l'interrogeait sur la nature d'un transformateur qu'il avait en main, le musicien a répondu; «Je veux que vous sachiez que ceci n'est pas une b-o-m-b-e». Or il est interdit par la loi au Canada de dire à la blague que l'on transporte des explosifs à bord d'un avion.

Les ravages de la ***political correctness*** se font désormais sentir dans les coins les plus reculés de la Terre. La police de Helsinki a été blâmée parce que les agents alignaient les ivrognes ramassés sur la chaussée en étroites rangées sur les planchers en ciment des salles communes de la prison. Le conseil du Comité européen pour la prévention de la torture a décrété que cette méthode de «stationnement automobile» se traduisait par «une perte de dignité» pour les ivrognes.

Même à notre époque, les ***superstitions*** sont à l'origine de comportements humains irraisonnés. Dans le port d'Aberdeen, à Hong Kong, la rumeur à l'effet qu'un pêcheur venait de capturer une sirène a incité quelque 2 000 personnes à passer la nuit sur les quais à surveiller l'arrivée du moindre navire de pêche. Mais les seules cargaisons dignes de mention contenaient du... hareng.

⟅

Savoir rejoindre son public demeure le principe premier de tout effort publicitaire, n'est-ce pas? C'est sans doute pourquoi il existe en Angleterre (évidemment!) un bulletin intitulé *Missing Link* (jeu de mots avec le nominatif saucisse, *link* en anglais) et que publie la très sérieuse «Société britannique pour l'appréciation de la saucisse». Quand on a lu ça, on peut bien mourir.

⟅

On imagine un peu le genre d'émission de gaz dont est victime Chip Greeno, de Rutland, au Vermont. L'individu se produit à la télévision pour y bouffer des mites, des criquets, des poissons rouges, des vers et des salamandres. Employé d'une maison pour aliénés et videur de club à ses heures, Greeno se refuse pourtant à manger des petits mammifères et des... anchois.

⟅

En Papouasie, la ***censure gouvernementale*** a banni des ondes télévisées le vidéo d'un groupe rock local de peur que sa performance n'incite les gens à taquiner les crocodiles. Le bout de film montrait le groupe Banditz dans un parc national en train d'essayer d'embrasser un crocodile.

⟅

Tout ce qui marche à quatre pattes n'est pas nécessairement bon à manger. À Donetsk, dans le sud-est de l'Ukraine, des voleurs ont fait main basse sur trois moutons et des lapins qui servaient à des études sur la syphilis dans une clinique spécialisée. Les scientifiques ont mis quiconque en garde de débiter les animaux puisque le boucher qui s'y prêterait pourrait être infecté. La police craignait que la viande ainsi obtenue soit mise en vente sur les marchés locaux. On n'a pas réentendu parler des bêtes ni des voleurs.

La grande encyclopédie de la bêtise

Un couple de touristes taiwanais qui avaient *fait fi des recommandations* pressantes de ne pas quitter leur automobile a été mis en pièces par les lions d'un parc de la région de Johannesburg qu'il voulait photographier de près. Le même couple avait été averti peu de temps auparavant de ne pas faire la chasse aux antilopes dans une région avoisinante.

À Victoria, en Colombie-Britannique, *l'obstination* d'une chienne Labrador a obligé sa propriétaire, Sybil Dignan, à demander l'aide des forces armées canadiennes pour la sauver d'une noyade certaine. La dame s'amusait à lancer un bâton à son animal de compagnie, appelée J.D., lorsqu'une grosse vague a entraîné la chienne de huit ans dans la mer. Parce qu'elle refusait obstinément d'abandonner le bâton, J.D. s'est vite retrouvée à quelques centaines de mètres de la plage. Un hélicoptère de l'armée qui participait à un exercice de sauvetage non loin a été dépêché sur les lieux; un membre de l'équipage, descendu dans un panier, a rescapé la chienne... qui tenait encore le bâton dans sa gueule.

Dans le Kent, au sud de l'Angleterre, un maître qui ne pouvait plus s'occuper de son chien l'a expédié par la poste à un refuge. Le *bête propriétaire* avait pensé à faire un trou dans la boîte pour permettre au chiot de respirer, mais avait enveloppé le colis dans un sac en plastique. L'animal était inanimé lorsque le colis est parvenu à destination. Si l'expéditeur avait eu autre chose que du gruau entre les deux oreilles, il se serait épargné les frais d'expédition (3 $) en appelant le refuge pour qu'on vienne prendre gratuitement l'animal, qui n'aurait eu à subir aucune souffrance.

Les farceurs... Quelle engeance dont on pourrait joyeusement se passer! Dans un restaurant de Castres, en France, neuf personnes ont été blessées lorsqu'un *collectionneur maniaque* a dégoupillé une grenade qu'il prétendait désamorcée pour faire une blague. Le crétin a eu la main emportée par l'explosion. Dans sa jeep, militarisée à l'extrême, qu'il avait garée devant le restaurant, les démineurs ont trouvé un impressionnant arsenal de guerre: grenades offensives ou défensives, fusil d'assaut chargé, lance-roquettes.

Les Français sont-ils plus mauvais farceurs que les autres? Un *fêtard* qui quittait une fête très arrosée à Bordeaux a cru faire preuve d'un humour délicat en tournant le robinet du gaz, pour priver ses hôtes de chauffage durant la nuit. Malheureusement, il s'est trouvé à ouvrir le robinet à pleine capacité, ce qui a provoqué quelque temps après une explosion qui a fait trois morts et trois blessés très graves.

Un *automobiliste* de Fulda, en Allemagne, pris d'un soudain besoin de se décharger du lourd poids de ses péchés, a utilisé sa voiture pour défoncer le portail d'une église, une nuit, et s'est rendu jusqu'au maître-autel. Il y a déposé une obole de 10 DM ainsi que son rétroviseur brisé et est reparti en sens inverse, laissant dans son sillage des dégâts évalués à 10 000 DM (6 250 $).

Trois scouts de Zurich avaient décidé de renouveler la nature du grand jeu. Ils avaient imaginé d'enlever une éclaireuse d'une troupe d'une ville voisine. L'affaire a si bien réussi qu'une dame, témoin du «rapt», a signalé à la police que trois bandits masqués s'étaient enfuis dans une *automobile* dans laquelle une «malheureuse» était retenue prisonnière. En moins de temps qu'il n'en faut pour dire «Baden Powell», la voiture du trio fut interceptée par la police qui finit par accepter les explications embarrassées des éclaireurs en mal d'émotions fortes.

Les âmes sensibles choisissent souvent des méthodes moins draconiennes, plus *politically correct.* L'horticulteur Hans Hansen, responsable des serres municipales de Nelson, en Colombie-Britannique, avait décoré le cimetière local d'une trentaine de plantes réputées pour éloigner les marmottes qui ravageaient le site. Peine perdue: presque toutes les plantes ont été rongées… par les marmottes. «Je crois que l'explication se trouve dans le fait que la plupart des plants avaient été disposés dans les trous des marmottes; en somme, elles ont dû les manger pour sortir de leur terrier.» Pas tout à fait le genre de gars qu'on engage pour l'aménagement paysager de son terrain, en somme…

S'il y a moyen d'éviter la mort, il n'y a guère de façon de faire échec à la *stupidité.* Un Allemand de la région de Bonn, grièvement blessé dans un accident de la route, a refusé toute transfusion sanguine non pas parce qu'il était témoin de Jéhovah, mais parce qu'il craignait la contamination par le sida. Il est décédé deux jours après son hospitalisation, à la suite d'une hémorragie, en refusant toujours ce qui aurait pu le sauver, au désespoir des médecins à qui la législation interdit d'imposer un traitement contre son gré à un patient.

Les vapeurs de friture des gargotes sont en train de ronger les monuments de Rome, qui porte de moins en moins son nom de Ville éternelle. L'huile vaporisée va se coller aux monuments et agit comme une éponge, si bien qu'elle retient les éléments qui rongent la pierre. Qui aurait cru que des monuments créés par des architectes de génie et qui ont résisté aux barbares de tout acabit au cours des siècles tomberaient sous les assauts des vapeurs de hamburgers?

La compagnie Burger King se préoccupe, elle, du niveau intellectuel de ses clients. Constatant que le niveau d'*enseignement* était rendu tellement bas qu'il fallait former les nouveaux employés avec des images plutôt que des textes, elle a décidé de subventionner 40 «Burger King Academies» pour décrocheurs.

Il devient urgent de promouvoir l'*enseignement*: la question la plus souvent posée au service à la clientèle de la compagnie d'ordinateurs Dell est la suivante: «Comment puis-je utiliser cette foutue machine sans avoir à lire le foutu manuel d'instructions?»

Mais il n'y a pas qu'en Occident que l'*éducation* recule. Des faux billets de 50 000 roubles parfaitement imités ont été vite repérés lorsque mis en circulation à Vologda, à 400 km au nord de Moscou. Le mot «Russie» avait une faute d'orthographe.

Décidément, les billets de 50 000 roubles ne portent pas chance. Un employé des chemins de fer de Sibérie, qui voulait récupérer cette somme qui lui était due (environ 9 $), a pris les grands moyens: il a tué à coups de couteau quatre femmes, trois enfants et deux hommes pour convaincre son débiteur (l'une des victimes) de le rembourser.

L'exagération est aussi à l'origine d'un geste d'une immense stupidité fait en Arizona. Un guide et sept «chevaucheurs de rapides» ont détruit à la dynamite une petite chute de deux mètres de hauteur sur la rivière Salt parce qu'elle les embêtait. Comme l'a commenté l'écologiste Gail Peters, après que les huit **niais** eurent été mis en état d'accusation: «Ces gens semblent avoir été trop paresseux pour faire un détour ou trop incompétents pour franchir le passage.»

Athènes, comme chacun le sait, est l'une des villes les plus polluées de la planète. Mais cette situation ne parvient pas à sensibiliser les *bipèdes supposément pensants.* À l'été de 1995, l'incendie qui a ravagé durant trois jours le mont Pentélique, l'un des derniers «poumons verts» de la capitale, était probablement d'origine criminelle, selon la police.

L'art échappe-t-il à la bêtise? Sûrement pas. Dans un musée du Danemark, en dépit d'un système d'aération spécialisé, les visiteurs pouvaient «sentir» le sens de «l'œuvre» d'un artiste local. Il s'agissait, comme le dit son titre, de *Sept Cochons en cours de putréfaction.*

Les magnats du cinéma américain Goldwyn étaient renommés pour leur *culture plutôt sommaire.* Sam Goldwyn Jr fit changer le titre d'un film tiré de la pièce à succès de Alan Bennett, *The Madness of King George III* en *The Madness of King George* parce qu'il était convaincu que le public croirait avoir manqué les deux premiers films d'une série si on laissait le «III» au bout du titre.

⌐

Jimmie Wesley Hall, un résidant du comté de Harris au Texas, a été condamné à une fin de semaine de prison «au pain et à l'eau» par un juge qui voulait lui faire comprendre ce qu'avait enduré son chien. «Butch», un berger allemand de 14 mois, lui fut enlevé alors qu'il ne pesait plus que 15 kilos. En guise de défense, l'*imbécile* avait argué que la responsabilité de nourrir l'animal incombait à sa femme et à ses trois filles.

⌐

Michael Allen, de Flint au Michigan, a comparu sous l'accusation de divers vols et cambriolages, vêtu d'un magnifique complet vert un peu trop ample pour lui. Il souhaitait faire bonne impression devant le juge. Mal lui en prit; le propriétaire du costume en question, volé par le prévenu, était dans la salle d'audience et a immédiatement identifié son bien, fait sur mesure pour lui et portant le nom du tailleur.

⌐

À Hillsboro, en Illinois, le lendemain (sic) de la naissance de leur bébé, un couple a décidé d'aller fêter l'événement à la taverne locale et d'y amener le rejeton. Malheureusement pour l'enfant, on était en février, et ses parents ont bu durant 12 heures d'affilée en oubliant totalement qu'il n'était vêtu que de la barboteuse fournie charitablement par l'hôpital. Comme la taverne était particulièrement fraîche, le bébé a pris froid et est mort un mois plus tard. La police n'a pas poursuivi le couple pour la mort de l'enfant, mais pour ne pas l'avoir protégé du froid.

C

comme dans... crimes

Tout crime est vulgaire, de même que
toute vulgarité est criminelle.

Oscar Wilde

Les statistiques démontrent que la criminalité est devenue préoccupante dans
notre société contemporaine. Aux États-
Unis, par exemple, le nombre de détenus
ne cesse d'augmenter. Si on n'en comptait que 61 par 100 000 habitants en 1880,
et 100 par 100 000 habitants en 1920, on
en dénombrait 350 pour la même population en 1984.

Mais les grands criminels ne sont pas
ceux qui soulèvent l'intérêt. Les malfaiteurs les plus fascinants, ce sont ceux qui
commettent bêtement des délits dont
l'étrangeté ou la bizarrerie nous mettent
en joie pour le reste de la journée, dès
que le premier café nous permet d'en-
trouvrir les yeux sur une page de journal.

Drôles de crimes

Un tribunal belge a déclaré irréfutable la preuve qui a valu une condamnation à un jeune homme de 19 ans de Gand arrêté à la suite d'un vol chez un marchand de frites. Les billets que le *distrait* avait en poche sentaient la frite à plein nez.

La justice officielle est encore le meilleur moyen de solutionner un problème, croit désormais une conseillère municipale d'Anvers, en Belgique, qui a été condamnée à deux mois de prison avec sursis et à 10 000 FB (270 $) pour avoir versé un pot... d'urine sur la tête de *jeunes éméchés* qui utilisaient le mur de sa maison comme urinoir. L'un d'eux fut blessé à un œil (sic) mais a décidé de ne point poursuivre la chère politicienne qui lui a versé 150 000 FB (4 320 $) dans un règlement à l'amiable. «Ça sent la bière de Londres à Berlin!»

Une luxueuse résidence du sud de l'Angleterre a fait l'objet d'un cambriolage peu ordinaire, en dépit d'un système d'alarme perfectionné. Les voleurs y ont dérobé les électroménagers de la cuisine, l'évier, les armoires, les radiateurs et l'ameublement de deux salles de bains, baignoires, cuvettes et bidets compris. On est *voleur,* mais on est propre!

La perspicacité est un cadeau qui n'a pas été donné à tous les *voleurs.* Un homme de 28 ans de Stratford, au Connecticut, a été appréhendé peu de temps après un vol de banque: il avait écrit son nom sur la note qu'il avait remis à la caissière pour lui demander l'argent. Un jeune homme de Cornwall, en Ontario, a eu un comportement semblable dans un club vidéo: il s'est identifié et a demandé à la préposée si son nom figurait toujours sur la liste des abonnés. Devant la réponse positive de la jeune fille, il a alors sorti un revolver et a demandé le contenu de la caisse. La police n'a eu aucun mal à le coffrer quelques minutes plus tard.

Une banque d'Aycliffe, dans le nord-est de l'Angleterre, n'a pu récupérer que 250 livres (500 $) des 24 000 (48 000 $) qu'avait dérobées, dans un coffre-fort laissé ouvert, un *employé* chargé de l'entretien des locaux. Lorsque le juge a constaté la négligence de la banque et le fait que l'homme avait distribué la presque totalité de l'argent aux sans-abri, il ne l'a condamné qu'à 200 heures de travail communautaire et à la faible amende ci-haut mentionnée.

Un *préposé* au péage de Wheaton, en banlieue de Chicago, a eu droit à moins de clémence. En quelques mois, il était parvenu à dérober 22 000 $ en petite monnaie pour payer ses dettes sur ses cartes de crédit. La police venue l'interroger a découvert 1 195 $ en monnaie à son domicile. La différence entre le nombre de pièces recueillies et celui du comptage automatique des véhicules avait attiré l'attention sur lui.

À Colorado Springs, des *voleurs* ont emporté le coffre-fort d'un hôtel qui contenait, selon le gérant de l'établissement, la somme de 10 000 $. Le hic, c'est que les trois quarts de l'argent étaient en petite monnaie, ce qui ajoutait quelque 370 kilos au coffre. On imagine l'embêtement des voleurs qui veulent ensuite se restaurer de quelques repas bien arrosés en payant en sacs de menue monnaie!

À Lyon, en France, un camionneur qui avait rangé son lourd véhicule sur une aire de repos pour y refaire ses forces a été réveillé par les soubresauts que subissait son véhicule. Devant la menace que représentaient cinq hommes armés, il a dû assister, la mort dans l'âme, au déchargement de sa cargaison de 3 000 bouteilles de whisky. Il y a des *vols* qui font plus mal que d'autres.

Un citoyen de Jérusalem qui *refusait* d'accorder le divorce religieux à son épouse, bien qu'il se fût lui-même remarié, a eu la désagréable surprise d'être suivi pas à pas dans la rue, de son domicile au marché, par le tribunal religieux, jusqu'à ce qu'il finisse par obtempérer aux exigences des juges. Un autre de ses congénères s'est montré **moins conciliant.** Aux policiers qui venaient l'arrêter pour mettre fin au carnage qu'il faisait des meubles de son appartement, l'homme a lancé son œil de verre, qui fut particulièrement difficile à retrouver tant il l'avait lancé avec force. La prothèse ne lui fut remise que le surlendemain, lorsqu'il eut retrouvé un semblant de calme.

Un jeune couple de chômeurs d'Udine, en Italie, avait décidé d'arrondir ses fins de mois en cultivant deux magnifiques plants de marijuana qu'il entretenait avec une attention méticuleuse... sur le toit de la maison voisine. Ils ignoraient semble-t-il que la maison était... un commissariat de police. Leur manège a fini par attirer l'attention des **policiers,** curieux de voir deux grosses plantes vertes grandir sous leurs yeux. Venus se renseigner, ils ont fini par découvrir le pot aux roses. Deux jeunes Autrichiens ont vécu une mésaventure semblable. Ils avaient choisi un magnifique emplacement pour planter leur chanvre indien, juste au pied du quartier général des chiens de la police anti-drogue de Vienne. Dès les premiers coups de pelle, ils ont été repérés par deux bergers allemands pas commodes et coffrés dare-dare par les constables.

Le record de **vol de livres** dans des bibliothèques appartient à un Britannique qui en avait dérobé 52 000 en 30 ans. Le butin représentait 35 tonnes de marchandise. Pendant que le quinquagénaire, un ancien étudiant en théologie, purgeait une peine de 15 mois de prison, la police a pu rendre 40 000 livres, dont des ouvrages rares de grande valeur, à leurs propriétaires. Les 12 000 restants ont été vendus aux enchères, recueillant 4 000 livres (8 850 $) destinés à une campagne de prévention du vol à la tire. Un Américain de 40 ans de Saint-Paul au Minnesota a mis 10 ans à dérober 30 000 livres, la plupart en les dissimulant dans un sac en papier. La police les a presque tous récupérés à son domicile: leur valeur totale s'élevait à 750 000 $. Un autre bibliophile indélicat de Metz, en

France, était en bonne voie de battre le record des livres volés lorsqu'il fut appréhendé: son appartement recelait 7 000 ouvrages, dérobés en deux ans au rythme d'une quarantaine par jour. Ses goûts étaient cependant plus éclectiques: on trouva également un millier de disques, ainsi qu'un stock de bouteilles d'alcool et de conserves. Par contre, il a avoué aux policiers qu'il n'avait eu le temps de lire aucun des ouvrages volés.

Certains **voleurs** font preuve d'une **délicatesse** à la Lupin qui les honore. Arrivé après la fermeture devant un magasin de la société des alcools de Parksville, en Colombie-Britannique, un client constata que la porte n'avait pas été verrouillée. Il entra, prit une bouteille de scotch *Teacher's* et laissa 27 $ avec une note explicative près de la caisse, ce qui représentait un pourboire de 40 cents.

Le remords fait parfois bien les choses. Un **cambrioleur** de Choboksary, en Russie centrale, qui s'était introduit dans l'appartement délabré d'un pauvre retraité fut si ému de sa misère qu'il lui a laissé 5000 roubles (10 $) et une note d'excuse pour avoir fracturé sa porte. À Manchester, en Angleterre, un voleur masqué qui avait braqué son pistolet automatique sous le nez d'un étudiant pour le contraindre à lui remettre son argent fut tellement navré de constater que l'autre ne possédait que quelque menue monnaie qu'il lui rendit son argent, en se disant honteux de voler les pauvres.

Trente ans après avoir dérobé 4 livres (6 $) dans la machine à sous d'une association communautaire du pays de Galles, un **voleur repenti** (mais tout de même anonyme) a renvoyé par la poste 40 livres (60 $), en espèces évidemment (on a beau être repenti, on ne tient pas à ce que ça se sache), en s'excusant de son geste et «des dégâts qu'il avait causés».

Un adolescent londonien de 16 ans, qui se prenait pour le Harold du film *Harold et Maude*, s'était emparé d'un corbillard à Croydon, dans le quartier sud de Londres, sans se douter que le véhicule transportait les cadavres d'un homme de 56 ans et d'une femme de 73 ans. Un informateur anonyme a cependant vendu la mèche et les policiers ont découvert le véhicule et sa cargaison intacte dans un garage, deux jours plus tard. Il paraît qu'il était temps.

Certains ***malfrats*** peu imaginatifs réussissent là où d'autres auraient sombré dans le ridicule. Un voleur a commis trois vols à main armée dans la même banque de Rochester N.Y. en moins de 24 heures. À chaque occasion, il a à peine modifié son allure et a procédé de la même façon, soit en tendant une note manuscrite au caissier. On ne peut que s'interroger sur le manque de perspicacité du personnel de la banque qui n'a pas réussi à le contrer.

L'actualité a amplement fait état des touristes dévalisés en Floride. L'anecdote suivante a cependant le mérite d'être savoureuse. Une voyageuse dont la voiture avait une crevaison fut dirigée vers une station-service par un aimable jeune homme qui s'est offert à changer le pneu. Pendant qu'il s'exécutait, des bandits se sont approchés pour leur faire un mauvais parti, mais il les a convaincus de les laisser tranquilles. Il a recommandé à la dame de s'enfermer à clé dans la voiture pendant qu'il terminait l'installation du pneu. Puis il lui a demandé les clés de la voiture afin de ranger le cric dans le coffre. Lorsqu'elle ouvrit la portière pour les lui remettre, il lui a braqué un revolver sous le nez et a exigé ses bijoux et son argent avant de disparaître dans la nature.

Le tempérament exploiteur de l'homme face aux volatiles est d'une grande diversité. À Fort Lauderdale, en Floride, deux Haïtiens ont été arrêtés parce qu'ils pratiquaient un curieux commerce. Ils farcissaient de pistolets automatiques des dindes qu'ils congelaient avant de les glisser dans leurs bagages et de s'envoler vers leur pays. Le truc a fonctionné une fois. Mais leur ambition les a trahis: lorsque la police les a appréhendés, ils venaient d'acheter 90 pistolets qu'ils s'apprêtaient à faire passer en douce dans le ventre de dindes: on a beau avoir une famille à nourrir, ça paraît curieux de les forcer à manger tant de dinde.

Tous les criminels n'ont pas la chance de leur côté. Un pyromane de Everett, dans l'État de Washington, a été condamné à 75 ans de prison pour avoir allumé 77 incendies criminels. Son père, qui l'avait dénoncé à la police, a mérité une prime de 25 000 $ d'une compagnie d'assurances. L'honnête paternel l'a aussitôt remise au pasteur d'une église détruite lors d'un incendie allumé par son fils.

D'autres voleurs sont moins délicats, bien qu'ils aient des goûts étranges. À Sainte-Foy, en banlieue de Québec, trois **malfaiteurs** ont séquestré deux clients et le commis d'un magasin avant de s'enfuir avec le contenu de la caisse ainsi que 12 aspirateurs et 7 caisses de sacs à poussière. Leur repère avait peut-être besoin d'un nettoyage en règle.

Au nombre des **indélicats,** il faut ranger douze **bandits** mexicains qui ont fait irruption dans un restaurant où 80 clients se régalaient d'un repas typique au son de la musique des mariachis. Au son de la musique qu'ils ont obligé les musiciens à jouer, ils ont forcé les clients à se dévêtir pour s'emparer de tous leurs avoirs et de leurs vêtements et les ont enfermés dans les toilettes, frappant ceux qui résistaient. Les policiers arrivés sur les lieux ont connu un sort semblable.

Deux **tristes imbéciles** de Carol City, en Floride, ont commis un crime semblable, mais ils s'en sont pris à une... maternelle qui abritait 70 bouts de chou qu'ils ont terrorisés en les forçant à se coucher à terre sous la menace de leurs armes. Les courageux énergumènes ont menacé de tuer le directeur de l'établissement et les enseignants. Ils sont repartis après avoir vidé la caisse de la maternelle et les sacs à main des enseignantes. Plus braves que ça...

D'autres voleurs ne manquent pas d'humour. Après avoir cambriolé six fois la même papeterie de Coventry, en Angleterre, les *voleurs* y sont retournés une septième fois pour y dérober cette fois le système antivol. La victime avait autant d'humour; le papetier a en effet déclaré: «Ils avaient probablement besoin du système d'alarme pour protéger les 10 000 livres (environ 25 000 $) de marchandises qu'ils m'ont dérobées.»

À Nice, un voleur de 47 ans qui prétendait vouloir écrire un roman (!) a été condamné à neuf ans de prison pour de nombreux *vols à main armée.* Catello Prota consignait avec un luxe de détails dans un carnet intime tous les crimes qu'il commettait. Le juge n'a pas cru qu'il avait inventé ces crimes, réunis sous le titre pompeux *Comment devient-on criminel?* que le braqueur avait trouvé.

À Athènes, des *cambrioleurs* ont mis trois mois à creuser un tunnel de 25 mètres en direction de la chambre forte d'une banque. Ils ont pu y dérober, au cours d'une seule fin de semaine, 301 des 1 151 coffres particuliers, empochant de 11 à 18 millions $.

Un vendeur itinérant de billets de loterie de Madrid a dû rembourser la somme de 1 700 $ après s'être fait subtiliser 1 000 billets dans sa voiture. Mais la victime avait conservé la liste des numéros; lorsqu'il constata qu'un de ses billets était gagnant d'une somme de 400 000 $, il prévint la *police* qui arrêta aussitôt les voleurs au moment où ils réclamaient «leur» magot. Le vendeur, Ricardo Cortes, ayant payé le billet, a touché la somme, a payé ses dettes, s'est acheté une maison et a pu faire opérer son fils, atteint d'une malformation cardiaque.

Une histoire de cœur est aussi à l'origine de cette anecdote. Lorsqu'un voleur ordonna à Kevin Mickel, un employé d'un magasin de Reno au Nevada, de lui remettre, sous la menace d'un pistolet, l'argent de la caisse, l'imaginatif vendeur simula une crise cardiaque fort convaincante. Affolé, le ***braqueur*** prit la poudre d'escampette en criant à un client qui entrait dans l'établissement d'appeler une ambulance.

La ***police britannique*** joue sur les apparences pour déjouer les voleurs. Après avoir créé une unité de fausses grands-mères pour confondre les voleurs de sacs à main des vieilles dames, elle fait désormais porter de fausses Rolex à ses agents en civil dans le quartier riche de Hampstead où des voleurs à la tire s'en prennent aux passants fortunés. Une telle montre peut valoir plusieurs dizaines de milliers de dollars.

Les règlements de la construction ont plongé la ***police d'une région rurale*** de la Nouvelle-Zélande dans l'embarras. L'édification d'une nouvelle prison a été suspendue lorsqu'il fut révélé que chaque prisonnier aurait droit à la clé de sa cellule de façon à pouvoir sortir de l'établissement en cas de feu, comme le stipulait le ***code de la construction.***

Au chapitre des histoires cocasses, celle qui est arrivée à un couple de la Californie ne manque pas de charme. Entre Noël et le jour de l'An, ils furent réveillés par un grand bruit venant du salon: ils eurent la surprise de découvrir un voleur, coincé dans la cheminée, la tête en bas. «Je suis le père Noël», a dit l'homme en guise d'explication. Les pompiers accourus sur les lieux ont dû démolir une bonne partie de la cheminée pour le libérer et le remettre entre les mains de la police.

Un ***cambrioleur*** de Nordestedt, en Allemagne, aurait bien voulu qu'on le découvre plus tôt: il est resté coincé dans la cheminée d'un magasin où il avait voulu s'introduire. La police dut faire appel aux pompiers pour mettre un terme à la contention involontaire. Il était tellement content de s'en sortir qu'il a embrassé les policiers au moment de son arrestation.

Mais des résidants de Roxton-Sud, au Québec, n'ont pas eu cette chance. Pour la troisième fois en deux ans, des voleurs se sont introduits chez eux en leur absence, à l'époque de Noël, et y ont volé les cadeaux emballés au pied du sapin ainsi qu'une douzaine de tourtières au congélateur. Curieusement, les malfaiteurs ont laissé sur place le téléviseur, le magnétoscope et la chaîne stéréo, des objets normalement convoités par les cambrioleurs.

Les déserteurs traduits en cour martiale ont souvent des raisons de force majeure pour avoir fait le mur. Mais rien ne vaut le motif du déserteur James Pou qui comparaissait devant une cour militaire de la base aérienne de Riverside County, en Californie. Il a reconnu s'être évadé de la cellule où on l'avait confiné parce que le geôlier avait confisqué son ourson en peluche. Défendus par des militaires à la fibre morale aussi forte, les Américains n'ont rien à craindre.

Les bonnes habitudes ne se perdent pas. Un voleur confiné pour le reste de ses jours à un fauteuil roulant, à la suite d'un vol raté au cours duquel une balle policière l'avait blessé au dos, a repris du service dans la même ville, Springfield, au Massachusetts. À peine libéré de prison pour bonne conduite, l'homme a procédé à un *vol à main armée* dans une banque locale. Un complice l'attendait en voiture. À sa sortie de l'établissement, ce dernier l'a aidé à s'asseoir dans l'automobile et a calmement replié le fauteuil roulant avant de le ranger dans le coffre de l'auto qui a disparu dans la nature.

Deux handicapés qui séjournaient dans la même chambre d'un centre de Brockville, en Ontario, sont redevenus bons amis en dépit d'un incident qui a failli mettre en péril leur grande amitié. Furieux de se voir imposer par son cochambreur une émission de télévision qu'il détestait, Duff Hough a démonté l'accoudoir gauche de son fauteuil roulant et a servi une raclée à James Kittle. L'agresseur, mis sous surveillance durant six mois, a été condamné à 10 heures de travail communautaire.

La victime a bien tenté de faire annuler l'accusation en raison de la renaissance de leur lien amical, mais le *juge* Rommel (sic!) Masse l'a maintenue en lui suggérant tout de même de laisser au colérique le choix des émissions à l'avenir.

Un handicapé norvégien passablement éméché avait eu la prudence de demander à des policiers s'il pouvait continuer de rouler dans les rues en fauteuil roulant. Mal lui en prit: traîné au poste, soumis à un alcootest très révélateur, le malheureux se vit imposer dare-dare une amende de 5 000 couronnes (400 $) pour conduite en état d'ébriété. C'était assez pour le dégriser sec: Roar Karlsen a refusé de payer et a porté l'affaire en cour. Un *juge* lui a donné raison en considérant qu'il ne roulait pas assez vite, à 6,5 km/h, pour représenter un danger.

Parfois, les parents sont forcés de regretter de s'être trop préoccupés du bien-être de leurs enfants. Un adolescent de San Francisco, rendu *furieux* par le fait que ses riches parents l'avaient inscrit dans un collège militaire pour lui apprendre à vivre, a trouvé un moyen original de se venger: il a invité des amis à une fête à la résidence évaluée à un million de dollars. Quelques heures plus tard, la maison n'était plus que l'ombre d'elle-même. Quelque 200 jeunes s'y sont présentés et ont été laissés libres de saccager à leur guise. Non seulement les parquets, les tapis et les murs étaient-ils méconnaissables sous les assauts, mais l'ameublement et les objets de valeur, y compris les tableaux, les bijoux, les vêtements, avaient été volés. La police a été mise au fait qu'il se déroulait quelque chose de pas très catholique par un voisin inquiet du tapage infernal dans ce quartier huppé ordinairement très calme. Tellement calme que la vedette du rap Hammer a choisi d'y avoir pignon sur rue, à quelques mètres seulement du lieu de l'hécatombe.

À Hamilton, au New Jersey, les clients de la pizzeria de Ryan Kemble n'avaient qu'à donner un code par téléphone pour se faire livrer à domicile une pizza qui dissimulait la dose de drogue désirée. Dénoncé à la police par un informateur, le petit malin fut coffré, mais non sans que le dernier client ait d'abord pris possession de sa pizza.

La dissimulation est-elle un art qui se perd? Les **douaniers** de l'aéroport du Caire ont accosté un jeune homme en provenance d'Amman parce que sa démarche leur semblait un peu… lourde. Obligé de se déchausser, le passager fut appréhendé sur-le-champ: ses bottes contenaient huit kilos d'or pur de 24 carats d'une valeur de 104 000 $.

La cour d'appel d'Orléans, en France, a condamné à six mois de prison avec sursis et 5 000 FF d'amende (1 200 $) le dirigeant d'une équipe de football du Loir-et-Cher qui avait admis avoir injecté du valium, un puissant sédatif, dans des bouteilles d'eau minérale d'une équipe adverse. La ligue l'a aussi radié pour 10 ans.

Un locataire de Dallas, au Texas, expulsé de son appartement parce qu'il ne payait pas son loyer, s'est **vengé** de façon éclatante. Il a fait appel à une entreprise de démolition en se faisant passer pour le propriétaire et a promis 750 $ pour faire démolir la maison, affirmant qu'il avait en main le permis de démolition. L'entrepreneur n'a pas attendu de voir le document et a lancé les bulldozers à l'assaut de la résidence, à la grande surprise du propriétaire légitime. En une demi-heure, il ne restait qu'un tas de gravats d'un mètre de hauteur.

Un cambrioleur berlinois appréciait une discothèque; il y était déjà entré par un conduit d'aération pour y dérober dix cartouches de cigarettes. Mais lorsqu'il a voulu répéter son exploit, il est resté coincé; pour l'appréhender, la police a dû faire abattre un mur adjacent au conduit. Eh bien, dansez maintenant!

Les fraudeurs

Bénéficiant de la désactivation du plafond des retraits de 200 $ pour permettre la mise en service d'un nouveau *logiciel* durant une fin de semaine, quatre malfaiteurs ont utilisé une carte volée dans un sac à main oublié dans une fourgonnette pour soutirer 346 000 $ en 54 heures dans 48 guichets automatiques disséminés dans plusieurs États du Nord-Ouest américain. Pour ne pas affoler l'ordinateur de la banque, ils avaient fait des dépôts fictifs de 820 000 $. La police a mis la main au collet de trois d'entre eux, mais n'a récupéré que 29 000 $. La propriétaire de la carte avait écrit son code d'accès sur sa carte d'assurance sociale.

Les voleurs de carte de *retrait automatique* connaissent bien leur affaire, selon un magazine new-yorkais. Généralement, ils se présentent à un guichet à 23 h 59 et retirent la limite quotidienne permise de 500 $; ils attendent deux minutes et encaissent à minuit et 1 minute 500 $ de plus.

Un citoyen d'Erlangen, en Allemagne, avait trouvé une façon originale de régler son problème de compte perpétuellement à découvert. Il s'est présenté à son gérant de banque muni d'un bulletin rempli après un tirage et d'un faux certificat du loto attestant qu'il avait trouvé les six bons numéros. Assuré de revoir enfin son argent, le banquier lui a garanti un généreux crédit et lui a offert une carte de crédit. Le fraudeur a quitté le pays pour se payer de luxueuses vacances à Paris et à Londres. Quatre semaines plus tard, inquiet de ne voir aucun argent lui être transféré par le loto, le gérant s'est informé auprès de l'administration qui lui a ouvert les yeux. L'homme a été écroué, mais pas avant d'avoir dépensé 19 000 $ en ce court laps de temps.

Un petit malin de 13 ans d'Auckland (Nouvelle-Zélande) a réussi à échanger, contre 78 $, un faux billet de 10 000 yens utilisé dans la version orientale du jeu de Monopoly. La *banque* a d'abord exigé qu'il rende l'argent mais voyant que le ridicule de la situation se retournait contre elle, elle a fini par clore le dossier en acceptant de passer l'affaire aux profits et pertes.

‹

Une fraudeuse de 33 ans de Hamilton en Ontario s'était lancée dans une course aux cadeaux de Noël à l'aide d'une carte de crédit volée. En une seule soirée, elle avait acheté pour 600 $ lorsqu'elle s'est présentée à une boutique de jeans. Elle a commis l'erreur de présenter sa carte à une vendeuse qui a reconnu son propre nom. La *voleuse* habitait le même édifice et avait subtilisé la carte expédiée par une banque et que l'autre n'avait jamais reçue. La tournée des magasins a pris fin abruptement pour l'imprudente, aussitôt coffrée.

‹

Les compagnies d'assurances sur la vie font face à une nouvelle forme de fraude, celle de la mort en pays étranger. La plupart des faux certificats de décès proviennent de pays du tiers-monde aux prises avec de graves problèmes de stabilité sociale et économique ou carrément en guerre, tels que la Tchétchénie, la Somalie, la Bosnie. «Comment pourrait-on aller vérifier l'authenticité du décès?», demande David Brink, un avocat bostonien spécialisé dans ce genre de fraude.

Mais les fraudes sont aussi plus minables, comme le rapporte le Bureau des assurances du Canada. Une mère de famille de Windsor, en Ontario, dont le fils avait volé quelques dollars à un dépanneur a eu la surprise de voir la *victime* gonfler le montant du vol à plus de 2 000 $, ce qui alourdissait l'accusation portée contre le jeune homme. «Ça arrive constamment», a reconnu Mary Lou O'Reilly du Bureau des assurances du Canada.

‹

On estime que 10 % des réclamations pour blessures dans des accidents de la route aux États-Unis sont frauduleuses. La grande mode est de se précipiter dans un véhicule accidenté et de se faire *passer pour une victime* plutôt que de secourir ses occupants. Le New Jersey a simulé 10 accidents d'autobus afin de filmer le comportement des gens. Plus de 100 personnes ont sauté à bord après la collision pour faire croire qu'elles étaient blessées.

Les autorités pénitentiaires de trois prisons new-yorkaises s'étonnaient de constater que des dizaines de détenus étaient tirés à quatre épingles et vêtus de vêtements chic en provenance des grands magasins de la métropole américaine. L'épouse d'un détenu travaillait dans une luxueuse boutique et avait pris note des numéros et des noms de quelque 150 cartes de crédit qu'elle avait refilés à son mari derrière les barreaux. Les petits astucieux n'avaient qu'à passer commande par téléphone.

Des voleurs de banque de Manille, pris en chasse par un policier, se sont débarrassés de lui en lançant quelques poignées de billets au moment où ils passaient près d'une cour d'école. La ruade des enfants et des passants vers le policier leur a permis de prendre le large.

Soixante-quinze étudiants thaïlandais ont été pris en flagrant délit de **tricherie** pour avoir dissimulé des récepteurs radio dans leur caleçon afin de connaître les réponses à un examen d'entrée de l'école militaire de Bangkok. Les fraudeurs avaient versé 2 000 $ US chacun à un policier véreux qui leur soufflait les réponses par le canal d'un émetteur. Le policier a été interpellé lui aussi.

Le neveu d'une institutrice décédée en 1950 a perçu durant 33 ans sa pension de retraite en contrefaisant sa signature sur le chèque, pour récolter ainsi la somme de 125 000 $. Les services sociaux ont commencé à avoir des soupçons lors d'une enquête sur les retraités centenaires; les fonctionnaires n'arrivaient jamais à avoir la prétendue vieille dame au téléphone.

Un ex-résidant de Coffeen, en Illinois, Gary Elliott, se croyait à l'abri de tout soupçon. Quatorze ans plus tôt, il avait simulé son décès, avait été déclaré légalement mort et avait fui en Californie, abandonnant sa femme et leurs sept enfants à la misère. C'était sans compter sur la perspicacité de la **police californienne** qui est parvenue à mettre au jour sa véritable identité. Le joyeux drille a dû revenir en Illinois pour faire annuler son certificat de décès, obtenir un divorce et épouser la femme avec laquelle il vivait en Californie. Pourquoi faire simple quand on peut faire compliqué?

Arthur Younkin est un «gros» fraudeur. Il fait osciller l'aiguille du pèse-personne à 230 kilos. Le juge lui avait donné le choix entre la prison ou un travail qui lui permettrait de rembourser sa victime, mais comme personne ne voulait engager un ex-prisonnier de ce poids, il fut réduit au chômage. De retour devant le magistrat, il obtint un sursis de six mois pour perdre du poids et reprendre la chasse à l'emploi. Une fois le délai passé, on mit Arthur sur une solide balance pour constater qu'il avait engraissé de quelques kilos plutôt que de retrouver sa taille de jeune garçon. Cette fois, le juge fut sans pitié: il l'envoya à l'ombre suivre la célèbre diète des prisons américaines, garantie d'amincir le tour de taille.

Dans le cas de certains enseignants, on se demande comment ils ont pu un jour décrocher un brevet. Une Londonienne croyait avoir trouvé un bon moyen d'**extorquer** de l'argent d'un ancien amant, professeur de surcroît. Lui faisant croire qu'elle avait eu un fils de lui à la suite de leur relation, elle le délesta progressivement de 3 500 livres sterling (environ 7 000 $). Elle lui amenait régulièrement le «fils» à qui le «père» ému remettait des jouets et de l'argent. Le hic était qu'elle empruntait la fillette d'une amie qu'elle costumait en garçon, puisque de fils il n'y avait point. Le plus étrange de l'histoire est que le prof mit du temps à se rendre compte de la supercherie puisque la bonne dame avait... 60 ans! Le juge a été magnanime: elle a écopé une sentence de prison avec sursis.

Une fouille a permis aux gardiens de l'usine Polmo à Krosno, en Pologne, de découvrir dans les petites culottes de six ouvrières au moment de leur départ de l'usine 180 pièces d'amortisseurs pour la Fiat 126. La nouvelle n'expliquait pas ce que les mains des gardiens faisaient dans les culottes des femmes.

Des **voleurs** britanniques ont fait don d'un sac de vêtements à un organisme de charité de Londres, en oubliant d'y retirer un sac plein de bijoux volés évalués à 600 000 livres (900 000 $). Une jeune femme, coiffée d'une perruque pour brouiller les pistes, s'est présentée au bureau de l'organisme en prétextant qu'elle venait récupérer son sac «apporté par erreur». La décision de la préposée d'appeler d'abord la police a fait fuir la jeune femme, aperçue plus tard en train de discuter âprement avec son compagnon. Les bijoux avaient été dérobés dans une bijouterie de la capitale peu de temps auparavant.

Deux jeunes délinquants de Lisbonne ont écopé quatre ans de prison pour avoir obtenu, sous la menace d'une seringue qu'ils prétendaient infectée du virus du sida, le porte-monnaie et la carte de **retrait automatique** d'un passant. Le porte-monnaie ne contenait que 2 $, mais les deux filous avait soutiré une centaine de dollars au guichet. Il a été démontré au procès que la seringue n'était pas infectée.

Une filiale de la compagnie russe Nikonorovo, spécialisée dans le commerce du tabac, avait trouvé la manière de profiter du goût effréné des citoyens pour les produits américains. Elle fabriquait des contrefaçons de cigarettes Marlboro et Camel avec du mauvais tabac polonais et bulgare. Chaque paquet se vendait 5 000 roubles (moins de 1 $). La police, qui a mis fin à l'opération, a saisi 320 000 paquets de cigarettes d'une valeur d'environ 360 000 $ sur le marché.

Un soi-disant radiesthésiste d'Aparac, dans le Gers, en France, promettait la guérison à ses clientes à condition qu'elles acceptent son «sperme magnétisé». Pour faire plus vrai, il jouait du pendule et se proclamait «élu de Dieu» pour guérir tous les maux, en particulier l'arthrose et les maladies nerveuses. L'une de ses victimes lui avait même refilé ses bijoux. Il a été traduit en justice sous l'accusation d'agression sexuelle, d'escroquerie et de... pratique illégale de la médecine.

La plus importante fraude en matière de communication téléphonique a été mise au jour à Los Angeles: un employé de la compagnie MCI avait revendu plus de 100 000 numéros de cartes d'appels à un réseau d'*escrocs* qui ont pu les utiliser pour faire des appels totalisant quelque 50 millions $. Le réseau fonctionnait non seulement aux États-Unis, mais en Espagne et en Allemagne. La perquisition chez un des conspirateurs a permis de découvrir six ordinateurs qui utilisaient des logiciels dérobés et des milliers de numéros de cartes sur *disquettes*.

À Montréal, la GRC a mis fin à l'activité d'un fraudeur dont l'activité coûtait 200 000 $ par mois à la compagnie de téléphone Unitel. L'homme validait sur son ordinateur les codes d'accès dérobés au hasard et les transmettait à des complices qui sollicitaient des clients dans le métro. Contre 10 $, ils composaient pour eux un code d'accès sur un téléphone public et leur remettaient ensuite l'appareil; les clients parlaient tout le temps qu'ils voulaient à leur correspondant dans divers pays, en particulier l'Allemagne, la Finlande, la France, la Bolivie, Israël, les Pays-Bas, la Pologne, le Venezuela.

Une banque de *données informatiques* israélienne, la Cool BBS, proposait à ses abonnés un «guide du terroriste», une liste de cartes de crédit volées ainsi qu'un mode d'emploi pour la préparation de virus d'ordinateur. Elle a été dénoncée à la police par deux ados plus honnêtes que d'autres, surpris de ces étonnants «services».

Par le biais du réseau Internet, des **pirates informatiques** ont violé le système informatique du Pentagone qui gérait notamment la recherche balistique, la construction navale, la paie et les états de service du personnel, le courrier électronique, l'approvisionnement militaire et le système de recherche en sécurité informatique. Certains pirates ont récupéré, modifié ou effacé des fichiers et sont même parvenus à mettre le système en panne. Heureusement, le système ultrasecret qui contrôle l'armement nucléaire n'est pas relié au réseau Internet!

Un comptable de Scotland Yard a été appréhendé pour avoir escroqué le service de police de 4 millions de livres (environ 8,5 millions $) sur une période d'une dizaine d'années. Anthony Williams, un employé modèle, menait une vie parallèle d'homme d'affaires en Écosse où il se faisait donner du «Lord», un titre chèrement acquis puisqu'il avait versé 1 million de livres pour devenir baron de Chrinside. S'il avait su maintenir un train de vie correct, à la hauteur des émoluments perçus pour ses services de cadre supérieur de Scotland Yard, le couple Williams n'avait pas résisté à faire de nombreuses transactions dans le petit village de Tomintoul, perdu dans les Highlands: il y avait acheté un pub, un hôtel et plusieurs cottages qu'il faisait rénover à grands frais.

Cambridge, la célèbre université britannique, a mis au point une façon de parer à la **tricherie** aux examens. Les questions seront désormais imprimées sur du papier coloré (rose, jaune citron, bleu ciel ou même lilas). Mais le choix de la couleur ne se fera qu'à la toute dernière minute avant l'examen.

Les universités ne sont pas toujours, en effet, des lieux de haute valeur morale. Un ***professeur*** à la faculté des sports de l'université de Szczecin, au nord-ouest de la Pologne, a été arrêté et accusé d'avoir extorqué de l'argent à ses étudiants contre des bonnes notes sans avoir à subir d'examen. Les étudiants des dernières années lui servaient d'intermédiaires, contre une petite commission, perçue sur les montants de 105 à 285 $ qu'exigeait l'enseignant.

Une fondation bidon de New York (la Foundation for New Era Philanthropy) a floué des centaines d'organisations caritatives et de riches financiers américains pour des centaines de millions de dollars en leur proposant de doubler les sommes reçues de donateurs qui seraient investies chez elle en obtenant des donations équivalentes de la part de riches donateurs qui désiraient rester anonymes et avaient mandaté New Era pour gérer leurs dons.

Mais les fraudeurs sont parfois punis de triste façon. L'ancien maire adjoint de Pékin, Wang Baosen, s'est suicidé quand il a constaté que la corruption qu'il avait érigée en système serait mise au jour. Il avait utilisé d'importantes sommes pigées dans les fonds publics pour ses besoins personnels. La plus importante somme, 25 millions $, avait servi à la construction de résidences destinées à son frère cadet, à sa maîtresse et à divers acolytes.

Deux Taiwanais ont profité de l'engouement pour les aliments diététiques et ont vendu à des crédules pour 30 millions de dollars de... nourriture pour animaux. Ils ont été appréhendés pour fraude et ont avoué leur stratagème lorsque plusieurs consommateurs se sont rendus malades à suivre ce régime particulier.

En deux ans, 24 ***employés*** du bureau de l'Unicef du Kenya sont parvenus à détourner ou gaspiller 10 millions $, soit plus du quart du budget alloué à l'organisme d'aide à l'enfance durant la même période (37 millions $). L'argent était destiné à payer les salaires de 30 employés.

À Francfort, dans le Kentucky, un hypnotiseur a été appréhendé pour avoir promis à des femmes de les aider à avoir une poitrine plus volumineuse sans silicone. Moyennant quelques centaines de dollars, il disait être capable de faire disparaître, sous hypnose, le blocage qui empêchait depuis la puberté les seins de ses patientes de se développer normale- ment. Certaines *crurent* à ses promesses...

Savoir être original

Sous d'autres cieux, le sens de l'astuce est encore vif. Un prisonnier britannique de Norwich, Davis Aves, s'est procuré un formulaire de la cour précédemment utilisé pour la libéra- tion d'un prisonnier et l'a fait remettre à un complice hors les murs. Ce dernier a effacé le nom du prévenu pour le rem- placer par celui du prisonnier et l'a réexpédié par télécopieur à la prison. Aves fut donc libéré sans autre forme de procès le jour même où il devait comparaître sous une accusation de vol.

Les *gogos* sont prêts à payer pour à peu près n'importe quoi. Un employé de la morgue de Copenhague avait trouvé un moyen original d'arrondir ses fins de mois. Pour la modique somme de 50 couronnes danoises (10 $) par personne, il orga- nisait des visites guidées de la morgue de la capitale, avec permission de toucher les cadavres, photographier les victimes de meurtres ou filmer des autopsies. Le directeur à la retraite avait autorisé le petit commerce parce que les visites se déroulaient en dehors des heures régulières et que l'institut touchait sa part.

La vie quotidienne dans la métropole américaine est si pleine de surprises qu'on comprend les bandits de se distinguer avec brio. Le dernier truc des *truands* new-yorkais est de se présenter à la porte des restaurants chic, vêtus comme des représentants BCBG typiques, et d'y détrousser à la pointe du revolver les clients fortunés qui quittent l'établissement.

Restons à New York. Soucieuse de faire échec aux revendeurs de drogue qui utilisent les téléphones publics à boutons-poussoirs pour transmettre et recevoir des communications sophistiquées à l'aide de gadgets électroniques, la police a fait remettre en service 250 appareils à cadran complètement démodés, modifiés en plus pour ne permettre que la transmission d'appels et non la réception. D'autres villes américaines tentent elles aussi l'expérience qui paralyse l'action des revendeurs, enfants du progrès électronique. Le seul problème: trouver des téléphones. Ils sont si démodés qu'on n'en fabrique plus aux États-Unis.

L'esprit d'invention des *malfaiteurs* est en soi une source d'émerveillement pour quiconque admire l'ingéniosité technique. Les trafiquants de drogue des Caraïbes ont mis au point un petit sous-marin en bois et en fibre de verre imitant la partie frontale d'un avion, peint en bleu océan et propulsé par un petit moteur diesel. Ses deux occupants, dans un cockpit en plastique, respirent grâce à un schnorkel de deux mètres. Indétectable des airs, l'appareil semble d'une grande efficacité. Bien que la police antidrogue des États-Unis estime qu'une vingtaine de ces appareils ont été assemblés, un seul a été arraisonné.

Un citoyen de New Delhi avait trouvé une façon originale de faire le commerce des chaussures: il les dérobait à la porte des mosquées où les fidèles doivent se déchausser avant d'entrer. L'homme, qui se faisait des revenus mensuels de 300 $, a été appréhendé à sa chambre d'hôtel en possession de 31 paires de souliers.

Des *cambrioleurs* ont patiemment creusé pendant trois semaines un tunnel qui leur a permis de s'introduire dans une bijouterie de Fontainebleau où ils ont fait main basse sur de la marchandise évaluée à 5 millions FF (1 million $). Il faut dire qu'ils s'étaient donné de la peine: empruntant un couloir extérieur à 30 mètres de la bijouterie, ils ont eu accès à une cave à partir de laquelle ils ont percé un tunnel à travers trois autres caves sur 10 à 15 mètres. Pour agir en toute impunité, ils avaient isolé les murs avec de la laine de verre. Ils ont également dû perforer un mur en béton pour déboucher dans le magasin par le plafond de la cave, au seul endroit qui permettait de déjouer un radar de haute technologie, un angle mort de 80 centimètres à peine. Pour plus de sûreté, ils ont agi à l'heure du déjeuner.

Un ***prisonnier*** américain qui croyait avoir trouvé la façon infaillible de s'évader de la prison ontarienne de Lancaster en se cachant dans une poubelle a bien failli y laisser la vie. Les ordures furent cueillies par un camion muni d'un pressoir qui réduit de cinq fois le volume initial des déchets. Rejeté dans un dépotoir à 11 kilomètres de la prison, l'homme fut sauvé *in extremis* par l'opérateur d'un broyeur qui s'apprêtait à faire un sort à la masse compacte. Il paraît que l'évadé, qui a subi plusieurs fractures, était coincé dans les déchets comme «dans un pain», selon les témoins.

Des cambrioleurs britanniques aussi se sont introduits dans une prison, mais c'était pour y voler 750 livres (1 875 $). Une clôture de deux mètres et deux portes d'un centre de semi-liberté ne leur ont pas résisté. Les ***détenus*** se sont plaints de l'insécurité des lieux à la suite du vol.

Parfois, l'originalité en matière de crime dépasse les meilleurs romans policiers: des assassins moscovites ont éliminé le patron d'une usine d'emballage en dissimulant dans son fauteuil roulant (décidément il était marqué par le destin) un objet radioactif qui a eu raison de sa santé.

Un cambrioleur de Jérusalem n'avait pas froid aux yeux. Il s'est introduit dans la villa du **chef de la police** israélienne, Assaf Hefetz, par une fenêtre laissée ouverte sans donner l'alerte aux membres de la famille qui se trouvaient dans la maison. Il est reparti avec un butin composé de divers objets de valeur, d'une caméra et de plusieurs centaines de dollars en espèces. Le vol n'a été découvert que le lendemain.

À Chuvasia, en Russie, les cafétérias ont trouvé un moyen insolite d'empêcher le **vol** des cuillères devenu endémique: elles y ont fait percer des trous qu'il faut boucher avec de la mie de pain mouillée pour manger sa soupe. Malheureusement, elles en sont pour leurs frais, a rapporté l'agence Itar-Tass: dorénavant on les vole en guise de souvenirs.

Un Italien, de retour d'Amsterdam, croyait avoir trouvé une façon originale de passer du haschisch en **fraude** à la frontière française. Il avait transformé sa marchandise en semelles pour ses sandales et avait choisi de voyager tranquillement par le train. Il ignorait que les douaniers de la gare de Saint-Louis, dans le Haut-Rhin, ont recours à des méthodes hautement raffinées pour repérer la drogue: un caniche. Fier d'avoir renvoyé les bergers allemands à la retraite, le brave chiot a vite reniflé les semelles du petit futé qui a dû poursuivre sa route pieds nus... vers une cellule.

À Sind, au sud du Pakistan, des **bandits** n'ont pas lésiné sur les moyens à prendre pour commettre un vol: ils ont attaqué un train à la roquette pour l'obliger à s'immobiliser. Mais comme il s'agissait d'un train de marchandises et qu'il n'y avait aucun voyageur à rançonner, ils sont repartis bredouilles.

Un voleur qui s'était introduit dans la Calvary Methodist Church de Weatherford, au Texas, a imité Arsène Lupin et Simon Templar. Mais sa carte de visite n'avait rien d'anonyme. Fasciné par le photocopieur, le peu subtil individu s'est amusé à faire plusieurs copies de… son visage qu'il a laissées sur place.

L'*idiotie* n'a pas de frontière. Un homme est entré dans une pharmacie de Vernon, en Colombie-Britannique, et a informé le caissier qu'il reviendrait une demi-heure plus tard pour commettre un vol. À l'heure dite, il est revenu sur les lieux avec un comparse. Tous deux ont été épinglés par des agents de la GRC que l'employé avait prévenus entre-temps.

Colère et meurtres

La colère est à l'origine de crimes pas piqués des vers. À Toronto, un homme a été condamné pour avoir tué à coups de magnum un consommateur dans un bar et en avoir blessé un autre grièvement. Les deux victimes avaient eu l'outre-cuidance de se moquer d'un ami du tueur qui interprétait une chanson à l'aide d'une boîte de *karaoké.* Le plus étrange est que tout ce beau monde était d'origine vietnamienne et que la chanson en question était *Céline,* de Hughes Aufray. Les deux blagueurs avaient suggéré au chanteur de suivre des leçons de… français.

Un riche homme d'affaires de Bangkok avait lui aussi une telle passion du *karaoké* qu'il a ordonné à ses gardes du corps de tuer un architecte qui avait trop monopolisé l'appareil à son goût dans un bar de la capitale.

Les non-fumeurs savent qu'il est dangereux de demander à un *fumeur* invertébré, pardon, invétéré, d'aller cultiver son cancer ailleurs que dans leur espace vital. À Douchanbé, capitale du Tadjikistan, sept passagers d'un autobus ont été blessés lorsque le chauffeur a demandé à un voyageur d'éteindre sa cigarette. Outré qu'on le prive de son plaisir solitaire, le jeune homme a dégoupillé une grenade et l'a lancée au conducteur.

Un autre *fumeur irascible* s'est illustré dans un train de banlieue de Londres. Ivre et drogué, Peter Corti fumait et insultait les passagers du wagon où il s'était glissé lorsque Peter Lowe lui demanda de la plus britannique façon de mettre un terme à son activité *shocking*. Il s'ensuivit un échange d'insultes de choix et une rixe au cours de laquelle le fumeur arracha de ses dents une partie de l'oreille du bon citoyen. Le chef de station ayant eu la présence d'esprit de ramasser la partie arrachée et de l'envelopper dans de la ouate, le blessé put la faire recoudre à l'hôpital. Quant au fumeur, il a écopé trois ans de prison fermes pour méditer sur les dangers du cancer du poumon.

La colère est aussi à l'origine d'une querelle qui a *dégénéré* en meurtre à Baton Rouge en Louisiane à la fête de l'Action de grâce. Furieux d'avoir été ridiculisé par le nouvel ami de sa belle-mère à propos de sa manière de préparer la dinde, un homme de 27 ans est allé chercher son fusil et est revenu pour faire comprendre à l'autre pourquoi l'estragon était supérieur au romarin. L'ami de la belle-mère a tiré le premier. Aucune poursuite n'a été engagée, la police estimant qu'il s'agissait de légitime défense. Il y a des gens qui ne devraient manger que des *tv-dinners*...

Au cours d'une noce à Douchanbé, au Tadjikistan, un sous-officier d'un dépôt militaire s'est retrouvé à bout d'arguments en se querellant avec son épouse. Il a aussitôt dégoupillé une grenade qu'il a lancée dans sa direction. *Bilan*: 12 morts, dont 4 enfants, et 28 blessés.

Un client d'une boîte de nuit de New York, rendu *furieux* de s'être fait marcher sur un orteil, a tiré au hasard dans la foule des danseurs, en blessant huit dont deux sérieusement.

Victor Brancaccio, un jeune homme de 18 ans de Port Saint-Lucy, dans les Antilles, a été reconnu coupable d'avoir tué une dame de 78 ans qui lui reprochait de chanter du rap vulgaire. Il avait tenté par la suite de brûler le corps puis de l'asperger de peinture pour dissimuler ses empreintes digitales.

À Lansing, au Kansas, **un mari a filmé le meurtre** de sa femme et son propre suicide à l'aide d'une caméra vidéo installée pour l'occasion. Il avait convoqué son ex, avec son avocat, pour décider du partage du patrimoine après leur divorce. En guise de préparation mentale à la joyeuse réunion, il avait ingurgité une grande quantité d'alcool, la caméra enregistrant fidèlement le tout.

Un agriculteur bavarois d'Augsbourg, qui s'était lourdement endetté après des investissements faits à la demande de «son épouse tyrannique», a perdu la tête et l'a frappée à coups de fourche avant de la faire piétiner à mort par son taureau. Il avait ensuite réclamé à trois compagnies le montant des assurances-vie qu'il avait contractées, soit 562 000 $.

Un **trafiquant de drogue** de Toronto a été condamné à quatre ans de prison pour avoir tardé à conduire à l'hôpital sa petite amie qui avait avalé de la cocaïne pour la dissimuler lors d'une fouille policière. L'affaire a mal tourné et Audrey Greiner est morte parce que Dexter Brown a retardé la visite à une unité d'urgence, espérant que la jeune femme régurgiterait la drogue qu'il espérait ensuite revendre.

Pour cacher à ses parents un troisième (!) enfant, une jeune mère de 19 ans de Pomona, en Californie, a jeté son bébé dans le jardin d'un voisin pour le faire déchiqueter par un pit-bull.

Un ancien assureur de Montpellier, qui avait désespérément besoin d'argent, avait imaginé toute une **mise en scène** pour faire croire à sa mort de façon à ce que sa «veuve» touche les 12 millions de FF (environ 2,5 millions $) de l'assurance qu'il avait souscrite. Avec l'aide de deux complices, il avait installé au volant de son auto un clochard abruti de valium et d'alcool, l'avait aspergé d'essence et y avait mis le feu. La police, mandée sur les lieux, n'avait rien pu faire. La «veuve» avait fait incinérer le corps et avait commencé à toucher les primes de l'assurance. Un inspecteur de la compagnie d'assurances, qui trouvait suspect «l'accident», a fait analyser des fragments d'os trouvés dans l'auto brûlée et est parvenu à dévoiler la supercherie.

Mais certains chauffards se croient tout permis parce qu'ils sont au volant d'un poids lourd. Un *camionneur* de Lexington, au Kentucky, a ravagé le hall d'entrée d'un cinéma local en y pénétrant avec son véhicule, à la suite d'une dispute avec le gérant qui n'appréciait pas sa manie de changer de salle jusqu'à ce qu'il trouve un film à son goût. La cabine du camion étant restée coincée au plafond, les policiers n'ont eu qu'à cueillir l'irascible qui leur a déclaré: «Si je n'avais pas été coincé, je serais allé dans la salle; après tout, j'ai payé ma place». On frémit à la pensée que ce genre d'hurluberlu fréquente les autoroutes.

Le corps humain peut subir les pires avanies selon la folie qui habite les meurtriers. Parce que sa conjointe danoise voulait le quitter en raison de ses *abus d'alcool et sa brutalité,* un réfugié kenyan l'a tuée et l'a dépecée à la scie sur le plancher de la cuisine; il est allé ensuite jeter le sac qui contenait les morceaux dans la rivière d'Aarhus. À El Paso, au Texas, un camionneur qui venait de se disputer avec son épouse, l'a abattue puis a découpé son corps en 21 morceaux qu'il a peints en doré, gris et bleu avant de les disperser à plusieurs kilomètres à la ronde. Deux ouvriers français d'Aix-en-Provence ont assassiné, brûlé et dépecé un collègue de travail qui les avait roulés dans une histoire de vol de camescope; eux aussi ont dispersé les restes dans la campagne. À Fulda, en Allemagne, un soldat américain a décapité l'amant de sa femme et est venu lui présenter la tête à l'hôpital où elle était sur le point d'accoucher. Le reste du corps a été trouvé dans une cabine téléphonique. Un employé d'une scierie de Moscou a été appréhendé pour le meurtre de trois hommes d'affaires polonais. Après les avoir dépouillés de tout leur argent (environ 7 430 $ US), il les avait criblés de balles et leur avait coupé la tête et les bras, abandonnant les corps nus dans une forêt de Kalingrad. À Olsztyn, au nord de la Pologne, un bûcheron ivre de 44 ans, rendu hystérique par les reproches de sa fille de 19 ans à qui il avait imposé sa présence, l'a pourchassée dans toute la maison jusqu'à l'extérieur pour lui trancher le cou à la tronçonneuse. Il a été condamné à mort.

La rumeur sur le ***trafic d'organes*** humains ne cesse de s'amplifier. Selon le magazine allemand *Spiegel,* plusieurs hôpitaux allemands prélèveraient sans l'assentiment des familles des tissus et des organes sur les cadavres qu'ils revendraient ensuite à des chercheurs. Un trafic semblable a été mis au jour à la morgue de Johannesburg: des organes étaient prélevés sur des cadavres pour être revendus à des sorciers et des adeptes de certaines médecines traditionnelles. Mais l'agriculteur brésilien Olivio Correa, 56 ans, était bien en vie, lui, lorsqu'on l'a retrouvé dans un bosquet deux jours après sa disparition; il était cependant privé des deux globes oculaires, extraits grâce à une technique médicale, a confirmé le médecin de garde de l'hôpital où l'avait conduit la police.

Joao de Santos, un citoyen de São Paulo, est un tueur à gages qui ne chôme pas. À 33 ans, il est déjà responsable de 50 assassinats. Lorsqu'il fut repris par la police, après s'être évadé d'une prison où on l'avait condamné à 30 ans de réclusion, il avait déjà en poche une liste de personnes à faire passer de vie à trépas dans la zone sud de São Paulo.

Ram Prasad, un Indien de 48 ans, détient lui aussi un triste record. Dénoncé par sa sœur qu'il avait violée et forcée à lui amener des jeunes femmes à qui il faisait subir le même sort, le ***monstre*** a été formellement accusé de 200 viols et

10 meurtres; mais la police croit qu'il serait responsable de 700 viols et 19 meurtres sur une période de 10 ans.

Bien de leur époque

William Aramory, le président de United Way, la plus importante organisation américaine de bienfaisance, a été reconnu coupable par un tribunal fédéral d'Alexandria, en Virginie, d'avoir *détourné* 600 000 $ des coffres de l'organisme pour le dépenser avec des femmes, dont des mineures. Il avait un adage personnel: «Qui vole les pauvres n'a pas besoin de prêter à Dieu.»

Il n'y a pas de petits commerces ni de petits profits dirait-on. Un fossoyeur marocain a été condamné à un an de prison parce qu'il vendait à des clients férus de magie les membres des morts qu'il était chargé d'enterrer. Il ne se limitait d'ailleurs pas à ce petit commerce: les morts déterrés étaient jetés dans un grand souterrain naturel, ce qui lui permettait de revendre à un autre famille la fosse ainsi libérée. Où s'arrêtera donc l'imagination humaine?

Dans les *prisons* de New York, la mode est à l'entrée en fraude d'armes avec lesquelles on se tire dessus pour accuser ensuite l'administration municipale de mal protéger les prisonniers.

Des clubs de motards criminalisés de Montréal recrutent des volontaires pour prêter main forte à leurs membres déjà *emprisonnés* qui doivent affronter des clans adverses dans les institutions pénales. Ils font exprès de commettre des délits qui leur valent des sentences de moins de deux ans et vont aussitôt grossir les rangs des combattants.

Un *voleur* de Boynton Beach, en Floride, croyait avoir fait une bonne affaire en dérobant un sac en polythène contenant une bonne quantité de poudre grisâtre dans un appartement.

Le propriétaire du sac, un digne sexagénaire, aurait bien aimé lui voir le visage lorsqu'il a constaté que ce qu'il avait pris pour de la cocaïne était en fait les cendres de sa vieille sœur, incinérée peu de temps auparavant.

Après que les autorités eurent interdit les haltères dans les **prisons** du Texas, les détenus se sont mis à commander d'épais livres de droit. Un soudain goût pour la justice? Pas tout à fait. Ils ont découvert qu'en attachant ensemble les gros volumes, que la loi les autorise à posséder, ils pouvaient en faire des haltères très convenables et garder la forme. Le comté de Milwaukee a aussi pris des mesures similaires à l'endroit des 1 400 détenus de sa prison, favorisant désormais la lecture et l'aérobie. Selon le superviseur des prisons, Anthony Zielenski, «ces gars-là se font des muscles aux frais du contribuable et se servent ensuite de leur force pour intimider leurs codétenus et les gardiens.» La voix des *politically correct* du Wisconsin s'est vite fait entendre pour vanter la levée des haltères qui développe la socialisation des prisonniers puisqu'ils doivent apprendre à attendre leur tour pour s'en servir. Et selon Edward Perrin, président de l'Association nord-américaine des gardiens, l'aérobie représente aussi un handicap pour le personnel de surveillance, étant donné qu'il devient difficile «de courir après un détenu qui a l'habitude de faire deux heures de jogging par jour dans la cour de la prison».

La police et les sociothérapeutes des États-Unis ont observé que de 15 à 20 % des viols sont commis par des hommes qui portent le condom. On estime que la peur d'être identifiés par le test de l'ADN a rendu les criminels prudents.

Le gouvernement américain craint que de nombreux criminels et terroristes aient pu s'installer en toute impunité aux États-Unis en achetant des empreintes digitales de petits vendeurs de rue à New York.

Les grands de ce monde ne sont pas à l'abri de la bassesse. La marine américaine a dû réclamer à la Maison-Blanche 84 peignoirs et serviettes dérobés sur le *USS George Washington* qui servait d'hôtel flottant au président et à ses *invités* lors des cérémonies commémorant le 50ᵉ anniversaire du débarquement sur les côtes de Normandie.

Le Dʳ Kelly Shaw, criminologue de l'université de Victoria, en Colombie-Britannique, prétend que les cambrioleurs ne se laissent plus abuser par les moyens de dissuasion courants, comme celui de laisser les lumières allumées en son absence. «Ils sonnent tout simplement à la porte», dit-il. Les criminels qu'il a interviewés lui ont révélé que les clôtures opaques qui masquent les maisons étaient très appréciées. Ce qui les effraie le plus? Une affichette qui proclame: «Attention au chien!»

Serait-il périlleux de manger en France? Des clients qui s'étaient plaints d'avoir à régler une note plutôt salée après avoir dîné à la station de Morillon dans les Alpes, sont partis ensuite en claquant la porte. Ce qui a fortement déplu au restaurateur qui les a poursuivis à l'extérieur de son établissement et a piqué l'un d'eux à une fesse avec un couteau, au cours de la bagarre qui a suivi.

Cette autre *histoire de fesses* françaises est tout aussi étrange. Un jeune cyclomotoriste de 19 ans de Loudéac a été appréhendé pour des agressions sexuelles pour le moins bizarres. Ralentissant à la hauteur des promeneuses, comme pour leur arracher leur sac à main, il leur donnait plutôt une claque sur les fesses avant de s'enfuir à toute allure. À la police qui l'interrogeait, il a eu pour seule explication qu'il voulait «voir leurs réactions».

La fin de l'URSS a signifié la multiplication par 10 du nombre des *vols* d'objets d'art en Russie, la plupart dans les musées, les églises et les collections privées. Les objets sont ensuite écoulés à vil prix dans les pays étrangers.

Mais si la police russe n'arrive pas à protéger les objets d'art, elle parvient pourtant à mettre la main au collet de ceux qui osent s'en prendre aux symboles d'un récent passé. Un **enseignant** de Moscou a été interné dans un hôpital psychiatrique pour avoir jeté de la peinture sur le buste de Staline dans le mausolée de Lénine sur la place Rouge. Des façons de faire qui rappellent une certaine époque, non?

Les riches gangsters russes aiment le Canada. Selon la Gendarmerie royale, ils se sont joints à des organisations criminelles italiennes qui leur auraient enseigné comment bénéficier du programme du ministère de l'Immigration pour les immigrants investisseurs et, une fois au pays, blanchir l'argent tiré de leurs crimes.

Les hommes d'affaires russes ont la vie dure: dans la seule année 1995, une centaine d'entre eux avaient été tués par la mafia locale. Pour tenter de contrer les mécréants, ils ont adopté la chapka blindée des anciens dirigeants soviétiques. Le traditionnel bonnet de fourrure est garni de solides plaques de métal; il est d'ailleurs fabriqué par une usine d'armement qui produit aussi des casques militaires traditionnels.

Un New-Yorkais a trouvé une façon surprenante de passer quelques semaines sans se soucier du lendemain: Gangaram Mahes, un immigrant guyanais qui n'arrive pas à trouver d'emploi, va manger dans un bon restaurant et refuse ensuite de payer l'addition, ce qui lui vaut une mise en arrestation immédiate. En cinq ans, il a utilisé le stratagème 31 fois, bénéficiant généralement d'une peine de 90 jours. Ses différents séjours derrière les barreaux ont coûté 250 000 $ aux contribuables américains.

Le **vol d'armes** perfectionnées dans les arsenaux de l'armée américaine est un véritable fléau; depuis la guerre du Golfe, les militaires ont perdu la trace de missiles antiaériens, d'explosifs, de roquettes antichars, de mitrailleuses et de tonnes d'autres matériels de guerre. On peut acheter ce genre d'armes dans la rue et au marché noir grâce aux bons offices d'un réseau de trafiquants qui opère impunément. Pendant ce temps, la police de San Francisco cherche à réduire le nombre d'armes à feu en circulation en offrant un ordinateur et trois leçons d'*informatique* gratuites à tout citoyen qui lui remet son arme.

(

Un jeune drogué britannique, qui avait tranché la gorge d'un adolescent de 15 ans pour lui sucer le sang dans l'espoir d'obtenir la force de surmonter ses problèmes, a été condamné à 10 ans de prison. La victime avait heureusement survécu au coup de rasoir. Un autre jeune *illuminé,* américain celui-là, acquitté pour cause de démence après avoir poignardé un camarade de 22 coups de couteau, s'est heureusement ramassé dans une institution psychiatrique. Devenu complètement obnubilé par le jeu vidéo *Mortal Kombat,* auquel il consacrait le plus clair de son temps, il croyait que le fait de s'en prendre à son camarade de classe lui permettrait d'accéder à un niveau supérieur de son jeu. Selon son avocat, «il avait la conviction que le monde dans lequel nous vivons n'est pas réel [...] et ses démons le tourmentaient».

(

Un *prisonnier* danois avait trouvé une façon peu commune de financer son évasion: il vendait des voyages dans les pays ensoleillés grâce à des petites annonces qui publiaient le numéro d'un téléphone qu'il s'était fait installer dans sa cellule. En deux semaines, il avait amassé 100 000 couronnes (15 500 $ US) dans un compte spécial où les clients déposaient l'argent. Alertée par les compagnies concurrentes qui ne comprenaient pas comment on pouvait offrir des voyages à si bas prix, la police a coffré l'évadé au moment où il tentait de percevoir son argent à la banque.

(

De *jeunes vandales* de Moose Jaw, en Saskatchewan, ont inventé une forme de graffitis obscènes qui sort de l'ordinaire. Ils écrivent des messages vulgaires à l'aide d'un puissant herbicide sur les pelouses. Lorsque l'herbe jaunit et meurt, il ne reste que l'écriture ordurière, bien en vue des passants. Au propriétaire alors de faire pousser du nouveau gazon pour effacer les textes.

D

comme dans... destin

... Quand le mal est certain, la plainte
ni la peur ne changent le destin.

Jean de La Fontaine

La plupart des êtres humains craignent la mort. Les autres font semblant de la trouver si passionnante qu'ils lui vouent un culte. En somme, *nihil novi sub sole.*

Mais pour peu qu'on s'arrête à étudier la question, on constate que l'être humain, lassé de toujours mourir de la même façon, semble se donner beaucoup de mal pour en inventer de nouvelles. Dans bien des cas, sa bêtise proverbiale ressort; dans d'autres, on serait plutôt porté à le prendre en pitié. Mais s'agiter ne sert à rien: il faudra tous y passer...

Un homme de Ketchum, aux États-Unis, a connu une **mort inhabituelle,** victime de sa passion pour le houblon. Le tonnelet de bière qu'il avait mis à rafraîchir au réfrigérateur a explosé lorsqu'il a ouvert la porte pour s'en verser un verre. Il est décédé sur le coup.

❦

Les oiseaux ne sont pas toujours d'agréable compagnie. Un cas pour le moins bizarre, survenu près de Melun en France, mérite attention. Surpris par l'entrée inopinée d'un oiseau dans sa voiture, un automobiliste a perdu la maîtrise du véhicule. La voiture a alors percuté un cyclomotoriste qui le précédait et qui, sous le choc, a fait une chute. Il est décédé des suites de ses blessures. L'*automobiliste* s'en est sorti indemne et l'oiseau s'est envolé.

❦

Les journaux ne ratent jamais l'occasion de publier le récit de la **mort atroce** d'un individu qui a mis le feu à son matelas en s'endormant avec un «article de fumeur» incandescent. Une dame d'Ottawa de 54 ans était bien éveillée, elle, lorsqu'elle a laissé tomber sa cigarette allumée dans l'échancrure de son manteau. Constatant que sa robe prenait feu, elle a appelé une amie au téléphone, laquelle a communiqué avec le service d'incendie. Les pompiers n'ont pu que constater le décès de la dame à leur arrivée: mal informés, ils s'étaient rendus d'abord à une mauvaise adresse.

❦

Un sort funeste a frappé un golfeur de 79 ans du Massachusetts, affligé de haute pression; encore éperdu de bonheur après avoir réussi un trou d'un coup pour la première fois de sa carrière, il a été foudroyé au moment de mettre sa balle sur le tee pour continuer la partie.

❦

J'aime bien l'expression «Pris d'un besoin pressant» qui constitue l'un des clichés les plus en vogue dans la presse écrite. Elle convient tout à fait d'ailleurs à la triste histoire d'un jeune Ghanéen de 23 ans d'Accra qu'un besoin naturel irrépressible poussa à refuser de faire la queue devant des toilettes publiques. Avec l'aide de deux camarades, il alla déplacer la dalle qui recouvrait un réservoir dans le sol derrière le mur de la toilette. Mal lui en prit; il glissa et tomba dans le collecteur d'immondices. Alertés par les témoins du drame, les employés municipaux accourus pour vidanger la fosse septique ne purent que retirer le corps du malheureux mort asphyxié. Savoir attendre est un art.

❀

Un **vandale** qui a brisé le système d'éclairage d'une toilette publique de l'île de Wight a un mort sur la conscience. Un fil électrique dénudé était en contact avec la cuvette en métal d'une toilette payante sur laquelle s'est assis un touriste. Le sort a voulu que l'éclairage automatique des cabines individuelles entre en fonction au même moment.

❀

«Quand c'est à ton tour, c'est à ton tour», disait-on sentencieusement jadis. Ce fut sans doute le cas de deux victimes d'accidents pour le moins *insolites,* en France. Un cycliste qui se promenait sur un sentier au bout de la piste d'un petit aéroport près de Laloubère (Hautes-Pyrénées) a été grièvement blessé par un avion qui décollait. Près de Mulhouse, un adolescent de 14 ans, dont la voile du parapente s'était mise en vrille lors d'un exercice, a été happé mortellement par... une voiture conduite par un touriste belge qui arrivait au moment de sa chute sur la route.

Un électromécanicien de Lyon a lui aussi connu une ***mort surprenante.*** Au moment où il regagnait la terre ferme après avoir échappé à la noyade dans sa voiture, tombée dans un plan d'eau, il a été fauché par une automobile qui circulait en bordure du lac.

❀

Un golfeur de 31 ans de Ponoka, en Alberta, a perdu la vie en frappant la balle au 13e trou du parcours. Le bâton en métal s'est cassé au moment de l'impact de la lame avec la balle et une tige d'une quinzaine de centimètres de longueur s'est logée comme une flèche dans la gorge de Richard William McCullough.

❦

Un **amoureux éconduit** de 19 ans, qui ne pouvait accepter de voir la jeune fille qu'il aimait en épouser un autre, a profité de la pause pour le repas à son travail et s'est présenté à la réception au domicile de ses parents où elle venait de se marier, en banlieue de Los Angeles. Sans dire un mot, il lui a agrippé le bras pour l'entraîner et, irrité par sa résistance, a sorti un revolver pour l'abattre de trois coups de feu avant de se suicider d'une balle dans la tête. La raison pour laquelle la jeune femme avait rompu avec lui était justement ses excès de violence.

❦

On meurt comme on a vécu. À Dutsbourg, en Allemagne, l'enterrement d'un homme de 33 ans qui pesait quelque 400 kilos s'est avéré une entreprise fort délicate. Il a fallu neuf personnes pour transporter le défunt («mort d'un excès de graisse», a décrété le médecin appelé à son chevet) enveloppé dans la toile que les pompiers utilisent pour récupérer les victimes d'incendie. Aucun corbillard n'étant en mesure d'accueillir un tel fardeau, il a fallu le transporter au cimetière dans un camion. Mais la parenté n'était pas au bout de ses peines: il a fallu se rendre à un deuxième cimetière parce que le premier ne disposait pas de casier réfrigéré suffisamment grand pour abriter la dépouille avant l'inhumation. Selon le Livre Guinness des records, l'homme le plus lourd du monde était un Américain du nom de Jon Brower Minnoch, décédé en 1983, et dont le poids avait été évalué à plus de 653 kilos.

❦

Une vieille dame de 75 ans, déclarée morte à l'hôpital de Saint-Petersburg, en Floride, et déjà glissée dans un sac en plastique destiné aux pensionnaires de la **morgue,** respirait toujours lorsque ses enfants, informés du «décès», ont accouru. Après deux tentatives de réanimation infructueuses, les médecins avaient cru à sa mort. Elle devait cependant rendre l'âme quelques jours plus tard sans avoir repris conscience.

⊛

Au Havre, en France, un amant jaloux qui voulait se débarrasser d'un mari encombrant a versé du cyanure dans une bouteille d'antibiotique. Malheureusement, le médicament était destiné à la fillette de neuf ans du couple, qui est décédée.

⊛

Déclaré mort par les médecins qui l'avaient examiné à son arrivée à l'hôpital, un quinquagénaire madrilène a été placé dans un tiroir réfrigéré de la *morgue*. Les employés qui devaient l'amener chez le thanatologue ont constaté deux heures plus tard qu'il ronflait. Mais sa réanimation n'aura été que de courte durée puisqu'il devait décéder une semaine plus tard d'insuffisance rénale.

⊛

À la station de métro de la gare du Nord, à Paris, un passager a été *abattu* de deux balles par un toxicomane à qui il venait de refuser une cigarette. Le meurtrier en fuite s'est livré à la police le jour même.

⊛

La misanthropie est un art de vivre que peu de gens savent maîtriser. Un cultivateur de l'Alberta a *abattu* d'une décharge de fusil dans le dos un jeune père de famille qui avait pénétré sur sa propriété pour y couper un sapin de Noël. Le cultivateur se dissimulait dans un abri et surveillait les allées et venues des automobilistes indélicats à l'aide de jumelles.

⊛

Une femme du New Jersey a été condamnée à 25 ans de réclusion pour avoir *assassiné* son compagnon qu'elle avait d'abord fait sortir de prison. L'homme, un violent notoire, y purgeait une sentence légère sous l'accusation de l'avoir battue. Margaret Kosmin avait versé une caution de 1 000 $ pour faire libérer William Kelly. Elle avait manigancé son coup avec l'aide d'une complice de 26 ans, Tammy Ann Molewicz, ce qui leur a valu les surnoms de «Thelma et Louise», les deux héroïnes du film de Ridley Scott.

Le contraire est trop souvent hélas possible. Darren McKenzie, de Leeds en Grande-Bretagne, a été condamné à la prison à vie pour avoir *tué* sa maîtresse qui s'était moquée de son impuissance passagère. Son impuissance n'avait d'égale que sa maladresse puisqu'il s'y est pris à six fois pour la tuer: à coups de tournevis, puis d'exacto, puis de marteau, puis deux fois en l'asphyxiant sous un sac en plastique et enfin en la noyant dans la baignoire.

❀

À l'appel d'un voisin inquiet de voir, depuis deux semaines, la pollution par les circulaires prendre des proportions alarmantes devant la résidence d'un vieillard, la police de San Leandro, en Californie, a enfoncé la porte de Frederic Green, âgé de 82 ans. L'homme ne respirait plus, sa peau était dure et une odeur de décomposition flottait dans l'atmosphère. Le candidat au cercueil est subitement revenu à la vie sous l'impulsion de la lampe-éclair de la caméra d'un médecin légiste qui venait de le déclarer mort. Contre toute attente, Green respirait encore. Il est cependant décédé quelques jours plus tard à l'hôpital. Pour de bon cette fois.

❀

Des médecins de l'hôpital de Tacoma, dans l'État de Washington, ont provoqué avec succès la naissance d'un bébé dont la mère de 28 ans venait d'être tuée d'une balle à la tête par son petit ami et qu'on avait transportée à l'hôpital immédiatement après le meurtre.

❀

Cerné par la police alors qu'il venait de dévaliser une femme sur l'aire de stationnement d'un supermarché de Buffalo, un voleur a tenté de dissimuler son méfait en avalant le billet de 50 $ qu'il avait subtilisé. La crise d'asthme qui s'ensuivit lui valut d'être conduit d'urgence par les policiers à l'hôpital où on ne put que constater son décès par asphyxie.

Pourquoi ne pas essayer le suicide?

La *mort mystérieuse* d'un Américain à bord d'un train allemand a finalement été établie comme un suicide et non comme
un meurtre, malgré les apparences. Les enquêteurs ont réussi
à comprendre qu'il avait sorti le bras par la fenêtre avant de
pointer l'arme en sa direction. Le revolver était évidemment
tombé à l'extérieur du convoi.

❀

Des *automobilistes suicidaires* ont parfois trop de chance. Un
jeune homme de 20 ans de Lakewood, au Michigan, qui
voulait en finir avec la vie a lancé sa voiture à pleine vitesse
contre un arbre. La tentative a échoué et il s'en est tiré avec
des blessures légères. Malheureusement, il a heurté à mort un
motocycliste qui arrivait sur les lieux au même moment et
qu'il n'a jamais aperçu.

❀

Les suicides émaillent les pages de journaux avec d'autant
plus de régularité qu'ils sont spectaculaires ou... manqués.
Un jeune homme de 20 ans de Mantes-la-Jolie, près de Paris,
qui voulait se suicider s'est tiré sans lésion importante d'une
chute du 11e étage en atterrissant sur un arbuste. Remis de
ses émotions, il a pris l'ascenseur pour remonter à son appartement où il a attendu les policiers.

❀

Un suicidaire de 30 ans de Kenmore, au New Jersey, s'est
jeté du quatrième étage d'un édifice et a rebondi sur une
voiture qui a amorti sa chute. Furieux d'avoir raté son geste,
il est remonté au même étage pour sauter de nouveau dans
le vide et... retomber sur la même voiture avec le même
résultat. Cette fois il a abandonné la partie.

❀

À New York, un employé de la Banque fédérale est sorti
indemne d'une chute du 14e étage en atterrissant sur le toit
d'une fourgonnette, ce qui semble lui avoir sauvé la vie. Aux
policiers accourus, il a déclaré avoir été poussé; ils ont tout
de même confié l'homme aux bons soins de l'hôpital

psychiatrique Bellevue. Un étudiant de Yokohama a eu moins de chance: il est décédé quatre jours après avoir reçu sur la tête un homme qui s'était jeté du 8ᵉ étage d'un immeuble.

Tout aussi **malchanceuse** fut la petite amie d'un suicidaire de Lexington, en Caroline du Sud: elle a été tuée par le projectile que l'homme s'est tiré dans la tête alors qu'elle était assise à ses côtés.

❁

Un Américain de 82 ans de Nanuet, N.-Y., que sa maladie décourageait parce qu'il s'imaginait être un fardeau pour sa sœur de 79 ans, décida de s'enlever la vie à l'oxyde de carbone en faisant tourner le moteur de sa voiture dans le garage. **Malheureusement,** les gaz se répandirent dans toute la maison et sa sœur, qui dormait à l'étage au-dessus, est morte en même temps que lui, ignorante du fait qu'elle avait été très riche durant quelques minutes.

❁

Un Britannique de 43 ans, incapable d'enrayer sa calvitie en dépit des nombreux traitements qu'on lui avait vantés (y compris une greffe), n'a pu supporter de devenir une boule de billard. Il a attaché un tuyau au pot d'échappement de sa voiture et s'est laissé mourir en inhalant les gaz.

❁

Un quinquagénaire britannique, riche de surcroît, déprimé par un traitement de chimiothérapie de trois mois, n'a pas eu le courage d'attendre le verdict du médecin sur son état de santé et s'est enlevé la vie. Simon Moleworth-St.Aubyn aurait mieux fait de patienter. L'autopsie a démontré qu'il ne souffrait plus du cancer.

❁

Les candidats au suicide qui résistent à la dernière tentation d'en finir avec une vie merdique n'en sont pas quittes pour autant, si l'on en croit un rapport du *British Medical Journal* rédigé par des spécialistes danois. Ces personnes ont cinq fois plus de **chance** de mourir de causes naturelles, d'accidents ou de meurtres que l'individu qui n'a jamais tenté de s'enlever

106

la vie. Une étude sur 974 personnes qui avaient tenté de se suicider par le poison a démontré qu'un tiers étaient mortes 10 ans après la tentative. De ce nombre, les trois cinquièmes étaient décédées de mort non naturelle: accident, suicide, meurtre ou «cause inconnue». Les 131 personnes mortes de mort naturelle représentaient le double du total atteint dans la population générale.

❀

À Yverdon, en Suisse, un mari rendu dépressif par le départ de sa femme a fait la tournée des cafés avant de charger son fusil d'assaut de 24 balles pour se suicider. Furieux de s'être raté, il a vidé le chargeur dans la fenêtre du salon, atteignant son concierge qui prenait un verre à la terrasse d'un café de l'autre côté de la rue, le tuant sur le coup. Le suicidé *malhabile* s'en est tiré avec une peine de 10 mois de prison.

❀

Un ancien employé d'un magasin de serpents et animaux exotiques a utilisé un moyen *particulier* pour s'enlever la vie. Dans un champ près de Long Island, il a simulé un combat avec son serpent à sonnettes pour l'inciter à le mordre. Le médecin qui a pratiqué l'autopsie a découvert des traces de morsures à la hanche et au ventre.

❀

Même les décès les moins amusants comportent parfois des aspects *insolites*. Une dame dépressive de 56 ans de Calais, en France, s'est enlevé la vie en s'enfermant dans son congélateur d'une capacité de 300 litres. Elle a été retrouvée par son mari, venu y déposer des légumes. Fait surprenant, elle avait laissé une lettre d'adieu bien en évidence sur la table de la cuisine, mais ce n'est qu'après plusieurs jours que l'époux en a fait la découverte. Si le suicide est un appel au secours, celui-ci a trouvé un écho bien tardif.

❀

Lors d'élections pour élire les membres de l'Assemblée constituante chargés de réformer la constitution en Argentine, un électeur de 45 ans s'est tiré une balle dans la tête dans l'isoloir d'un bureau de vote de Buenos Aires.

D'autres morts, qui ont toutes les apparences du suicide, restent *inexpliquées*. Des enquêteurs de Raleigh, en Caroline du Nord, n'ont pu faire la preuve qu'un parachutiste chevronné avait posé un geste volontaire lorsqu'il s'est écrasé au sol après un saut d'une hauteur de 3 200 mètres. Ivan Lester McGuire avait tout simplement oublié d'endosser son parachute et le pilote de l'avion n'avait pas vérifié s'il le portait ou non.

❀

À Albi, une jeune femme de 22 ans qui voulait se suicider au gaz a causé la mort de deux personnes et des blessures à cinq autres. Troublée par sa rupture avec son revendeur de drogue, elle avait ouvert le gaz pendant un certain temps avant de se raviser et d'ouvrir les fenêtres de l'appartement. Puis, pour se détendre, elle n'avait rien trouvé de mieux à faire que d'allumer une cigarette. L'un des morts était un passant qui s'est trouvé à côté de l'immeuble au *mauvais moment*...

❀

Un voleur de banque de Bonn qui avait obtenu d'être conduit à la salle des coffres sous la menace d'un pistolet s'est retrouvé enfermé dans une pièce par l'employé qui prétexta devoir aller quérir des formulaires. À l'arrivée des policiers, le malfaiteur s'est donné plusieurs coups de couteau et est décédé des suites de ses blessures une fois conduit à l'hôpital. La police a découvert que le pistolet n'était pas chargé.

❀

Un *concours de circonstances* a valu la vie sauve à une suicidaire de 80 ans qui s'était jetée sous un train à Flornage, près de Thionville dans le nord-est de la France. La barre de déraillement qui, à l'avant de la locomotive, a pour fonction de nettoyer les voies, avait placé le corps très exactement entre les rails et l'avait plaqué contre le ballast. Le passage d'un convoi chargé de plusieurs centaines de tonnes de produits sidérurgiques s'est soldé par une fracture et quelques contusions.

Les oubliés et les trop aimés

Pour certains clients, ne pas payer n'est pas un geste de mauvaise foi; c'est tout simplement qu'ils sont dans l'impossibilité de le faire. Un huissier de Vienne qui s'était introduit dans l'appartement d'un locataire qui ne s'était pas acquitté de son loyer depuis quatre ans (!), a subi un choc en découvrant que l'occupant était décédé dans son lit depuis ce temps. La chose n'est pas étonnante dans cette ville: deux sœurs âgées ont été trouvées mortes dans leur appartement après que la banque qui gérait leurs économies se fut inquiétée, un peu tard, que les deux clientes n'eussent pas fait de transaction depuis des années...

❀

Près de Tours, en France, on a découvert le cadavre d'un chauffeur de camion moscovite gisant dans son véhicule depuis un mois. Il s'était vraisemblablement senti mal en voulant changer un pneu et était remonté dans son camion pour se reposer, laissant le cric en place. Personne n'avait osé intervenir avant parce qu'il arrive fréquemment que les conducteurs d'Europe de l'Est abandonnent leurs camions durant plusieurs jours pour aller chercher une pièce manquante. Les camions qu'ils conduisent sont pour la plupart dans un état délabré.

❀

Après le décès par mort naturelle de son époux, une Marocaine de Marrakech s'est procuré les plantes et ingrédients nécessaires pour transformer sa dépouille en momie. L'effet était si réussi qu'elle a pu *faire semblant* de le soigner durant trois mois comme s'il n'était que malade avant que la police ne mette fin au culte. Elle changeait ses vêtements chaque jour et passait les nuits près de lui dans le lit.

❀

Une Londonienne de 62 ans a gardé durant six mois dans son fauteuil au salon le cadavre de son mari de 46 ans décédé d'une crise cardiaque. Elle n'a averti personne de sa famille parce qu'elle *refusait d'admettre* le décès de celui qu'elle aimait. La police a été prévenue par la parenté de l'homme parce qu'elle n'arrivait pas à obtenir de ses nouvelles.

D'autres connaissent des fins moins attrayantes. À Worcester, dans le Massachusetts, le décès d'une dame de 73 ans, Adèle Gaboury, est passé *inaperçu* durant quatre ans avant qu'un voisin ne se décide à communiquer avec la police qui l'a découverte à l'état squelettique dans une cuisine où les ordures atteignaient 1 m 80. Au début de sa disparition, un frère qu'elle n'avait pas vu depuis longtemps a conclu qu'une dame Gaboury qu'on lui avait présentée dans une maison de retraite était sa sœur. Les voisins l'ont cru: l'un deux s'est occupé de couper le gazon tout ce temps et un autre a pris charge du courrier qui s'accumulait. La banque n'a rien signalé même si aucune transaction n'avait été faite en quatre ans. Des employés municipaux sont même venus réparer les conduites d'eau de la petite maison de deux étages qui avait l'air de plus en plus défraîchie. La voiture de la dame, bourrée des ordures qu'elle collectionnait, fut remorquée par la municipalité parce qu'elle représentait un danger d'incendie. Un voisin qui s'était risqué (ô scandale!) à jeter un coup d'œil par une fenêtre s'étonna d'apercevoir une si grande quantité d'ordures sur les planchers. C'est ce qui le convainquit de communiquer avec la police. L'absence de la dame durant ces quatre ans n'avait pas suffi à mettre la puce à l'oreille à quiconque. Comme l'a constaté avec philosophie un voisin: «Les gens se mêlent de leurs affaires; le voisinage, ce n'est plus comme avant.»

❀

Une patiente d'une maison de retraite de Yakima, dans l'État de Washington, célèbre pour avoir survécu à la dernière attaque d'une bande indienne aux États-Unis, est décédée à 82 ans parce qu'on lui avait administré le mauvais médicament. À l'âge de deux ans, en 1911, Mary Jo Estep fut la seule survivante d'une attaque aux mains d'une bande guerrière amérindienne près de Winnemucca, au Nevada, au cours de laquelle huit membres de sa famille immédiate avaient été tués.

Mais la mort peut aussi être le résultat de *causes bizarres* qui ne cesseront jamais de nous étonner. À Newton, en Caroline du Nord, un individu du nom de Ken Barger s'est accidentellement enlevé la vie en voulant répondre au téléphone posé sur sa table de nuit après avoir été réveillé par un appel. Plutôt que de saisir le récepteur, il s'est emparé de son Smith & Wesson .38 et s'est tiré dans l'oreille.

❁

Enfin, il y a ceux qui, même en bonne santé, trouvent le moyen de se blesser ou de mourir *de façon inattendue.* Une employée de la Marine américaine cantonnée à Boca Chica, en Floride, avait pris l'habitude (pourquoi, grands dieux!) de mettre son revolver .38 sous son oreiller, à côté de sa «petite pompe» pour soulager son asthme. Sentant venir une crise, elle a voulu s'aérer les poumons et a choisi le mauvais instrument, se tirant une balle qui lui a fait un joli trou dans la joue après avoir fracassé quelques dents. Un divorcé de 35 ans, Joël Lombard, qui vivait seul dans un petit appartement d'Audincourt dans l'est de la France, a eu moins de chance. Ses vêtements étaient tellement imbibés du rhum qu'il consommait en quantité astronomique qu'il y a mis feu en cherchant à allumer une cigarette. Alertés par des voisins inquiets de voir de la fumée s'échapper de l'appartement, les policiers ont défoncé la porte et trouvé le corps de l'homme qui achevait de se consumer dans l'appartement.

❁

À Balikesir, dans l'ouest de la Turquie, un jeune animateur de radio est mort en ondes et son compagnon est tombé dans un coma profond parce qu'ils avaient inhalé du gaz d'une bonbonne qu'ils utilisaient pour se réchauffer. L'arrêt soudain de l'émission avait alerté leurs compagnons de travail près du studio.

Le destin est un **mystère** insondable. Un motocycliste qui faisait route vers Bhubaneshwar, en Inde, a perdu la vie lorsque la corde d'un cerf-volant lui a tranché la gorge. Les compétitions de cerfs-volants sont féroces en Inde où les adeptes de cette activité pourtant poétique ont l'habitude d'enduire la corde de leur appareil d'une colle faite à base de riz bouilli et de verre pilé. Le procédé permet en principe de trancher la corde qui retient les cerfs-volants des autres compétiteurs.

❀

Maintenant que les pays ex-socialistes d'Europe goûtent aux «joies» du capitalisme, peut-être leur population devra-t-elle être mise en garde contre les techniques bancaires en vigueur en Angleterre et que seraient tentés d'imiter certains banquiers de leurs pays. En Angleterre, une personne sur sept aurait déjà songé au suicide à cause de ses **relations avec sa banque,** a révélé un sondage. L'alarme contre les pratiques contraignantes des banques a été lancée à la suite du suicide d'un père de famille que sa banque menaçait de poursuites pour un découvert de 70 livres (143,50 $), lequel était attribuable au retard de son employeur à déposer son salaire dans le compte. Le lendemain de sa mort arrivait à la banque un chèque de 943 livres (1 933,15 $) qui comblait largement le déficit.

Pour d'autres, la recherche de la mort est capitale, bien qu'ils soient incapables de poser le geste qui leur apporterait satisfaction. Une femme de Summit, en Illinois, a versé 2 100 $ à Reggie Williams, un jeune homme de 18 ans, pour qu'il la fasse passer de vie à trépas tant son cancer incurable lui était devenu insupportable. Le contractuel nouveau genre l'étrangla à mains nues et allait sortir lorsque la dame a repris ses esprits et l'a supplié de l'achever. Bonne âme, il l'a poignardée à mort. Il n'a cependant pu infléchir la morale rigide du juge en plaidant «qu'on achève bien les chevaux».

Pour demeurer dans le ***macabre,*** que dire de ce poète de 62 ans, Donald Russell, de Springfield en Oregon, qui avait demandé par testament qu'on écorchât son cadavre et qu'on tannât sa peau pour en recouvrir ses œuvres? Le cas a traîné en cour durant des mois, pendant que le corps attendait au frais à la morgue. La cour a finalement donné raison à l'entrepreneur de pompes funèbres qui alléguait que la loi de l'État lui interdisait de faire à un corps «tout ce qui n'est pas reconnu par les critères généralement acceptés par la communauté».

❦

Dans le quartier défavorisé de South Side à Chicago, la terreur que les malandrins font régner sur les habitants a inspiré aux femmes de se déplacer avec des bâtons de baseball. Un ***voleur*** de 29 ans, Charles Kimber, qui avait voulu dérober le sac à main d'une vieille dame a été mal inspiré: quelque 25 femmes et enfants se sont rués sur lui et lui ont servi une telle raclée que l'infortuné voleur a succombé à une crise cardiaque.

D'autres connaissent des fins de règne que les ***coïncidences*** rendent étonnantes. Charlie Davis, un ténor de 67 ans d'Eckington, dans l'ouest de l'Angleterre, participait au dîner annuel de sa chorale. Pour avoir voulu régaler ses commensaux de sa belle voix, il est tombé raide mort au terme de sa performance. Le titre de la pièce qu'il interprétait? *Goodbye…*

❦

En tout chanteur sommeille un perfectionniste. Mais le Néo-Zélandais Alan Kearns, décédé à 66 ans, aurait pu en remontrer à quiconque. Les 120 personnes qui ont assisté à ses funérailles ont été «sérénadées» par… le défunt lui-même; il avait pris soin de préenregistrer toute la cérémonie, lecture des versets de la Bible et cantiques compris. Et comme il avait le sens de l'humour, il avait rédigé lui-même son avis de décès qui annonçait son départ de «cette terre pour un monde meilleur, ou du moins pour un climat plus chaud».

L'un des corollaires de la mort, c'est évidemment l'archéologie. Et toutes ces histoires qu'on raconte à propos des malheureux enterrés vivants qui grattaient le couvercle de leur cercueil de leurs ongles avaient peut-être un fondement. Jim Holt, un journaliste de *The Republic*, voit un certain fondement dans cette croyance populaire. «Les excavations pratiquées dans des tombes du XVIIIe siècle, écrit-il, révèlent que 2 % des gens étaient enterrés vivants avant l'invention de l'embaumement au XXe siècle.»

Sur une note moins déprimante, apprenez que des archéologues ont fait une *étrange découverte,* dans un endroit désert du nord de la Chine, en mettant au jour une centaine de corps momifiés datant de 1 200 av. J.-C. Ils avaient des caractéristiques européennes: cheveux blonds, longs nez, orbites oculaires profondes et crânes allongés. L'archéologue Evan Hadingham a estimé, dans le magazine *Discover*, que cette découverte, encore inexpliquée, soulevait toute la question de l'apport des Européens au développement de la Chine.

❖

Un père de famille, qui souffrait d'irrégularité cardiaque, vit désormais avec le cœur de sa fille. Cinq heures et 51 minutes après que sa fille de 22 ans, Patti, eut perdu la vie dans un accident de la circulation à Royal Oak, au Michigan, Chester Szuber, 58 ans, a bénéficié d'une transplantation qui lui a permis d'entreprendre une nouvelle vie. La mort a parfois de ces ironies...

Mais la mort a aussi, dans d'autres circonstances, un tel caractère d'*étrangeté,* qu'elle nous laisse sans voix. Un bricoleur de Nice, venu s'approvisionner dans un supermarché spécialisé dans l'outillage, est mort en voulant saisir un sac de ciment en haut d'un rayon: toute la palette de sacs s'est effondrée sur lui.

C'est d'un autre genre d'étouffement qu'est décédé un dîneur de 65 ans dans un restaurant de Québec. En dépit des efforts d'un médecin qui dînait dans le même établissement, de ceux de deux policiers et de deux ambulanciers sitôt accourus, l'homme est mort étouffé par... une bouchée de bifteck. Le service d'urgence de l'hôpital où on l'avait transporté n'a pu que constater, à son arrivée, le décès de celui qui, ironie du sort, était lui-même un médecin à la retraite.

Un autre cas d'étouffement est encore bien plus *étrange*. Un pêcheur professionnel nicaraguayen qui exerçait son métier sur le Rio Guasaule, Alfonso Sanchez, a eu la mauvaise idée de se loger entre les dents un poisson qui le gênait pour replier son filet des deux mains. Les témoins ont raconté qu'ils l'avaient vu s'agiter, courir en tous sens, puis s'effondrer au sol, mortellement asphyxié. Dans un dernier soubresaut d'agonie, le poisson s'était logé dans sa gorge.

Au chapitre des accidents idiots aux *conséquences* funestes, il faut citer celui qui a coûté la vie à un bébé de deux mois de Hawkesbury, en Ontario, que sa mère tirait dans un traîneau en faisant la conversation à une amie. La collision d'une voiture et d'un véhicule tout-terrain, non loin des infortunés promeneurs, a provoqué le renversement du quadriroue sur l'enfant et sa mère. La mère, gravement blessée, a survécu, mais l'enfant est mort de blessures à la tête. Un policier, émule de La Palice, a eu ce commentaire: «C'est bizarre. Dire que quelques secondes plus tard, ils auraient été épargnés parce qu'ils se seraient trouvés plus loin.»

⊛

L'Ontario est-il un endroit dangereux pour les enfants? À Brampton, une ville à l'ouest de Toronto, une fillette de six ans est morte sous un comptoir en construction dans un magasin Sears. L'installation a basculé sur elle au moment où elle passait.

⊛

Les *fatalistes* religieux aiment à citer le Christ qui disait: «Je viendrai comme un voleur.» Il n'a pas manqué son coup au Caire. Deux employés des services publics descendus effectuer une réparation dans les égouts de la ville ont alerté de leurs cris désespérés les passants au moment où ils tombaient dans un flot pestilentiel. Quatre braves, descendus à leur secours, ont eux aussi été emportés. Les secouristes ont réussi à en rescaper deux; les quatre autres personnes étaient mortes. Les survivants ont raconté qu'ils avaient été «étouffés par une odeur tellement désagréable» qu'ils s'étaient évanouis avant de tomber à l'eau. Serait-ce l'arme secrète des intégristes musulmans?

❀

Chacun sait que la fréquentation des salles de toilettes communes enseigne que l'être humain produit des déjections qui ne sentent pas toujours le lilas et le jasmin. Mais l'emploi de certains produits sur le corps est encore bien plus dévastateur. Dans un hôpital de Riverside, en Californie, le corps d'une patiente à l'agonie produisait de telles émanations que six employés furent gravement incommodés. La patiente, une cancéreuse en phase terminale, utilisait du sulfoxyde de diméthyle, un solvant non recommandé pour les humains, pour se soulager de ses douleurs inflammatoires. Le produit se transformait sur sa peau en sulfate de diméthyle, un composé chimique recherché par les militaires qui ne s'embarrassent guère d'éthique, parce qu'il tue rapidement et s'évapore en un rien de temps. Bien que condamné par le monde médical, l'usage du produit serait populaire auprès de gens qui se soignent eux-mêmes.

❀

Regardez-vous le mort de près lorsque vous allez au salon mortuaire? La famille de Charles Pryor, à Norfolk, en Virginie, aurait eu intérêt à le faire. Tandis que l'homme de 61 ans reposait sur son lit d'hôpital, sa famille assistait à ses funérailles et le portait en terre. L'histoire est ***aberrante***. Un cycliste d'un âge approchant le sien avait fait une chute puis avait refusé toute aide, bien qu'il fût resté deux heures à se tenir la tête entre les mains, assis sur un trottoir. On l'avait finalement conduit à l'hôpital où il décéda. Parce qu'il n'était porteur d'aucune identification, il fut reconnu comme étant Charles Pryor par un résidant. On informa la famille immédiate qui lui organisa des funérailles en règle avec exposition du corps au salon mortuaire; la parenté vint faire son tour de piste et prier pour le repos de son âme avant de le porter en terre, sous une belle épitaphe. C'est alors que quelqu'un découvrit que le vrai Pryor était toujours alité à l'hôpital. À un journaliste qui l'appela pour lui demander ce qu'il en pensait, le malade répondit: «Je ne sais pas quoi penser; je n'ai même pas de frère.» Sur quoi, une infirmière prit le téléphone de ses mains pour dire au journaliste que son patient ne savait pas ce qu'il faisait et qu'il ne pouvait recevoir de visiteurs. Un *hôpital* tient à sa réputation tout de même!

❀

Un *voleur* de Madrid qui s'était emparé du coffre-fort d'un bateau russe amarré au port (que diable pensait-il acheter avec des roubles?) s'est noyé en tentant de s'éloigner à la nage avec l'objet en question.

❀

Neuf cascadeurs de cinéma philippins se sont tués en se rendant à un tournage de film. Leur jeep a heurté de plein fouet un autocar en doublant un camion.

E

comme dans... enfants

Quand ils ont tant d'esprit,
les enfants vivent peu.

Casimir Delavigne

Les misanthropes, ces grands bienfaiteurs de l'humanité qui nous gâtent par leur absence, font souvent vœu de chasteté ou portent le condom pour bien s'assurer de ne pas avoir de descendance, incapables qu'ils sont d'endurer les enfants dans les parages.

Hélas, la Terre croule sous le poids d'une humanité grandissante, ce qui démontre que les misanthropes se font rares ou que leur méthode anticonceptionnelle laisse à désirer. Il naît en effet 268 bébés chaque minute sur la Terre alors qu'il ne meurt que 98 personnes pendant la même période. Chaque année, notre population s'enrichit d'un nouveau Mexique; chaque décennie, d'une nouvelle Chine.

Bien qu'ils soient légers, les enfants pèsent lourd dans notre société contemporaine. Victimes de l'absurde comportement des adultes ou héros d'une vie difficile, ce sont les témoins implacables d'une époque qui n'a rien d'un âge d'or.

Jeunes héros et prodiges

Certains jeunes se révèlent dans l'*adversité*. Un adolescent de Hurdfield, au Dakota du Nord, qui avait eu les bras arrachés par une machine agricole, n'a pas cédé au désespoir et à la panique: il a formé un numéro de téléphone à l'aide d'un crayon fiché entre les dents et a demandé de l'aide. Les médecins de l'hôpital où il fut transporté ont pu recoudre avec succès les extrémités sectionnées.

✿

Parfois, ce sont les «petits» qui réalisent de *«grandes» choses*. À l'âge de huit ans, Michael Kearny devait se faire accompagner par sa mère à l'université de l'Alabama du Sud à Mobile, où il était inscrit en troisième année d'anthropologie. Il a complété sa scolarité collégiale à 10 ans. Après sa maîtrise et son doctorat, cet enfant qui lisait *Le Comte de Monte-Cristo* et récitait des leçons d'algèbre à trois ans, ambitionne de devenir géologue, présentateur de jeux télévisés ou dessinateur de bandes dessinées. Sa mère a déclaré qu'elle avait compris que son enfant était spécial lorsqu'il a commencé à parler à quatre mois. Entre autres phrases, il disait: «Où est mon lait maternel?»

✿

Diplômé de l'université de Californie à 13 ans, Masoud Karkehabadi cherchait un remède à la maladie de Parkinson depuis l'âge de 11 ans. On lui permettait de pratiquer des opérations au cerveau sur des rats, mais pas de circuler seul sur le campus Irvine. Même lorsqu'il était invité à prononcer des conférences sur sa recherche dans d'autres États, il devait être au lit avant 22 heures.

✿

Un petit Britannique de 10 ans, Luke McShane, a battu un record de 1922 lorsqu'il a fait match nul aux échecs contre un grand maître de 11 ans plus vieux que lui, Romuald Mainka, d'Allemagne. Le match a duré six heures et a nécessité 56 coups. Samuel Reshevsky avait quatre mois de plus que Luke lorsqu'il avait triomphé de David Janowski à New York, et établir ainsi le record.

❖

Un de ses concitoyens de 14 ans, Peter Kerry, s'est rendu **célèbre** par sa débrouillardise, bien qu'elle ne soit pas tout aussi appréciable. Une querelle avec ses parents lui ayant valu d'être privé d'un match de football, il a fait une fugue de six jours en Malaisie avec la carte de crédit et le passeport de son père. Descendu à Kuala Lumpur, il a ensuite parcouru 500 km pour se rendre à Johor Baharu, près de Singapour. Il fut retrouvé à la frontière entre la Malaisie et la Thaïlande. Une compagnie aérienne qui avait par la suite entrepris une campagne de publicité en utilisant son aventure a dû faire marche arrière et présenter ses excuses à ses parents qui avaient porté plainte devant le Bureau britannique de vérification de la publicité. Le goût de l'aventure le tient: en septembre 1996, la police allemande l'a cueilli sur une autoroute en direction de Budapest, en Hongrie.

❖

À Chicago, un garçon de 12 ans qui avait des idées bien arrêtées sur la santé, a obtenu de la cour qu'une *interdiction de fumer* soit signifiée à son père divorcé de sa mère lorsqu'il lui rendait visite. Le père a obtempéré. «Ça me donnait mal à la tête», a simplement commenté le petit Alex Isaacson.

❖

Sans doute inspirés par le film *Maman, j'ai raté l'avion*, deux enfants new-yorkais sont parvenus à faire échec à un cambrioleur qui s'était introduit dans la résidence familiale en l'absence de leurs parents. Le bandit a d'abord demandé de l'argent à Krystle, 11 ans, qui a couru s'enfermer dans une chambre pour appeler à l'aide. John, 10 ans, fort de ses 54 kilos et de son 1 m 40, a fait pleuvoir tellement de coups de poing sur le malfrat qu'il l'a mis en fuite sans le magnétoscope qu'il voulait emporter. La police a pu lui mettre la main au collet grâce à la description des enfants.

Inspiré par une émission de télé, un jeune Australien de 13 ans, James Thorogood, a sauvé la vie de son lapin Boogedy qui se noyait dans la piscine familiale dans la banlieue de Sorrento. Il lui a fait du bouche-à-bouche en lui pressant légèrement la poitrine jusqu'à ce qu'il recrache l'eau. Le garçon n'avait aucune autre notion de secourisme.

Une petite Britannique de cinq ans, Georgia Cribbin, *a sauvé, elle, la vie* de son père, victime d'un coma diabétique. Lorsqu'elle le trouva inconscient sur le plancher du salon de la résidence familiale à Stanley, dans le nord-est de l'Angleterre, elle courut chercher le sucrier pour lui en administrer trois cuillerées. Dix minutes plus tard, il sortait du coma et serrait dans ses bras la fillette qui ne lui a dit que: «Papa, tu as eu une hypo(glycémie).»

Jeunes victimes

Les autorités hongroises ont dû prendre sous leur protection un garçonnet de quatre ans qui s'était réfugié auprès des deux chiens de la famille parce que *ses parents ne s'occupaient pas de lui.* Il reniflait, grognait et agissait sur commandement, comme un chien.

❀

Faire tenir un enfant tranquille sur la banquette arrière d'une voiture lors d'une randonnée relève du prodige. Un kaléidoscope mis au point par une compagnie espagnole et vendu dans les postes d'essence faisait miracle jusqu'à ce que quelqu'un s'avise de regarder ce qui rendait les enfants si calmes. Les images que les petits apercevaient étaient de l'horreur à l'état pur: des démons menaçants, des membres humains arrachés, des corps sans tête et toutes sortes d'atrocités qui les paralysaient de peur plutôt que de les calmer. En dépit de son succès de vente, le produit a été retiré du marché.

❀

Les connaissances en matière *sexuelle* seraient-elles si élémentaires en Afrique? Un rapport du gouvernement du

Zimbabwe a démontré que les préservatifs sont peu utilisés chez la population étudiante où le mythe de la performance masculine est tenace, se soldant par un taux de séropositivité important. Parmi les **idées préconçues** que citait le rapport: les cacahouètes salées, le fromage et le lait améliorent les performances sexuelles; un gros pénis est très important pour faire l'amour et la fille qui saute 10 fois sur place après une relation ne tombera pas enceinte.

Une fillette de huit ans de Guadalajara, au Mexique, aurait peut-être eu avantage à tenter l'expérience. Le Centre médical national de l'hôpital ouest de la ville a révélé qu'elle avait mis au monde un garçon de 3,2 kilos et que tous deux étaient en parfaite santé. La jeune mère était originaire d'une région du nord du pays.

❖

Les parents d'une écolière américaine de 10 ans (sic) ont décidé de poursuivre l'institution qu'elle fréquentait pour violation des droits civils et privés. La direction de l'école avait décidé de soumettre la fillette, à l'insu de ses parents, à un test de grossesse, qui s'est révélé négatif. La raison en est que la nature a pourvu l'enfant d'un ventre particulièrement rebondi.

❖

Les croyances populaires en matière de santé auraient sans doute inspiré Molière, mais cette anecdote l'aurait plutôt fait pleurer. Dans un village égyptien, une fillette de trois ans est morte après avoir eu la gorge tranchée accidentellement. Une **superstition** qui a la vie dure veut en effet qu'une extinction de voix puisse être guérie par un boucher qui passe le tranchant d'un couperet le long de la gorge d'un malade.

❖

Une jeune femme de 24 ans de Berwyn, en Illinois, a donné naissance à son domicile à une fille qu'elle croyait mort-née. Elle a mis le corps dans un sac en plastique qu'elle a déposé dans son congélateur. Incapable d'arrêter ses saignements vaginaux, elle s'est précipitée à un hôpital où elle a raconté son histoire. Une équipe médicale s'est rendue sur place, a trouvé l'enfant, devenu bleu, et dont la température s'était abaissée à 10 °C. L'enfant a repris vie grâce à de l'oxygène, des injections intraveineuses et... des bouillottes bien chaudes sur tout le corps. La nouvelle ne précisait pas si la mère avait eu le droit de garder son enfant.

❂

Une simple dispute d'enfant a viré au tragique à New Zion, en Caroline du Sud. Un couple blanc a été inculpé de tentative de **lynchage** sur la personne d'un enfant noir de neuf ans qu'ils ont ligoté à un arbre avant de tirer des coups de feu au-dessus de sa tête, de l'avoir roué de coups et de l'avoir étranglé avec une ceinture jusqu'à ce qu'il perde connaissance.

❂

À Kitchener, en Ontario, trois personnes (dont la mère et la grand-mère) ont été condamnées à des peines de prison à la suite du décès d'une fillette de deux ans, survenu lors d'un **rituel d'exorcisme.** L'événement ne s'est pas produit au Moyen Âge, mais en... 1995.

❂

Les nouveau-nés ont la vie dure aux États-Unis. Une femme de Dallas déguisée en infirmière a kidnappé un bébé de deux jours dans une pouponnière. Elle a été appréhendée peu de temps après avoir essayé de faire croire à un parent qu'elle venait d'accoucher. Si la réalité dépasse la fiction, elle a aussi tendance à se répéter. À Taunton, au Massachusetts, deux hommes qui avaient été surpris en plein cambriolage par une femme qui revenait à sa demeure, lui ont dérobé sa voiture pour s'enfuir. Ce faisant, ils ont délibérément lancé hors de la voiture un bébé de sept semaines qui s'y trouvait; la mère a tout juste eu le temps de l'attraper au vol avant qu'il ne touche le sol. Moins cruel, un voleur de Saint Augustine, en Floride, s'est hâté de rendre la voiture qu'il venait de voler dans une station-service lorsqu'il s'est aperçu qu'il y avait non pas un mais deux bébés à bord (un de huit mois et un de trois mois). Il a été appréhendé immédiatement et accusé de vol de voiture et de kidnapping. À Chicago, une jeune fille de 18 ans a été inculpée après qu'une femme eut découvert dans la rue son bébé naissant, une fille, victime de plusieurs fractures du crâne. La jeune mère avait accouché seule dans la salle de bains de la résidence familiale et *avait jeté le bébé par la fenêtre* avant de se rendre à l'école comme si de rien n'était. Ses parents ne s'étaient pas rendu compte qu'elle était enceinte et elle croyait être punie si elle le leur annonçait. La nuit de Noël, une femme qui passait par hasard dans un parc isolé à 30 km de Panama City, en Floride, a trouvé curieux d'entendre du bruit dans un sac abandonné. Elle y a trouvé des jumeaux, un garçon et une fille.

❖

La négligence d'un père a été fatale à un poupon de cinq mois à Albany, dans l'État de New York. Par une journée de chaleur, l'homme a *oublié* d'aller conduire le bébé à sa gardienne et est allé travailler en verrouillant les portes de sa voiture aux glaces montées. L'enfant est mort de suffocation et d'épuisement; il avait passé huit heures seul, chaudement vêtu.

❖

Un Palestinien de 26 ans, étudiant à l'université de Budapest et marié à une Hongroise, a arraché son enfant de deux ans des bras de sa mère, l'a embrassé à plusieurs reprises et l'a jeté par la fenêtre d'un train qui roulait à grande vitesse. Des passagers sont parvenus à l'immobiliser alors qu'il tentait de faire subir le même sort à sa femme. Les policiers sont arrivés à temps pour empêcher les passagers de le lyncher. L'enfant a été retrouvé dans un profond coma.

❖

Un bébé de trois semaines a été *tué par un bull-terrier* à Preston, en Angleterre, en dépit des efforts de sa mère, âgée de 15 ans (!) et de sa grand-mère. Le gentil toutou s'est attaqué au cruel et dangereux bébé pendant que sa mère préparait son repas. Les parents ont décidé de faire euthanasier la bête. Mieux vaut tard que jamais.

Deux bergers allemands d'une société du voisinage qui s'étaient faufilés sous le grillage de la cour d'une maison privée de Creutzwald, en France, ont infligé de sérieuses blessures à un enfant de quatre ans et demi qui jouait innocemment au ballon. Le père, alerté par les cris de l'enfant, a lancé des cailloux aux bêtes pour leur faire lâcher prise. Non sans mal. Les deux chiens ont traîné le garçonnet sur une quinzaine de mètres, l'un mordant la jambe, l'autre la tête, avant de renoncer à leur rapt. L'enfant a dû être hospitalisé.

Une autre histoire de berger allemand, mais qui a tourné au tragique: une fillette de 17 mois a été **mordue à mort par le chien** de la famille sur la ferme familiale de Pakenham, près d'Ottawa. Pendant que ses parents étaient occupés ailleurs, l'enfant a voulu pénétrer dans la cuisine de la maison. Le chien l'a attaquée parce qu'il croyait qu'elle voulait s'en prendre à sa compagne, berger allemand aussi, qui était en chaleur. Quelqu'un pourra-t-il un jour expliquer ce qui pousse des parents à mettre la vie de leurs enfants en danger en possédant des bêtes dangereuses?

❖

Sept des quinze victimes (la plupart des enfants) d'**un chien enragé** de Lobito, dans le centre-ouest du Portugal, sont décédées après avoir été attaquées. Personne n'avait de fusil?

❖

Un nouveau-né de Managua, au Nicaragua, est **mort dévoré** par des fourmis pendant que son père dormait à ses côtés et que sa mère était sortie vendre des sucreries dans la rue. Les fourmis avaient été attirées par le biberon du bébé d'à peine 40 jours, allongé à même le sol sur des cartons faisant office de lit; la famille était dans l'indigence la plus complète.

❖

À Bourg-en-Bresse, en France, la découverte du **cadavre congelé** d'un bébé dans un dépotoir, près d'aliments récemment vidés d'un congélateur, a déclenché une enquête qui a permis de remonter jusqu'à la mère. La femme a avoué avoir placé l'enfant dans le congélateur, une demi-heure après sa naissance, quatre ans auparavant. Âgée d'une trentaine d'années, la femme célibataire avait aussi fait disparaître deux autres bébés précédemment. Trois autres enfants vivaient avec elle.

❖

Un nouveau-né a été *sauvé in extremis* par un gardien d'immeuble de New York qui venait de mettre un compacteur à ordures en marche. Les pleurs du bébé l'ayant alerté, il a trouvé un bébé né environ huit heures auparavant et qui avait été enveloppé dans une serviette puis déposé dans un sac de plastique. Hospitalisé en état d'hypothermie, le bébé a récupéré.

❖

Un bébé mal en point à sa naissance et qui avait été abandonné sur un radiateur par un médecin genevois «pour laisser faire la nature» a été trouvé bien en vie quelques heures plus tard par une infirmière. Transféré dans une clinique équipée de couveuses, le bébé a non seulement survécu en dépit d'une fibrose aux poumons, mais s'en est parfaitement tiré à la joie de la mère qui avait abandonné tout espoir.

❖

À Indore, en Inde, un jeune garçon utilisé comme «mulet» a eu la *jambe arrachée* et deux de ses amis ont été blessés lorsque la bombe qu'il transportait dans sa poche a fait explosion en plein tribunal. Il y avait été envoyé pour tuer un accusé qui devait comparaître ce jour-là.

❖

Des policiers de Bordeaux, en France, qui avaient arrêté un *automobiliste* parce que son passager, un garçon de huit ans, n'avait pas bouclé sa ceinture de sécurité, ont été intrigués par le comportement nerveux de l'enfant. L'homme, un trafiquant de drogue notoire, lui avait confié 18 doses d'héroïne à dissimuler sur lui après avoir constaté que la police voulait procéder à un contrôle.

❖

Un père de famille de Singapour a été appréhendé un an après avoir tué son enfant de deux ans qui avait souillé son lit. La mère avait gardé le silence, après qu'il eut enterré l'enfant dans un sac à poubelle, parce qu'elle craignait son tempérament *extrêmement violent.*

&

Il existe une *aberration de comportement* appelé le syndrome de Münchausen qui est celui de parents qui font subir de force un traitement médical à un enfant, poussés par le besoin irrépressible d'attirer l'attention d'un médecin. Une mère de 24 ans de Seattle, dont l'état de santé de son garçon de 4 ans se détériorait chaque fois qu'elle le visitait à l'hôpital, a été surprise par le personnel alors qu'elle s'apprêtait à injecter, à l'aide d'une seringue, des matières fécales dans la solution intraveineuse du petit malade.

&

Lors d'une croisière sur un paquebot au large de la Floride, un couple canadien a eu la douleur de voir une simple *querelle* avec leur fils de 14 ans se changer en cauchemar. À l'insu de tous, l'enfant a profité de la noirceur pour se jeter à la mer. Le corps n'a jamais été retrouvé, l'équipage du *Regal Princess* estimant qu'il a été broyé par les puissantes hélices du navire.

&

La police de Bucarest, capitale de la Roumanie, est impuissante à enrayer le fléau des *enfants abandonnés* qui vivent dans les égouts de la ville et dont le regard halluciné en dit long sur leur habitude de «sniffeurs» de colle. Les six foyers de la ville, déjà bondés, sont incapables d'accueillir plus d'enfants; on estime à 1 000 le nombre de ceux qui ont établi leur quartier dans les égouts.

&

L'*interprétation stricte de la Bible* est devenue phénoménale aux Etats-Unis, un pays renommé pour ses nombreux *preachers* de tout acabit. Dans la région de Duval, en Floride, les écoliers ne peuvent emprunter *Blanche-Neige* à la bibliothèque municipale sans une permission écrite de leurs parents. La commission scolaire locale a jugé que le conte étalait «des scènes explicites de violence parmi lesquelles des mauvais sorts jetés par une sorcière». Mais n'est-ce pas dans la Bible qu'on lit le récit de l'exploit du roi David qui fit périr Urie au combat de façon à épouser sa femme Bethsabée aperçue nue aux bains? Évidemment, ça n'égale pas la méchanceté d'un album de contes pour enfants...

Les étudiants américains ne sont pas au bout de leurs peines. Une commission d'enquête américaine a révélé que les élèves du secondaire ne consacrent que 41 % de leur temps aux matières de base (anglais, sciences, mathématiques, langues et histoire). Les jeunes Allemands, Français et Japonais y accordent deux fois plus de temps. L'horaire typique d'un jeune Américain: première heure, conduite automobile; deuxième heure, conscientisation au sida; troisième heure, counselling.

❖

Un **voisin excédé** par le bruit que faisait un groupe d'enfants qui s'amusaient dans une rue de Nice a grièvement blessé d'un coup de feu un garçon de 13 ans. La police a aussitôt appréhendé le tireur qui a déclaré pour sa défense qu'il était allergique au bruit. Trois semaines auparavant, un autre Niçois avait lui aussi utilisé le même moyen pour calmer un «dangereux» malfaiteur de trois ans qui faisait trop de bruit en s'amusant dans la rue.

❖

À Medellin, en Colombie, un homme armé et porteur d'une cagoule a abattu un enfant de huit ans qui jouait dans la rue après la tombée de la nuit. Il a crié qu'il fallait tuer tous les enfants qui traînaient après 19 heures. 28 000 meurtres sont commis chaque année en Colombie, un taux huit fois plus élevé qu'aux États-Unis.

Les enfants n'ont pas que les médecins à craindre s'ils veulent survivre à leur environnement. À Bangkok, où les embouteillages dépassent l'imagination, la pollution de l'air est telle qu'à l'âge de sept ans les tout-petits ont perdu quatre points de quotient intellectuel, soutient *The Economist* en citant le *World Development Report.*

❖

À Lecce, en Italie, une mère a été condamnée à un mois et demi de prison (avec sursis cependant) pour avoir donné une gifle à son fils de cinq ans. La *plainte* avait été déposée par le père...

La justice danoise a des cas plus difficiles à juger. Un homme de 37 ans de Copenhague a été condamné à cinq mois de prison pour avoir assis sa belle-fille de quatre ans sur un élément allumé d'une cuisinière électrique. Motif? La terrible criminelle faisait pipi dans sa culotte. Elle a été *brûlée* au second degré.

❖

Une jeune mère de Columbus, en Ohio, a été incarcérée en attente de son procès pour avoir placé sa petite fille de deux ans dans le four chauffé à 218 °C de la cantine d'une école élémentaire. Des employés de l'école ont pu sauver le bébé à temps, bien qu'il ait été *brûlé* au dos, aux bras et aux mains.

❖

Un petit garçon de cinq ans de Pontotoc, au Missouri, resté à la maison parce qu'il avait la varicelle, en avait marre d'endurer la *fumée* des joints de marijuana de sa mère. Il a appelé la police pour la dénoncer. En arrivant sur les lieux, où la mère fumait toujours allégrement, les policiers se sont vu indiquer l'endroit où elle dissimulait sa drogue par l'enfant qui était très fier de lui, ont-ils précisé.

Une fillette de huit mois de Brampton, en Ontario, a dû elle aussi subir les méfaits de la drogue. Elle s'est retrouvée à l'hôpital, victime d'une *overdose*, après avoir avalé un morceau de haschisch de 28 grammes. L'ami de la mère a été mis en accusation pour possession de drogue.

❖

Une fillette de cinq ans qui regardait une partie de baseball à Woodstock, dans le sud de l'Ontario, a été *électrocutée* en posant la main sur une clôture en treillis métallique derrière le marbre. La clôture avait tout juste été électrifiée par le contact avec un système d'éclairage déficient qui venait de s'allumer.

❖

Dans une étude publiée par la revue médicale britannique *Lancet,* le Dr Peter Hepper, un médecin de Belfast, a soutenu que l'indicatif musical des feuilletons télévisés «à l'eau de rose» diffusés l'après-midi pourrait provoquer un *effet de «dépendance»* chez les fœtus et modifier leur comportement après la naissance. L'auteur de l'étude a comparé les réactions de sept nouveau-nés de quatre et cinq jours, dont les mères avaient regardé un de ces feuilletons durant leur grossesse, au comportemement de huit autres bébés dont les mères s'étaient abstenues de le visionner. Les sept bébés en question cessaient de pleurer lorsqu'on faisait jouer l'indicatif musical, tandis que quatre des huit autres pleuraient de plus belle. Le Dr Hopper a noté de plus que six des sept bébés «accrochés» avaient adopté ce que les pédiatres appellent «une attitude éveillée et tranquille» contre deux seulement parmi les nouveau-nés de l'autre groupe.

❖

Une maman britannique a accusé la firme japonaise *Nintendo* d'avoir «tué» son fils de 14 ans, mort de convulsions en quelques minutes après avoir joué pendant une heure avec son *Super Mario.* La compagnie a pris l'accusation tellement au sérieux qu'elle a déclenché une enquête qui a démontré que les filles de 10 à 16 ans étaient les plus susceptibles d'être victimes d'un tel mal. À l'âge de la puberté, les enfants seraient plus vulnérables à la «photosensitivité» produite par les clignotements ou les éclairs lumineux. Enfin, d'autres études devaient aussi démontrer que la fatigue oculaire ressentie par les utilisateurs d'ordinateurs vient essentiellement de l'assèchement de l'œil résultant d'une évaporation plus rapide des larmes et de la réduction du nombre de clignements des yeux devant un écran vidéo.

Les honorables députés britanniques se sont indignés de l'instauration d'une ligne téléphonique qui apprenait aux enfants l'art du baiser. L'absence de toute réglementation sur ce genre de ligne commerciale a empêché son abolition. Appelée «Le guide du baiser», la ligne, annoncée dans une revue de bandes dessinées destinées aux jeunes de 7 à 14 ans, expliquait aux enfants qu'il n'y avait «certainement rien de mieux qu'un long baiser sexy et passionné» avant de leur expliquer en détail les façons de mettre la leçon en pratique. Pour sa part, le ministre de l'Éducation s'est indigné de ce qu'une école primaire de Shadwell, près de Leeds, eût prodigué à ses élèves de 10 et 11 ans des cours d'*éducation sexuelle* expliquant la fellation et les relations extra-maritales. Il faut préciser que le cours était en fait une série de réponses qu'apportait une infirmière à des questions que les élèves avaient écrites sur des bouts de papier.

❖

En Thaïlande, où sévit la *prostitution infantile,* le métier semble attirer désormais. Une écolière de 12 ans de Bangkok a consacré une composition écrite à exprimer son rêve de devenir putain, attirée par le luxe et l'argent. L'affaire a été rapportée par un quotidien qui dénonçait la situation dans laquelle se trouvent les enfants du pays.

Inutile d'aller si loin. À Krems, en Autriche, un handicapé de 68 ans a été emprisonné après que la police eut appris qu'il agressait sexuellement des enfants depuis 18 ans. Mais la police a dû également mettre en accusation 19 autres personnes, dont plusieurs parents, qui avaient été *complices* dans cette triste aventure. Il fut révélé en effet que plusieurs parents touchaient de l'argent pour amener leurs enfants à son appartement. Ce fut le cas d'une fillette de 17 mois et d'un garçonnet de deux ans.

❖

À New Delhi, un employeur *a battu puis a brûlé vif* un adolescent de 15 ans qui travaillait pour lui depuis 2 ans à fabriquer des perles artificielles. Le crime de l'adolescent? Il avait manifesté le désir de retourner dans son village. Des experts du Bureau international du travail de l'ONU estiment à 20 millions le nombre d'enfants réduits en esclavage dans le monde et forcés de travailler dans des conditions inhumaines.

Un garçonnet de Grand Junction, au Colorado, a pris conscience de cette triste réalité en essayant de comprendre la notice d'utilisation d'un jouet *made in Taiwan*. En fait, il s'agissait d'un appel au secours de la part de la femme qui avait fabriqué le jouet, une prisonnière de la prison de Taizhong. Elle lui suggérait «d'enquêter sur la violation des droits de la personne à Taiwan» et de faire appel à la Maison-Blanche.

❖

La question du châtiment à imposer à des enfants a donné lieu à de juteux débats en Europe. La cour européenne a étudié la question de la légalité des **châtiments corporels** infligés aux enfants en milieu scolaire. Bien qu'interdites dans les écoles publiques depuis un arrêt de la cour de Strasbourg datant de 1987, les punitions demeurent permises dans les écoles privées. Certaines institutions britanniques se font d'ailleurs un point d'honneur de le préciser dans leur publi-cité. L'histoire a pris naissance à la suite de la plainte d'une mère dont le fils avait été frappé par un professeur après avoir reçu cinq blâmes: il avait parlé dans les couloirs et s'était couché tard une fois. De la vraie graine d'assassin, quoi! D'autres parents versent dans l'excès inverse: un père de famille britannique a été condamné à neuf mois de prison pour avoir violemment frappé un instituteur qui refusait de se mettre à genoux en classe et de s'excuser d'avoir battu son fils de 12 ans en raison de son comportement dissipé à l'école.

❖

Une école de Neuenkirchen, en Allemagne, forcée de réduire son budget d'entretien, a décidé de confier aux **enfants du primaire** le soin de balayer eux-mêmes leurs salles de classe. La mesure a permis une économie de 12 000 $ environ. Les parents étaient plus ou moins enchantés, craignant que cette activité n'empiète sur la durée de l'enseignement.

❖

Est-ce le découragement de vivre dans notre société contemporaine qui a des effets sur les enfants britanniques? Une étude intitulée *Very Young People in 1991-92* a démontré que, chez le groupe d'âge des huit-neuf ans, un enfant sur cinq consommait régulièrement de l'alcool et que plus de la moitié avait déjà consommé de la bière brune, de la bière blonde et du vin. Ces pauvres inconscients ne se rendent pas compte qu'à se rendre malades à boire ils finiront à l'hôpital.

❖

Quelque 6 millions d'Indonésiennes de moins de 14 ans constituent une statistique aussi remarquable que peu enviable: elles sont déjà mariées ou divorcées.

❖

Une femme marocaine, dont le bébé décédé avait été embaumé, s'est vu offrir 3 000 $ par des mafiosi pour les laisser truffer le cadavre d'un kilo de cocaïne qu'elle aurait ensuite pu faire passer à des contrôles de police en prétendant que son enfant était endormi. Elle a refusé l'offre et a prévenu la police.

Jeunes criminels

Sait-on pourquoi un enfant opte pour le crime? Une étude réalisée en Illinois a soulevé un coin du voile. La comparaison entre un groupe de 135 enfants violents et un groupe test de 18 garçons bien élevés a permis d'établir que les taux de zinc et de cuivre dans le corps des enfants violents étaient déséquilibrés comparativement à ceux des enfants au comportement normal. Les anecdotes qui suivent donneront sans doute de la crédibilité à cette thèse.

❖

À Oakland, en Californie, deux adolescents qui projetaient le détournement d'un autobus et la mort de tous ses passagers ont été arrêtés après avoir blessé par balles le chauffeur et quatre passagers. Les deux malfaiteurs, âgés de 15 et 17 ans, voulaient ainsi *venger* la mort d'une dame qu'ils connaissaient et qui avait été tuée par un autobus grillant un feu rouge. Deux des douze enfants de l'infortunée piétonne avaient déjà été appréhendés pour avoir proféré des menaces de mort envers les chauffeurs de la compagnie. Les deux adolescents, témoins des menaces, avaient décidé de passer à l'action à leur tour.

❖

Deux frères de six et sept ans avaient eu moins de chance en 1988 à Boca Raton, en Floride. Arborant de fausses moustaches dessinées au crayon, il ont projeté contre un mur la voiture qu'ils venaient de voler, faute de savoir conduire. Un policier, qui avait remarqué les deux garçons au moment où ils sortaient l'*automobile* du garage d'un réparateur, leur a donné la chasse et placé son véhicule devant le leur pour empêcher leur fuite. Peu au courant du changement de vitesse manuel, les deux émules de Bonnie et Clyde ont placé le bras de vitesse à la position «R» (marche arrière) et sont allés frapper un mur. Le policier a expliqué que les garçons, qui ne voyaient pas plus haut que le volant, pensaient aller plus vite, parce que «R» signifiait dans leur esprit *race*, c'est-à-dire «course».

❖

Une entreprise de la Californie a mis au point un logiciel destiné à apprendre aux enfants l'éthique élémentaire qui demande de ne pas s'introduire dans la mémoire des ordinateurs qui ne nous appartiennent pas. Le logiciel est destiné aux tout-petits dont l'apprentissage de l'*informatique* débute à l'âge tendre de trois ans dans bien des cas.

❖

Y a-t-il un âge pour entreprendre une carrière dans le crime? Qui pourrait le dire? Quoi qu'il en soit, il semble qu'on ait tendance à commencer de plus en plus jeune dans le métier et le milieu scolaire foisonne de cas éloquents. Furieux de l'esprit disciplinaire d'une *enseignante,* sept élèves (quatre garçons et trois filles de 12 et 13 ans) d'une école secondaire de Columbus, Ohio, ont conspiré pour s'en débarrasser en versant des produits chimiques dans son thé, en tentant de la faire tomber dans un escalier et en apportant des armes à l'école.

❖

À Nice, une fillette de 12 ans et sa sœur de 18 ans, qu'elle a convaincue d'être complice, a organisé un vol d'argent, de vêtements et de bijoux à l'appartement des parents d'une condisciple à qui elle avait subtilisé les clés. Elle s'est trahie en allant en classe vêtue d'un chemisier griffé appartenant à la mère. Les objets volés totalisaient 25 000 $, que les parents ont dû rembourser puisque les deux complices avaient déjà revendu la marchandise à vil prix.

❖

À Québec, un garçon de 12 ans qui avait dérobé quelque 9 000 $ à son paternel a connu un sort semblable puisque son magot lui fut retiré lors d'un vol à main armée par trois étudiants de 16 et 17 ans qui avaient eu vent de l'histoire. L'enfant avait dissimulé l'argent dans un camp où il aimait se réunir avec des copains. En fait, le *vol* était tellement connu à l'école polyvalente qu'il avait déclenché une véritable chasse au trésor.

Un autre garçon de 12 ans, mais de Winnipeg cette fois, a causé bien des embêtements à un musicien de 32 ans qui était allé patiner pour se changer les idées après avoir appris le décès de son frère. Impressionné par des séances d'identification de suspect à l'école, le gamin a dénoncé l'homme à la police comme étant un dangereux agresseur sexuel. Le pauvre a été appréhendé et accusé d'avoir fait des propositions indécentes à un mineur. La vérité est heureusement vite sortie et le *petit con* a été accusé de méfait.

❖

Un petit Égyptien de 12 ans qui trouvait son grand-père avare lui a dérobé 150 000 $ pour s'acheter une «galabiya» (la robe masculine égyptienne) et a distribué le reste à trois voisins qui lui promirent de l'investir. La police a appréhendé les trois personnes qui avaient utilisé l'argent pour acheter trois camions, un immeuble de quatre étages, une ferme et douze buffles. Dix mille dollars seulement furent récupérés, mais les biens des escrocs ont été saisis. Le garçon, un orphelin que son grand-père avait recueilli, a été placé dans un refuge pour mineurs.

❖

Un adolescent ivre de 17 ans de Varsovie, incapable de trouver de l'argent ou des objets de valeur chez sa grand-mère de 74 ans, lui a coupé l'oreille à l'aide d'un couteau de cuisine. Il a été arrêté quelques heures plus tard et la police a trouvé à son domicile l'*oreille coupée,* cachée dans une boîte d'allumettes vide.

Un autre adolescent de 17 ans de New York, autiste profond, avait la manie de jeter des objets par la fenêtre. Il a été arrêté et inculpé de meurtre pour avoir fait subir le même sort à son neveu de cinq mois par la fenêtre de la salle de bains. Le bébé a été tué par la chute de cinq étages. Comme le développement mental de l'adolescent était celui d'un enfant de deux ans, il a été confié à une institution psychiatrique.

❖

À Sunderland, en Angleterre, la police avait réussi à mettre la main au collet d'un formidable *voleur de voitures* de 13 ans. Mais il s'est échappé en moins de 24 heures. En dépit de sa petite taille (1 m 50), l'enfant s'était rendu coupable de quelque 200 vols de voitures en six mois; il avait l'habitude de se jucher sur un gros coussin pour conduire. Durant les quelques heures de son incarcération, la criminalité avait chuté de 50 % dans la municipalité.

❖

Trois adolescents de Marseille, de 13, 14 et 15 ans, ont volé quelque 25 *voitures de luxe* avant d'être appréhendés. Ils signaient invariablement leurs méfaits du nom de Fantomas, peint sur le mur du garage. En fait, ils «empruntaient» des Ferrari, des Porsche, des Alfa Romeo, des BMW et des

Mercedes pour se balader. Ils avaient besoin, pour conduire, de se caler un gros annuaire sous les fesses.

Un garçon de 12 ans, appréhendé au moment où il s'apprêtait à commettre un vol par effraction dans un magasin d'alimentation de Fort Lauderdale, a vite été reconnu des policiers. L'élève de sixième année d'une école locale en était à sa 57e mise en accusation dont 12 pour vol d'automobiles, 10 pour cambriolage, 3 pour vol à main armée et 1 pour voies de fait.

❖

À Atlanta, un garçon de neuf ans qu'on avait étiqueté du nom de «bandit à la gomme baloune», a été appréhendé à son sixième cambriolage au cours duquel il ne dérobait que de la gomme à faire des bulles. Aux policiers qui l'interrogeaient, il a avoué qu'il essayait de faire le métier de son père qu'il admirait. Le plus triste de l'histoire est que son père avait été tué lors d'un cambriolage par un propriétaire armé.

❖

À Stillwater, en Oklahoma, un appel anonyme a permis à la police de coffrer un quatuor de *jeunes voleurs* (trois garçons de 6, 7 et 10 ans et une fillette de 4 ans) qui s'étaient emparés de vélos, jouets électroniques, instruments de musique et bijoux, le tout d'une valeur de 6 000 $.

❖

Deux jeunes frères de quatre et huit ans ont été coffrés par la police de La Tuque, au Québec, alors qu'ils s'enfuyaient d'une résidence qu'ils venaient de cambrioler. Ils avaient mis la maison sens dessus dessous avant de s'emparer d'un portemonnaie, de divers ustensiles de cuisine et d'un jeu de piste de course pour petites automobiles. La police avait été alertée par un voisin, étonné de voir la porte de la résidence grande ouverte.

❖

Un garçon de 11 ans, qui venait de commettre un vol à main armée à l'aide du pistolet de sa mère à Denver, au Colorado, a été poursuivi par le proprio du dépanneur qui a fini par lui faire peur au moyen de sa carabine. À sa mère qui lui demandait ce qu'il lui était passé par la tête, il a rétorqué, sans émotion ni repentir, qu'il avait tout simplement besoin d'argent de poche.

Parce qu'il était désœuvré et qu'il voulait de l'argent de poche, un adolescent britannique, qui ne pouvait être emprisonné parce que la loi le défendait, a mené *une vie de crimes et de vandalisme* de l'âge de 8 ans à 14 ans. Toute la population de la petite ville de Elland voulait sa peau parce qu'il a fait grimper les primes d'assurance et causé le départ de quelques entreprises. L'enfant ne s'était pas contenté longtemps de voler des bonbons; il a été arrêté 88 fois et condamné pour 130 crimes, dont plusieurs de vandalisme, tous commis dans un périmètre de deux kilomètres carrés autour de la résidence familiale.

❖

Le viol n'est pas l'apanage des adultes. En Grande-Bretagne, un adolescent de 13 ans a été condamné à un an de liberté surveillée pour le viol d'une adolescente de son âge; la loi ne permettait pas à l'époque de condamner à une plus lourde peine des enfants de moins de 14 ans. Un cas encore plus triste est survenu à Washington. Excité par des films pornos qu'il regardait à la télévision, un garçon de 11 ans a violé une fillette de cinq ans qui se trouvait dans la même pièce. Le juge a exigé de la famille et de l'enfant de recevoir une assistance psychologique en attendant de rendre jugement.

❖

Un adolescent de 14 ans a été arrêté à Winnipeg, au Manitoba, pour avoir tenté de *prostituer* à un adulte une fillette de 12 ans pour la somme de 20 $. Il projetait de lui remettre 5 $ et d'en garder 15 $. Une représentante d'un organisme de défense des prostituées a reconnu le caractère inusité de l'histoire en raison de l'âge des deux enfants, mais elle a ajouté qu'elle n'était pas très étonnée.

❖

Le meurtre aussi est un crime dont se rendent passibles des enfants et des adolescents. Les cas qui suivent sont à l'image de notre société déboussolée.

Los Angeles songe à implanter un programme d'éducation pour le moins non orthodoxe pour faire échec à la criminalité juvénile qui fait quelque 800 morts par année. Les autorités envisagent d'obliger les membres de gangs à assister à l'autopsie de leurs chefs ou comparses qui sont tombés sous les balles. Certains opposants estiment que la mesure ne fera que les durcir encore plus et suggèrent plutôt de les contraindre à travailler avec des personnes paralysées à la suite de blessures par armes à feu.

✦

À Chicago, deux adolescents de 14 et 16 ans en ont tué un autre de 11 ans parce qu'il avait attiré l'attention de la police sur leur gang après avoir assassiné une adolescente de 14 ans. Toujours dans la même ville de l'Illinois, deux garçons de 10 et 11 ans ont été inculpés du meurtre d'un enfant de 5 ans qui refusait de voler des bonbons pour eux. Ils l'avaient précipité par une fenêtre du 14e étage d'un immeuble.

✦

Trois adolescents de Rio Rancho, au Nouveau-Mexique, ont été accusés du meurtre des grands-parents de l'un d'eux, de falsification de preuves et de vol d'auto. Motif du crime: la grand-mère refusait qu'ils boivent la bière du grand-père.

✦

À Harrisonburg, en Virginie, deux sœurs de 12 et 13 ans et l'ami de l'une d'elles âgé de 14 ans, ont été condamnés pour le meurtre à coups de couteau de la mère des deux adolescentes. Ils l'avaient poignardée parce qu'elle avait inscrit les deux adolescentes, reconnues pour avoir de graves problèmes de discipline, à une école militaire pour jeunes.

✦

À Tiller, à 375 km d'Oslo, trois garçons de six ans ont été interrogés par la police pour avoir tué à coups de pied une camarade de jeu de cinq ans.

✦

Le meurtre de sans-abri ne connaît pas de frontière. Trois enfants de 8 à 10 ans de Vitry-sur-Seine, en France, ont lynché à coups de poing, de pied et de bâton un clochard avant de

140

jeter le corps au fond d'un puits. Deux garçons de 12 ans de Wenatchee, dans l'État de Washington, ont abattu de plusieurs balles un sans-abri qui protestait contre leur dangereux essai de tir au pistolet. Ils venaient de dérober les armes dans un cambriolage.

❖

Un jeune Britannique de 10 ans a été mis en accusation pour avoir tué Edna Condie, une résidante de Leeds de 74 ans, à qui il avait lancé un moellon.

❖

À Barcelone, en Espagne, quatre mineurs de 12 à 15 ans ont égorgé un motard à l'aide d'un ruban de plastique tendu en travers d'une rue.

❖

Une fillette de 12 ans, rongée par le remords, a avoué à la police de Cincinnati, en Ohio, qu'elle avait tué, 10 ans plus tôt, son petit cousin de 13 mois en le noyant dans un seau de lessive. À l'époque, on avait conclu à un accident au cours d'un jeu.

❖

Une jeune mère de 21 ans de Halifax en Nouvelle-Écosse, qui était accusée d'avoir tué sa fille de huit mois, a vu l'accusation retirée lorsque son fils de trois ans a reconnu qu'il était responsable de la mort de sa petite sœur qu'il avait voulu «laver dans la cuvette de la toilette» où elle était «restée prise».

❖

Une fillette de 13 ans de West Palm Beach, en Floride, n'a manifesté aucune émotion lorsque la police l'a appréhendée pour le meurtre d'un chauffeur de taxi. Elle l'avait abattu d'une balle dans la tête parce qu'elle ne pouvait payer une course de 6 $.

❖

Dans un village du Bihar, dans l'est de l'Inde, un garçonnet de cinq ans a été abandonné par sa famille, qui a fui par crainte des représailles, après avoir tué à l'aide d'un morceau de bambou trois enfants de 18 mois, neuf ans et six ans qui le dérangeaient en jouant trop bruyamment.

Un lycéen allemand de 15 ans, en butte aux moqueries et désireux de «prouver quelque chose à son père», a été condamné à six ans de prison pour avoir jeté, du haut d'un viaduc, une lourde pierre sur le pare-brise d'une voiture, causant la mort de son conducteur et des blessures graves aux deux passagers.

Jeunes étourdis

Les enfants ont une prédilection pour se placer dans des situations dangereuses. Plus chanceux que les adultes, ils semblent savoir *s'en sortir.* Un bambin de trois ans de Singapour, tombé du 10e étage d'un immeuble, a survécu, en dépit de ses fractures; sa chute a été freinée par les branches d'un arbre et des tiges de bambou qui ont amorti sa dégringolade. Une fillette de quatre ans qui était tombée du 11e étage d'un hôtel d'Alexandrie, en Égypte, s'en est tirée avec quelques contusions. Sa chute a été freinée à quelques mètres du sol par un réseau de câbles électriques. Un sort semblable a été réservé à un bébé de deux ans de Genève à qui une haie de thuyas a fait un coussin pour lui sauver la vie après une chute du 7e étage d'une conciergerie. Une fillette de trois ans de Schmerikon, en Suisse, paniquée par l'incendie qui ravageait l'immeuble où elle se trouvait, a sauté du 4e étage et a atterri sur le gazon, sans blessures, mais affligée d'un violent choc nerveux. En Autriche, dans la province de Salzbourg, une fillette de six ans, qui avait voulu cueillir une branche à la limite d'un lieu escarpé près d'un château, a fait une chute d'une centaine de mètres, heureusement amortie par une couche de neige. L'enfant a été retrouvée au bord d'une rivière, souffrant de quelques ecchymoses seulement.

❖

Karlee Kosolofski, une fillette de deux ans de Rouleau en Saskatchewan, fut transportée à l'hôpital en état de... congélation. L'enfant avait voulu suivre son père à l'extérieur, au milieu de la nuit, alors qu'il partait pour le travail. L'homme ne s'était pas rendu compte de sa présence et l'enfant s'était retrouvée à l'extérieur par une température de -40 °C. La fillette fut *sauvée* par sa petite taille: elle était tellement menue qu'elle a gelé quasi instantanément. Il fallut trois heures de «réchauffement» pour la dégeler; son cœur ne s'est remis à battre qu'après une heure et demie.

❖

Chacun sait que la consommation régulière du *junk food* est néfaste pour la santé. Le médecin d'une adolescente de 14 ans de Belfast en a apporté la preuve après avoir constaté que sa patiente, qui ne s'alimentait que de cette façon, a attrapé le scorbut en raison d'une trop grande déficience en vitamine C. En Grande-Bretagne, des enfants de six ans victimes d'anorexie nerveuse ont dû être hospitalisés. Une étude de l'université de Swansea a démontré que plus du quart des enfants de cinq à sept ans voulaient être plus minces. Un sur six suivait déjà un régime. Le phénomène est attribuable, selon l'étude, à l'*influence de la télévision* qui idéalise les femmes minces et des parents qui transmettent leur propre anxiété à leurs enfants par leur habitude de faire constamment des régimes.

❖

Des chercheurs britanniques ont appelé «syndrome des buveurs d'orangeade» la maladie des enfants qui manquent d'appétit à l'heure des repas, ce qui ralentit leur croissance et les rend irritables. Le résultat de leurs recherches, publiés dans la revue *Archives of Disease in Childhood* de Southampton, montre que certains enfants tirent plus du tiers de leur apport énergétique des boissons gazeuses, chaque verre contenant de six à huit cuillerées à café de sucre. Il en résulte qu'ils ne s'alimentent plus correctement. «Ils ne mangent pas assez de graisse et de protéines nécessaires à leur croissance», ont dit les chercheurs, en précisant que 70 % des enfants de la maternelle et 50 % des enfants du primaire ne boivent jamais d'eau plate.

❖

Au Canada, la hausse inquiétante du nombre d'enfants obèses devrait obliger l'instauration d'un programme quotidien d'exercices physiques dans les écoles, selon la Coalition pour une éducation physique quotidienne de qualité qui affirme que près de 60 % des enfants canadiens ont une forme physique qui ne correspond pas aux normes.

❖

Moins de la moitié des écoliers américains font suffisamment d'exercice physique pour développer un cœur et des poumons sains, déplore l'Académie américaine des pédiatres. Plus de 40 % des enfants de cinq à huit ans ont développé au moins un facteur de risque d'une maladie cardiaque.

❖

Les enfants peuvent aussi se comporter comme de *parfaits imbéciles.* Quatre jeunes garçons espagnols dont l'âge variait de 8 à 13 ans, émerveillés par le contenu du bar des parents de l'un d'eux, ont inventé un jeu qui leur a été néfaste. À tour de rôle, chacun jouait au barman et servait des consommations à ses compagnons. L'un est décédé et les trois autres, transportés dans un état semi-comateux à l'hôpital municipal d'Almeria, ont survécu grâce à des soins d'urgence.

❖

La société d'État finlandaise, Alko, responsable de la vente des boissons alcoolisées, a décidé de retirer du marché une vodka parfumée à la réglisse bien qu'il s'en fût vendu 15 000 bouteilles par semaine. La boisson, avec ses 38 % d'alcool, était devenue trop populaire auprès des adolescents.

❖

Peut-on encore douter que la publicité influence les enfants? Un concours de coloriage de crèches organisé par une revue agricole allemande a démontré qu'un tiers des bambins croyaient que les vaches étaient violettes et les ont illustrées telles. Ils *subissaient l'effet* d'une campagne de promotion d'une marque de chocolat qui utilise un animal de cette couleur.

❖

Inspiré par un extrait de la populaire émission *9-1-1,* un garçon de 11 ans de Chatham, en Ontario, cherchait à montrer à un camarade de 8 ans comment charger une carabine de calibre .22. Il lui a accidentellement tiré dans le pied.

À Rennes, en France, un garçon de 10 ans qui s'amusait à gonfler des ballons, est mort étouffé en avalant des fragments d'un ballon éclaté qui se sont accrochés aux parois des muqueuses du poumon. La matière plastique, en bloquant la respiration, a provoqué l'étouffement.

❖

En l'absence de sa gardienne qui était sortie de la pièce, une fillette de 13 mois de Cambridge, en Ontario, a perdu la vie lorsque son chandail en coton ouaté s'est accroché à une poignée de tiroir: elle est morte étouffée, comme si elle s'était pendue.

❖

À Royal Oak, au Michigan, une fillette de huit ans, Nina Sekhri, est décédée après avoir humé le fumet d'une casserole dans laquelle cuisaient des pois chiches. Le médicament antiallergique qu'on lui a administré est resté sans effet: tombée dans le coma, l'enfant est morte trois jours plus tard.

❖

Une fillette de 18 mois de Chincha Alta, dans le centre du Pérou, est morte d'avoir fait une chute dans un chaudron de soupe bouillante qui avait été déposé sur le sol de la cuisine. À Hambourg, une fillette de cinq ans a eu plus de chance. Entrée dans la cuisine d'un restaurant pour y prendre un œuf, elle a glissé sur le plancher humide et est tombée dans une marmite de soupe qui venait d'être retirée du feu; le cuisinier accouru pour la rescaper s'est lui-même ébouillanté les mains et les bras. L'enfant a survécu.

❖

À trois ans, Mickey Sproul était un *futur monstre de la route* au potentiel impressionnant. Passe encore que ce petit Américain ait mis le feu à la maison familiale dans laquelle son père a failli mourir. Ce qui l'a rendu célèbre c'est qu'il soit parvenu à subtiliser les clés de la voiture familiale à ses parents endormis et ait entrepris une balade sur une autoroute à minuit. Personne n'a encore compris comment il avait pu rejoindre les pédales avec ses petites jambes, mais le diablotin a parcouru 500 mètres sur une autoroute achalandée de Tampa, en pleine nuit. Bilan de la fugue: aucun blessé mais trois voitures bosselées, une autre éraflée et la voiture de papa dans un fossé. En guise d'explication la future terreur de l'heure de pointe a déclaré: «Ze voulais faire vroummmm». Le petit crétin promet: il a déjà le réflexe de l'*homo hystericus debilitus* devant un feu rouge.

❖

À Wauconda, en Illinois, Michael Hoary ne comprenait pas pourquoi deux automobilistes qui le suivaient klaxonnaient à qui mieux mieux pour attirer son attention; il roulait à 55 milles à l'heure, la vitesse réglementaire. L'un de ses «poursuivants» le doubla et finit par le faire arrêter. Sorti de sa camionnette, il réalisa la raison de leur émoi: sa fillette de deux ans et demi, Allyson, avait décidé de le suivre au travail. Elle avait attaché sa voiturette à l'aide d'une courroie à la poignée d'une porte arrière et avait ainsi parcouru quelque 10 kilomètres, assise tant bien que mal sur un siège d'à peine 25 centimètres de largeur. Le plus surprenant est qu'elle ne fut blessée d'aucune façon.

❖

La fascination des enfants pour les **autos** ne connaît pas de frontière. À Tokyo, une fillette de huit ans qui avait décidé de faire l'école buissonnière avec panache, s'est emparée de la fourgonnette que son père avait empruntée à un ami et a roulé durant 20 kilomètres avant de s'immobiliser contre un mur, à faible vitesse, à la suite d'un virage mal négocié. La petite précoce était en larmes, mais non blessée. Elle a affirmé à la police qu'elle s'était pourtant efforcée de respecter tous les règlements de la circulation.

❖

Une fillette de huit ans qui faisait virevolter son cerf-volant dans un parc de Mountain View, en Californie, a été emportée en l'air par un petit avion de tourisme qui passait trop bas.

À trois mètres du sol et à une trentaine de mètres plus loin, DeAndra Anring a dû lâcher la corde de son cerf-volant pour éviter d'embrasser un arbre qui semblait arriver sur elle à toute vitesse. Le petit avion, en provenance du Nevada, a subi des dommages de plus de 10 000 $ en se posant en catastrophe. DeAndra s'en est tirée avec quelques ecchymoses.

❀

Un adolescent de Cambridge, en Ontario, a *passé outre* aux directives de ses parents qui partaient en voyage et a décidé d'organiser un *party* à la résidence familiale. Il avait invité une vingtaine de copains; il s'en est présenté plus de 200. Au terme de la fête, la police estimait à 20 000 $ les dommages causés à la maison. L'un des participants «a viré fou» selon un témoin et s'est lancé sur un mur; le geste a été imité par plusieurs autres. À la fin, le sous-sol arborait des trous béants.

❀

Deux enfants jeunes vandales de 10 et 12 ans qui s'étaient introduits par effraction dans une usine de Belfort, en France, ont causé pour 300 000 $ de dommages en frappant à coups de masse des machines-outils de précision.

❀

Chargés de descendre un sapin de Noël aux ordures, trois adolescents new-yorkais de 12, 13 et 14 ans, l'ont placé dans l'ascenseur de l'immeuble au 7e étage. L'un d'eux a voulu faire une blague et a craqué des allumettes. Le sapin s'est aussitôt enflammé. *Bilan*: un mort et deux brûlés graves.

❀

Parce que deux jeunes enfants d'une même famille continuaient de se *gaver de friandises* en dépit de ses recommandations, un dentiste de Wakefield, en Angleterre, a refusé de continuer à leur prodiguer des soins et a averti les parents par lettre, leur donnant trois mois pour se trouver un autre dentiste. Durant ce laps de temps, il ne les recevrait que s'ils souffraient de violentes douleurs.

❀

Un adolescent de 13 ans de Kinnear's Mills, au Québec, est mort *victime de son esprit inventif*. En l'absence de ses parents, il avait relié deux arbres par un câble et se laissait glisser d'un point à l'autre à l'aide d'une ceinture de sécurité employée sur les chantiers de construction. La ceinture a remonté à la hauteur des côtes et a causé son asphyxie en l'empêchant de respirer.

❖

Un bambin de deux ans qui avait échappé à la surveillance de son grand-père à Valence, en France, a vu la mort de près en s'aventurant sur une autoroute où circulent généralement quelque 4 000 véhicules à l'heure. Un *automobiliste* est parvenu à garer en catastrophe son véhicule sur la bande d'arrêt d'urgence et à se saisir du jeune explorateur.

❖

Le concierge d'une cafétéria étudiante de Belgrade fut étonné de voir du sang filtrer sous la porte d'un réfrigérateur. Il faillit s'évanouir en ouvrant la porte: les corps de trois jeunes garçons de 10 à 12 ans y étaient recroquevillés. Deux étaient nus et le troisième ne portait qu'un pantalon. Ils s'étaient blessés en tentant d'ouvrir la porte. L'enquête n'a pu déterminer s'ils avaient été enfermés contre leur gré ou volontairement.

❖

Le cadavre nu d'un garçon de 12 ans de Green Bay, dans le Wisconsin, a été découvert par sa mère dans le lave-vaisselle au retour d'une course. Un oncle de la victime a déclaré qu'il croyait que l'adolescent avait eu la *douteuse idée* de vouloir prendre une douche.

❖

Un bambin de deux ans de Sault-Sainte-Marie, en Ontario, a eu plus de *chance.* Il fut découvert les jambes coincées dans la cuve de la lessiveuse au moment où le cycle de l'essorage était en marche. Les pompiers accourus sur les lieux ont dû démonter l'appareil pour le libérer. L'enfant n'a pu expliquer comment il s'était placé dans cette situation.

❖

Lorsque la porte de l'ascenseur d'un édifice de 23 étages de Chomedey, en banlieue de Montréal, a fini par s'ouvrir sous les pressions de trois ou quatre jeunes qui s'amusaient à la forcer, l'un d'eux, âgé de 10 ans, a chuté du 15ᵉ étage dans la cage et est **mort sur le coup.**

À Split Lake, au Manitoba, une bambine de cinq ans a tué sa sœur de huit ans d'un coup de fusil de chasse en jouant avec un bâton dans une chaloupe. La famille revenait d'une expédition de chasse au canard dans une chaloupe et le fusil de chasse de calibre .12, qui comportait encore une cartouche, fut touché **accidentellement** par le bâton de la fillette.

F

comme dans... femmes

Je conviendrais bien volontiers que les femmes nous sont supérieures – si cela pouvait les dissuader de se prétendre nos égales.

Sacha Guitry

Si le sexe avait pu prévenir la guerre des sexes, je connais bien des conflits qui n'auraient pas perduré. La femme demeure à notre époque le sujet de conversation par excellence. Aucun des clichés auxquels la femme a donné naissance (du genre: «On ne peut vivre sans elles ni avec elles») ne disparaît.

C'est en tremblant que je réunis ici ces anecdotes qui ont pour sujet des femmes. Oser singulariser un comportement féminin déclenche généralement une avalanche d'accusations de la part de tout ce que la Terre comporte de groupes de défense des droits de la femme. Mais je suis tranquille: j'ai pour bouclier le chapitre que je consacre plus loin au comportement de l'homme...

Les chaînes pyramidales vont de la naïveté à l'exploitation pure et simple, mais celle qu'a lancée Lynn Anderson de Vancouver a au moins le mérite d'être insolite. Elle consiste à expédier aux deux premières adresses qui apparaissent sur la liste une petite culotte pour femme, de rayer le premier nom, d'ajouter le sien au bas de la liste et d'expédier la lettre à six autres femmes (les hommes ne sont pas admis dans l'aventure). Si chaque destinataire répond favorablement, chaque femme recevra 36 petites culottes. Et qui a dit qu'on ne savait pas *s'amuser* au Canada anglais?

La vie dans l'ouest du Canada semble en effet suffisamment insipide pour permettre l'éclosion de pratiques pour le moins étonnantes. Le grand prix de *l'ennui* revient à deux Manitobaines qui s'envoient la même carte de Saint-Valentin depuis 32 ans. Bien que la carte ne tienne plus que grâce à des prodiges de ruban gommé, les deux femmes vont continuer de l'utiliser; il reste en effet la surface arrière à remplir de messages. Le temps n'a pas la même valeur pour tout le monde...

~

Une Romaine que les petites combines de son mari, administrateur municipal, dégoûtaient particulièrement, a décidé d'attirer l'attention sur ses prévarications en jetant ses pots-de-vin par la fenêtre... en petites coupures. Treize millions de lires (11 500 $) se sont envolées dans le beau ciel de Rome jusqu'à ce que la police vienne y mettre un terme et découvre dans l'appartement 80 000 $ dont le haut fonctionnaire ne pouvait justifier l'origine.

~

Une dame de 58 ans de Swansea, au pays de Galles, a eu la surprise de sa vie lorsqu'elle a constaté que le cambrioleur qui venait de perdre malencontreusement son masque devant elle était son propre fils. Après qu'il eut été condamné à 15 mois de prison, la dame a déclaré: «Je l'aime toujours d'une certaine façon, mais c'est difficile de lui pardonner.»

Quinze mille personnes avaient défilé dans les rues de Halle, en ex-Allemagne de l'Est, pour protester contre l'attaque dont avait été victime une handicapée de 17 ans aux mains de trois *skinheads.* Comme preuve de l'agression, la jeune femme en fauteuil roulant arborait une croix gammée découpée au couteau sur une joue. L'enquête a finalement démontré qu'elle avait tout *inventé.*

Un autre cas «d'imagination au pouvoir» a eu des *répercussions* énormes. Une jeune femme de 19 ans d'Avella, en Pennsylvanie, n'avait pas apprécié l'interdiction de ses parents d'aller dans un bar. Elle a mis le feu à la résidence familiale avant de prendre la fuite avec la voiture paternelle. La mère a été grièvement blessée lorsqu'elle a été projetée par la fenêtre par son mari qui lui a ainsi sauvé la vie; lui-même est décédé en retournant chercher sa fille qu'il croyait dans la demeure, laquelle fut entièrement détruite par les flammes.

Une autre jeune femme de 19 ans, désireuse de se suicider, a eu la *vie sauve* bien qu'elle se soit couchée sur la voie ferrée peu avant le passage d'un train près de Rumigny dans le nord de la France. La jeune dépressive était tellement de constitution frêle qu'elle n'a pas été happée par le train, bien que la garde au sol n'ait été que de 30 centimètres. Devant son échec, elle s'est relevée et est retournée chez elle.

~

Une conductrice de Fairfield, en Iowa, a *failli causer* une hécatombe lorsque sa Ford Escort a dérapé sur une plaque de verglas et s'est retrouvée sur le toit. C'est que la petite voiture contenait, outre la conductrice, 14 autres passagers (dont 12 enfants), 2 chiens et 2 chats. Le policier Jerry Droz, chargé de démêler l'affaire, a eu ce commentaire laconique: «On m'a dit qu'il y avait six personnes à l'avant et neuf à l'arrière. Je n'ai pas demandé où étaient les animaux.»

~

Pour avoir fait fi de deux ordres de la cour, une infirmière de Sacramento, Susan Tanner, s'est vu retirer la garde de sa fille de huit ans parce qu'elle *fumait* en sa présence. L'enfant, asthmatique, était en danger, a conclu la juge Nancy Sweet. La mère n'avait même pas l'excuse de fumer du pot qui, comme on le sait, recèle en infimes quantités un élément capable d'aider les asthmatiques à mieux respirer.

~

On déplore beaucoup, dans les pays où les soins de santé sont assurés, l'esprit d'abus qu'ils entraînent. Un comité spécial du gouvernement manitobain, au Canada, chargé de mettre au jour les *abus* dont sont victimes les services de l'assurance-maladie a découvert le cas d'une femme qui avait effectué 247 visites chez 71 médecins différents en une seule année.

~

Le docteur Leonard Schultz, de Minneapolis, sera peut-être un jour considéré comme un grand bienfaiteur de l'humanité. Il a découvert que, bien que les tumeurs aux seins puissent surgir indifféremment dans celui de droite ou celui de gauche, les tumeurs au sein gauche sont presque toujours détectées les premières, ce qui correspond au fait que la majorité des hommes sont droitiers. Donc, un mot d'ordre aux hommes: «Changez de main»!

~

Joselina da Silva, une Brésilienne de 34 ans, aurait souhaité vivre dans l'ombre, mais c'était impossible: elle était condamnée à vivre couchée sur un lit en fer spécialement fabriqué pour elle. En dépit de sa stature réduite (elle ne mesure que 1 m 60), elle pesait 400 kilos, *résultat* d'une obésité morbide. Elle ne pouvait se coucher sur le dos, parce que le poids de ses seins lui écrasait les poumons et le cœur. Chaque jour, une dizaine de pompiers de son patelin, Itaperuna, changeaient les draps de son lit et l'aidaient à faire sa toilette. Tout le voisinage s'était d'ailleurs mobilisé pour l'aider du mieux possible, puisqu'elle ne recevait qu'une petite pension mensuelle de 72 $ et vivait dans une chambrette de 8,5 m². Joselina décida de se mettre au régime: pour ce faire, il lui fallait suivre une diète sévère dans une institution et ce, durant deux ans. Toute ardue qu'elle fût, la décision n'était rien à côté des moyens qu'il fallut prendre pour la faire entrer en clinique. Douze pompiers de São Paulo durent retirer une fenêtre et abattre une cloison de l'établissement de santé pour la transporter à l'intérieur. Les ambulanciers avaient retiré tous les appareils de leur véhicule pour y pousser une civière spéciale. On avait dû avoir recours à ce moyen de transport après que l'avion prêté par l'armée de l'air brésilienne se fut révélé impraticable. Après deux ans de régime sévère (420 calories par jour) et trois opérations de dégraissage, elle avait perdu 256 kilos; elle pouvait marcher et faire de l'exercice.

Les efforts de Maureen Grady, une Anglaise de 4 pieds et 11 pouces, pour réduire son poids de 378 livres furent moins gratifiants. Elle parvint, en cinq ans, à perdre 252 livres, mais perdit aussi son fiancé, qui était tellement fasciné par les rondeurs féminines qu'il la laissa pour une autre femme... de 210 livres.

≈

En dépit des apparences, prétend un auteur de livres sur la famille royale britannique, la reine Élisabeth II et le prince Philippe sont très dévoués l'un à l'autre. La seule note dissonante dans leur mariage est que le prince se montre très critique à l'endroit de la reine qu'il ne trouve pas très intelligente. Mais, aurait dit un ami du couple: «Son attitude ne la dérange pas; elle estime que tous les hommes sont comme lui de toute façon.»

≈

Une chômeuse de 48 ans de Marseille s'est attiré la **vindicte** des autres locataires de son immeuble. Elle a recueilli dans son appartement 45 chats et 6 chiens qu'elle faisait vivre à même ses prestations d'aide sociale. Les odeurs nauséabondes et les miaulements et aboiements intempestifs donnaient des idées de guerre nucléaire aux autres occupants.

≈

Parce que les pompiers de Tolochenaz, près de Lausanne, ne pouvaient récupérer son chat juché au sommet d'un arbre de 20 mètres, Pierrette Clavel a loué pour 1 500 $ une grue géante de 70 tonnes montée sur 16 roues. Elle a pris elle-même place dans la nacelle pour aller **chercher son minet.**

~

Une modeste fonctionnaire juive de New York s'est bien **vengée** du racisme dont elle avait été victime au cours de sa carrière qui ne lui avait jamais valu aucune promotion. Lorsqu'elle est décédée en 1995 dans son modeste appartement, elle a légué 22 millions $ à une université juive pour aider les jeunes filles à combattre la discrimination. Après avoir pris sa retraite en 1944, elle a investi toutes ses économies (5 000 $) en bourse et s'est mise à acheter des actions de plus d'une centaine de sociétés importantes.

~

En recevant le prix Nobel d'économie d'une valeur de 1 million $, le 10 octobre 1995, Robert E. Lucas s'est rappelé que l'**entente de divorce** de son épouse Rita, signée sept ans plus tôt, prévoyait, parce qu'elle croyait beaucoup en ses talents, qu'il lui remettrait la moitié du montant attribué avec le prix s'il le recevait avant le 31 octobre 1995. «Un contrat est un contrat», s'est-il limité à commenter.

Sexisme et harcèlement

Le milieu du travail est propice à l'*obscurantisme masculin* à l'endroit des femmes. Un restaurant de Turku, en Finlande, fait l'objet d'un important boycott par les associations d'employés de l'hôtellerie et de la restauration, parce que son propriétaire a congédié deux serveuses qui avaient refusé de se raser les poils du pubis et de travailler sans culotte.

~

Le Dr James Bennet d'un *hôpital* de La Nouvelle-Orléans a été condamné à verser 5 000 $ à l'infirmière Lola Simpson pour avoir voulu faire une plaisanterie... douloureuse. Alors qu'elle se penchait pour compter des éponges, le noble praticien lui a planté des agrafes dans les fesses à l'aide d'une agrafeuse qui venait de servir à recoudre la hanche d'un jeune patient. L'infirmière n'avait peut-être pas le sens de l'humour, ce jour-là. Elle a porté plainte et a obtenu réparation. L'histoire ne précise pas si le médecin comique continue de faire semblant de pratiquer la médecine en Louisiane ou s'il est devenu vendeur de sauce cajun dans les bayous.

~

Jim Miller, un auteur new-yorkais d'un guide sur la gestion des ressources humaines, a choisi parmi 1 028 lettres de lecteurs la perle rare parmi les dirigeants d'entreprise *sadiques*. C'est une femme. Voici comment la dépeignait la lettre anonyme d'un employé: «C'est la pire des patronnes du monde. Elle a une langue de vipère dégoulinante de venin, elle vire ses employés la veille de Noël, elle attend que vous ayez droit à une augmentation pour vous mettre à la porte, elle dessine ceux qu'elle a licenciés et pose ses gribouillages sur leur siège vide pour se moquer des absents.»

~

La PDG de Warnaco, un géant de la confection américaine, partage elle aussi l'insigne honneur d'être une des patronnes les plus *difficiles à vivre*. La blonde Linda Wachner, repérée par le magazine *Fortune,* traite ses cadres «d'eunuques», les fait attendre trois jours à sa porte avant de les recevoir deux minutes et leur téléphone chez eux 31 fois en une fin de semaine. À peine nommé, son nouveau directeur général s'est vu intimer l'ordre de «commencer à virer quelques employés pour qu'on vous prenne au sérieux». Linda Wachner n'a que faire, dit-elle, «de ces bébés qui se plaignent que maman les a grondés».

~

Un homme de 55 ans et son fils de 33 ans, tous deux congédiés de l'entreprise de confection Bidermann de Valenciennes, en France, par une de leurs supérieurs dont ils avaient repoussé les *avances sexuelles,* ont été réintégrés dans leur fonction à la suite d'un jugement de cour. Le tribunal a explicitement reconnu que les deux hommes avaient été victimes de harcèlement sexuel et moral de la part de la directrice de 47 ans, elle-même mariée.

La firme de cosmétiques Del Laboratories, de Long Island, aux États-Unis, a évité un coûteux procès en versant des indemnités totalisant 1,2 million $ à 15 employées victimes de **harcèlement sexuel** de la part du directeur général de l'entreprise. Les femmes étaient littéralement traumatisées par le langage abusif et dégradant du Neandertalien, de ses attouchements aux seins et de sa manie de garder sa braguette ouverte.

~

Paris a décidé d'ouvrir le métier d'éboueur aux femmes. Cette fonction réservée exclusivement aux hommes accueillera aussi des femmes «afin de répondre à une demande de plus en plus importante». Bien que cette déclaration soit le fait d'une adjointe du maire de Paris, on peut s'interroger sur sa signification.

~

La Mongolie a décidé de ne pas célébrer la Journée internationale des femmes. En fait, son parlement a officiellement fusionné cette journée avec celle des enfants, célébrée le 1er juin. La raison officielle, dénoncée par l'une des... trois femmes députées, est qu'il faut réduire le nombre de fêtes pour réduire les occasions de boire dans ce pays affligé d'un fort taux d'alcoolisme. En somme, un pays où les hommes sont tellement enclins à célébrer la libération de la femme a-t-il besoin d'une journée particulière pour le faire?

~

Au nom de la pérennité du nom patronymique, les parents chinois choisissent fréquemment l'avortement lorsqu'il est démontré que le fœtus est de sexe féminin. Le résultat de cet **obscurantisme** est que les zones rurales sont aux prises avec un déséquilibre social important: on y compte 28 hommes célibataires de 25 à 49 ans pour une femme de la même tranche d'âge. Dans la campagne chinoise, il naît 3,6 millions de garçons de plus que de filles par an. On compte déjà 30 millions d'hommes de plus que de femmes dans ces régions.

Les droits de la femme et l'âge légal du mariage ne sont pas fixés dans les territoires occupés de la Palestine. La loi égyptienne s'applique dans la bande de Gaza, la loi jordanienne en Cisjordanie et la loi israélienne à Jérusalem. Cette anarchie a fait disparaître tout âge minimum légal et on marie allégrement les filles de 13 et 14 ans.

~

On comprendra que les femmes ont plus de raisons que les hommes de se sentir déprimées. Une étude sociologique réalisée auprès de 2 000 d'entre elles aux États-Unis nous apprend en effet que 3 % ressentent moins de bonheur que les hommes et plus de tristesse, de colère, d'anxiété, de malaise et de douleurs. On peut s'interroger cependant sur le fait que l'étude ait été réalisée par un homme, le professeur John Mirowsky de l'université de l'Ohio, lequel a déclaré avoir adapté l'étude au fait que les femmes avaient la propension de parler plus librement de leurs problèmes.

~

Une policière de New York qui a posé nue pour *Playboy* a engagé une poursuite de 10 millions $ contre la municipalité de New York et son maire. D'abord mise à pied pour une période de 30 jours avec une période probatoire d'un an, Carol Shaya fut congédiée par le commissaire de police qui avait décidé d'outrepasser la décision d'un comité disciplinaire. Curieusement, un de ses collègues masculins qui avait posé nu pour *Playgirl* n'a d'abord pas été inquiété. Puis le même commissaire a fini par dire que Edward Mallia ne devrait pas échapper à la même sanction, même si l'homme se comparait à Michel-Ange, en déclarant: «J'ai sculpté mon corps comme il sculptait ses œuvres.»

~

Un rapport publié dans *Police Review Magazine*, une revue interne de la force constabulaire britannique, a révélé que 6 % des femmes policières, soit 800 sur les 15 000 que compte la police, auraient été victimes de viols, de tentatives de viol et d'attouchements de la part de leurs... ***collègues masculins.***

159

Il reste encore des parents qui se préoccupent un peu plus de leurs enfants et certains ne lésinent pas sur les moyens. À Londres, **une mère de 40 ans** a été acquittée du meurtre de l'homme qui avait attenté à la pudeur de sa fillette de quatre ans. L'agresseur était... le père Noël d'un centre commercial qui avait déjà été reconnu coupable de crimes similaires dans les années 80.

~

Les opinions de certains hommes sur les femmes ne sont pas toujours à la hauteur de leur statut social. Durant la campagne référendaire d'octobre 1995 qui faillit se solder par un «oui» à la souveraineté du Québec, un sénateur fédéral bien connu, Jacques Hébert, a créé tout un émoi en traitant une adversaire, la politologue Josée Legault, de «maudite vache séparatiste». Le sénateur a tenté de se défendre en disant qu'il n'avait fait que tenir ces propos en privé.

À la décharge du sénateur, il faut reconnaître que la Chambre haute canadienne n'a que récemment accédé à la **reconnaissance du sexe féminin.** Il fallut une décision du conseil privé de Londres, en 1929, pour renverser une décision de la Cour suprême du Canada, énoncée en 1928, à l'effet que les femmes n'étaient pas des «personnes qualifiées» pour siéger dans l'auguste enceinte. Ce faisant, le conseil privé avait qualifié cette exclusion de «relique d'une époque plus barbare que la nôtre».

Effectivement, l'intimité sied sans doute plus à certains propos. Susan Zapolski, une analyste-recherchiste à l'emploi du Service des postes des États-Unis, en a fait l'expérience. Elle a publié quatre bandes dessinées intitulées *Zap Comics* dans lesquelles elle se moquait de son employeur. Son salaire a été rétrogradé de six paliers et elle a été mutée à la fonction de conductrice de chargeuse de caisses.

~

Mgr Ernest Kombo, évêque du diocèse d'Owando au Congo, a semé la consternation lors d'un synode au **Vatican** en 1995 en exprimant publiquement le vœu que les religieuses deviennent «cardinales» et occupent des postes de décision dans la hiérarchie vaticane. Un silence de plomb a accueilli sa déclaration sur la possibilité que les sœurs deviennent «la lumière incandescente qui illuminera le monde et soient le véritable sel de la terre». Aucun autre cardinal ne s'est levé pour l'appuyer. La disparité entre la présence des femmes dans l'Église et leur influence, le thème central de cette rencontre, était d'ailleurs illustrée par sa composition: 348 hommes contre 59 femmes.

~

Une Suédoise de 44 ans, mère de 5 enfants, a dû démissionner de son poste d'*enseignante* à des cours de rattrapage pour adultes parce qu'elle s'était dénudée en classe pour expliquer à des chômeuses qu'il était important d'aimer son propre corps. Les étudiantes ont protesté contre le départ de Irene Wachenfeldt, soutenant que son geste avait grandement contribué à leur donner confiance en elles.

~

De la fumée s'échappant de sous un wagon, le conducteur d'un train a décidé de l'immobiliser sur la voie, à proximité de Bombay, pour voir de quoi il retournait. Des femmes affolées par la fumée ont alors décidé de sauter sur une voie adjacente pour éviter d'être brûlées. Mal leur en prit: un autre train qui arrivait à toute vitesse n'a pu s'arrêter et les a fauchées. *Bilan*: 49 morts et 70 blessés. Les morts sur les voies ferroviaires sont courantes en Inde; on rapporte une moyenne de deux décès chaque jour. Le train qui transportait les femmes était ce que l'on appelle un «train pour femmes seulement». Les Indiennes se sont plaintes en effet qu'elles n'arrivaient pas, par manque de force, à faire concurrence aux passagers mâles qui se bousculent pour monter à bord et qui font ensuite du harcèlement sexuel à qui mieux mieux quand l'une d'elles a réussi à s'insérer dans la foule. Les trains destinés aux femmes seulement étaient une réponse de la compagnie ferroviaire à ces plaintes.

Une donnée publiée par Statistique Canada donne à réfléchir: une femme obèse gagne généralement *20 % de moins* qu'une femme au physique normal. À la rigueur, elle pourrait se consoler en se disant que la femme trop maigre gagne aussi moins qu'une consœur aguichante. Manque de pot: la femme maigre a tendance à épouser les hommes les mieux rémunérés. Quand ça va mal...

≈

La chance ne sourit pas toujours aux Égyptiennes audacieuses, hélas. L'une d'elles a été poignardée à mort par son mari, à Qena, parce qu'elle refusait de coucher avec lui à la suite d'une violente dispute. Le motif de l'altercation? Les droits et libertés de la femme dans le cadre de la Conférence du Caire sur la population.

≈

Un autre cas d'*obscurantisme typiquement mâle* a défrayé la chronique au Danemark, lorsque la police a décidé de rejeter une plainte pour tentative de viol, parce que la victime était masochiste. Des policiers, venus à son secours, avaient pourtant trouvé la femme nue, ensanglantée, menottes aux poignets et en état de choc. Dans une lettre à la plaignante, la police de Copenhague a déclaré que le violeur ne serait pas poursuivi parce qu'il était sadomasochiste et que sa victime était masochiste.

≈

L'ancienne gymnaste soviétique Olga Kovalenko a révélé qu'elle était devenue enceinte et avait subi un avortement avant les Jeux olympiques de 1968 (où elle avait mérité une médaille d'or) seulement pour bénéficier d'un changement hormonal. Elle a dit que la pratique était courante dans les années 70, alors qu'on *forçait* de jeunes athlètes de 14 ans à avoir des relations sexuelles avec leur entraîneur si elles n'avaient pas de petit ami.

≈

Au cours des années 40, 751 femmes enceintes qui voulaient bénéficier de soins prénatals gratuits à la clinique de l'université Vanderbilt de Nashville, au Tennessee, ont ingéré sans le savoir des pilules radioactives destinées à mesurer les effets à long terme des radiations sur les enfants. Une étude de contrôle effectuée dans les années 60 a permis d'apprendre que trois enfants nés de ces cobayes involontaires étaient décédés de cancer.

~

Les 14 carmélites de Domrémy-la-Pucelle, en France, ont demandé qu'une haie d'arbres matures soit plantée devant leurs fenêtres pour remplacer les vieux arbres fruitiers qu'on avait dû arracher. Une longue-vue touristique installée sur le toit d'un édifice voisin permettait en effet à tout *voyeur* d'avoir une vue irremplaçable sur leurs chambres à coucher.

Le vrai visage

Tracy Hampton, une hôtesse de l'air de 26 ans, n'a pas mis de temps à tirer parti du fait qu'elle ne pourrait pas être jurée au procès d'O. J. Simpson parce qu'elle «ne supporterait pas d'être séquestrée». Elle a accepté l'offre de *Playboy* de révéler son anatomie dans un décor de... cour de justice.

~

Le dilemme de l'être et du paraître n'est pas si rare qu'on le pense chez la femme. Un cinquième des 1 300 femmes qui ont participé à une enquête de la Société américaine des podiatres ont déclaré avoir mal aux pieds chaque jour, et un quart a admis souffrir suffisamment pour consulter un médecin. Et pourtant, la moitié des femmes interviewées ont avoué leur fascination pour les talons hauts et une sur quatre a déclaré qu'elle croyait que ça la rendait séduisante. Le *masochisme* a bien meilleur goût.

~

Le magasin Saks de la 5e Avenue à New York a remplacé ses mannequins de 5 pieds 10, taille 8, du genre Grace Kelly, par d'autres de 6 pieds et de taille 6 «parce qu'ils représentent mieux la *femme d'aujourd'hui*». Le magazine *Working Woman* en a fait des gorges chaudes en objectant que la femme américaine moyenne porte des vêtements de taille 12.

Le vêtement révèle-t-il la profondeur de l'âme? On le croirait en écoutant Antonello Sdanganelli, président de la Fédération italienne de volley-ball qui a demandé aux joueuses d'abandonner la culotte bikini lors des matches pour un short plus traditionnel. «Vous laissez voir, sous le coup de l'effort, des détails anatomiques dont la vue distrait, ce qui est contraire à la plus élémentaire décence d'un événement sportif de qualité.»

~

Une enquête effectuée en Grande-Bretagne a permis d'apprendre que 11 % des femmes anglaises ne quittaient jamais la maison sans apporter une **culotte de rechange.** La raison n'a pas été révélée par l'enquête.

~

Si les Européennes et les Nord-Américaines n'hésitent pas à mettre leur poitrine en valeur, les Brésiliennes, elles, savent qu'un **derrière rebondi** a plus de chance d'attirer le regard du mâle. On a créé pour elles la culotte remonte-fesse munie de bandes élastiques qui remontent et rapprochent les fesses et ajoutent trois centimètres au tour de hanche.

~

Deux Londoniennes, Nikki et Nicky, filaient la parfaite amitié depuis sept ans. Lors d'une course ensemble, elles décidèrent de se procurer un tube de crème amaigrissante pour les cuisses. Stupeur: la vendeuse leur révèle qu'il ne lui reste qu'un seul tube. «Prends-le, tes cuisses sont plus grosses que les miennes», dit Nikki. «Je te le laisse; tes cuisses sont vraiment les plus grosses.» La querelle s'envenime. Mandé sur place, un policier se voit confier la responsabilité d'être juge de l'amplitude des membres de chacune. Bon prince, il examine les corps du délit et désigne les cuisses de Nikki comme les gagnantes du tube de crème. Fureur de la dame qui insiste pour céder le tube de crème à son amie qui, elle, estime en avoir moins besoin. Au moment où la Troisième Guerre mondiale allait commencer, la vendeuse finit enfin par trouver un autre tube de crème amincissante. L'hécatombe fut annulée. Les deux amies payèrent leur tube et repartirent bras dessus bras dessous.

~

Ce qu'on est, ce qu'on était, ce qu'on souhaite être, voilà autant de concepts qui peuvent paraître parfois difficiles à résoudre. Lorsque le Parti travailliste britannique a annoncé qu'il souhaitait présenter au moins 50 femmes candidates dans des circonscriptions qui lui étaient nettement accessibles, il a reçu la candidature d'un transsexuel, membre en règle du parti. Que faire, diantre? Avec le *flegme* britannique qui sied, le secrétaire du parti, Larry Witty, a décrété que: «Dans la nouvelle philosophie du Parti travailliste, nous acceptons comme "femme" quiconque vit comme une femme, quel que soit le nombre de chromosomes que possédait l'individu à sa naissance.» *Good show, old boy*!

Certaines femmes ne lésinent pas sur les moyens. À Bergheim, près de Cologne, une promeneuse qui goûtait aux joies de la marche, en compagnie de son chien, fut soudain confrontée, à un détour du sentier, à un *exhibitionniste* qui souhaitait lui faire admirer ce que la nature lui avait légué dans son bas-ventre. L'amante de l'activité pédestre n'a fait ni un ni deux: elle a lâché la laisse de son chien qui s'est précipité pour mordre à belles dents dans le saucisson nouveau genre offert à sa gloutonnerie. On ne sait ce qu'il est advenu du vicieux promeneur.

La difficulté d'être mère

Les naissances font souvent l'objet d'actes de *courage* chez la femme. Mais que dire du cas de cette Congolaise de 34 ans, Bernadette Obelebouli qui, ignorante du fait qu'elle était enceinte de triplés, a donné naissance à ses trois enfants dans trois villages différents au cours d'une marche de 95 kilomètres? Après la naissance des deux premiers, elle a eu un doute sur sa condition et s'est rendue à l'hôpital du troisième village pour y mettre au monde le dernier. Les deux filles et le garçon étaient en excellente santé.

~

À Bergame, en Italie, une *jeune cancéreuse* est morte en donnant naissance à son enfant. Elle avait préféré mourir que d'avorter ou de subir une chimiothérapie qui aurait affecté la vie de l'enfant.

~

Des femmes qui ont depuis longtemps passé l'âge de la maternité ont des enfants. Un docteur italien, Severino Antonori, s'est spécialisé dans ce genre d'aventure. Le cas a été révélé le jour de Noël 1993, lorsqu'une Britannique de 59 ans a donné naissance par césarienne à des jumeaux. Les ovules étaient ceux d'une Italienne fécondée par le sperme du mari de la dame en question.

~

À Rome toujours, une *petite fille* de 3 kilos est née deux ans après la mort de sa mère, tuée dans un accident de la route. Cette dernière suivait à l'époque un traitement contre la stérilité et des ovules fécondés par le sperme de son mari avaient été congelés. Ces ovules furent implantés dans l'utérus de la sœur du mari qui n'a eu aucune difficulté à mener l'enfant à terme.

L'ordre des médecins italiens a réagi à cette mode de fécondation artificielle en énonçant des limites: interdiction de toutes les formes de maternité de substitution, de la fécondation artificielle pour les couples homosexuels, de la fécondation assistée pour les femmes ayant dépassé l'âge de la ménopause, de la fécondation après la mort d'un partenaire.

Cette forme de maternité n'est pas qu'italienne. L'urologue new-yorkais Peter Schlegel a extrait du sperme du corps d'Anthony Baez, tué lors d'un affrontement avec la police, parce que sa veuve Mirabel désirait avoir des enfants de lui.

Anuca Man, une Roumaine de 53 ans, n'a eu besoin d'aucune intervention artificielle pour engendrer un 15e enfant. L'aîné a 24 ans et a quitté la famille pour se marier.

~

Une donnée établie par une étude scientifique ne manquera pas d'étonner: 60 % des enfants du monde entier ne sont pas sevrés avant l'âge de 5 ans. Les femmes ont intérêt à se garder en bonne santé si elles ont l'intention d'être si longtemps nourrices. Une étude du Centre médical Flinders, d'Adelaïde en Australie, a démontré en effet que le lait maternel renfermait un type de graisse appelé ADH (acide docasahexanoique) qui facilite le développement plus précoce du cerveau chez les nourrissons. On n'a pas encore prouvé que les bébés nourris au sein étaient plus intelligents, cependant.

~

Craignant la colère de ses parents, une adolescente de 16 ans de Bucarest a *accouché seule* dans la salle de bains de l'appartement familial et a jeté le bébé par la fenêtre. Le petit était mort gelé à l'arrivée des policiers, alertés par des voisins.

~

Une Américaine de la Pennsylvanie a été inculpée de corruption de mineure pour avoir aidé une adolescente de 13 ans à bénéficier d'un avortement dans l'État de New York. Elle a été dénoncée par la mère de la fillette qui a appris par hasard que sa fille avait subi une interruption de grossesse.

~

Michelle Betty Tulis, 33 ans, était sortie de prison où elle avait accouché d'un bébé quand elle a été appréhendée deux jours plus tard. Elle avait contacté une famille désirant adopter un enfant pour échanger son bébé de trois mois contre une Honda Accord de 1985.

~

Parce qu'un des jumeaux, un garçon, n'était pas suffisamment développé, un médecin turc l'a fait naître deux semaines après la naissance du premier bébé, une fille. La mère, Sunkar Yildizde, qui en était à son huitième mois de grossesse, ainsi que les enfants sont en excellente santé.

Une mère de la Saskatchewan, au Canada. qui devait accoucher de quadruplés, a sans doute établi un ***record de patience*** qui ne passe pas inaperçu. Elle a mis neuf jours à leur donner naissance; un premier est né le 21 novembre, un second le 29 novembre et les deux derniers le 30 novembre.

~

Une Italienne de 43 ans d'Ancône, déjà mère de deux enfants, a eu la surprise de sa vie en mettant au monde un garçon de 3,1 kilos à la salle d'urgence d'un hôpital où elle s'était rendue en raison de douleurs gastriques. Au cours de sa grossesse, la femme n'avait pris que quatre à cinq kilos et avait continué à avoir des pertes menstruelles.

~

Une jeune Britannique de 25 ans, Joanne Bond, de Birmingham, est elle aussi digne de figurer au livre des records. À 18 ans, victime de la maladie de Hodgkin, on lui annonça que les deux années de traitement par radiation et chimiothérapie qu'elle allait subir la rendraient infertile. Craignant d'avoir décelé une tumeur dans son ventre, elle rendit visite à son médecin qui constata que la tumeur bougeait d'elle-même. Mme Bond était enceinte et a mis au monde son premier enfant: elle avait ***une chance sur un million*** d'enfanter.

~

Selon le Dr Fumio Osaka, de l'université Tokai au Japon, les femmes enceintes qui vivent aux étages supérieurs d'un édifice à appartements ont ***plus de risques*** que leurs voisines des premier et deuxième étages de faire une fausse couche. Il prétend que les résidantes des étages supérieurs sont moins portées à sortir. Il s'ensuit selon lui un manque d'exercice qui engendre du stress.

~

La Royal Air Force a dû verser 172 000 livres (350 000 $) à une femme officier congédiée parce qu'elle était enceinte. Jusqu'à l'annonce de sa situation à ses supérieurs hiérarchiques, Nichola Cannock faisait l'objet de commentaires élogieux, en particulier pour son attitude vaillante lors de la guerre des Malouines où elle travaillait 12 heures par jour sans rechigner. Elle avait même été promue lieutenant. Après que sa grossesse fut connue, les rapports la concernant mentionnèrent du jour au lendemain qu'elle était trop sensible, trop passionnée et incapable d'admettre les critiques.

Les «méchantes»

À la sortie d'une école de Detroit, deux mères ont décidé de régler à coups de pistolet une *querelle* impliquant leurs fillettes respectives âgées de huit ans. Après de nombreux coups de feu, une mère et une fillette avaient été blessées. Elles n'étaient heureusement pas bonnes tireuses, a commenté un porte-parole de l'école «parce que cela a duré un bon moment».

~

Après 25 ans de calvaire, un Montréalais victime d'une *épouse tyrannique* a pu enfin divorcer et découvrir qu'il était riche. Ses maigres revenus annuels de 12 000 $ de commis puis de chauffeur de taxi avaient toujours été entièrement versés à son épouse, une enseignante à la main de fer. Privé de compte bancaire, l'homme devait se soumettre à tous les diktats de l'épouse qui dirigeait sa vie et décidait de tout, même de l'achat de ses vêtements. Avec ses sous, elle avait acheté quatre immeubles (totalisant 20 logements) qu'il devait nettoyer, entretenir, réparer et peindre; elle se faisait trimballer par son mari pour la moindre petite course. L'amour de leur fille l'avait gardé près de sa «Ilsa la louve des SS» jusqu'à ce qu'il se révolte et demande le divorce. Le pot aux roses fut découvert par le juge chargé de partager le patrimoine familial d'une valeur de plus de 1 million $. L'homme s'est vu accorder la moitié de cette somme plus 158 000 $ pour le dédommager de son apport à l'enrichissement du couple. Parce que l'ex-épouse faisait la sourde oreille, refusant même la sommation d'un huissier, le juge a ordonné la mise en vente des immeubles.

À Hot Sulphur Springs, au Colorado, une femme aux 11 mariages qui s'est valu le surnom de *«la veuve noire»*, a été reconnue coupable d'avoir torturé et tué son neuvième mari avec l'aide d'un nouveau petit ami. Jill Coit, 51 ans, s'est mariée 11 fois à 9 hommes différents; le mari qu'elle a tué avait fait annuler son mariage en découvrant qu'elle était toujours mariée à son huitième mari. Elle avait précédemment épousé à deux reprises l'avocat qui était parvenu à lui éviter de passer en cour concernant son troisième mari, abattu lui aussi d'un coup de feu. Elle avait divorcé de tous ses maris, sauf un, un vieillard mort de mort naturelle.

~

Une mère de famille de 39 ans de Carpentras, en France, a été condamnée à 5 ans de prison, dont 3 avec sursis, pour avoir causé la mort d'un de ses triplés en lui donnant une *gifle*. La femme, abandonnée avec ses trois enfants, s'était sentie perdue devant la lourdeur de sa responsabilité maternelle. Elle avait frappé l'un des triplés qui pleurait dans son modeste logis, lui causant une hémorragie cérébrale dont il était mort.

~

Une Londonienne a été condamnée à quatre ans de prison pour le *meurtre* de son mari qui avait caché le téléphone pour l'empêcher de passer ses journées entières à bavarder. Elle avait quitté le logis familial durant deux jours avant d'y revenir poignarder l'époux exaspéré à l'aide d'un couteau de cuisine. Pour sa défense, les avocats de la jeune femme avaient fait valoir qu'elle était souvent battue par le mari alcoolique.

~

L'amour d'une mère pour son fils a dépassé les bornes dans le cas de Joy Glassman, une sexagénaire de Mount Chasta, en Californie. Pour s'assurer que son fils fasse une belle carrière chez les pompiers, la dame a allumé cinq incendies. Mal lui en prit; le fils a démissionné de son poste quand il a été mis au courant de la contribution de sa mère à son avancement.

Deux jeunes amies de 21 ans se sont suicidées pour des motifs contradictoires dans l'État du Mahàràstra, en Inde. Yamuna Chawdhari ne voulait plus vivre parce qu'on lui refusait le divorce et Akka Gaikwad a choisi la mort parce qu'elle ne parvenait pas à trouver de mari.

~

Seulement 8 des 1 000 personnes qui se sont jetées depuis 1866 en bas du pont suspendu de Bristol, en Angleterre, ont survécu. Deux femmes sont du nombre. En 1885, Sarah Ann Henley a réchappé au geste fatal que lui avait inspiré une peine d'amour parce que sa large jupe s'était transformée en parachute et avait freiné sa descente. En 1995, ce fut une jeune femme identifiée du seul prénom de Karen: elle atterrit dans un bouquet d'arbres où elle se brisa néanmoins le dos, le bassin, les jambes et le bras droit. Aux ambulanciers venus la rescaper, elle avoua avoir bu de la Guinness toute la soirée.

Une Allemande de 34 ans qui avait, elle aussi, forcé sur les consommations, n'a pas reconnu son mari et a appelé la police de Cottbus pour lui dire que sa vie était en danger. Les constables accourus toutes sirènes hurlantes ont eu quelque mal à renouer les liens tendres entre époux lorsqu'il fut évident que l'homme qui dormait sur un canapé était bel et bien le mari.

~

Des *douaniers* de l'aéroport de Johannesburg furent intrigués de trouver dans les bagages d'une Belge de 48 ans des préservatifs et une crème vaginale. Plutôt que de l'autoriser à monter dans un avion, ils l'ont emmenée dans un hôpital où une radiographie eût tôt fait de révéler la présence d'étranges objets dans le vagin de la passagère. Constatant que son plan avait été déjoué, la dame a retiré de son vagin deux préservatifs bourrés de diamants bruts évalués à 282 000 $.

~

Des *douaniers suédois* furent intrigués, eux, par le tour de poitrine d'une passagère au comportement bizarre. La fouille permit de comprendre les contorsions de la dame: son

171

soutien-gorge et sa lingerie recelaient 65 bébés serpents et six lézards. Sans se démonter, la belle expliqua qu'elle avait l'intention de se lancer dans l'élevage des reptiles.

~

Près de Valence, en France, une **conductrice automobile** prit panique après avoir heurté un jeune cycliste de 12 ans. Elle roula durant 12 kilomètres avec le jeune étendu sur le capot, la tête à travers le pare-brise.

Sœur Gloria s'est lancée elle aussi dans une course folle pour conduire son petit chien blessé chez le vétérinaire. À 140 km/h dans une zone de 90 km/h, faisant fi des sirènes hurlantes des policiers qui la pourchassaient, la religieuse a parcouru 16 kilomètres avant d'être contrainte de s'immobiliser. Elle n'a pas apprécié d'être interpellée par des policiers armes au poing qui ignoraient à qui ils avaient affaire. La charitable femme de 28 ans a dû verser une amende de 225 $ et faire face à des inculpations pour **conduite d'un véhicule** non immatriculé et refus d'obtempérer à un agent de la force publique. Pour sa défense, elle a dit qu'il lui fallait absolument arriver avant l'heure de fermeture de la clinique.

~

Des experts de la sécurité routière aux États-Unis évaluent à 62 % l'augmentation du nombre de **conductrices** mortes au volant d'un véhicule depuis 1975. Pour la même période, le pourcentage des hommes morts au volant a diminué, bien que leur nombre soit toujours supérieur à celui des femmes. Ils attribuent cette hausse au fait que les femmes conduisent sur de plus longues distances, dans des voitures plus petites et de façon plus agressive sur des routes secondaires où le risque accidentel est plus élevé. Enfin, leur organisme tolère moins bien l'alcool.

~

Une femme de Chomedey, en banlieue de Montréal, trouvait que sa voisine du dessus faisait trop de bruit en prenant sa douche le matin. Elle a tiré un coup de pistolet au travers du plafond. La balle a raté de peu la voisine qui se tenait près de l'évier de la cuisine, en train de laver sa vaisselle.

~

Helen Woodson, une **prisonnière** de Marianna, en Floride, a obtenu de la cour d'appel de pouvoir accomplir ses 12 ans de réclusion bien que les autorités aient tenté plusieurs fois de l'expulser pour bonne conduite. Condamnée pour avoir endommagé du matériel sur une base du Missouri lors d'une manifestation antinucléaire, Mme Woodson est animée de principes philosophiques qui lui inspirent de se tenir éloignée de la vie «hors les murs».

Violence et réplique

La violence exercée à l'endroit des femmes a parfois d'*étonnantes conséquences.* Une Chinoise, qui était repoussée par tous les célibataires de son village de Guangdong parce qu'elle avait été violée, a dû se résoudre à épouser son violeur à sa sortie de prison six ans après le délit. Normalement, l'identité des victimes de viol n'est pas révélée en Chine pour contrer les préjugés; mais dans son cas, l'indiscrétion d'un *juge* avait fait en sorte qu'elle avait été pointée du doigt.

~

À Rochester, dans l'État de New York, Crystal Nicole Hutchins a décidé d'épouser son tourmenteur, Brandon Hampson, 23 ans, en détention préventive pour lui avoir cassé les bras et les mains avec un marteau et avoir essayé de la poignarder avec un tournevis. Le gentil Roméo ne voulait que lui témoigner sa peine à l'annonce qu'elle voulait le quitter.

Toujours à Rochester (décidément!), la famille d'une jeune femme dans le coma depuis 10 ans a refusé d'autoriser un avortement thérapeutique pour des raisons morales après que le personnel médical eut découvert qu'elle avait été violée et qu'elle était enceinte de quatre mois. «Je crois que c'est ce qu'elle aurait voulu», a commenté une de ses amies. Comment le savait-elle?

Une étude préliminaire de l'Organisation internationale sur les migrations démontre que le trafic des femmes d'Europe centrale à des fins de prostitution est en hausse constante depuis l'écroulement du monde communiste. Leurrées par des offres d'emploi bidon, ces femmes d'Europe de l'Est, de même que d'autres de la Thaïlande, du Maroc et de la République dominicaine, sont à la merci de criminels extrêmement violents qui les privent de leur passeport et les tiennent en sujétion en gardant leurs revenus. À peine 5 % réussissent à leur échapper.

Ce genre de *cruauté* n'étonnera pas le chargé des relations publiques de la police nationale des Nouvelles-Hébrides. L'inspecteur Pakoa Samuel a fait une déclaration publique pour rejeter sur les femmes la responsabilité des viols «parce qu'elles ne font pas attention à la façon dont elles s'habillent ou dont elles se comportent en présence des hommes».

~

Prétextant des incidents survenus lors de la guerre du Golfe alors que des prisonniers et prisonnières américains avaient été victimes «d'attaques et de harcèlements sexuels» de la part de la soldatesque irakienne, l'Air Force Academy avait organisé des *simulacres de viols* soi-disant pour préparer ses élèves-femmes au pire. Une des élèves qui, par sa dénonciation, est parvenue à faire cesser cette ineptie a raconté à la chaîne ABC qu'elle avait été couchée de force sur une table tandis qu'un élève se plaçait entre ses jambes pour simuler un viol. La simulation a cessé quand elle a donné un violent coup de pied dans... le bas-ventre de son camarade.

~

Une célibataire prolongée sud-coréenne qui «tenait à son hymen autant qu'à sa vie» a obtenu 600 000 $ de dommages et intérêts du Korea Medical Institute de Seoul. Elle avait eu l'hymen percé accidentellement lors d'un examen gynécologique. Sa réclamation, une première dans l'histoire de la Corée du Sud, était de 15 fois supérieure, mais le *juge* a estimé que l'hymen percé de Mlle Yang, 40 ans, ne constituait pas une perte de sa virginité.

~

Ses camarades masculins ont fait des gorges chaudes du passé de la députée Dagmar Woehrl, élue sous la bannière de la CSU bavaroise. La belle quadragénaire, avocate et mère de famille, également Miss Allemagne 1977, avait eu la faiblesse de tenir un petit rôle dans un film pornographique 20 ans auparavant. L'attaque des *mâles* n'a pas altéré sa confiance en soi. «Il est normal qu'avec le succès les jalousies s'attisent», a-t-elle déclaré.

~

Un chauffeur de taxi de 45 ans de Briançon, dans l'est de la France, se rinçait l'œil en épiant l'occupante de la *toilette pour femmes* d'un centre commercial. La dame, ayant repéré son œil lubrique, dirigea un jet de bombe lacrymogène dans l'orifice percé dans la cloison et le mit en fuite. Les gardiens de l'établissement n'eurent aucun mal à mettre la main au collet du mâle en larmes qui cherchait désespérément son chemin.

~

Javier Salinas sauta dans la voiture d'une femme de Phoenix qui quittait son travail et tenta de l'embrasser et de l'agresser sexuellement. Nullement paniquée, la «*victime*» le mordit à la langue et lui en arracha 5 cm qu'elle recracha sur le plancher du véhicule. La police mit la pièce à conviction au congélateur et n'eut qu'à attendre que le triste sire se manifeste. Le lendemain de l'incident, un attaquant fort mal en point fut appréhendé dans une clinique où il s'était présenté pour se faire soigner.

~

John Patrick Dutcher, de Kamloops en Colombie-Britannique, avait de bien sombres desseins lorsqu'il prit une jeune femme de 31 ans en stop et la conduisit 120 km plus loin. Dans un endroit désert, il baissa son pantalon et entreprit de la violer. La *jeune femme contre-attaqua* en lui mordant le pénis au sang. Avant de s'écrouler de douleur, il parvint à la frapper mais pas à l'empêcher de se sauver et de prévenir la police. Le macho déconfit fut inculpé pour agression sexuelle et voies de fait.

~

Les autorités municipales de Pucallpa, dans l'est du Pérou, infligent désormais une amende de 90 $ aux maris qui battent leur femme. Le maire de la ville, Mme Melita Ruiz, a peut-être été influencée par le fait qu'elle avait elle-même été victime de violence conjugale et avait quitté son mari pour cette raison. Elle a déclaré que l'argent serait remis aux femmes battues pour recevoir des soins «ou faire un voyage pour se changer les idées».

G

comme dans... grands-parents

*La vieillesse n'ôte à l'homme d'esprit que des
qualités inutiles à la sagesse.*

Joseph Joubert

Quoi qu'on dise, quoi qu'on fasse, chacun
de nous finira un jour sa route, lassé ou
incapable d'accepter sa propre disparition.

Les gens du troisième âge le savent
bien, eux qui réapprennent chaque jour à
ne pas trembler devant l'inéluctable.
Certains connaîtront malgré tout une triste
fin. Mais plusieurs refusent de quitter
cette planète sans y avoir laissé leur
marque.

Les tests subis par des individus qui sont mariés depuis longtemps (40 ans par exemple) démontrent que leur *mémoire* est aussi alerte que celle d'individus beaucoup plus jeunes qu'eux.

ఌ

Une recherche effectuée par deux psychologues de Harvard démontre que la détérioration de la *mémoire* est tributaire d'une attitude personnelle. Trois groupes d'individus âgés ont été comparés: des citoyens américains sourds, donc moins soumis aux influences culturelles, des citoyens de la Chine continentale où la vieillesse est tenue en haute estime et des citoyens américains âgés mais sans difficulté d'audition. Ils ont découvert que les deux premiers groupes avaient une bien meilleure mémoire que le dernier, tandis que des tests auprès de trois groupes de jeunes de la même origine que leurs aînés ne montraient aucune différence.

Petite fausse note: l'institut Karolinska de Stockholm a étudié les cas de 40 conducteurs de plus de 65 ans décédés dans des accidents de la route et a découvert que les deux tiers présentaient les symptômes classiques de la maladie d'*Alzheimer* qui n'avait pas été décelée.

D'autres maladies peuvent entrer en ligne de compte. Un conducteur de 62 ans d'Augsbourg en Allemagne enfonça l'accélérateur au moment où il était *victime d'un infarctus* et sa voiture alla percuter la vitrine d'une pharmacie. Le conducteur est décédé de même qu'une cliente de 75 ans; un retraité de 65 ans, témoin de l'accident, fut si impressionné qu'il mourut d'une crise cardiaque à son tour. Trois autres personnes furent blessées.

ఌ

Est-ce la *mémoire* qui a failli dans le cas de cet homme de 70 ans qui tentait de renouveler son permis de conduire et qui a lancé involontairement son véhicule sur le mur du bureau des permis, causant des blessures à six employés et faisant pour 40 000 $ de dommages? L'examen se déroulait sur le terrain de stationnement d'une banlieue de Los Angeles lorsque le véhicule a soudainement pris de la vitesse et a foncé dans l'édifice, se projetant à 10 mètres à l'intérieur, où les employés qui n'eurent pas le temps de se ranger ne furent pas blessés sérieusement. Le conducteur, qui s'en est tiré indemne, n'a pu bénéficier d'un renouvellement de permis.

Selon le *Sunday Times* de Londres, les «enfants des fleurs» des années 60 qui ont vécu le «bon temps» de la consommation outrancière des drogues commencent à inquiéter les médecins britanniques. On leur réfère de plus en plus de patients âgés à la retraite qui ont des problèmes de consommation de *drogues dures* comme l'héroïne ou la cocaïne.

Dans les casinos d'Atlantic City, la santé a un rôle à jouer. Les maniaques du jeu surveillent les personnes âgées qui perdent connaissance devant une machine à sous. Pour eux, c'est le signe que la personne s'est épuisée à jouer durant des heures à la même machine, peut-être sur le point de déverser une quantité faramineuse de pièces. Plutôt que de porter secours à la victime, on se bat au-dessus d'elle pour prendre sa place, empêchant même les ambulanciers de prodiguer des massages cardiaques aux plus affectés. *Homo homini lupus!* (***L'homme est un loup pour l'homme*!**)

À 75 ans, Norah Kiellor est devenue la doyenne des gagnantes à la *loterie* britannique en remportant la coquette somme de 10,5 millions de livres (20 millions de dollars). Modeste, la digne dame a déclaré qu'elle allait s'offrir une croisière et «un petit bungalow sur une colline» comme elle en avait toujours rêvé.

Une dame âgée de Edina, au Minnesota, qui regardait les infirmiers appelés d'urgence pour soigner son mari victime d'une crise cardiaque, s'est effondrée soudainement, *victime elle aussi* d'une crise similaire. Les ambulanciers ont eu recours au même défibrillateur pour sauver les deux époux septuagénaires.

À 77 ans, Suzanne Marache est la dernière ***fabricante de fouets*** de France. Bien que son usine du Morvan fabrique 250 000 fouets annuellement, l'industrie subit la récession comme beaucoup d'entreprises. La dame ne s'est pas démontée: elle a mis sur le marché un nouveau modèle, noir et très sexy. «L'avenir du fouet est dans le sex-shop», commente-t-elle avec philosophie.

Les pépés flingueurs

Les religieuses d'une maison de retraite de Toulouse furent abasourdies lorsqu'on vint arrêter l'un de leurs pensionnaires, âgé de 79 ans. Le vétéran et ancien résistant de la Deuxième Guerre mondiale était responsable d'une quarantaine de vols de banque. Il avait pour tactique de pénétrer laborieusement dans une banque en s'appuyant sur une canne puis de brandir son pistolet. Il fut arrêté parce que sa complice avait oublié son sac à main, contenant ses papiers d'identité, sur les lieux de leur dernier ***crime***.

Au nombre des méfaits insolites, il faut absolument compter celui d'une Londonienne de 79 ans, unijambiste et clouée à son fauteuil roulant. Sa condition ne l'a pas empêchée de ***tuer son mari*** à coups de... pot de chambre. Depuis 40 ans, l'époux impénitent ne cessait de se vanter de ses conquêtes devant la pauvre femme qui était entièrement dépendante de lui pour ses moindres besoins.

À Pescara, en Italie, les policiers qui ont mis au jour l'existence d'une maison close qui engageait des étudiantes se faisant payer de 100 à 150 $ la passe ont été tout à fait renversés de constater que la «madame» qui dirigeait l'entreprise était âgée de 94 ans. La ***nonagénaire*** était restée «très sémillante», a avoué l'un des galants policiers qui l'ont appréhendée sous l'accusation de proxénétisme avant de la libérer sous caution.

❧

Un respectable Américain de 75 ans, William Davis, a été déclaré non coupable du meurtre de sa femme pour raison d'*aliénation.* Son témoignage a révélé que son épouse l'avait admonesté durant cinq heures sans discontinuer parce qu'il avait osé adresser la parole à une autre femme, en sa présence toutefois, dans une boulangerie. Le sujet de l'entretien? Comment conserver plus longtemps le pain non utilisé.

❧

Déçu de n'avoir pas été amené en vacances, un grand-père de 82 ans de Pontoise, en France, s'est *vengé* de son fils en allant mettre le feu à sa maison, après avoir saccagé l'ameublement. L'édifice a été entièrement rasé par les flammes.

Mais tout ne se termine pas toujours aussi bien chez les représentants du «pouvoir gris». Une sexagénaire de Toronto a été accusée de voies de fait graves sur son époux après l'avoir poignardé à plusieurs reprises parce qu'il ne cessait de parler pendant qu'elle regardait la télévision. Après lui avoir demandé sans succès de cesser de «japper», elle s'est emparée d'un couteau à la cuisine et a entrepris de le faire réfléchir de façon frappante à la nécessité de périodes de silence dans tout couple qui se respecte. Les deux époux étaient mariés depuis 25 ans.

❧

L'âge n'est pas un handicap au crime lorsqu'on a le sens de la débrouillardise. Une Danoise de 75 ans et son fils avaient trouvé une *arnaque* originale pour détrousser les gogos. Dans un texte des messageries pornos, elle annonçait que «Marianne, une hôtesse de l'air de 34 ans» pouvait assouvir leurs désirs les plus originaux. Aux imbéciles qui se présentaient chez elle, elle demandait qu'ils aillent se dévêtir au jardin. Un puissant projecteur éclairait alors le crédule lubrique tandis que la septuagénaire et son fils, vêtus d'uniformes blancs, l'accusaient d'attentat à la pudeur sur une mourante.

Contre 500 couronnes (75 $), ils offraient de le laisser aller. Une centaine de bonnes poires ont cédé au chantage entre 1988 et 1991 avant que la police ne mette fin au manège.

✥

Sur une autoroute près de Blois, la police a appréhendé en pleine nuit un octogénaire qui venait de franchir *11 kilomètres à contresens.* Le retraité de 85 ans a avoué que le nombre croissant de conducteurs qui lui faisaient des appels de phares et klaxonnaient l'avait étonné, mais qu'il s'était concentré à «bien serrer la droite». Le Pen n'aurait pas fait mieux!

✥

Les *comportements bizarres* ne sont pas le fait que du jeune âge. Un conducteur de 73 ans de l'Ontario, au Canada, qui avait un peu trop étanché sa soif, a été accusé de conduite en état d'ébriété après que la voiture qu'il tentait de conduire eut heurté une charrette pleine de fumier, tirée par un cheval. Le fermier qui menait sa bonne bête avec la démarche d'un philosophe peu pressé en a été quitte pour un long bain après avoir été sous le choc précipité dans le fumier.

✥

Un autre septuagénaire, britannique celui-là, avait cru brillant de contester la décision d'un shérif écossais de suspendre son permis de conduire pour deux ans pour un méfait. Il avait allégué qu'il ne comprenait pas l'accent du shérif. Mal lui en prit: le juge a ajouté une année supplémentaire à la condamnation pour le punir d'être un *emmerdeur.*

✥

Un bon pépé, octogénaire portugais, s'est vu condamné à deux ans de prison avec sursis pour avoir conduit des voitures durant 67 ans *sans permis.* Bien que Joaquim Brochado ait pu démontrer qu'il n'avait jamais eu de contravention ni d'accident durant toutes ces années, le juge est demeuré impassible. L'alerte vieillard, qui s'entête à se passer de permis, ne souhaite pas rester assis à se bercer et encore moins marcher pour aller déguster l'apéro au café; il s'est procuré une de ces petites voitures qu'on peut conduire sans permis au Portugal.

Bessie Jones, 92 ans, s'est illustrée bien malgré elle dans un cas semblable. Deux adolescents se sont présentés à son domicile de Chicago pour lui soutirer ses économies. L'un faisait le guet à l'extérieur pendant que l'autre tentait d'effrayer l'invalide en la promenant à toute vitesse dans son fauteuil roulant. Profitant de ce que le malfaiteur était allé dire quelques mots à son comparse, la nonagénaire s'est emparée de son revolver et l'en a menacé à son retour. Le jeune homme a décidé de se jeter sur la vieille dame qui n'a eu d'autre choix que de faire feu. On l'a trouvée effondrée de douleur, répétant à travers ses sanglots: «Ce n'était qu'un enfant.»

Une sexagénaire de Détroit qui avait été jetée par terre par un jeune homme de 18 ans qui voulait s'emparer de son sac à main, a sorti du sac le pistolet que son défunt mari lui avait confié 18 ans plus tôt et a tiré 5 balles en direction de l'assaillant. Quatre l'ont raté, mais la dernière l'a blessé mortellement et l'agresseur a été retrouvé sans vie derrière une maison où il était allé se cacher. «Je ne voulais faire de mal à personne, a raconté Mme Catherine Meek à la police, mais on ne devrait pas voler comme cet homme voulait le faire.»

À Marseille, une femme de 62 ans a abattu son fils de 29 ans qui la menaçait avec une arme de poing puis a prévenu la police. Toxicomane depuis 14 ans, l'homme lui soutirait de l'argent depuis des années pour payer ses doses quotidiennes d'héroïne. La veille, un premier refus l'avait mis dans une rage folle et il avait saccagé l'appartement de sa *mère*.

Une habitante de 95 ans du Kosovo, dans le sud de la Serbie, a été condamnée à 5 ans de prison pour avoir tué d'un coup de pistolet un jeune voisin de 15 ans qui l'avait frappée. Rima Demaj avait ensuite fait 20 km à pied pour se rendre à la police et remettre l'arme du crime.

Un asthmatique de 68 ans de Varsovie qui avait tué 12 jeunes de 16 et 18 ans dans la rue en se défendant contre leurs attaques s'est *suicidé* deux semaines après l'incident. L'homme avait enlevé son couteau à l'un des deux assaillants et les avait frappés à l'artère fémorale. Un reportage tendancieux et les menaces de représailles de la part d'amis des victimes publiés dans un journal de la capitale avaient découragé le vieil homme. Il s'est tailladé les veines et s'est pendu à l'hôpital où il reposait.

L'avocate qui défendait Nick Montos, 78 ans, a expliqué que son client était «un vieil homme fatigué». Après une carrière criminelle de 65 ans, cet homme qui figura 2 fois sur la liste des 10 criminels les plus recherchés des États-Unis a été vaincu par une femme de... 5 ans sa cadette. Il était entré dans la boutique d'antiquités de Sonia Paine, à Brookeline, près de Boston, et l'avait menacée de mort si elle ne coopérait pas. La propriétaire eut tôt fait de se libérer du lien de plastique qu'il avait utilisé pour lui attacher les mains et l'a assommé avec un batte de baseball en aluminium. Elle a ensuite activé l'alarme silencieuse qui a fait accourir les policiers.

À Vienne, un *retraité* de 73 ans qui n'en pouvait plus d'endurer les ronflements de la pensionnaire de la chambre voisine, a mis le feu à ses vêtements pendant qu'elle dormait. Après la découverte du cadavre de la bruyante dormeuse de 69 ans, le pensionnaire a tout avoué.

Un vieillard de 84 ans de Cologne a connu un sort aussi funeste lorsqu'un patient en cure de désintoxication alcoolique l'a étranglé dans une clinique à l'aide d'un bas parce que ses ronflements l'empêchaient de dormir.

Un couple de paysans des hautes montagnes du Liban se chicanaient fréquemment, selon leurs voisins. Le mari de 84 ans a entrepris de régler son sort à sa femme de 63 ans en la frappant de coups de couteau. Mal lui en prit: il a été foudroyé d'une *crise cardiaque* et sa femme a survécu à l'agression.

❧

À Bad Duerrheim, en Allemagne, une fillette de six ans qui avait la stupide habitude de se cacher dans la sécheuse à linge a passé un mauvais quart d'heure quand sa grand-mère a actionné le dispositif par inadvertance en tentant de la libérer. Incapable d'ouvrir la porte, la vieille dame a eu recours aux policiers. L'enfant a été libérée passablement secouée et sa grand-mère s'est aussitôt évanouie.

❧

Les électroménagers en voient de belles. À Toronto, une grand-mère de 46 ans a été mise en accusation après que sa petite-fille eut manifesté de l'appréhension à la vue de sa mère qui se penchait pour mettre des aliments à cuire dans le four. Sous les questions de la mère, elle a révélé que les brûlures qu'elle s'était faites au visage deux semaines plus tôt n'étaient pas le résultat d'un accident avec un briquet, comme on lui avait raconté, mais le fait que la grand-mère lui avait mis *la tête dans le four chaud* jusqu'à ce que le grand-père intervienne.

❧

Filita Malishipa, une sorcière de 70 ans d'une région éloignée de la Zambie, s'est rendue à la police tenaillée par le remords d'avoir tué sept de ses neuf enfants avec l'aide du démon «Tuyobela» et de les avoir mangés au cours de séances de magie noire. Elle a été condamnée à six mois de prison pour *sorcellerie* et non pour meurtre parce que les circonstances des crimes étaient trop nébuleuses.

❧

Sally Evans, surnommée «Mama Soul» à Houston, au Texas, a été condamnée à deux ans de prison après avoir plaidé coupable de trafic de stupéfiants. Elle avait déjà fait de la prison auparavant pour le même crime. Son avocat a expliqué que la dame de 82 ans était «un pur produit des ghettos» et qu'elle «n'avait pas d'autres moyens de se faire de l'argent pour vivre».

Une grand-mère de 77 ans de Easton, en Pennsylvanie, Elizabeth Taormina, a été *accusée de détournement de mineur* pour avoir distribué des pénis en chocolat à 3 de ses petits-enfants de 4, 5 et 7 ans à l'occasion de Pâques. L'inspecteur de police chargé de l'enquête, Edward Zukasky, était bien embêté: il n'était pas sûr que la vieille dame savait qu'il s'agissait de pénis.

Les têtes de pioche

Le *parachutisme* séduit de plus en plus les têtes grises avec des résultats divers. À Stockholm, une aveugle de 85 ans, Ninni Hagsten est devenue la femme la plus âgée à sauter en parachute. On avait pris soin cependant de l'attacher à un parachutiste expérimenté avant qu'elle ne soit lancée dans le vide à partir d'un hélicoptère. L'expérience l'a convaincue: elle voulait aussitôt recommencer. L'aventure avait un autre aspect original: la vieille dame indigne était accompagnée de 30 autres handicapés sourds, aveugles, paralytiques ou sidéens.

৵

Merita Welch de Dayton, en Ohio, a célébré son 90e anniversaire par un saut en *parachute*. Elle en avait pris l'engagement à 85 ans «si Dieu la laissait vivre jusqu'à 90 ans». Sa seule crainte durant le saut, a-t-elle déclaré, était d'endommager sa hanche en plastique…

৵

À Sheridan, en Oregon, Lee Wellington Perry n'a pas eu autant de chance à 85 ans. À son premier saut, il s'est écrasé au sol lorsque son *parachute* principal a refusé de s'ouvrir. Perry était un homme très actif, désireux de tout faire et de tout connaître. Il venait d'obtenir un brevet de plongée sous-marine, rénovait des églises au Mexique et préparait un tour d'Europe à motocyclette. Ses fils ont eu ce commentaire laconique: «Mieux vaut partir ainsi que de décliner.» Et comment donc! À moins que ce ne soit la maladie d'Alzheimer qui ait empêché Perry de penser à ouvrir son parachute de secours...

જ

Un de ses congénères, S.L. Potter, d'Alpine en Californie, a réussi, lui. Il est vrai qu'il s'est contenté de faire, envers et contre tous ses descendants, son premier saut de *bungee à l'âge de 100 ans* du haut d'une tour de 70 mètres. Ses enfants (de 68 à 74 ans) et son médecin craignaient que le fragile vieillard de 55 kilos ne meure d'une crise cardiaque. Il y a eu un moment d'angoisse lorsqu'il est demeuré immobile durant de longues secondes suspendu entre ciel et terre. Puis il a fait un petit salut de la main et tout le monde a compris qu'il avait voulu faire une blague. N'avait-il pas déclaré avant de sauter: «Apportez une vadrouille et une pelle, au cas où...»?

જ

D'ailleurs ce n'est pas parce qu'on est centenaire qu'on n'a pas le droit de *jouir de la vie.* Un Britannique de 102 ans, Charles Fletcher, a bénéficié de l'implantation d'un régulateur cardiaque. «C'est un compagnon très sympathique», a-t-il commenté malicieusement. Le vieil homme est d'autant plus content de son sort que l'amélioration de sa condition physique lui permet d'assister aux rencontres de son régiment. M. Fletcher avait été blessé grièvement et laissé pour mort sur le champ de bataille durant la Première Guerre mondiale...

Une autre dame âgée a été mise sous les feux des projecteurs. La Cour suprême des États-Unis a accordé 1 000 000 $ d'indemnisation à Nellie Mitchell, 97 ans, dont un *tabloïd* avait utilisé la photo sans son consentement pour illustrer une rocambolesque histoire d'Australienne de 101 ans qui était devenue enceinte après avoir fait l'amour avec un millionnaire chez qui elle livrait chaque jour le journal (sic!). La *feuille de chou* avait protesté de son droit à la liberté de la presse avant de prétexter qu'elle croyait que la dame était décédée, rien n'y fit.

Il existe à New York un inventeur septuagénaire du nom de Jerome Lemelson qui détient les droits sur quelque 500 inventions. Lui-même avoue ne pas en connaître le nombre exact. Il a toujours bon pied bon œil puisqu'il invente une vingtaine de gadgets chaque année. Ses droits lui rapportent la coquette somme de 500 millions $ (US évidemment) chaque année. M. Lemelson mène une vie rangée dans une propriété qui surplombe le lac Tahoe et travaille en solitaire.

≈

Parfois, la stupidité humaine plus que la méchanceté est à l'origine du malheur de l'animal. La perruche favorite d'une grand-mère londonienne de 81 ans est morte du cancer des **fumeurs** passifs, a établi un vétérinaire qui a examiné l'oiseau. Il faut dire que la dame en question fumait plus de 40 cigarettes par jour. Bien qu'attristée par la mort de son oiseau favori, elle a juré de ne pas s'arrêter de fumer «parce que ça n'a pas eu l'air d'affecter l'autre perruche que j'ai eue durant 12 ans auparavant».

≈

Ted Millard, un ancien commando SAS de 72 ans de Brixton, en Angleterre, arriva nez à nez avec un voleur qui faisait l'inventaire de sa salle de bains. Ted lui assena un coup de brosse en forme de canard; le **voleur terrifié** se sauva vers le salon où il fit la connaissance d'un visiteur de forte stature qui le cloua au sol et le retint jusqu'à l'arrivée de la police. Mais qu'est-ce qu'ils mettent dans leur thé?

On se le demande en effet lorsqu'on apprend que le plus vieux dentiste de Grande-Bretagne, Godfrey Hutchison, continue de soigner ses patients à son bureau de Newcastle à l'âge de 93 ans. «Je ne peux pas me retirer parce que les gens n'arrêtent pas d'appeler pour prendre rendez-vous. De toute façon, je mourrais d'ennui si j'arrêtais.»

≈

Un octogénaire torontois a refusé de verser une pension mensuelle de 300 $ à son ancienne bonne philippine qui avait eu un enfant de lui. Le vieil homme n'est pas avare; il est furieux.

La dame avait profité du fait qu'il était hébété et étourdi après une attaque cérébrale pour se pelotonner contre lui jusqu'à «commettre l'inavouable», comme il l'a expliqué. Ses motifs étaient loin d'être amoureux: elle voulait un enfant pour éviter d'être rapatriée dans son pays par le ministère de l'Immigration.

George Howell admet qu'il fut grièvement blessé durant l'évacuation de Dunkerque, mais pas au point d'avoir son nom sur le monument aux morts de Gloucester, en Angleterre. Il s'était rendu dans la municipalité pour vérifier si le nom de son frère, mort au combat, y avait été gravé et a eu la surprise de constater qu'on avait également inscrit le sien.

À Londres, une dame de 68 ans a passé cinq jours en prison pour avoir contrevenu à un ordre d'un juge qui lui interdisait de *nourrir les pigeons* dans la cour arrière de sa maison. Jean Knowlson a repris sa liberté après s'être excusée «humblement» auprès du juge et avoir promis de ne plus recommencer. La dame distribuait chaque jour à des centaines de pigeons des sacs entiers de morceaux de pain, provoquant la colère de ses voisins qui avaient l'impression de subir un nouveau bombardement de Londres avec les déjections perpétuelles des volatiles sur le quartier.

Un couple de retraités de York, en Angleterre, a poursuivi les parents de la jeune Amy Hartley, 11 ans, parce que ses *trois lapins* Smudge, Liquorice et Bobby, avaient une vie sexuelle nocturne tellement bruyante qu'ils les empêchaient de dormir. «On imagine difficilement que trois lapins puissent faire tant de bruit», a déclaré Ernest Hasskins, le poursuivant. «Ça durait de 1 h 30 du matin jusqu'à l'aube. On les entendait même quand les fenêtres étaient fermées.»

Les oubliés

Le corps d'un homme de 77 ans de Fabara, un petit village de la province de Saragosse au nord de l'Espagne, a été découvert **six ans après sa mort,** assis dans un fauteuil. La tête s'était séparée du corps et avait roulé par terre. L'administration gouvernementale avait mis tout ce temps à se rendre compte qu'il ne percevait plus sa retraite. L'homme était un solitaire et ses voisins ne s'étaient pas inquiétés de sa disparition, pas plus que sa parenté de Barcelone qui n'avait plus de nouvelles de lui.

Quand on prend connaissance du genre de services qu'offrent parfois les **hôpitaux,** on se demande pourquoi tant de gens veulent y aller. Une octogénaire, admise d'urgence dans un hôpital de Londres, est décédée après que le personnel médical l'eut **cherchée en vain** durant quatre heures. Un des docteurs a expliqué: «J'étais en pleine consultation. J'ai demandé à un collègue de s'occuper d'elle. Il m'a dit qu'il ne l'avait pas trouvée et qu'il ne savait pas où elle était. J'ai cherché à mon tour, essayé de trouver son nom sur la liste des admissions, demandé aux infirmières et au personnel présent. Je ne l'ai pas trouvée non plus.» La dame avait été transférée dans une autre salle de l'urgence, sans que personne ne s'en rende vraiment compte, et elle était décédée d'une crise cardiaque avant tout examen.

Une autre sexagénaire britannique, déclarée morte aux premières heures du nouvel An, a eu plus de **chance.** Elle venait d'être déposée dans un tiroir réfrigérant à l'hôpital d'Huntingdon lorsque les employés de la morgue constatèrent qu'elle respirait encore. Daphne Banks s'est remise plus vite de sa mauvaise expérience aux soins intensifs que les employés sous le choc.

Ce genre de service aux patients est susceptible d'entraîner des gaffes encore plus ridicules. Un hôpital de Leeds, toujours dans l'ineffable Grande-Bretagne, a établi un nouveau record en confirmant un rendez-vous à un examen à Harry Geaves *décédé depuis 21 ans.* Sa veuve, elle-même affligée d'arthrite douloureuse à 80 ans, n'a pas apprécié le comique de la situation: elle attendait la confirmation à un examen au même hôpital depuis 18 mois.

Deux ans après sa mort, la succession d'Agnar Johnsson, de Medicine Hat en Alberta, a reçu un avis du ministère des Affaires municipales l'avisant que son permis de conduire serait bientôt échu et qu'il devrait subir un examen médical pour en obtenir un autre étant donné qu'il avait 84 ans. La famille n'a pas apprécié.

Un octogénaire de Buckhaven, John Ross, s'était rendu chez un médecin pour y prendre une ordonnance destinée à son épouse. Avant de voir le médecin, il s'est rendu aux toilettes des handicapés où il fut victime d'un malaise. Il y est resté *30 heures avant d'être découvert* et hospitalisé.

À Washington, à l'époque de Noël, une dame âgée souffrant de la maladie d'Alzheimer a passé sept jours sans boire ni manger dans un grand magasin où elle s'était *perdue* après que son mari l'eut conduite à un salon de coiffure. Bien que sa disparition eût été immédiatement signalée par l'époux et que le magasin eût été passé au peigne fin, la dame ne fut retrouvée qu'après une semaine, dans un escalier jamais utilisé. Selon le médecin qui l'a examinée, elle devait sa survie au fait que les personnes âgées ont de moins grands besoins caloriques que les jeunes.

Une automobiliste de 69 ans d'Auckland, en Nouvelle-Zélande, est restée *prisonnière d'un ascenseur durant 67 heures* lorsqu'il s'est brusquement arrêté entre deux étages d'un stationnement public. C'était un vendredi après-midi, tard, et Moira Poor ne put alerter aucun passant. De plus, l'alarme de l'ascenseur était aussi en panne. Sans raison apparente, l'ascenseur s'est remis en marche le lundi matin. Une fois libérée, la pauvre dame dut cependant payer une amende pour récupérer sa voiture garée trop longtemps parce que le guichetier n'a jamais voulu croire à ses explications.

Si la mort est un phénomène inéluctable, la retraite la précède heureusement et réserve aux gens prévoyants des années de bien-être. C'est ce que soupesait une retraitée de Vancouver, Mme Ruth Howes, qui dépensa 24 $ en frais de poste et de photocopies pour demander au gouvernement britannique la pension à laquelle elle estimait avoir droit puisqu'elle avait contribué à un régime de pension durant huit ans en Angleterre. Après bien de faux espoirs, elle reçut une réponse du gouvernement de Sa Majesté lui annonçant que les contributions qu'elle avait versées n'étaient pas suffisantes pour mériter la pension qu'elle demandait. En fait, elle aurait droit à 14 cents par semaine. «Même pas de quoi me payer un café», commenta-t-elle, méditant peut-être sur les avantages qui attendent les retraités de la famille royale.

Un cas plus ahurissant d'*étroitesse d'esprit* concerne un octogénaire qui avait choisi le train pour aller passer ses vacances en Floride. La cuvette de toilette pressurisée sur laquelle il s'était assis a explosé, le couvrant littéralement d'excréments. Le conducteur prétextant qu'il ne pouvait arrêter le train avant d'atteindre sa destination, le pauvre homme dut attendre 12 heures avant de se nettoyer, incapable même d'avoir accès à ses valises qu'il avait mises en consigne dans un wagon à bagages. Il a intenté une poursuite de 10 000 $ à la compagnie ferroviaire Amtrak.

Même les puissants de ce monde éprouvent des difficultés dans l'accomplissement de leur tâche. Le contraire aurait étonné, n'est-ce pas? En visite officielle en Pologne, en 1978, le président Jimmy Carter s'était trompé et avait parlé des «aspirations du peuple roumain», que l'interprète américain avait d'ailleurs traduit par «vos désirs charnels futurs». Le même président, qui trouvait vaniteux de dédicacer une photo de lui au roi d'Arabie Saoudite qui le lui avait demandé, ne créa pourtant pas d'incident diplomatique; l'un de ses collaborateurs imita sa signature à son insu. Parmi les belles *gaffes* qu'un président américain fit dans l'exercice de ses fonctions, on raconte celle du président Richard Nixon qui avait confondu les présidents de la Mauritanie et de l'Île Maurice qu'il rencontrait ensemble. C'est ainsi qu'au chef d'État mauritanien, un pays musulman, le chef de la Maison-Blanche posa des questions sur l'élevage des porcs.

Roberto Poli porte mal son nom. Ce jeune *drogué* italien s'en est pris à son domicile à un vieillard de 87 ans pour le dévaliser. Voyant que le pauvre homme ne possédait rien qui vaille, il lui a arraché la dent en or fixée dans son dentier en le menaçant d'une paire de ciseaux. Un crime aussi original lui a valu d'être rapidement appréhendé.

Le décès d'une sexagénaire belge qui avait avalé par erreur un «pog», une espèce de rondelle en carton plastifié contenue dans un sac de croustilles, a décidé le ministère de la Santé de la Belgique à interdire «la vente d'aliments et de jouets dans un seul et même emballage».

Les irréductibles

Un centenaire indonésien a été condamné à une longue peine de prison pour avoir tranché la gorge de sa jeune (!) femme de 75 ans qu'il soupçonnait de libertinage. La pauvre refusait depuis quelques mois d'accomplir son devoir conjugal, attitude qu'il associait à l'infidélité.

Un octogénaire de Téhéran, là où on ne badine pas avec les folichonneries, a fait l'objet d'une enquête de police pour avoir harcelé sa propriétaire de 60 ans de ses *attentions trop pressantes*. Chaque matin qu'Allah amène, le vert vieillard se présentait à l'appartement de sa proprio pour lui remettre une lettre lui exprimant ses tendres sentiments et bien d'autres choses.

D'autres amours sont moins déprimantes. Giuseppe Castrogiovannun, Sicilien revenu vivre dans son pays après avoir passé la majeure partie de sa vie à Chicago, avait 98 ans lorsqu'il a épousé sa jeune belle-sœur de 51 ans, Adele. Giuseppe était riche, veuf depuis 1991 et sans enfants. Mais il semble que rien de cela n'a joué dans la décision de l'épousée.

Virginia Freed, de York en Pennsylvanie, avait organisé toute une fête pour célébrer les 100 ans de son père, Junior. Mais lorsqu'on a **pris la peine** de vérifier sa date de naissance, on s'est aperçu qu'il avait 101 ans et la célébration a été annulée. «J'avais constaté que je marchais un peu moins bien, a déclaré Junior. Je comprends pourquoi maintenant; un an de plus ça fait une différence.»

Certains pays ne s'embarrassent pas de la *vraisemblance* quand il s'agit de record. En Iran, en moins de deux ans, l'agence de presse IRNA a annoncé le décès d'un homme de 153 ans, Karbalaie Malek-Aran, qui laissait 211 descendants nés de sept mariages différents. On attribuait sa longévité à un régime alimentaire à base de laitages. À quelques mois de là, l'agence annonçait le décès de Zolfali Soltanmoradi, à 140 ans, qui laissait 121 descendants répartis sur quatre générations. L'IRNA n'a jamais précisé comment l'âge exact de ces deux hommes avait pu être établi. Selon la méthode du carbone 14, peut-être?

Un régime au lait est-il vraiment miraculeux? En Colombie, où l'espérance de vie est l'une des plus basses, Francisco X a atteint l'âge respectable de 125 ans. Il était si sûr de mourir auparavant qu'il avait fait fabriquer son cercueil en 1955. Outre le lait, dont il boit un litre par jour, Francisco accorde sa longévité au fait qu'il ne touche jamais à aucune

drogue. Il est vrai que le risque de recevoir une balle perdue est moins élevé...

La Chine vénère ses personnes âgées. Le gouvernement chinois a instauré un prix pour honorer ses «aînés les plus méritants». Les conditions sont les suivantes: avoir plus de 80 ans, aimer les sports et se préoccuper du bien-être des jeunes. Le plus vieux Chinois, selon l'agence Chine nouvelle, est Gong Laifa, qui, à 146 ans, attribuait sa bonne santé à la cigarette et à l'alcool de riz pris quotidiennement mais avec modération. La Chine affectionne aussi les décorations. Lorsqu'il a atteint l'âge vénérable de 90 ans, le numéro un du gouvernement, Deng Xiaoping, s'est vu remettre un prix exceptionnel appelé *«prix du vieux chanceux»*.

À l'âge de 76 ans, Stephen Powelson d'Amherst, au Massachusetts, est parvenu à mémoriser 14 800 vers des 15 693 de l'*Iliade* d'Homère. Il y a mis 5 800 heures de travail en 16 ans, avec «beaucoup de discipline, de volonté et une pointe de folie», explique-t-il. C'est d'autant plus étonnant, commente sa femme, «qu'il ***oublie toujours*** où il met ses lunettes et ses clés».

Certains aiment être considérés vieux avant l'âge. C'est le cas de Koloman Gazi, un citoyen tchèque. Il est devenu père à 15 ans, lors de la naissance de sa fille. Celle-ci est elle-même devenue mère à l'âge de 15 ans et la fille qu'elle a mise au monde a elle aussi enfanté, à l'âge de 18 ans.

H

comme dans... hommes

*L'esprit de l'homme est quelque chose
qui peut pourrir aussi bien que son foie
ou ses reins. Il doit y avoir de grandes
épidémies morales, comme il y a des
épidémies de peste ou de choléra.*

André Chamson

Ma fréquentation systématique des faits divers a littéralement laminé ma mince couche de considération pour le genre humain qui avait survécu à des années d'intérêt pour le débat constitutionnel canadien.

Cherchant des raisons de croire en l'avenir du mâle, j'ai trouvé des motifs d'espérer que les femmes développent des dispositions hermaphrodites pour se reproduire sans l'aide du chaînon manquant qui leur sert de compagnon.

L'homme a pourtant eu tout le temps de se bonifier. La découverte d'os de pieds fossilisés dans les grottes de Skerfontein, en Afrique du Sud, a démontré que le passage à la station verticale se serait produit il y a environ 3,5 millions d'années. Pourtant, plus j'observe le comportement de l'homme, plus ma préférence va aux documentaires sur les chimpanzés et les gorilles.

Le *mythe du bon sauvage* imposé pour notre plus grand malheur par l'écrivain Jean-Jacques Rousseau continue de conditionner la vision des Occidentaux à l'endroit des aborigènes. Les anthropologues américains ont entrepris pour leur part de dénoncer le préjugé favorable à l'Indien sauveur de l'environnement en révélant certains faits peu élogieux. En Amazonie colombienne, les Indiens chassent les singes femelles qui allaitent encore leurs petits; une étude des ossements d'animaux chassés par les Indiens d'Amérique du Nord et trouvés lors de fouilles archéologiques démontre qu'ils s'en prenaient essentiellement aux femelles, plus faciles à chasser; en Bolivie, les Indiens Yuquis prolongent de façon sadique l'agonie des animaux qu'ils chassent; les Yuquis, qui comptaient jadis sur des esclaves pour aller cueillir les fruits dans les arbres, sont en train de faire disparaître des espèces complètes en abattant les arbres plutôt qu'en les escaladant; les Machiguengas se servent de dynamite pour pêcher, détruisant du même coup toute vie dans un cours d'eau ou un lac. J'arrête. J'entends déjà les hurlements des *bien-pensants* qui veulent me convaincre que le Mohawk est né bon et que c'est la société de consommation qui lui a imposé de jouer avec un AK-47.

🍂

Il n'y a pas de défi assez grand pour un esprit humain *taré*. À preuve: un Libanais a inventé un jeu de type Monopoly intitulé *Guerre civile*. Le but du jeu est de permettre à quatre joueurs de s'enrichir par tous les moyens illégaux possibles à la tête de milices, d'accumuler des unités militaires, et de supplanter l'armée régulière. L'inventeur a estimé que son jeu avait «une valeur éducative» et a proposé au Fonds de l'ONU pour l'enfance de le distribuer et de le commercialiser à travers le monde.

Parmi les autres grands génies méconnus qui se sont illustrés à notre époque, on retient Anthony Pugliese qui a acquis pour 220 000 $ le pistolet Colt Cobra utilisé par Jack Ruby pour tuer Lee Harvey Oswald. À sa manière, il se voit lui aussi comme un éducateur populaire puisqu'il exhibe le pistolet dans les foires. Aux *gogos,* il vend au coût de 1 400 $ des balles tirées par l'arme. On a les trésors archéologiques qu'on peut.

❧

À faire l'ange on fait la bête, prétendait-on jadis. La préoccupation de l'industrie américaine de la restauration-minute pour l'uniformisation de la frite a des *résultats nocifs,* prétend le *Columbia Basin Institute* de Portland, en Oregon. La recherche effrénée de la frite effilée, luisante et sans aucune trace de germes a créé une industrie qui se rabat constamment sur les produits chimiques et qui n'utilise que la moitié des pommes de terre qu'elle traite.

❧

Les hommes qui passent plus de 10 heures par jour assis à un pupitre ont 71 % plus de risques d'être victimes d'un cancer des testicules que ceux qui n'en passent que 3, selon le *British Medical Journal.* Les cancers du genre sont en augmentation ahurissante depuis 30 ans, selon les chercheurs, qui ajoutent cependant que l'exercice systématique (15 heures par semaine) peut contrer les effets néfastes du travail assis.

Une étude publiée par le même journal, ainsi que d'autres effectuées en France et aux États-Unis, ont démontré par ailleurs que la *qualité du sperme* diminue de façon alarmante et que l'homme risque de devenir stérile d'ici un siècle environ. En l'espace de 50 ans, la concentration de spermatozoïdes a diminué de moitié chez le mâle. On attribue généralement le phénomène à l'exposition du fœtus aux œstrogènes pendant la gestation. Le Dr Charles Tyler, de l'université Brunel aux États-Unis, a constaté que les poissons exposés aux œstrogènes devenaient pratiquement hermaphrodites.

Homo technologicus

Certains malfaisants qui ont voulu utiliser l'informatique à des fins non recommandables ne s'en tirent pas aussi bien. Un citoyen de Santa Rosa, en Californie, a été traduit devant les tribunaux par son ex-épouse à qui il avait fait parvenir, par esprit de *vengeance,* une disquette «kamikaze» qui eut pour effet de détruire tous les programmes de son disque dur dès sa mise en service dans l'appareil. «Tout ce qui me restait, c'est un message de mon ex-mari en forme de pied de nez», a-t-elle déclaré au juge.

Un *logiciel* permet de formuler des «mensonges pieux» à l'intention des messageries électroniques pour se libérer des tâches fastidieuses et des réunions ennuyantes qu'on veut nous imposer. Des Britanniques ont mis au point, pour leur part, un ordinateur qui a des pertes de mémoire, comme un être humain.

On travaille à mettre au point des **ordinateurs** *«politically correct»* qui consomment moins d'énergie (d'ici à l'an 2000, les ordinateurs vont s'approprier 10 % de l'énergie mondiale). On étudie également à l'heure actuelle la possibilité de mettre au point des ordinateurs «verts». Seulement aux États-Unis, quelque 150 millions d'ordinateurs obsolètes pourraient rouiller dans les dépotoirs d'ici à 2005 et on évalue à un milliard $ le coût du nettoyage de cette pollution nouveau genre.

La technologie est mise au service des bonnes mœurs à Niagara Falls, la capitale des voyages de noces. Le service de police local a investi 7 000 $ dans de l'équipement vidéo pour surveiller le **manège des prostituées** et de leurs clients et les soumettre à une pression qui les fera migrer vers des quartiers moins fréquentés par les nouveaux mariés. L'idée leur est venue d'un citoyen qui avait entrepris de livrer une guerre personnelle à ces spécialistes des relations interpersonnelles en les filmant à l'aide d'une caméra vidéo.

Certains inventeurs obtiennent beaucoup de succès dans leur vie professionnelle: William (Bill) Gates, dont le système *Microsoft* a fait le milliardaire le plus riche des États-Unis, a parfois une drôle d'attitude envers les femmes. Il lui est arrivé de donner rendez-vous à une femme d'une autre ville qu'il invitait à aller visionner le même film que lui au même moment mais... chacun dans sa propre localité. Après la représentation, ils échangeaient leurs impressions par téléphone cellulaire en retournant à la maison. Ça ne fait pas des enfants forts!

Les clients d'un commerce ignorent parfois à quelle extrémité doit se rendre un entrepreneur pour satisfaire à leur *exigence.* La firme de restauration minute McDonald's a dû réévaluer son intention d'ouvrir un établissement en Israël il y a quelque temps parce que la variété de pommes de terre qu'elle utilise pour fabriquer ses célèbres frites ne pousse pas en Israël et que le ministère local de l'Agriculture lui a refusé le droit d'en importer.

Une *erreur de frappe* a fait perdre 4 millions $ US à la Bank of America de Milan, en Italie. Au lieu de taper 89,1, un employé a inscrit 98,1 comme prix d'offre lors de l'adjudication par la Banque d'Italie de 2 500 milliards de lires (1,58 milliard $ US) d'effets à cinq ans. La banque centrale italienne ayant accepté l'offre (évidemment!), l'institution bancaire a été frustrée de quelque 6 à 7 milliards de lires. Parions qu'elle a vite su comment les récupérer et probablement au détriment de ses clients.

Homo homini lupus

En matière de consommation de boissons alcooliques, les critères semblent fluctuer selon l'importance du bien-être. À Boston, une association qui porte le nom évocateur de SADD *(Students Against Driving Drunk* — Étudiants contre la conduite en état d'ébriété) s'est attiré les foudres de plusieurs de ses membres parce qu'elle a *accepté une subvention annuelle* de 100 000 $ de la brasserie Anheuser-Bush. Avec un déficit annuel de 700 000 $, les dirigeants de SADD (jeu de mots pour «triste») avaient pourtant décidé de convaincre le fondateur du mouvement de prendre sa retraite grâce à une gratification de 1,4 million $, soi-disant pour le dédommager de ses frais de consultant.

Les *chauffards ivres* qui mettent en danger la vie des autres ont la vie dure au Danemark. Les propriétaires de téléphone cellulaire signalent leurs infractions à la police qui a ainsi doublé le nombre d'arrestations. Certains conducteurs poussent même le zèle jusqu'à suivre les impénitents tant que la police ne les a pas coffrés.

Quatre-vingt-six des 150 députés du parlement néerlandais ont répondu à un questionnaire qui a permis d'établir que 9 % d'entre eux sont des buveurs invétérés et que plus du quart ont déjà fumé de la marijuana. Au total 93 % des répondants boivent de l'alcool et confessent un fort penchant pour le vin. Sept pour cent peuvent être classés dans la catégorie des grands buveurs et 2 % dans celle des très grands buveurs.

Une demi-douzaine de députés conservateurs ont attentivement visionné cinq minutes d'extraits de films pornographiques *hard*, diffusés en Grande-Bretagne par une chaîne hollandaise par satellite. Le but de l'opération consistait à évaluer le danger et la nécessité d'une *censure* gouvernementale. Le président de la commission a été le premier à reconnaître que la tâche avait été bien lourde puisque les membres étaient «perdants à tous les coups: condamnés s'ils avaient dû critiquer des films sans les visionner, condamnés s'ils les visionnaient».

Le président de la commission parlementaire des travaux publics du gouvernement à Rabat, au Maroc, s'est tué en voulant rentrer chez lui à 4 heures du matin. Parce qu'il avait oublié ses clés, il a entrepris d'entrer par la fenêtre de son appartement au troisième étage en passant par le balcon de l'appartement voisin. Il a perdu l'équilibre et s'est écrasé au sol.

❦

Le sénateur américain Dennis DeConcini se souviendra probablement **toute sa vie** du discours qu'il a prononcé à Washington pour dénoncer l'importance du déficit budgétaire des États-Unis. Plutôt que de parler d'un «organisme gigantesque», il a crié d'une voix de stentor qu'il s'agissait d'un «orgasme gigantesque». Qu'est-ce qui pouvait bien lui trotter dans la tête?

❦

Les relations internationales ne sont pas toujours à l'avantage du dernier maillon de la chaîne. À la suite du cyclone Ofa qui avait ravagé les îles Samoa en 1990, l'Italie avait expédié 7 700 boîtes de sardines destinées aux sinistrés. Mais les problèmes de bureaucratie et de transport ont été tels, que les destinataires n'ont reçu la nourriture que **17 mois après son envoi.**

❦

Un retraité français, Claude Khazizian, a une marotte. Il aime participer aux réceptions des grands de ce monde sans y être invité. Il s'est notamment fait photographier avec feu François Mitterrand, Jacques Chirac et le chancelier allemand Helmut Kohl. Il a été appréhendé par la police du Danemark pour avoir participé aux premières loges, sans invitation évidemment, au mariage du prince Joachim, fils de la reine Margrethe, et d'Alexandra Manley.

❦

L'attrait de l'aristocratie demeure un curieux phénomène social à une époque dominée par la démocratie. La passion populaire pour les faits et gestes les plus anodins de la soi-disant noblesse conduit parfois à des exactions de mauvais goût: souvenez-vous des photos de la princesse Diana prises par la caméra cachée d'un directeur de centre d'entraînement physique. Bryce Taylor, le photographe, s'est vu rendre la monnaie de sa pièce cependant. Une caméra cachée l'a filmé dans une chambre d'hôtel à Berlin en train de visionner un film pornographique. La vidéo a été diffusée sur une chaîne locale de télévision, à l'hilarité générale, dit-on.

Un infirmier de 32 ans de Malaybalay, aux Philippines, a eu son heure de gloire en prétendant, avec la bénédiction d'un gynécologue, que son hermaphrodisme lui avait permis de tomber «enceint». On s'est vite rendu compte qu'il avait **truqué les tests** lui permettant de tromper la confiance des médecins appelés en consultation.

Un Australien de 28 ans, Kenneth Lacey, pesait 433 kilos au moment de sa mort par arrêt cardiaque. Il a fallu abattre un mur pour sortir le corps du domicile. Treize policiers, ambulanciers, pompiers et volontaires ont été nécessaires pour le transporter jusqu'à un camion. Le personnel de l'hôpital où il fut conduit a dû le placer sur la balance d'une gare ferroviaire pour établir son poids.

Un individu en liberté illégale qui avait été mis à la porte d'un bar de Lachine, près de Montréal, parce que sa surconsommation d'alcool le rendait agressif à l'endroit des clients, y est revenu quelques minutes plus tard dans l'intention de **régler ses comptes.** À son arrivée, une détonation s'est fait entendre et l'homme s'est écroulé. Le pistolet qu'il dissimulait dans la poche de son pantalon lui avait tiré une balle dans la jambe.

Un autre s'est blessé de façon volontaire. Japel Nepomuceno, un citoyen d'une banlieue de Manille de 21 ans, a été conduit à l'hôpital hurlant de douleur après s'être tranché le pénis et les testicules à l'aide d'un rasoir. Mais il a refusé que les médecins lui recousent l'organe tant le désir de devenir femme qui avait suscité son geste était grand.

Un employé de l'usine Wire Rope of America de Saint-Joseph, au Missouri, se servait lui de son pénis comme arme. Il avait décidé d'uriner dans le pot de café de la cantine pour se venger d'un collègue. Mais la caméra de surveillance installée par des employés qui trouvaient que le café avait un goût bizarre depuis quelque temps a capté le geste du *vengeur obtus.* L'homme a été inculpé de «coups et blessures». Des inspecteurs de la Santé publique ont exprimé l'avis qu'il y avait bien peu de chance que les buveurs de café aient contracté une maladie.

Un dentiste quadragénaire de la Calabre, dans le sud de l'Italie, a convaincu sa maîtresse de 28 ans, une étudiante, d'éviter le scandale et de ne pas révéler son état. Au cours des dernières semaines de la grossesse, Giuseppe Sciarrone lui a payé un séjour dans un hôtel de Palmi. Le bébé naissant, qu'il ne voulait pas reconnaître, a été vendu à un petit entrepreneur de la région, repris de justice au demeurant et dont la femme était infertile. La police s'étant étonnée que l'épouse ait pu concevoir un enfant alors que son mari était en prison a fini par tirer l'affaire au clair. Et le pauvre dentiste qui voulait à tout prix *sauver sa réputation* a vu sa relation étalée à la une des journaux.

Au chapitre des *petites causes aux grands effets,* il faut inscrire la mésaventure de cet autre quadragénaire discret qui a engagé une poursuite contre *Le Journal de Montréal* après avoir eu recours aux petites annonces de rencontre du quotidien. L'homme marié qui recherchait une aventure constata en lisant le texte publié qu'on avait écrit «François» au lieu de «Français». Il demanda une correction. La vérité fut rétablie au-delà de ses espérances le lendemain: non seulement la correction n'avait pas été faite, mais son nom véritable avait été ajouté au texte. Son épouse, qui semblait assidue de cette chronique, le remarqua, de même que ses collègues de travail. La femme est partie avec leur enfant de six ans et ses collègues se sont tellement moqués de lui qu'il a dû abandonner son emploi. L'appartement devenu trop grand lui pesait; il a dû verser trois mois de loyer (2 850 $) pour rompre son bail. Il a décidé de les réclamer, plus 3 300 $ pour perte de six semaines de salaire, 5 000 $ pour «humiliation et souffrance morale», de même que 10 000 $ pour «perte de soutien moral» (de son ex-femme, présume-t-on).

🌵

L'homme est prompt à défendre la femme. Trop peut-être. Lors d'une réception de mariage plus inondée qu'arrosée à Saint Catharines, en Ontario, une *querelle* entre deux femmes a tourné à l'émeute à la salle de réception de la Légion polonaise aux alentours de minuit. Huit voitures de police ont dû converger à toute vitesse vers les lieux pour mettre un terme à une bagarre en règle entre les mâles invités.

🌵

L'amour des femmes chez un homme relève parfois de l'*obsession* ou de l'aveuglement. Un Égyptien de 38 ans a divorcé de sa 60e épouse et s'est aussitôt mis en chasse pour trouver la suivante, tout guilleret à l'idée qu'il figurerait au *Livre Guinness des records*. Il s'est marié la première fois à 17 ans, au Liban, puis perdit sa première femme et son fils durant la guerre. Cela lui fait une moyenne de 2,85 mariages par année de vie adulte. L'homme n'est grand qu'à genoux, comme disait Péguy.

🌵

Une enquête sur la vie sexuelle des Britanniques a démontré que les professionnels riches étaient plus portés à l'*adultère* que les travailleurs manuels. Seulement 2 % des ouvriers trompaient leur femme, tandis que 10 % des cols blancs s'en donnaient à cœur joie. Détail cocasse, 4 % des femmes, quelle que soit la nature de leur travail, rendaient la pareille à leur mari.

🌵

Un Montréalais de 53 ans que sa compagne avait mis à la porte s'est transformé en véritable *machine à harcèlement* à l'endroit de l'infortunée. En moins de 2 ans, il fut arrêté à

11 reprises par la police et a fait 2 mois de prison pour des délits divers: insultes, serrures bloquées par de la colle, vandalisme contre la maison. Découragée du fait qu'il vivait à deux maisons seulement de la sienne, la dame décida de la vendre. L'énergumène fit disparaître la pancarte. Pour venir au secours de la victime, la police dissimula une caméra vidéo qui le filma en train de casser une fenêtre de la maison, de crever un pneu de sa voiture, de fracasser une vitre du véhicule, etc. À la cour, il a dit au juge qu'il était victime de «harcèlement policier». Le magistrat ne l'a pas cru.

Homo «ordinarus»

Le sultan de Brunei, Hassanal Bolkiah, a particulièrement apprécié un séjour de quatre jours à Chypre à l'hôtel Quatre-Saisons de Nicosie où il avait réservé 174 chambres pour sa suite et lui-même. Il a fait parvenir une note de remerciement et un sac contenant 170 000 $ au personnel en guise de pourboire.

David Reese, de Riverside en Californie, aux prises avec le règlement d'un divorce particulièrement acrimonieux, a fait une demande officielle pour faire reconnaître son «droit fondamental de ne pas être un parent». La *cour* voulait l'obliger à verser une pension à l'enfant que son ex-femme avait eu d'un ami de la famille et dont la paternité avait été établie par un test d'ADN.

Todd McLeod, d'Abbotsford en Colombie-Britannique, ne badine pas avec la santé de ses enfants. Il a traduit son ex-femme Yvette en justice pour obtenir la garde de ses enfants parce qu'elle *fumait* en leur présence. Après la promesse de la mère de mettre un terme à son vice, il a retiré sa demande mais a maintenu son intention d'aller jusqu'à la Cour suprême de la province pour obtenir un jugement sur le droit des enfants de vivre dans un environnement sain.

Un citoyen de Le Gardeur, près de Montréal, qui avait sculpté un gros pénis et une femme nue dans la neige devant sa résidence, à la suite d'une tempête, a semé l'émoi chez ses concitoyens. Pressée de **plaintes** de la part des bien-pensants locaux, la police lui a demandé de démolir son œuvre.

Certaines réactions d'honnêteté nous rassurent sur la nature humaine. Marcello Pagliacci, un Italien de 27 ans, qui désirait demeurer incognito à la suite d'un geste généreux, a dû quitter son pays quelque temps pour fuir les vautours des médias. Il avait rendu à un petit garçon sourd et muet le billet de loterie qu'il avait jeté par mégarde à la poubelle et qui lui rapportait 59 000 $ US environ. De surcroît, l'enfant était d'une famille peu fortunée.

Deux New-Yorkais se sont transformés en sages-hommes pour aider une adolescente de 17 ans à donner naissance à son bébé sur les quais du métro de New York. Les deux hommes, **deux employés du métro,** ont emprunté sa copie du *New York Times* à un passant (c'était l'heure de pointe) pour recevoir le nouveau-né pressé.

Carl Comes a fait don à l'Institut scientifique de Nouvelle-Angleterre de Worcerster, dans le Massachusetts, d'un homard de sept kilos qu'il avait gagné dans un concours. La bestiole, dont l'âge était estimé à 80 ans, ne méritait pas selon lui de terminer sa vie au court-bouillon. «Ce homard a plus de vie qu'un chat. Je ne voulais pas être celui qui lui prendrait la dernière», a simplement dit le gentleman.

Certains sont nés dans l'argent et d'autres le trouvent par hasard. Des automobilistes circulant sur une autoroute près de Chicago ont eu la bonne fortune de voir s'ouvrir la porte arrière d'un fourgon blindé et l'argent s'envoler littéralement sous leurs yeux. Quelque 480 000 $ ont ainsi pris le chemin des poches des automobilistes peu scrupuleux avant que le chauffeur ne soit averti de l'incident. Seuls deux ambulanciers qui avaient vu les gens en folie s'emparer des billets soulevés par le vent ont eu l'*honnêteté* de rapporter un sac contenant 180 000 $.

Parce qu'une *agence d'emploi* refusait de défrayer Chris Owen des 11,5 livres (16 $) que coûtait le passage en autobus du pays de Galles à Londres, le jeune jardinier de 26 ans a franchi à pied durant cinq jours les 250 km pour assister à une interview qui lui a valu un emploi de six mois en Corse. Admirative, la société British Rail lui a offert gracieusement le billet de retour.

Une équipe de *cheminots* avait décidé d'immobiliser un convoi ferroviaire à Shelbyville, en Indiana, pour aller casser la croûte dans un restaurant local. La locomotive se trouvant trop près d'une barrière, elle en déclencha la fermeture automatique, interdisant toute circulation. La police mit une heure à retrouver les joyeux commensaux en leur intimant, sans ménagement, l'ordre de repartir. Le mécanicien en prit ombrage et se mit en colère. Le convoi ne s'ébranla qu'à la lenteur d'un escargot, augmentant encore plus la fureur des automobilistes immobilisés et celle des policiers. Le plaisantin fut appréhendé pour obstruction de la voie publique. Une amende de 1 500 $ et une peine de prison d'un an sont applicables dans un tel cas.

Le vêtement est un sujet tabou chez la plupart des hommes. On le comprendra en prenant connaissance des résultats d'une enquête sur les habitudes des Britanniques. Un Anglais sur quatre ne change pas de slip tous les jours; 1 % le garde même volontiers une semaine. Gallois, Écossais et Anglais du Nord se lavent moins volontiers que ceux du Sud. Trois pour cent des «Nordistes» portent le même T-shirt durant une semaine sans en changer. On comprendra que 50 % des Britanniques se disent prêts à changer de place dans les transports en commun lorsqu'ils sont importunés par les odeurs corporelles du voisin.

Un groupe d'étudiants masculins du Nova High School de Davie, en Floride, a tenu une manifestation pour **protester** contre la suspension d'un des leurs qui s'était présenté à l'école vêtu d'une jupe à fleurs. Le coupable, Jesse Itzkowitz, 16 ans, a clamé bien haut son indignation: «Les filles peuvent porter des pantalons; pourquoi ne puis-je porter une jupe? C'est injuste. C'est du sexisme flagrant et je ne crois pas qu'on devrait être victime d'une telle attitude dans une institution d'enseignement.»

Un professeur de coiffure d'Épinal, en France, avait des **méthodes d'enseignement** qui lui ont valu huit mois de prison avec sursis et 10 000 FF (2 500 $) d'amende. Quatre plaignantes ont raconté qu'il aimait les attacher à une chaise après leur avoir demandé de ne porter que des sous-vêtements sous leur blouse de travail, supposément pour leur apprendre à «parfaire leur maintien». Il exigeait d'elles qu'elles ne sortent en ville que chaussées de hautes bottes.

Un sosie du capitaine de l'équipe d'Allemagne de football, Lothar Matthaeus, a eu droit à moins de considération: il a été condamné à trois ans et demi de prison pour avoir **utilisé sa ressemblance** avec le footballeur dans le but de séduire et de voler des femmes rencontrées en discothèque. L'homme de 28 ans avouait la supercherie assez tôt, mais plusieurs de ses victimes finissaient néanmoins la nuit avec lui. Au matin, elles se retrouvaient sans amant ni voiture. Une s'est même fait dérober toutes ses économies. Le sosie a également passé plusieurs nuits dans des hôtels de luxe sous son nom d'emprunt, filant à l'anglaise ensuite pour éviter de payer la note.

Un amateur fanatique d'Elvis Presley a voulu célébrer à sa façon ce qui aurait été le soixantième anniversaire du King. Il a loué le London Palladium, l'une des salles de concert les plus connues de Londres avec ses 2 500 places, au coût de 22 500 $ pour y chanter en honneur de son idole. Brian Lee, qui cultive l'allure du célèbre *rock'n'roller,* mais n'avait jamais chanté en public auparavant, est parvenu à vendre quelque 600 billets.

Une vieille dame de Bambloe, dans le sud de la Norvège, a eu la vie sauve grâce à la présence d'esprit d'un livreur de pizza. Éveillée par la fumée qui avait empli son appartement lors d'un incendie, elle a rampé sur le plancher jusqu'au téléphone où elle a formé ce qu'elle croyait être le numéro des pompiers, mais a abouti à Pizza-Expressen à Oslo, à 110 km de là. Le jeune homme qui a pris l'appel a noté l'adresse que lui donnait la dame en comprenant la gravité de la situation au son de l'avertisseur qui retentissait dans l'écouteur. Prévenus, les pompiers d'Oslo sont entrés en communication avec leurs confrères de Brambloe qui sont promptement intervenus.

Une professeure de droit américaine a proposé, dans un sérieux article pour une revue universitaire, d'introduire le concept de la «*fraude sexuelle*» dans le code juridique. Pour elle, il s'agit d'un «geste de fausse représentation intentionnel et préjudiciable posé dans le seul but d'obtenir le consentement de l'autre à une relation sexuelle». L'universitaire estime que l'homme qui cache à la femme qu'il est déjà marié ou la femme qui prétend indûment employer un moyen anticonceptionnel seraient au nombre des cas qui tomberaient sous le coup de la loi.

L'Armée britannique se désespère: 18 % des jeunes hommes qui viennent à elle sont trop gras et 25 % ne réussissent pas l'examen médical. Selon un porte-parole: «Les hommes sont plus gras et n'ont aucune idée de ce que veut dire courir un mille. Ils n'ont jamais sué de leur vie.» Un autre précise: «Mentalement, ils sont moins robustes. Passer la nuit dans un trou qu'ils ont creusé les fait paniquer.» L'armée a eu recours à l'agence de publicité Saatchi et Saatchi pour concevoir une campagne qui montre les officiers comme des professionnels éduqués plutôt que comme des gros durs qui brandissent leur carabine. Les professionnels éduqués craignent-ils moins les trous?

I

comme dans... insolite

Il n'y a jamais rien de bizarre chez les gens. Dès qu'on cherche à les pénétrer, on saisit que leur conduite, si insolite qu'elle paraisse, est toujours due à quelque motif parfaitement plausible.

Alberto Moravia

Il naît trois nouveaux individus à la seconde sur Terre, soit 255 000 nouveaux habitants par jour. Au bout de l'année, 93 millions de nouveaux êtres humains contribuent à aggraver les problèmes déjà insolubles de notre planète, en particulier la pollution et l'appauvrissement des ressources renouvelables.

Personnellement, je me réjouis de cette calamité: la bizarrerie des événements qui surviennent dans notre société m'apporte la confirmation quotidienne que la réalité dépasse la fiction. C'est peut-être ce qui explique le succès des films les plus réalistes qui se contentent d'adapter des faits vécus.

De la technique révolutionnaire au comportement le plus étrange, notre univers actuel est une source de fascination. Qu'en penseront les archéologues qui mettront au jour dans 1 000 ans les reliquats de nos modes de vie? S'ils ont encore le sens de l'humour, la seule qualité qui retienne l'homme au bord du suicide, peut-être trouveront-ils matière à ne pas trop nous ridiculiser.

Tout est technique

Des mathématiciens américains ont découvert le nombre premier le plus long, selon la théorie du père Marin Mersenne, un savant français du XVIIe siècle: il est composé de 227 832 chiffres et remplit 32 pages de feuilles informatiques.

♦

Il semble que les inventions aient parfois le goût de se *venger* des humains pour lesquels elles devraient travailler. Des fonctionnaires de la ville de Fort Lauderdale en ont fait l'expérience: leur photocopieuse est devenue incontrôlable et s'est mise à cracher du papier sans discontinuer; les écrans de leurs ordinateurs sont passés au noir sans crier gare et même la vieille machine à écrire électrique, qui n'était pas branchée, s'est mise à taper toute seule dans son coin. Ils ont eu recours à un spécialiste qui est venu faire une analyse du problème et a attribué la situation à des micro-ondes qui pouvaient être émises par un autre édifice, des signaux radio en goguette ou de bonnes vieilles interférences électriques. Rien à faire. Aux dernières nouvelles, les employés déprimés songeaient à faire appel à un exorciste...

À New York, ce sont les utilisateurs des quelque 900 *guichets automatiques* de la Chemical Bank qui ont eu une bien mauvaise surprise durant une journée. L'ordinateur central avait décidé de débiter en double les montants des retraits, tout en émettant des reçus qui correspondaient pourtant à la somme demandée par le client.

♦

Parfois, la *technologie* sert des fins bien peu élevées. Tim Steininger, de Dodge au Kansas, est chasseur, comme des millions d'autres mâles qui se valorisent de cette manière. Mais Tim est aussi quadraplégique, paralysé en fait du cou aux orteils. On a donc relié sa carabine à son fauteuil roulant par un ingénieux dispositif électronique qu'il manœuvre avec sa bouche pour cibler sa proie. Pour faire feu, il souffle dans un tube qui active la gâchette. Dommage que tant d'invention ne soit pas mise au service de quelque chose de plus intelligent.

◆

Des scientifiques américains et britanniques croient l'*ordinateur* dépassé; ils travaillent à la mise au point de puces électroniques qui, greffées dans nos cerveaux, pourront se brancher directement sur les réseaux de communication. D'ici une décennie croit-on, une première génération pourra communiquer avec une machine par «télépathie électronique». D'autres applications de cette technique permettraient de redonner la vue aux aveugles, le mouvement à des handicapés et à tous de faire du... «tourisme virtuel».

L'affaire n'est pas si farfelue qu'on le croit. En théorie, il est possible de transmettre de l'information par le truchement du sang et des os à raison de 100 000 bits à la seconde, prétend Nicholas Negroponte, le futurologue du Massachusetts Institute of Technology. Cela permettrait aux hommes d'affaires d'être leur propre lien de communication entre eux. Deux congressistes n'auraient, par exemple, qu'à se serrer rapidement la main pour être en mesure ensuite d'imprimer leurs cartes professionnelles respectives à partir d'un *micro-ordinateur* dissimulé dans leurs chaussures.

Jack Miller, un New-Yorkais de 56 ans, croit beaucoup, lui, à l'utilité de l'*ordinateur* conventionnel. Victime d'une crise cardiaque alors qu'il se trouvait dans un bureau isolé de l'entreprise de produits chimiques qui l'emploie, et incapable de joindre son médecin, il a réussi à lancer un SOS dans la messagerie automatique de l'ordinateur avant de s'évanouir. Vite repéré et soigné, le quinquagénaire s'en est tiré.

◆

Le système de communication par *radio* de la marine militaire américaine a pour effet de faire pousser des arbres plus haut et plus gros dans les forêts du Michigan selon des scientifiques. Une antenne, qui s'étend sur une distance de 90 km dans une forêt dense, émet à très basse fréquence

(76 hertz) un signal lui permettant de contacter les sous-marins sous les calottes polaires. Les trembles et les pins réagissent depuis 1986 comme s'ils avaient été surfertilisés tandis que d'autres espèces, telles que le chêne et le bouleau, ne sont pas affectées.

•

Un groupe rock britannique, Future Sound of London est la première formation à avoir fait le tour de l'Europe et des États-Unis sans quitter la capitale de l'Angleterre. Tous leurs concerts sont donnés... au téléphone. Ils ne communiquent avec leurs admirateurs que par le réseau *Internet.*

•

Au Canada, le réseau *Internet* est venu à la rescousse des enfants qui écrivent au père Noël dès l'automne de 1995. Quelque 5 000 messages quotidiens en provenance du Japon, de la Norvège, de la Belgique, de la Suède, de la Grande-Bretagne, de l'Australie, de la Nouvelle-Zélande, de la Russie et de l'Afrique du Sud ont pu être acheminés au père Noël. Une confirmation de réception rassurait les enfants sur l'issue de leur message. On est loin du temps où les mères convainquaient leurs rejetons de surveiller le passage du traîneau dans le ciel devant la Lune.

•

Tout un quartier de la ville de Randallstown, au Maryland, a dû endurer durant près de 10 jours la sirène d'alarme d'une résidence dont le propriétaire était en voyage en Europe. Les policiers ont refusé d'intervenir parce que «ce n'était pas un cas d'urgence (sic)» et que leur intervention aurait pu être interprétée comme une violation de domicile et de destruction de biens privés. La compagnie d'électricité (la sonnerie fut déclenchée à la suite d'une panne de courant) a aussi refusé d'intervenir parce que, selon une porte-parole, «s'il y a un réfrigérateur plein de nourriture tout sera perdu, et s'il y a un aquarium avec des poissons, ceux-ci pourraient mourir». La **technologie** ne rend, hélas, pas l'être humain intelligent.

Cette ineffable porte-parole sera sans doute heureuse d'apprendre que la compagnie japonaise Samsung Electronics a mis au point un «*bio-téléviseur*» qui accroît la durée de fraîcheur des fleurs et l'activité des poissons en bocaux. La compagnie affirme que des chrysanthèmes exposés aux «bio-téléviseurs» sont restés frais durant 45 jours (plutôt que 30 pour ceux exposés à un téléviseur conventionnel) et que les poissons étaient deux fois plus actifs. Devant de si urgents besoins, on peut bien mettre de côté le problème de la faim dans le monde, n'est-ce pas?

Entre 1995 et l'an 2000, on évalue à 100 milliards $ la somme que les entreprises auront dû dépenser pour modifier leurs logiciels de façon à reprogrammer et synchroniser les horloges de milliers d'*ordinateurs* qui calculaient les années en utilisant les deux derniers chiffres, par exemple 96 de 1996. Cette particularité fait qu'une personne née en 1970 serait considérée comme ayant... 70 ans; on voit la catastrophe sur le plan des allocations de retraite.

Les circonstances étonnantes

Lors de l'important tremblement de terre du 17 janvier 1995 à Los Angeles, on a signalé l'*étonnante coïncidence* de la naissance d'une fillette à l'hôpital de Los Angeles au même moment: l'enfant pesait 6 livres et 6 onces, soit le chiffre même de l'intensité du séisme à l'échelle de Richter.

Une semaine après être entré dans un profond coma à la suite d'une crise cardiaque, le père Christopher Jenkins, curé d'une paroisse de Hereford, en Angleterre, est revenu à lui et a repris une vie parfaitement normale après que son vicaire lui eut appliqué sur le front la *main momifiée* de saint John Kemble, martyrisé en 1679. Dès que la relique l'a touché, celui à qui les médecins n'avaient accordé aucune chance de survie, s'est mis à remuer.

Lors de la cérémonie de ses funérailles à Hua Hin, en Thaïlande, une religieuse bouddhiste de 71 ans a semé la panique parmi les moines présents *en se réveillant soudainement,* bien qu'on l'eût pensée morte depuis 24 heures. Elle avait subi une attaque de diabète et s'était effondrée, inconsciente. Son bon état de santé a été constaté par le médecin d'un hôpital où on l'a conduite.

◆

Les *fumeurs* qui souffrent de psoriasis doivent se méfier du traitement au goudron et aux stéroïdes qu'on leur applique sous rayons ultraviolets. Un patient d'un hôpital de Boston qui était sorti dans la cour pour griller une cigarette a eu la surprise de voir des flammes apparaître sur son cou et sa poitrine. Le quadragénaire n'avait pas indiqué aux médecins qu'il était fumeur; les vapeurs que dégage le corps à la suite d'un tel traitement contiennent jusqu'à 15 % d'alcool.

◆

Un jeune homme de 19 ans n'a subi que quelques éraflures en étant *heurté par un train* alors qu'il marchait sur la voie ferrée entre Saint-Cuthbert et Saint-Barthélemy, au Québec. Le conducteur n'avait vu la victime qu'à la dernière seconde, dans ce secteur boisé, et était convaincu qu'il l'avait écrabouillée. Les secouristes mandés sur les lieux se sont étonnés de sa chance inouïe.

◆

Un touriste allemand était assis sur la rambarde d'un balcon au 15ᵉ étage d'un édifice de Copenhague quand il a été emporté par un violent coup de vent. Le jeune homme de 19 ans a d'abord rebondi sur un câble électrique puis sur un arbre avant de se retrouver bien en vie au sol, 50 mètres plus bas. Commentaire d'un porte-parole de la police; «Ce doit être *le miracle du siècle.*»

Un geste fortuit a eu des *répercussions* plus dramatiques au cimetière de Louiseville, au Québec. Une petite fille de cinq ans jouait sur la pelouse pendant que son père et deux autres hommes préparaient une base de ciment destinée à recevoir une pierre tombale. Perdant l'équilibre, un des ouvriers s'est appuyé sur une dalle pour tenter de se rétablir. La pierre s'est détachée de son socle et s'est abattue sur la fillette, la tuant sur le coup.

Ce genre d'*accident* est malheureusement fréquent. Sortant de l'épicerie où il venait de faire des courses, John Roller, un sexagénaire de Saint-Clair au Missouri, a été écrasé à mort par la camionnette que conduisait son fils Dieter qui n'a pu freiner à temps.

À Saint-Liguori près de Joliette, au Québec, un homme qui voulait rappeler à l'ordre sa fillette assise sur la banquette arrière, a *perdu la maîtrise* de son automobile qui est allée heurter une fillette de quatre ans, qui jouait sur la pelouse d'une résidence.

Petite cause, grands effets. Un Montréalais qui avait eu de la difficulté à installer une nouvelle bonbonne de propane sur son gril à barbecue se pourléchait les babines à la vue des grillades qui prenaient couleur sur le feu lorsque l'appareil explosa, le brûlant au visage, aux bras et à une jambe. La toiture de l'immeuble a pris feu et quatre logements ont subi des dommages.

Un étudiant en histoire de Las Vegas qui avait le goût d'un steak bien saignant est entré dans un restaurant. Histoire de passer le temps en attendant qu'on apporte son plat, il est allé glisser quelques sous dans une machine. Stupeur et ravissement au son des sirènes, des cloches et sous le feu de clignotants de toutes les couleurs: il venait de remporter le *gros lot* le plus important de l'histoire dans une machine à sous: 11 millions $. Le client, paralysé d'étonnement, a tout de même réussi à dire qu'il était bien heureux de ne pas être végétarien.

Soixante-dix pour cent des personnes frappées par un éclair survivent à l'expérience sans trop de dommages, selon Chris Andrews, un chercheur de l'université de Queensland, en Australie. Il leur reste tout au plus une bonne histoire à raconter au *party* du jour de l'An selon lui.

D'autres phénomènes météorologiques ont des **conséquences** plus funestes. Lors d'un orage sur la province de Guangdong, dans le sud de la Chine, d'énormes grêlons dont certains atteignaient la taille d'un ballon de basket-ball (le plus gros pesait 15 kilos) ont semé la désolation. On a compté 37 morts, 453 blessés et 17 disparus. Deux mille cent quatre-vingt-dix-sept habitations ont été détruites, 17 000 autres ont été endommagées, 128 navires ont chaviré et 1 756 poteaux électriques se sont abattus.

La police milanaise a mis une heure à arrêter un garçon de café devenu subitement **hystérique** et qui s'est lancé dans une course effrénée sur les toits des immeubles environnants. À un certain moment, Michele Esposito s'est même arraché un testicule à mains nues et l'a lancé aux policiers à sa poursuite.

Un paysan de 59 ans de la région de Jiangsu, en Chine, était allé consulter un médecin pour de violentes douleurs à l'abdomen et une perte de poids. Un examen au scanner a révélé une tumeur de 200 grammes à la vessie qui s'est avérée être le *fœtus* de son frère jumeau qu'il avait porté dans son corps depuis sa naissance.

Un voleur en fuite de La Nouvelle-Orléans a fait feu sur un policier qui conversait avec deux religieuses devant leur couvent; il a manqué le policier, mais a atteint une religieuse. Plus exactement, le missel que la dame tenait contre sa poitrine. La balle a dévié et ne l'a blessée, superficiellement, qu'à la hanche.

Deux jumelles anglaises sont **inséparables.** Même mariées, elles vivent à 50 mètres l'une de l'autre. On ne s'étonnera pas que Josie Beatson et Kath Oliver aient accouché le même jour de deux filles dans un hôpital de Sheffield, en Angleterre, où elles occupaient des lits voisins.

Deux frères, Henry, 38 ans, et Peter, 40 ans, qui avaient été élevés séparément, travaillaient ensemble depuis sept ans dans la même section d'une usine de Woburn Sands, en Angleterre, quand un **hasard** leur a fait comprendre qu'ils étaient parents. Les deux hommes étaient amis, jouaient au billard et prenaient parfois un verre ensemble. C'est lorsque Peter vit Henry signer un formulaire du même nom que celui qu'il portait avant d'être adopté à l'âge de deux ans qu'il s'est rendu compte de la situation.

Un quinquagénaire qui avait trop bu est tombé un 28 décembre dans une bouche d'égout de Seoul et n'a pu trouver la sortie lorsqu'il est revenu à lui. Il a erré, **solitaire,** durant huit jours dans les entrailles immondes de la capitale de la Corée du Sud avant d'être secouru, buvant de l'eau d'égout et se protégeant du froid à l'aide de vieux sacs en plastique.

Un autre **ermite involontaire,** un Belge de 29 ans, a connu lui aussi une huitaine d'horreur après avoir été forcé par un orage à se réfugier dans un poste d'électricité à Lint, près d'Anvers. Un violent coup de vent avait refermé derrière lui la porte qu'il venait d'ouvrir, l'enfermant du coup. Il a été délivré, sous-alimenté et en état d'hypothermie, par un employé d'Électrabel qui s'était arrêté là par hasard.

M. et Mme Blyth, deux Britanniques inconditionnels de Mozart, ont obtenu des autorités autrichiennes que leurs **cendres** soient répandues sur la tombe du compositeur, au cimetière Saint-Marc de Vienne, après leur mort.

Un client d'un dépanneur de Sydney, en Colombie-Britannique, venait de dépenser 14 $ en billets de loterie et s'apprêtait à quitter les lieux lorsqu'il demanda un paquet de gomme à mâcher. Comme il ne lui restait plus d'argent, il offrit à la propriétaire de lui payer à l'aide d'un billet de loterie de 1 $ qu'il venait d'acquérir, ce qui fut accepté. La dame glissa le billet sous la caisse enregistreuse, oubliant de le revendre. Quelques heures plus tard, elle le remarqua par *hasard* et décida de gratter la surface masquée: elle venait de gagner 10 000 $. Mis au courant de l'affaire, l'homme revint pour la féliciter et lui demander de gratter la surface des 13 autres billets à sa place pour bénéficier de la chance de la dame. Résultat? Zéro.

Des sauveteurs à la recherche de 3 adolescents de 11, 12 et 13 ans qui faisaient du camping sans la permission de leurs parents dans le canyon de Tahquitz, en Californie, ignoraient qu'ils étaient retournés à la maison et s'époumonaient à les appeler. Percevant une voix en réponse à leur appel, ils *découvrirent* près d'une chute d'eau une jeune femme blessée gravement qui se traînait à la recherche de secours pour sa compagne, encore plus blessée qu'elle. On parvint, après moult difficultés, à les rescaper de l'endroit où elles étaient tombées et à les transporter par hélicoptère vers l'hôpital le plus proche.

Mythes et obsessions

Nombreux sont ceux qui croient que l'or existe en quantité astronomique à les voir s'en mettre partout. Rien de moins vrai. Depuis le début de l'histoire de l'humanité, tout l'or recueilli dans les mines et fondu pour en faire des breloques ou des fourchettes existe encore sous une forme ou une autre. Cet or, environ 110 000 tonnes, *suffirait à peine à remplir* deux bungalows.

L'or est parfois utilisé à d'*étranges fins.* Des médecins gallois ont dû faire fabriquer un stimulateur cardiaque (*pacemaker*) en or pour un patient qui avait été six fois victime du rejet d'un stimulateur cardiaque en titane. Une autre Britannique allergique aux métaux non précieux a dû faire remplacer ses agrafes par des agrafes en or après une opération; elle se plaignait de douleurs abdominales, d'urticaire et de toux chronique.

♦

William Randolph Hearst (dont s'est servi Orson Welles pour inventer le personnage de *Citizen Kane*) était véritablement *un être étrange.* En 1927, il acheta pour 800 000 $ US un monastère espagnol cistercien qu'il fit démonter pierre par pierre et transporter aux États-Unis, non sans l'avoir remplacé par une nouvelle église. En 1941, au bord de la faillite, Hearst dut vendre le monastère, toujours en pièces détachées, dans des caisses. On découvrit que la paille qui entourait les pierres était affligée d'une pourriture dangereuse et on décida de tout emballer dans de nouvelles caisses, perdant aussi les instructions de remontage. Les nouveaux acheteurs eurent ensuite bien de la difficulté entre les mots espagnols «Est» et «Ouest». Mais l'édifice fut finalement reconstruit: de monastère catholique espagnol, il est devenu une église épiscopalienne dans un secteur juif de North Miami Beach, en Floride.

♦

Des scientifiques chinois, réunis en un comité voué à cette fin, ont entrepris de rechercher à nouveau *le yéti* dans les régions montagneuses de leur pays où l'on a signalé la présence d'une créature poilue et de forte taille. Dix ingénieurs chinois, en voyage de tourisme dans le parc national de Shennongjia, jurent en effet avoir aperçu à moins de 30 mètres trois de ces créatures qu'ils ont pourchassées, mais n'ont pu rattraper avant qu'elles ne disparaissent en forêt. La Chine offre d'ailleurs 500 000 yuans (60 000 $) à quiconque capturerait un yéti vivant; un yéti mort vaudrait 50 000 yuans; une bande vidéo, 40 000 yuans; des poils ou des crottes, 10 000 yuans.

Qu'advenait-il de tous ces *corps laissés* sur les champs de bataille d'Europe au Moyen Âge? Selon une étude publiée dans *Le Monde,* le sort des nobles était facile à deviner. Ils transportaient dans leurs bagages une marmite qui servait à faire bouillir leurs restes advenant leur décès. Il était alors plus facile de rapporter les ossements à leur famille. On rapporte qu'après la bataille d'Azincourt, le 25 octobre 1415, le roi Henri d'Angleterre fit bouillir les corps du duc d'York et du comte de Suffolk.

Des amateurs de plongée sous-marine de Californie ont rapporté avoir entendu un *bruit prodigieux,* semblable à celui d'un cœur géant, dans l'océan Pacifique. Le bruit, enregistré à 20 mètres sous la surface, laisse les spécialistes de l'acoustique sans réponse. On a rejeté les explications impliquant les baleines, les dauphins, les sonars ou... les monstres marins. Incapable de trouver une explication, un expert a tout de même émis l'hypothèse qu'il puisse s'agir de la réverbération du bruit d'un moteur de navire invisible à l'horizon.

Une station de radio de Cincinnati diffuse de minuit à 5 heures du matin une émission de ligne ouverte très écoutée aux États-Unis et au Canada. Son animateur, Dale Sommers, aussi appelé *Truckin' Bozo* dit qu'il reçoit souvent des appels d'auditeurs qui lui rapportent le même phénomène: de *mystérieux hélicoptères noirs* sont aperçus en formation au-dessus de certaines régions. La plupart des correspondants croient qu'il s'agit d'une mystérieuse armée venue envahir l'Amérique du Nord. Comme la nouvelle a été véhiculée par des agences de presse, le mythe a la vie dure.

La haute opinion que certains ont d'eux-mêmes se manifeste aux États-Unis par la publication de *2 000 biographies* par année. Le genre est en passe de supplanter les livres de recettes comme «gros vendeurs» dans les maisons d'édition.

On établit généralemôt le début de l'art aux peintures rupestres découvertes en France et datant de 30 000 ans environ. Mais la *découverte* d'un «crayon» en ocre rouge de quelque 60 000 ans, en Australie, remet cette donnée en cause. Les archéologues australiens estiment que l'homme aurait commencé à construire des habitations dès cette époque, une opinion qui a lancé une controverse internationale.

Des centaines d'habitants du village de Yehia Labib, en Égypte, ont été pris de panique et se sont réfugiés dans les champs voisins à la suite de *phénomènes inexplicables.* Ils fuyaient «des forces invisibles» qui mettent le feu à leurs vêtements et jettent leurs meubles en l'air, a rapporté le quotidien *Al-Akhbar.* Un avocat du village a affirmé que «même après que tous les habitants eurent juré qu'ils n'étaient pas à l'origine de ces incidents, les incendies se sont multipliés et ont gagné les étables».

Bizarreries et humour

Les célèbres ténors gallois sont en voie d'extinction selon le chercheur britannique Gareth Williams, parce qu'un meilleur régime alimentaire leur a donné une taille plus haute qu'auparavant. Selon ce spécialiste en laryngologie, une plus haute stature signifie que les cordes vocales sont plus épaisses et que la voix devient plus grave. Mais Keith Griffin, du Conseil des arts des Galles, a une autre explication: la plupart des ténors étaient issus de vallées où les maisons n'avaient que des toilettes extérieures et il fallait crier bien fort pour indiquer que quelqu'un y trônait.

À Montréal, un entrepôt appartenant à une société d'extincteurs chimiques a été... la *proie des flammes* après une explosion.

Une telle mésaventure ironique est survenue à Syke, en Allemagne, où les *pompiers* d'une caserne en flammes ont assisté, impuissants, à sa destruction et à la perte de sept véhicules, tout le matériel étant à l'intérieur du bâtiment à ce moment-là.

•

Lors du conflit en Bosnie-Herzégovine, les fusiliers gallois ont *mystifié* les combattants qu'ils devaient empêcher de s'entretuer en utilisant la langue galloise dans leurs transmissions. Les combattants se moquaient des Britanniques en disant qu'ils interceptaient leurs messages. L'effet a été radical. Qui donc comprendrait en effet que «*Gofalu fusnes dy hun*» signifie «Mêle-toi de tes affaires»?

•

On connaît les conséquences tragiques de l'écroulement de certains régimes socialistes européens. Mais on connaît moins certains aspects humoristiques de ces événements. En Albanie, près de deux millions d'exemplaires des œuvres de Lénine, Staline et Enver Hoxha ont été transformés en carton d'emballage ou en pâte à papier. Les livres du dictateur Hoxha, imprimés sur du papier de luxe en Autriche, ont été recyclés pour servir à l'impression d'autres livres. *Plus étrange encore,* 35 millions de kabovanets usagés, la monnaie nationale ukrainienne, ont été convertis en papier de toilette vendu en trois couleurs, vert, bleu ou rose... les mêmes que pour les billets de banque.

Au chapitre du recyclage, signalons que le corps embaumé de Vladimir *Lénine a perdu de sa fraîcheur* depuis 1924. La peau a pris une teinte châtain-roux qui a obligé le responsable de la salle d'exposition, Mikhail Itkin, a faire installer un sarcophage en verre subtilement teinté pour garder une coloration naturelle à l'épiderme de la célèbre momie.

Depuis sa destruction, le 9 novembre 1989, le mur de Berlin a connu lui aussi un *recyclage* en règle. On a utilisé le ciment pour construire des routes, des stationnements et des terrains de jeux pour les enfants. Ironiquement, certains éléments de la structure ont servi à l'érection d'une barrière antibruit autour de l'usine chargée de sa démolition.

◆

Le **vendredi 13** n'a pas l'heur de semer la panique chez la firme légale Barnes & Thornburg en Indiana. Leurs bureaux sont situés au 13e étage; leur numéro de téléphone se termine par 1313 et plusieurs des avocats ont les chiffres 1313 sur leur plaque minéralogique. La compagnie a organisé une réception un vendredi 13 novembre pour souligner son accession au cercle restreint des plus grandes firmes légales américaines. Les locaux étaient décorés de miroirs cassés, d'escabeaux, de parapluies ouverts et un chat noir déambulait allégrement entre les jambes des invités.

◆

Plutôt que de défrayer le coût du compte des billets d'un dollar, la commission de transport de Los Angeles les vend au poids, à raison de 98 cents le billet environ, à des entrepreneurs privés.

◆

Susan Cicconi, de Boston, demande 75 $ l'heure pour restaurer des copies anciennes de *comic books*. Certains exemplaires, qui lui demandent de 10 à 12 heures de travail, se vendent plus cher que des dessins de Picasso.

◆

En matière de **collection,** les préoccupations des Américains laissent songeur. Un habitant du Minnesota, Dave Ryan, a payé 8 800 $ une empreinte de l'orteil et une mèche de cheveux de Lee Harvey Oswald, l'assassin du président Kennedy. Des photos dédicacées des présidents Reagan et Carter se sont vendues respectivement 275 et 165 $. Le pic à glace utilisé pour tuer dans le film *Basic Instinct* a été cédé pour 4 125 $, tandis qu'une lettre de Charles Manson, l'assassin de l'actrice Sharon Tate, a été adjugée à 750 $.

Les collectionneurs britanniques ont aussi leur **marotte**: ils se sont mis à garder précieusement les feuillets de propagande lancés par les avions durant la Deuxième Guerre mondiale.

Les plus recherchés, parce que les plus rares, sont ceux qui tombaient des bombes V-1 nazies et qui demandaient aux citoyens britanniques de protester auprès de Churchill contre les bombardements des civils allemands. Un tel feuillet en bonne condition peut valoir jusqu'à 450 $.

Les records insolites

Le Livre Guinness des records est une œuvre importante en Inde; un cinquième des records recensés concernent des citoyens indiens. C'est devenu un véritable baromètre de statut social. À tel point, qu'une cour de Calcutta a ordonné la saisie de tous les exemplaires de l'édition de 1994 parce qu'on n'y faisait pas mention de l'exploit d'un couple qui avait traversé six continents en voiture en un *temps record.*

✦

C'est un Indien, Gul Mohammed, qui revendique le statut d'*homme le plus petit* du monde avec ses 57 centimètres. Sa renommée est telle que, lorsqu'il est tombé malade, le gouvernement a accepté qu'il bénéficie d'un statut spécial. En Inde, les patients doivent payer leurs médicaments dans les hôpitaux publics où les soins sont cependant gratuits.

✦

Un de ses congénères, Baba Manindra Pal, a établi un record mondial à 49 ans en devenant le *premier handicapé* à escalader un haut sommet de l'Himalaya en marchant sur une jambe et en se soutenant d'une béquille. L'homme, qui a perdu la jambe droite dans un accident ferroviaire à l'âge de 19 ans, a escaladé le mont Abi-Gamin d'une hauteur de 7 358 mètres.

✦

La Corée du Sud détient *23 records internationaux* dans ce célèbre bouquin dont celui d'un jeune footballeur qui a fait rebondir un ballon de soccer sur sa tête, ses pieds, son cou et son dos sans le toucher des mains durant 17 heures, 10 minutes et 57 secondes. Son employeur a d'ailleurs fondé une association destinée à promouvoir les records dans ce pays.

Un résidant de Saint-François-du-Lac, au Québec, a relevé un **défi** personnel en exécutant 35 sauts en parachute en une journée, pour célébrer ses 35 ans de parachutisme. Léo Chapdelaine, 59 ans, a sauté dans le vide pour la première fois et a effectué son dernier saut aux alentours de 19 heures.

Tony Malikovski, d'Akron en Ohio, a remporté les honneurs d'une compétition en jonglant avec trois balles, les yeux fermés, durant une minute et 23 secondes.

À 36 ans, Al Gliniecki **rêvait de s'illustrer** dans *Le Livre Guinness des records,* son livre de chevet depuis sa tendre enfance. C'est fait. Il y est parvenu en nouant 679 queues de cerises d'affilée avec sa langue, lors d'une émission de radio à Pensacola en Floride.

Ann Aish, de Nouvelle-Zélande, a composé ce que l'on croit être le cantique **le plus long** du monde. Il comprend 3 017 vers. On ne saurait dire si quelqu'un est parvenu à le chanter en entier sans que les fidèles ne succombent au sommeil du juste.

Un Colombien de 26 ans, Jose Ordonez, a revendiqué le titre de recordman du monde d'**endurance** pour avoir débité des blagues et des calembours durant 36 heures sur les ondes d'une radio de Bogotá. On estime à 4 000 le nombres d'histoires drôles qu'il a racontées durant cette période au cours de laquelle il ne s'est interrompu que durant trois minutes toutes les heures pour se dessécher la gorge, s'étirer, aller aux toilettes et subir un contrôle médical.

Une équipe de spéléologues français a découvert en Papouasie-Nouvelle-Guinée, dans une région montagneuse de la province de New Britain, le gouffre **le plus profond** de l'hémisphère austral avec ses 900 mètres. Le gouffre le plus important de la Terre est en Haute-Savoie, avec ses 1 602 mètres. Plusieurs dizaines de gouffres de l'hémisphère boréal dépassent les 1 000 mètres.

À la fin de la guerre de 1914-1918, les Français croyaient qu'ils mettraient 10 ans à désamorcer le million d'obus non explosés lors de la bataille de la Somme. Pourtant, des techniciens doivent chaque année désactiver quelque 100 tonnes de bombes, dont certaines contiennent encore l'horrible gaz moutarde. On enseigne toujours aux enfants de la région à se méfier en marchant dans les prés.

La population des grandes villes de la Terre augmente d'un million de personnes par semaine. La moitié de la population terrestre sera concentrée dans les grandes cités d'ici à l'an 2005.

Une affiche du film *King Kong*, datant de 1933, a été cédée à un collectionneur privé pour 25 440 $ lors d'une vente aux **enchères** à Nice. Il s'agissait d'un exemplaire unique montrant le célèbre gorille au moment où il vient de briser ses chaînes.

Un amateur de **grand cru** a payé pour sa part 31 000 $ US une bouteille de cinq litres de Château Mouton Rothschild 1945 (considérée comme l'une des meilleurs années du XXᵉ siècle) lors d'enchères chez Sotheby's à New York. Le record appartient à une bouteille de Château-Lafite 1787, issue de la cave du président Thomas Jefferson, et adjugée à 150 000 $ US en 1985.

À Paris, une montre Cartier de 1929, connue sous l'appellation de «Tank à guichets», a été acquise pour 292 000 $ lors d'enchères.

Un millionnaire américain qui avait mené une vie de philanthrope a poursuivi après sa mort ses bonnes œuvres. Des 940 millions $ qu'il laissait en héritage, Milton Petrie avait consacré 90 millions $ à quelque 383 personnes (amies ou inconnues) qu'il estimait être dans le besoin.

✦

Zhang Xilian, une jeune Chinoise de 13 ans, est devenue une véritable *attraction* dans un pays où la taille des habitants est petite. Elle mesure 1 m 98 et pèse 120 kilos. À trois ans, elle mesurait déjà 1 m 20. Elle est victime d'un appétit insatiable qui lui fait absorber 3,5 kilos de nouilles et de pâtes de soja à chaque repas.

✦

Evelyn Geffers, une Américaine de 63 ans, s'est fait prier pendant 15 ans par les membres de sa famille avant d'accepter l'intervention chirurgicale qui a permis de lui retirer un fibrome de... 70 kg, ce qui lui a fait perdre la moitié de son poids. La *tumeur géante* figure parmi les cinq plus grosses recensées dans l'histoire médicale américaine.

✦

Un couple mixte londonien, Curtis Simmons et Marion Walsh, a donné naissance à une *étonnante paire de jumeaux,* nés de deux ovules différents. Le garçon, Reece, est noir comme son père et la fille, Louise, est blonde et blanche comme sa mère.

✦

La célèbre pièce de Shakespeare, *Hamlet*, cumule elle aussi les *records*: avec ses 3 931 répliques, elle oblige l'acteur principal à retenir quelque 11 610 mots. Le Hamlet le plus âgé que l'on connaisse est... Sarah Bernhardt, qui marchait avec une jambe de bois, à l'âge de 65 ans. En 1972, un comédien russe, Vladimir Vysotsky, l'a joué en s'accompagnant à la guitare. En 1787, à Londres, l'acteur qui jouait Hamlet fut terrassé par une crise de nerfs et refusa de quitter sa loge; la pièce fut jouée sans le rôle principal ce soir-là. On a tiré 55 versions cinématographiques de la pièce, dont 6 versions modernisées et 12 parodies. Il existe même un film italien de 1968, *Quella sporca storia del West*, qui fait de Hamlet un cow-boy. En 1990, un acteur canadien, Sean Shannon, a établi un record en récitant le célèbre soliloque «Être ou ne pas être» en 24 secondes. S'il avait appliqué sa technique à l'ensemble de son rôle, toutes ses répliques auraient été dites en 17,9 minutes.

Drôle de pêche

Un *employé* du système d'égouts de la ville d'Ottawa, Bob Hamley, qui avait trouvé un dentier à l'usine de traitement des eaux s'émut en pensant à la personne qui l'avait perdu et entreprit de la retrouver. Il se confia à un journaliste d'un quotidien local qui narra l'histoire et éveilla l'attention d'une lectrice, une dame de 70 ans qui reconnut sa prothèse. L'histoire serait amusante si le bon Samaritain n'avait dû, à quelque temps de là, prendre quelques jours de congé pour récupérer tant il fut inondé d'appels par des gens qui avaient perdu les objets les plus hétéroclites. Il ne comptait plus d'ailleurs les canulars et les plaisanteries de mauvais goût dont il fut la victime.

Un amateur de pêche sportive d'Amsterdam a joué un rôle semblable en découvrant un *dentier dans le ventre d'une morue* de belle taille qu'il venait de capturer. Il en a fait part à une station de radio qui a lancé un avis de recherche entendu par un sexagénaire. L'homme s'est rendu à la station et a fait l'essai de la prothèse qui lui convenait parfaitement. Il l'avait perdue lors d'une excursion en mer organisée pour le mariage de sa fille, contraint de vomir par dessus bord à cause de la mer houleuse.

Le Londonien Oskar Keysell a eu la *surprise* pour sa part de trouver dans son Big Mac une bague à diamant, et dans le reste de son repas le support en or d'une boucle d'oreille. Ses plaintes au gérant lui ont valu un autre Big Mac gratuit. Mais il a conservé le diamant qu'il a offert à sa blonde.

Moins chanceux, un ouvrier de Vienne a eu la désagréable surprise, en mordant dans un gâteau aux noisettes, de dégager un orteil humain. La pièce a été confisquée par la police qui cherche le reste du corps.

*

Un patron-pêcheur suédois a réclamé réparation à une compagnie de transport après avoir ramené dans ses filets des pommes de terre qui les ont considérablement endommagés. Il était passé *par hasard* juste au-dessus d'un camion chargé de pommes de terre qui était tombé de la plate-forme d'un traversier la semaine précédente.

*

Une *bouteille jetée à la mer* en 1985 par des étudiants japonais a mis 10 ans pour se rendre jusqu'à Honolulu. La note qu'elle contenait a permis d'identifier les expéditeurs. La bouteille avait probablement été entraînée dans des courants circulaires, ce qui explique qu'elle ait mis tant de temps à parcourir une distance qui prend normalement de trois à quatre ans.

*

Tim De Matteis, un résidant de Columbus en Ohio, était allé pêcher à Flin River, en Ontario. Quelle ne fut pas sa *surprise,* en ramenant sa ligne, de sortir de l'eau le sac à dos que son père et un ami avaient perdu lors d'une expédition de pêche dans la même rivière, deux ans auparavant, lors du naufrage de leur barque. Le sac contenait une paire de chaussures appartenant à son père, deux barres de caramel et un portefeuille renfermant 225 $ et des cartes de crédit appartenant à l'ami de son père.

*

En se mettant à l'eau pour démêler les filets d'un bateau de pêche, un plongeur a *découvert* l'épave du plus vieux sous-marin mécanique connu, le *Resurgam,* perdu depuis un siècle au fond de la mer d'Irlande. Long de 15 mètres, le sous-marin, inventé en 1870 par le pasteur George Garret, avait coulé en 1880 près de la côte galloise alors qu'il était remorqué de Liverpool vers Portsmouth. Il permettait de fixer des mines sur les coques des navires, mais la marine de Sa Majesté avait refusé de l'employer parce qu'elle le trouvait non orthodoxe et «non anglais».

Des **pêcheurs** qui participaient à un tournoi organisé par une œuvre caritative à Lighthouse Point, en Floride, ont ramené au moulinet trois boîtes contenant pour 1 million $ de cocaïne (30 kg chacune).

J

comme dans... justice

La justice n'a rien à voir avec la Loi qui en est la déformation, la charge et la parodie. Ce sont là deux demi-sœurs qui, sorties de deux pères, se crachent à la figure en se traitant de bâtardes et vivent à couteaux tirés, tandis que les honnêtes gens, menacés des gendarmes, se tournent les pouces et les sangs, en attendant qu'elles se mettent d'accord.

Georges Courteline

J'ai failli ne pas écrire d'introduction. Non pas que la justice soit dénuée de tout potentiel de caricature. Bien au contraire, grands dieux!

Mais l'administration de la justice est d'une telle tristesse, d'une telle rigidité poussiéreuse, que je craignais de ne rien trouver qui vaille la peine d'en rire.

Considérez donc ces quelques mots, où mon fiel ne transparaît guère, comme une invitation à lire la suite et à prendre votre revanche, par le rire, sur tous les juges du monde qui n'ont pas été choisis par le peuple, mais par les politiciens, pour répandre sur leurs concitoyens leurs jugements à courte vue.

Les plaideurs qui font rire

Une chicane de clôture a retenu l'attention du **tribunal** de Groningue, en Hollande. Le propriétaire d'un coq au cri exagérément perçant a été condamné par un juge à verser la somme de 500 florins (environ 275 $) chaque fois que son oiseau de race s'époumonerait aux aurores nacrées. Le voisin incommodé a lui-même suggéré une ingénieuse façon de construire un poulailler insonorisé, mais s'est vite dédit lorsque le juge lui a demandé de participer aux coûts de sa fabrication.

On pense avoir tout vu, mais il y a toujours quelqu'un quelque part qui se charge de pousser plus loin la barrière de l'*étrange.* Un jeune conducteur de Kelso, dans l'État de Washington, qui n'avait pu se rendre en cour pour répondre à une convocation pour des amendes impayées, a pris les grands moyens pour démontrer sa bonne foi. Rodney Williams s'est présenté en cour avec une boîte en plastique contenant les cendres de sa mère; il a expliqué au juge Robert Altenhof qu'il était resté au chevet de sa mère jusqu'à sa mort et avait ensuite assisté aux funérailles. Le magistrat s'est montré indulgent.

Un autre jeune homme s'est montré moins prévenant dans une cour de New Delhi. Umesh Kumar voulait signifier au juge qu'il était mécontent d'avoir été tenu en détention trop longtemps à son goût. Dès son arrivée devant le juge, il lui a lancé un sac en plastique contenant des excréments. La surprise du juge a contribué au fait qu'il n'a pu esquiver le projectile: son contenu s'est répandu sur ses vêtements et ses dossiers. Bien décidé à punir (!) le jeune homme de 22 ans, le **juge** a refusé de se nettoyer pendant près d'une heure.

Melissa Fontes a poursuivi son école pour contester ses règlements académiques lorsqu'elle a dû abandonner son poste de meneuse de claque parce qu'elle avait raté l'examen de chimie du *high school.* Elle a perdu.

Un homme souffrant de dystrophie musculaire a été condamné à 300 $ d'amende par un juge de Montréal parce qu'il circulait en état d'ébriété et en fauteuil roulant sur une route de la région. Au lieu de lui interdire l'usage de son véhicule motorisé pour trois mois comme le prévoit la loi, le juge s'est contenté de lui interdire de circuler en fauteuil roulant quand il prend un verre.

❦

Un jardinier de Haugesund, en Norvège, a été condamné à 5 000 couronnes (environ 900 $) d'amende et à 24 jours de prison avec sursis parce qu'il conduisait sa tondeuse à gazon à siège en «état d'ébriété». L'homme avait bu trois bières, soit une de plus que la limite permise pour la conduite motorisée. Le sursis a été accordé à cause des **circonstances atténuantes**: le «véhicule» ne dépasse pas 10 km/h.

❦

Un barman floridien, Steven Trotter, a été condamné à 5 000 $ d'**amende** par un tribunal de l'Ontario pour avoir sauté les chutes du Niagara dans un tonneau de sa confection qui lui avait coûté 25 000 $. Il a dû en outre rembourser un hôpital local des 515 $ qu'ont coûté les soins qu'on lui a prodigués. Il a aussi dû passer quelques jours en prison parce qu'il était incapable de réunir la caution de 10 000 $ exigée. Enfin, Immigration Canada a décidé d'intenter des poursuites contre lui parce qu'il n'avait pas déclaré le véritable but de sa visite en franchissant la frontière. Il en avait coûté 2 200 $ à la Commission des parcs pour le rescaper.

❦

Un tribunal de Newcastle, dans le nord de l'Angleterre, a condamné un professeur de collège à verser une **indemnité** de 30 000 livres (45 000 $) pour avoir traité un collègue de «Gerry Adams», du nom du leader du Sinn Fein, le bras politique de l'IRA. Il l'avait également qualifié «d'abruti d'Irlandais» devant témoin.

❦

Une infirmière de Sherbrooke, au Québec, qui avait subtilisé 2 $ à une consœur pour s'acheter un café a subi les foudres de la justice. Elle a été congédiée, traînée en **cour criminelle** où elle a été condamnée à 30 $ d'amende et à trois ans de probation, et radiée pour une semaine de son ordre professionnel. Cette dernière sanction du Tribunal des professions a finalement été ramenée, en appel, à une journée, la même sanction imposée à un autre professionnel de la santé qui, lui, avait volé 1 000 $.

෯

La compagne de Tony Maglica, un immigrant croate qui a fait fortune au Canada en inventant la lampe-torche Maglite, a obtenu une pension alimentaire de 84 millions $ à la suite de leur rupture après 20 ans de vie commune. Claire Maglica (elle portait le nom sans être mariée) avait été vice-présidente de la société qui est évaluée à 400 millions $. Elle avait quitté son compagnon quand elle avait appris qu'il voulait léguer des actions à ses enfants d'un précédent lit. Il s'agit de la plus grosse **pension alimentaire** jamais accordée à une concubine.

෯

Le magazine britannique *Yachting World* en a appelé de la décision d'un juge d'accorder le deuxième plus haut montant en **dommages-intérêts** de l'histoire de l'Angleterre (1,48 million de livres, soit 2,3 millions $) à un architecte maritime qui s'était senti lésé par un article critiquant l'une de ses créations, un trimaran à trois voiles carrées et des bômes en forme de X. La revue juge que l'article n'était que le reflet objectif de la performance en mer du voilier incriminé et son avocat a qualifié le verdict de «grotesque et risible».

෯

Deux catholiques de Tel-Aviv ont intenté un **poursuite** de 2 millions $ US contre la compagnie Air France parce qu'il y a eu retard dans la livraison du corps de leur mère et que les funérailles ont dû être retardées, ce qui a incité une bonne partie de l'assistance de 2 000 personnes à quitter les lieux, impatientés. Les plaignants, un frère et une sœur, ont argué que «dans leur culture, le nombre de personnes qui assistent à un enterrement est représentatif de l'affection qui est portée au défunt».

&

Une citoyenne de Davis, en Californie, a été poursuivie en justice par son voisin parce que ses ronflements étaient si bruyants qu'ils constituaient une violation du règlement anti-bruit de la municipalité. Le **plaignant** avait fait constater le «délit» par des policiers. Mais la municipalité a appuyé la décision de la dame de plaider non coupable parce que son geste est... involontaire.

&

Parce qu'ils ignoraient qu'il avait été abattu deux mois plus tôt dans un règlement de compte, les *juges* de la cour d'assises de Turin se sont **couverts de ridicule** en condamnant un dénommé Tommaso Cerraudo à 24 ans de prison pour une autre histoire de meurtre. Sa mort avait pourtant fait les manchettes des journaux.

&

Une femme de ménage portugaise et son ami avaient trouvé une façon originale de faire de l'argent sur le dos de ses employeurs. Ils avaient fait de multiples copies d'un vidéo porno montrant les ébats sexuels osés du couple qui l'employait. La cassette avait été montrée dans plusieurs bars d'Espinho, une ville au nord du pays. Les indiscrets ont été **condamnés** à deux ans de prison.

&

La dissimulation est au cœur de cette histoire rocambolesque survenue à Philadelphie. Un jour après avoir obtenu un divorce marqué par des conflits d'une rare acrimonie, un homme a constaté, en ouvrant le journal, que son ex-femme avait remporté 10,2 millions $ à la loterie grâce à un billet qu'elle avait acheté plusieurs mois auparavant et dont elle lui avait caché l'existence. Il s'est empressé d'intenter une poursuite pour **réclamer** ce qu'il considère être sa part puisque le couple était marié en communauté de biens. L'épouse avait attendu d'être divorcée pour se manifester au bureau de la loterie de l'État, soit neuf jours à peine avant la date d'expiration.

Quiconque a un *voisin taré* qui laisse son chien hurler toute la nuit frémira de joie devant le courage d'une citoyenne d'Issoire, en France, qui a poursuivi son voisin pour 12 000 FF (3 000 $) pour tapage nocturne... animalier. Parce que sa jument refusait d'allaiter son nouveau poulain, l'homme avait mis le rejeton dans un appentis où il allait chaque nuit le nourrir de deux litres de lait toutes les deux heures. Avec le temps, l'animal avait pris des proportions et une vigueur telles qu'il était devenu une source d'irritation pour tout le voisinage, ce que refusait d'admettre le père nourricier. La dame a porté plainte munie d'un certificat médical précisant qu'elle souffrait d'un «syndrome dépressif léger associé à des problèmes d'insomnie». Voisins d'un con de tous les pays, unissez-vous!

Chris Sartor, un militant torontois qui se bat pour obtenir de la nourriture saine dans les restaurants, a été *innocenté en appel* d'avoir apposé un autocollant portant le mot «graisse» sur l'enseigne d'un McDonald's. Le juge a décidé que le mot ne faisait que dire la vérité à propos de la nourriture qu'on y sert.

Un propriétaire de café de Gênes qui avait offert un café à son frère pour le remercier d'avoir fait une course pour lui s'est vu infliger une *amende* de 300 000 lires (200 $) par deux membres de la brigade gouvernementale des Finances qui se trouvaient sur les lieux. Motif: il ne lui avait pas délivré de reçu fiscal. Le buveur de café a reçu une amende de 33 000 lires (20 $). La brigade est chargée de lutter contre la corruption.

Un adolescent de 17 ans de Chicago a *poursuivi son école* parce que ses règlements interdisaient le port des boucles d'oreilles par les étudiants masculins. Darryl Olesen estimait que ses droits fondamentaux étaient violés. «Je crois que chacun a le droit de porter ce qu'il veut. C'est dans la

Constitution. C'est ce qu'on nous enseigne à l'école», a-t-il dit.

Le sexe au tribunal

Un citoyen de Paradise, à Terre-Neuve, a invoqué des **arguments inusités** pour démontrer à un juge qu'il n'avait pas agressé sa petite amie. La petitesse de son pénis l'obligeait à serrer fortement les bras de la jeune femme lors d'un rapport sexuel pour parvenir à ses fins. Quant aux meurtrissures visibles sur le dos de sa compagne, il les a attribuées à une circonstance inusitée: après une petite fête particulièrement bien arrosée, la déprime l'a incité à se suicider. Mais la corde qui devait servir à le pendre a glissé du tuyau auquel il l'avait attachée, et il est tombé sur la jeune femme qui se trouvait dessous, par hasard. Le magistrat s'est montré sceptique, d'autant plus en apprenant que le triste sire avait un déjà un dossier criminel pour agression contre des femmes.

Un important cabinet d'**avocats** de San Francisco a été condamné à verser la plus grosse amende à une victime de harcèlement sexuel, soit 7 millions $, à une secrétaire qui avait accusé l'un des associés de lui avoir palpé les seins. Le gêneur avait glissé des bonbons dans la poche de son chemisier et avait utilisé le prétexte pour lui tâter les seins en disant vouloir savoir «lequel était le plus gros».

Un professeur de piano sexagénaire de Houston a été condamné à 30 jours de prison et à 20 ans d'interdiction de jouer pour **attentat à la pudeur** sur deux fillettes. George Marrs a également dû faire don de son instrument à une maison d'enfants de la ville. En outre, le juge a ordonné qu'un écriteau soit placé devant sa résidence portant cet avertissement: «Aucun enfant de moins de 18 ans n'est admis en ces lieux par décision de justice.» Le vieillard libidineux avait déjà été placé en liberté surveillée durant 10 ans à la suite d'un acte d'indécence sur un enfant.

Prise de remords d'avoir trompé son conjoint, une femme de Laval, en banlieue de Montréal, a monté une ***escroquerie*** qui s'est retournée contre elle. Avec l'aide d'un ami compatissant, elle s'est arrangée pour se faire découvrir, attachée et bâillonnée, dans le parc de stationnement d'un bar, prétextant que quatre hommes l'avaient enlevée et violée avant de la laisser là. Sous interrogatoire de la police, qui l'avait conduite à l'hôpital, elle a fini par avouer que tout cela était le fruit de son imagination. L'ami compatissant et la dame ont été condamnés chacun à 250 $ d'amende pour avoir fait entreprendre une fausse enquête.

Un tribunal de New York a statué qu'un homosexuel, Thomas Steel, dont le sperme avait été prélevé artificiellement pour inséminer une lesbienne, est le père légal de l'enfant né de cette manipulation et lui a accordé un ***droit de visite.*** Robin Young, la mère de la fillette, qui avait 13 ans au moment du jugement, a déclaré qu'elle n'aurait jamais accepté la... contribution de Steel si elle avait su qu'il avait l'intention de se prévaloir de droits sur l'enfant.

Le tribunal de Toul en Meurthe-et-Moselle (France) n'a pas cru les explications d'un père de famille qui avançait qu'il s'était «raccroché» aux seins d'une passante pour éviter de tomber, alors qu'il était pris d'un malaise diabétique. La victime a raconté les faits d'une autre manière: «Il a stoppé sa voiture, il est descendu et s'est jeté sur moi en criant: "Ah, les petits seins!"» Un examen psychiatrique a par ailleurs mis en évidence chez l'homme «un trouble œdipien et une fragilité narcissique». Le ***juge*** a cru la demoiselle.

Un gardien de sécurité de Klerksdorps, à 150 km de Johannesburg, n'a pas eu le temps d'être jugé pour le viol d'une fillette de cinq ans. Deux individus se sont présentés chez lui avant son procès et l'ont maîtrisé avant de lui trancher le pénis sous les yeux de sa femme. Les deux hommes sont partis avec l'organe, ce qui a empêché toute possibilité de le recoudre. Transporté à l'hôpital par sa femme l'homme a survécu. Un médecin a tout de même commenté qu'il restait «pâle et faible».

Wayne Russel Thomas, un résidant de 22 ans de Jacksonville, en Floride, a écopé une **peine de prison** réduite pour avoir accepté de subir une vasectomie. Il était accusé d'avoir eu des rapports sexuels avec une mineure de 15 ans enceinte et de deux autres crimes semblables à l'endroit de 2 autres mineures. Plutôt que 17 ans de prison, il a été condamné à 1 an de réclusion et à 7 ans de probation.

Un mari de Pertuis, en France, a été condamné à 200 $ d'amende et à verser 500 $ de dommages et intérêts à sa femme infidèle à qui il avait administré une **fessée.** La surprenant au téléphone avec un homme qu'il croyait être son amant, le quinquagénaire a giflé sa conjointe puis a baissé son short pour la frapper avec son ceinturon. Le couple ne vit plus sous le même toit depuis.

Deux Chinois de 30 ans ont été **condamnés à mort** pour avoir publié et distribué des revues pornographiques dans 20 provinces du pays. Le premier a été exécuté sur-le-champ tandis que la condamnation du deuxième était suspendue pour deux ans. Et dire que Mao baisait avec des adolescentes...

Une sexologue de Marseille a été **harcelée** durant trois ans au téléphone par un individu qui ne l'avait consultée qu'une seule fois «pour un problème classique» en compagnie de sa femme. L'homme de 38 ans, découvert par la police après que la ligne téléphonique de la dame eut été mise sur écoute, a été condamné à deux mois de prison et à 5 000 francs (1 200 $) de dommages et intérêts. Le maniaque lui tenait des propos grossiers et grivois et la menaçait chaque fois de «prendre rendez-vous». La dame en était venue à craindre que chaque homme qui venait la consulter pouvait être l'hystérique.

Mark Holmes, l'agresseur sexuel d'une fillette de 10 ans, s'est élevé contre la sentence de 9 ans de prison qu'il jugeait... *trop clémente.* Le Londonien avait enlevé la fillette dans un presbytère et l'avait enfermée dans sa roulotte où il s'était livré à des actes indécents sans toutefois parvenir à la violer. Au juge interloqué, il a crié: «Quelle sorte de sentence est-ce? J'ai ruiné la vie de cette fillette et vous ne me condamnez qu'à neuf ans de prison?» La mère en pleurs qui était au prétoire l'a approuvé bruyamment en criant: «Ce n'est pas de la justice!» L'homme a tenté de se suicider après son crime et a par la suite écrit une lettre d'excuse à l'enfant dans laquelle il se décrivait comme un animal.

La **Cour fédérale suprême** de Karlsruhe, en Allemagne, a renversé la décision d'un tribunal inférieur de Berlin de ne voir dans l'étiquetage de deux liqueurs alcoolisées qu'une marque de mauvais goût. L'étiquette de la première boisson, appelée «Peloteurs de seins» montrait un homme qui plonge la main dans un décolleté sous les yeux concupiscents de la dame. L'autre, «Assaillants de culottes», représentait une femme à la culotte baissée et au regard expressif. Une vague d'indignation populaire avait accueilli la sortie des deux produits. Le producteur s'expose à une forte amende s'il persiste à distribuer ses liqueurs avec ces étiquettes.

Deux frères belges de 20 et 23 ans ont été condamnés à *6 mois de prison* pour avoir violemment tordu le pénis d'un jeune homme qui urinait contre un mur. Les deux frangins sortaient d'une salle de danse lorsqu'ils ont commis leur méfait pour des raisons inexpliquées. Le geste a été si violent que le sang a jailli. Un expert de Dinant a été chargé de déterminer si la victime gardera des séquelles de l'agression.

Les jugements étranges

Les retards à l'école d'une fillette de Martinsburg, en Virginie, ont valu à sa mère célibataire d'être **condamnée** à l'accompagner chaque jour à l'école et à assister aux cours en sa compagnie jusqu'à la fin de l'année scolaire. Pour obtempérer à l'ordre du juge, la dame a dû abandonner ses deux emplois et avoir recours à l'assistance sociale.

Un tribunal de Buenos Aires a débouté une femme qui avait porté plainte contre un fabricant de prothèses parce que l'implant qui avait été inséré dans son postérieur avait... fait **explosion.** Le tribunal a justifié son refus en disant qu'un tel cas n'était pas prévu par la législation argentine.

Un repris de justice allemand a **échappé à une peine** de prison ferme parce qu'il venait de gagner 2,7 millions de marks (1,95 million $) au loto; le tribunal a estimé en effet que cette somme allait favoriser sa réinsertion sociale. Mais sa liberté a été assortie de quelques conditions: coupable d'une cinquantaine d'infractions au code de la route, de plusieurs délits de conduite en état d'ébriété, de conduite sans permis et d'escroqueries, l'homme a dû déposer une caution de 500 000 marks, se soumettre à une probation de 5 ans et renoncer à son permis de conduire durant la même période.

John Mooney, un officier de la Commission du service public de l'Alberta a décrété, dans un jugement de 121 pages et après plusieurs semaines d'audition de témoins, que le psychologue Aubrey Rogerville ne pouvait être congédié pour **incompétence** parce qu'il n'avait pas été prévenu que l'incompétence était une cause de renvoi. Le psychologue faisait des recommandations de mise en liberté de détenus après étude de leur cas. Deux prisonniers dont il avait recommandé la libération assassinèrent ensuite un policier et un chauffeur de taxi.

Sous le gouvernement socialiste suédois, les critiques se firent particulièrement acerbes contre le système pénitentiaire qu'on jugeait trop **permissif.** Qu'on en juge: huit adolescents condamnés pour des crimes de vol, vol avec violence et dommage à la propriété, ont été envoyés au coût de 96 000 $ en croisière dans les Caraïbes sous la houlette de trois travailleurs sociaux. La «punition», moins dispendieuse que l'emprisonnement, donnerait de meilleurs résultats, estimait-on.

Tant qu'à évoquer des condamnations pour le moins étranges, citons celle-ci. Un homme de Porto Allegre, au Brésil, qui avait agressé un policier, a été condamné à **aller à la messe** tous les dimanches durant deux ans. Edson de Oliveira, d'abord condamné à huit mois de prison, a vu sa peine commuée par le juge. Commerçant ruiné qui avait sombré dans l'alcoolisme, de Oliveira a dû présenter chaque mois au juge un certificat d'assiduité au culte religieux.

La justice a le bras long, dit-on. Elle a parfois aussi la patience bien courte. À Houston, au Texas, un juge qui en avait marre d'entendre les **avertisseurs des télé-appels** interrompre les procédures a fait une crise de «mépris de cour aiguë». Il a tenu en otage durant 3 heures dans sa cour 21 avocats, avec l'aide des greffiers, tant que les propriétaires des «pagettes» ne se seraient pas dénoncés. L'affaire s'est terminée lorsque les plaideurs ont promis de ne plus jamais se présenter devant lui munis de leurs importunants appareils.

Le juge Frank Eppes, de Charleston en Caroline du Sud, a été outré de la faconde d'un jeune contrevenant de 18 ans qui était accusé de possession de drogue et se montrait insolent. Il a retiré la ceinture de son pantalon et a ordonné à la grand-mère du jeune homme de se retirer avec lui dans son bureau et de lui donner «la strappe». La bonne dame s'est exécutée. On a entendu, venant du bureau du juge, une douzaine de coups de ceinturon. Puis la grand-mère, l'air «assez satisfait» et le jeune homme, plutôt penaud, sont revenus au prétoire.

Le juge a ensuite condamné le jeune écervelé à 2 ans de prison avec sursis, dont 6 mois fermes assortis d'une probation de 5 ans et de 250 heures de travaux communautaires. Il a exigé de plus du contrevenant qu'il termine ses études de *high school*.

❧

La Cour suprême des États-Unis a maintenu l'obligation pour la ville de New York de verser un **dédommagement** de 1,5 million $ à la veuve d'un homme qui avait été électrocuté en 1977 sur les rails du métro. Sang Yeul Lee, était «rond comme un œuf» lorsqu'il a quitté une fête entre amis. Désirant se soulager, il était descendu sur le rail du métro pour y uriner, causant ainsi son électrocution instantanée. La défense avait démontré qu'aucun avis ni interdiction ne prévenaient du danger que représentaient les rails.

❧

Certains s'en tirent bien merci en dépit de la gravité de leur crime. Un électricien de la General Electric de Saragosse, en Espagne, n'a écopé que 6 mois de prison pour avoir été directement responsable de la mort de 20 malades atteints du cancer et victimes d'un excès de radiation dû à un accélérateur défectueux. L'*incompétent* avait été mandé pour corriger une avarie sur l'appareil; après son «travail», le dispositif de sécurité révélant les dépassements de radiation ne fonctionnait plus.

❧

Un juge de la cour d'appel de la Californie a donné l'autorisation à un colombophile de **poursuivre le gouvernement** de l'État à la suite de la construction d'une autoroute. Fort d'un dédommagement d'un million $, l'éleveur de pigeons avait pu déménager son entreprise et laisser place au bitume. L'endroit où il a relogé son entreprise lui fut néfaste: ses pigeons, entraînés à toujours revenir au même endroit, se perdaient en vol et étaient la proie des éperviers. Il a exigé 500 000 $ de plus. L'agence de presse qui rapportait la nouvelle estimait qu'il avait de bonnes chances de ramasser le magot.

Un collégien de 18 ans de Des Moines, en Iowa, a été arrêté et inculpé pour offense à la loi parce qu'il s'était déguisé en jeune fille pour participer au bal annuel de son école, le tout dans l'intention de faire une blague. *L'étroitesse d'esprit* n'a pas de limite.

À Londres, un jeune homme de 19 ans qui assistait à un procès, a été condamné illico à deux semaines de prison par le juge parce qu'il avait sifflé à l'apparition d'une femme juré particulièrement belle. La condamnation a soulevé l'ire des ligues de réforme du code pénal qui ont cité l'exemple d'un chauffard saoul qui avait écopé 100 heures de travail communautaire après avoir fauché 3 personnes.

La ministre de la Justice du Danemark a été condamnée à une amende de 200 couronnes (38 $) pour avoir grillé un feu rouge alors qu'elle circulait à bicyclette. *La ministre* a répliqué en déposant une plainte en 26 points contre le policier qui l'avait appréhendée en faisant largement usage du tutoiement.

Les *blagues* prétendues innocentes d'un homme d'affaires britannique se sont avérées un plaisir bien solitaire... Mais il a été le seul à ne pas rire lorsqu'un juge l'a condamné à 4 000 livres (8 000 $) d'amende pour avoir pincé les fesses d'une femme de chambre et avoir tenté de trousser la jupe d'une réceptionniste qu'il tentait d'embrasser à son arrivée à un hôtel.

Une *fumeuse* de 12 ans, qui avait dérobé 250 $ au domicile d'une camarade de classe pour pouvoir payer ses cigarettes, s'est vu servir une condamnation originale de la part de la juge Heather Katarynych de Kitchener, en Ontario. Elle a été condamnée à... cesser de fumer et à remettre les 250 $ à raison de 5 $ par semaine.

Parmi les autres décisions originales, soulignons celle d'un juge de Dade City, en Floride. Un gamin de 12 ans qui en avait blessé gravement un autre au cerveau s'est vu forcé d'endurer un sort semblable. Placé dans une maison de redressement jusqu'à l'âge adulte, forcé de payer un dédommagement à la victime et à accomplir 200 heures de travaux communautaires, le ***jeune coupable*** a aussi été condamné à passer deux jours dans un fauteuil roulant, à se déplacer durant une semaine à l'aide d'une béquille et à marcher ensuite avec une canne. Exactement le sort que connaît sa victime, désormais handicapée.

❧

Un juge du Delaware a condamné la compagnie Domino's Pizza à verser 645 000 $ à un couple victime d'un accident à cause d'un livreur pressé, soucieux d'arriver chez le client avant l'expiration des 30 minutes vantées par la publicité. Un magistrat de Saint Louis, au Missouri, est allé un peu plus loin: il a condamné la compagnie à verser 79 millions $ (sic!) à une ***automobiliste*** blessée gravement par un autre livreur irrespectueux des feux rouges. La compagnie a cependant interjeté appel.

❧

Un laboratoire et un médecin ont été condamnés à verser 600 000 $ de dommages et intérêts à une dame de 49 ans, de Miami, qu'ils avaient déclarée ***par erreur*** victime du sida. La dame avait confié la garde de ses enfants à sa mère et n'osait plus les prendre dans ses bras; la grand-mère lavait la vaisselle à l'eau de Javel pour enrayer la contamination. Après deux ans de ce régime éprouvant, la dame, Vernelle Lowder, en était réduite au suicide lorsqu'un deuxième examen a conclu à une erreur de diagnostic.

❧

Un ***jeune écervelé*** de 17 ans de Syracuse, aux États-unis, qui avait poignardé un cygne avant de le décapiter, a fait l'objet d'un jugement pour le moins exceptionnel. Le juge Kevin Mulroy a condamné Dann Doney à pelleter du fumier au zoo de la ville durant 350 heures. Il l'a aussi confiné à son domicile durant neuf mois sous la surveillance d'un dispositif électronique, à publier une lettre d'excuse dans un hebdomadaire et à verser 1 098 $ en dons. Avant de le congédier, il s'est enquis s'il fumait. Devant la réponse affirmative de l'adolescent, il l'a aussitôt condamné à **cesser de fumer**: «Interdiction de fumer. Vous êtes trop jeune et c'est mauvais pour votre santé.»

Un tribunal d'appel d'Omaha, dans le Nebraska, a renversé la décision d'un tribunal inférieur qui avait reconnu le droit d'une compagnie de livraison de pizza de congédier un livreur parce qu'il portait la barbe. Le livreur, Langston Bradley, avait argué être victime, comme beaucoup de Noirs, d'une maladie de l'épiderme appelée *peudofolliculitis barbae* qui les empêche de se raser de crainte de propager une infection, ce que la première cour avait refusé de considérer.

Achille Mazotta, un maçon au chômage, a été condamné par un juge de Bristol, en Angleterre, à six mois de prison et à une interdiction de conduire tout véhicule durant quatre ans pour avoir roulé à 246 km/h sur une autoroute. Le juge a justifié sa décision en disant croire que l'**automobiliste** avait fait montre de cynisme et de mépris pour la loi et la sécurité des autres.

Tout en reconnaissant une **négligence,** la ville de New York a décidé de faire appel d'un jugement qui l'oblige à verser 41 millions $ à la famille d'une Jamaïcaine, décédée après que des ambulanciers avaient refusé de la porter parce que l'un d'eux avait mal au dos. La dame, enceinte de trois mois et pesant 70 kg, souffrait d'une grossesse extra-utérine mal diagnostiquée et ne pouvait se déplacer seule. Elle mourut une heure après le départ des ambulanciers.

Un juge de Toronto a décrété que des lettres d'amour ne pouvaient être considérées comme l'engagement d'un mari à remettre 50 % de ses avoirs (20 millions $) à son ex-femme au moment d'un divorce. Les avocats de la plaignante avaient cité un passage de lettre qui disait: «Je ne serai vraiment heureux que lorsque nous pourrons tout partager ensemble.» Pour le juge, cette déclaration portait sur «le partage des beaux moments et des belles expériences de la vie, et non des propriétés matérielles».

Un juge de Cardiff, au pays de Galles, a eu le ***courage*** de libérer après 5 mois de prison préventive une jeune femme de 18 ans qui avait tué son grand-père de 71 ans à coups de couteau après avoir subi ses agressions sexuelles depuis l'âge de 3 ans. Mary Smith avait fait son geste après avoir entendu le sinistre vieillard lui dire qu'il avait l'intention de faire la même chose à sa petite sœur de 12 ans. Bien que les enquêteurs aient estimé que la jeune femme avait été influencée par une émission de télévision relatant un cas semblable, ils ont aussi jugé qu'elle avait assez souffert.

Un ***tribunal*** de Bogotá, en Colombie, a obligé un propriétaire à rendre à un locataire la jambe artificielle que celui-ci avait donnée en garantie de paiement de loyer alors qu'il était sans le sou. Le tribunal a jugé que la rétention de la jambe artificielle «portait atteinte à son droit de locomotion et donc à ses droits fondamentaux». Si le proprio refusait de se conformer au jugement, il était passible de six mois de prison.

Les plaideurs obstinés

La ***race des plaideurs*** a quelque chose de fascinant. Le Dr John Writzberger, du Kansas, fut témoin expert dans une cause célèbre aux États-Unis qui valut 94 000 $ à un homme qui s'était fait mal au dos en levant sa mallette du sol. Le médecin expert a ensuite porté plainte auprès de la commission des accidentés du travail de l'État pour s'être blessé à la jambe durant les trois heures qu'a duré sa comparution dans le box des témoins. Sa blessure, alléguait-il, a endommagé l'artère, entraîné des caillots qui ont nécessité sept opérations à la jambe et une dépendance permanente à des médicaments voués à éclaircir son sang.

251

Un membre de la communauté Amish du Minnesota a été condamné à une semaine de prison pour avoir *refusé,* pour des raisons religieuses, d'équiper sa carriole d'un triangle orange réservé aux véhicules lents. L'homme objectait ne pouvoir se conformer à la loi parce que l'orange était une couleur vive et que sa religion ne lui permettait que le blanc et le noir. Soucieuses de compromis, les autorités de l'État voulurent se montrer bon prince: les réflecteurs ne seraient utilisés que la nuit. Mais pour les membres de la communauté, qui rejette les progrès techniques de la société moderne, l'orange était interdit même la nuit. Passible de plusieurs amendes qu'il refusait de payer, le récalcitrant Amish a comparu devant un juge qui lui a donné le choix entre 150 $ d'amende, 30 heures de service communautaire et 7 jours de prison. Le conducteur de carriole a opté pour la geôle, encouragé par plusieurs de ses coreligionnaires qui refusaient eux aussi d'acquitter leur amende.

Une étudiante en sciences animales de l'université du Maine a été, elle, la victime de mauvais traitements reçus de la part d'une... vache et elle a engagé une poursuite contre l'institution d'enseignement pour n'avoir pas pris de mesures contre l'animal qui avait, à son avis, un *problème de personnalité.* La jeune femme s'est retrouvée prisonnière de la stalle où la vache l'a blessée de ses ruades.

Un Américain de Victorville, en Californie, a été condamné à trois ans de prison pour s'être *vengé* de son voisin en tuant son chien qu'il a ensuite fait cuire et mangé. Il a bien affirmé qu'il avait fait ce geste parce qu'il était affamé, mais le fait qu'il ait placé la tête de l'animal sur un piquet de la clôture du voisin a nui à son plaidoyer.

Un peintre en bâtiment de Brisbane, en Australie, a été condamné à la réclusion perpétuelle pour le *meurtre* de sa femme en dépit de la défense originale qu'il avait produite: sa condition de somnambule ne lui avait permis de se rendre compte que sa femme était morte de deux balles dans la tête et de plusieurs coups de marteau que le matin à son réveil.

Un retraité d'un village du sud-est de l'Angleterre en a été quitte pour verser 385 $ de frais et dépens à la suite du ***rejet de sa poursuite*** contre une église dont il prétendait que le carillon nuisait à sa santé. Le sexagénaire, dont le logement est à une quarantaine de mètres du clocher seulement, avait invoqué la loi sur la protection de l'environnement.

Un ***automobiliste*** de Genève qui contestait l'amende que lui avait valu un excès de vitesse, a trouvé une façon si originale de paralyser la justice qu'il a fini par bénéficier d'un abandon des procédures après la date limite de deux ans. Dans une lettre explicative, il avait soutenu que Dieu était au volant de sa voiture au moment de l'incident en précisant: «Je sais qu'Il était pressé. Il a dû aller chercher des Tampax pour sainte Marie la Vierge et des capotes pour une partie de la population du paradis céleste, ceci pour éviter une épidémie de sida.» Considérée comme injurieuse, la lettre fut transmise au tribunal de police dont les magistrats furent récusés par le plaignant. Pensant le coincer, le tribunal le condamna à une amende de 160 francs suisses (175 $). Aussitôt, le plaignant fit appel en demandant de citer comme témoins Dieu et Jésus-Christ. L'affaire traîna tellement que la cour dut finalement annuler la condamnation à l'amende, la prescription de deux ans étant écoulée.

À Lelystad, aux Pays-Bas, un juge a débouté une plaignante en pleurs qui réclamait un ***droit de visite à... son petit chien*** à la suite de son divorce. Faisant fi du témoignage d'un médecin qui disait que la séparation d'avec son chien avait engendré de graves troubles psychiques chez la dame, le juge a tranché en faveur de l'ex-mari en disant que la dame avait déjà la garde du chat et qu'elle ne pouvait tout avoir. «Si on commence à accorder ce droit de visite, en peu de temps on me demandera un règlement pour avoir la garde du téléviseur couleurs», a grogné le juge excédé.

Charles Marino, de Santa Fé, n'avait pas apprécié que sa petite amie, Jennifer Rychlik, lui fît faux bond à un rendez-vous. Il l'a poursuivie de même que son école parce qu'elle s'était plainte de harcèlement et que l'école lui avait demandé de mettre un terme à ses agissements. Non seulement Marino a-t-il perdu mais il s'est vu *lui-même poursuivi* par son ex-amie qui a obtenu un jugement de cour lui accordant 500 000 $.

Les bien-pensants

Certaines sociétés vont très loin dans la *protection des animaux.* Une jeune Londonienne de 23 ans a été mise en accusation après une plainte de la société protectrice des animaux parce qu'elle avait laissé durant trois jours son rat apprivoisé dans un vieil aquarium, sans eau ni nourriture. L'animal a survécu mais la société a décidé de faire appliquer la loi.

Les *multinationales géantes* ne badinent pas avec leurs produits. En 1991, la compagnie Disney avait exigé d'une maternelle de Featherston, une petite ville de la Nouvelle-Zélande, d'effacer les reproductions de Mickey, Minnie, Pluto et Donald dessinées sur ses murs. Bien que les illustrations n'eussent pas été tracées en contradiction avec les droits de reproduction, la compagnie estimait de son droit «de s'assurer que les personnages de Disney sont bien représentés et utilisés dans des situations adéquates». Difficile de comprendre que des personnages conçus pour les enfants ne soient pas à leur place dans une maternelle... Mais l'image, c'est l'image. La compagnie Marvel, qui publie les bandes illustrées populaires en Amérique du Nord, a dû verser 35 000 $ aux Hell's Angels parce qu'elle avait créé un personnage portant ce nom sans leur avoir demandé la permission. Les motards ont fait don de l'argent à la Fondation Ronald McDonald. Une image, ça se soigne!

&

Les autorités municipales de Giessen, en Allemagne, ont fait fi d'un jugement de cour et ont poursuivi un professeur de l'université de Marbourg parce qu'il continue de disséquer des rats anesthésiés pour les étudier avant de les tuer. Les *bienpensants* de la municipalité ont rejeté l'argument de la liberté d'enseignement inscrite dans la Constitution et confirmée par une première cour et ont intenté une poursuite contre le professeur Gerhard Heldmaier.

&

Andrew Dwyer, un avocat de New York qui a pris un congé de paternité pour s'occuper de son fils, a intenté une poursuite de 11 500 $ contre le magasin Lord and Taylor's parce qu'il n'y avait pas de table à langer dans les toilettes pour hommes et qu'il avait été obligé de changer la couche du bébé sur le rebord d'un lavabo humide. Comme une telle table était disponible dans les toilettes des femmes, Dwyer y a vu une *discrimination* flagrante.

&

En Angleterre, *on ne badine pas* avec les questions sexuelles comme l'a appris un père de trois enfants maintenant transsexuel. La haute cour de Londres (on ne fait rien de petit au pays du *plum pudding*) a rejeté sa plainte contre la Sécurité sociale qui refusait son nouveau statut de femme. Maintenant appelé Joanna Hooker (traduction libre: Joanne la pute), l'individu (e?) de 38 ans a déclaré (probablement dignement) que le refus de l'organisme de lui attribuer un nouveau numéro d'assurance sociale qui reconnaissait son «sexe actuel» (peut-être ambitionne-t-il de changer pour un... troisième sexe) constituait une source potentielle d'humiliation pour les transsexuels. Curieusement, Joanna n'a pas parlé de l'humiliation susceptible d'affecter ses enfants et leur mère.

&

Une commission d'appel des États-Unis a jugé que l'Office des brevets n'avait pas *le droit d'interdire* la fabrication d'un condom appelé Old Glory Condoms (du nom du drapeau américain). La marque de commerce du préservatif montrait un étendard étoilé ayant la forme d'un condom et souligné de l'inscription: «Porté avec fierté à travers le pays». La commission a donné raison à l'inventeur qui avait assimilé le port de son condom à «un acte patriotique».

La mode de la caméra vidéo qu'on transporte partout pour enregistrer pour la postérité le moindre fait de sa vie personnelle peut à l'occasion avoir d'intéressantes retombées. Un touriste qui avait filmé, au large de Miami, sur le bateau de croisière où il se trouvait, des marins en train de jeter pardessus bord 20 gros sacs d'ordures, a valu une **amende** de 500 000 $ à la compagnie Princess Cruise Lines lorsque la bande fut visionnée par les autorités de la garde côtière. Les sacs en plastique sont responsables de la mort de milliers d'animaux marins chaque année.

Une vingtaine de villes américaines, dont Brooklyn et Boston, ont équipé les cours de *systèmes de vidéo-conférence* pour faire comparaître les accusés sans qu'ils aient à sortir de leur prison, leur permettant aussi de rencontrer leur avocat ou leur officier de probation sans sortir. Non seulement la mesure est-elle très économique, mais elle réduit à néant le risque d'évasion.

Al Deskiewicz, un **ex-fumeur** de Kirkland dans l'État de Washington a poursuivi la compagnie Philip Morris pour récupérer l'argent qu'a nécessité l'interruption de sa passion pour la nicotine. Il a demandé un remboursement de 1 153,34 $ pour ses séances chez le médecin traitant, les timbres autocollants médicinaux à la nicotine et les frais d'adhésion à un studio de santé.

Une **militante anti-avortement** de Portland en Oregon commencera à purger en 2002 une peine de 20 ans pour avoir mis le feu à 8 cliniques pratiquant des interruptions de grossesse. La dame est déjà en prison pour avoir blessé d'un coup de feu un médecin de Wichita, au Kansas, qui pratiquait des avortements.

Les juges qui font rager

Un juge britannique a écopé neuf ans de prison pour *tentative de meurtre* sur sa femme dont il voulait se débarrasser pour épouser sa maîtresse. Il avait conçu un système de tuyaux qui auraient amené le gaz du pot d'échappement de la voiture de l'épouse directement à sa chambre pendant son sommeil. Malheureusement pour lui, l'épouse s'est réveillée et l'a surpris au moment où il rampait sur le plancher pour mettre le dispositif en place. L'honorable juge avait plaidé non coupable.

À Dublin, un chômeur de 60 ans particulièrement démuni et père de six enfants, s'est retrouvé devant la justice pour avoir volé de la nourriture évaluée à 25 livres (50 $). Reconnaissant que le pauvre homme était mal en point, le juge l'a *condamné à dépenser* le double de cette somme dans l'établissement. Dommage qu'il n'ait pas volé le cerveau du juge: il aurait pu lui en rendre deux.

Aux États-Unis, la Cour suprême a statué qu'un sergent à la retraite de 51 ans, victime d'un cancer du poumon très avancé, ne pouvait obtenir réparation (il demandait 48 millions $) de la part de la compagnie qui a fabriqué les cigarettes qui l'auraient tué. Le jury a estimé, après 14 heures de délibération, que «s'il voulait *fumer,* c'était son libre choix». Un juge de l'État du Maine a accepté l'engagement d'un expert pour évaluer la notion d'incapacité engendrée par la nicotine chez un homme qui prétend que la police n'a obtenu sa confession qu'après lui avoir supprimé ses cigarettes durant plusieurs heures.

À Columbus, la Cour suprême de l'Ohio a mis le juge William Millard en congé sans solde durant six mois et lui a imposé une période de probation de trois ans. L'*honorable magistrat* avait acquitté un inculpé sans procès même s'il était accusé du viol d'une fillette de 11 ans. Motif? L'un des témoins de la poursuite était en retard de 20 minutes.

À Portage-la-Prairie, au Manitoba, le juge Bruce MacDonald de la cour provinciale (*un fringant magistrat de 75 ans*) a remis sa démission après qu'il fut révélé qu'il avait déclaré dans une cause: «Ce serait une bonne affaire si les autochtones s'entretuaient.» Il s'était également illustré par une recommandation à un père incestueux de faire appel à des prostituées plutôt que d'agresser sa fille.

Pour rester dans la note des *conseils douteux,* citons le cas du juge Paul Fung-a-Fat, de Georgetown, en Guyane, qui ne s'est pas contenté de condamner un beau-frère exhibitionniste à 1 500 $ d'amende, mais qui a recommandé à la plaignante: «La prochaine fois, coupez-lui le zizi!»

À Toronto, un juge de 65 ans, Leonard Blackburn, a fait l'objet d'une enquête qui s'est soldée par une recommandation d'être *relevé de ses fonctions* pour avoir dit à une adolescente qu'elle avait un «superbe corps» et pour avoir parlé publiquement des poils pubiens d'une autre femme. Il y en a qui ne devraient jamais attendre l'âge de la retraite.

À Zurich, en Suisse, un jeune juge d'instruction de 30 ans a été suspendu lorsque son penchant pour la *cocaïne* a été révélé au grand jour. On ne précise pas s'il en prenait avant de rendre jugement ou après.

Nos amis les juges (comme on dit nos amis les oiseaux de proie) n'ont pas que la parole en bouche. Ils se montrent parfois fort *originaux* dans leur façon de rendre la justice. À Teeside, en Angleterre, un juge a demandé à la victime d'un vol de fixer elle-même la sentence de son agresseur. Le jeune homme de 19 ans a timidement suggéré six mois de prison à l'étonnement du juge, qui avait déjà décidé de porter la condamnation à deux ans. Bon prince, il a coupé la poire en deux: le prévenu s'est retrouvé en cellule pour un an.

À Houston, au Texas, un juge spécialisé dans les sentences aux délinquants a une *façon bien personnelle* de leur proposer un marché. Il réduit la peine de tout jeune délinquant qui se fait couper les cheveux. Quatre-vingts pour cent acceptent. «Le but, dit-il, est de donner une image différente et de les éloigner de leur sous-culture.» Un adolescent de 13 ans qui s'était vu imposer une amende de 430 $ pour en avoir agressé un autre lors d'un rite d'initiation a pu transformer la sentence en 80 heures de travail communautaire. Il a même bénéficié d'un rabais de 15 heures pour avoir tondu un cheval. Décidément, le bon juge en a contre les poils. (Mais pas les poils pubiens, comme le juge torontois mentionné plus haut.)

Certaines sentences voulues exemplaires pour les jeunes révèlent la *profonde stupidité* de ceux qui les infligent. Un juge de Newport, au pays de Galles, s'est valu la vindicte populaire lorsqu'il a condamné un jeune violeur de 15 ans, qui avait assailli une adolescente de son âge, à ne lui payer que des vacances au montant de 500 livres (750 $) pour lui permettre de récupérer du choc de l'agression. Le juge avait justifié sa décision en arguant que le garçon était «jeune et issu d'une bonne famille» et que de l'incarcérer lui ferait prendre «davantage de mauvaises habitudes».

Les juges ont-ils l'*esprit tordu* au pays d'Élisabeth II? Un magistrat londonien a décidé de laisser en liberté un homme qui comparaissait pour avoir battu sa seconde femme après avoir déjà été condamné pour le meurtre de sa première épouse. La liberté sous contrôle judiciaire lui permettra de suivre 10 sessions de 2 heures de cours chacune au cours desquelles il fera l'apprentissage du contrôle de soi, notamment en écrivant dans un carnet ses sentiments et les raisons qui l'ont poussé à battre ses deux épouses.

Le juge Wayne Creech, de Caroline du Sud, a trouvé un ***moyen bien particulier*** de satisfaire à la supplique d'une mère qui voulait éviter que sa fille de 15 ans soit renvoyée à un centre de détention avant le prononcé d'une sentence pour une série de petits délits. Il a exigé que la mère et la fille soient reliées par une chaîne d'une soixantaine de centimètres en tout temps, sauf lorsque l'adolescente devrait aller aux toilettes ou prendre une douche. La punition a duré un mois et demi; la mère a même dû suivre les cours en classe avec sa fille.

Une fillette de 12 ans de Fort Lauderdale a été brièvement emprisonnée pour ***outrage au tribunal*** parce qu'elle refusait de se plier à l'ordre d'un juge lui enjoignant de remettre son journal intime demandé en preuve. La demande avait été formulée par la défense dans une cause où le père, un ancien inspecteur de police, était accusé d'agression sexuelle par sa fille. Ses avocats alléguaient que le fait qu'aucune mention des agressions n'était faite dans le journal prouvait l'innocence du père.

Des ***travailleurs sociaux britanniques*** ont persuadé un juge qu'un jeune récidiviste de 16 ans, qu'un voyage de tourisme tous frais payés n'avait pas convaincu de revenir dans le droit chemin, serait mieux servi par un séjour seul dans un appartement, aux frais du conseil municipal, pour apprendre le sens des responsabilités. L'affaire a été rapportée par le *Daily Telegraph*. L'article ne précisait pas si on lui fournissait aussi une voiture! Tant qu'à y être...

Un jury de Pensacola, en Floride, a reconnu la culpabilité d'une compagnie ferroviaire qui s'est vue condamner à verser 600 000 $ à un ***vagabond en état d'ivresse*** qui s'était endormi sur une voie ferrée. Il avait perdu le bras gauche, avait subi des blessures au dos et avait une jambe brisée dans l'accident.

La compagnie CSX avait allégué qu'il était trop tard pour arrêter le convoi lorsque la présence de Pedro Duran avait été remarquée; la sirène du train avait été actionnée durant 54 secondes, ce qui aurait dû normalement lui permettre de s'échapper s'il n'avait pas été ivre.

Cheryl Richard, une Américaine de 24 ans de Youngstown, en Ohio, a préféré subir une ligature des trompes plutôt qu'une peine d'emprisonnement. Sur le point de mettre au monde son quatrième enfant, la narcomane invétérée s'était vu donner ce choix par le juge Patrick Kerrigan, après la naissance de l'enfant. En plus de consentir à l'opération, elle s'est engagée à suivre une thérapie durant deux années de probation. Le juge a justifié sa décision en déclarant: «Je ne la punis pas pour son style de vie, mais je reconnais qu'elle ne semble pas capable de se sortir de sa dépendance envers la **drogue** sans que l'on prenne de sévères mesures.»

Le juge Maximiano Asuncion, de Manille, a suggéré une **façon bien personnelle** de dissuader les criminels potentiels. Il souhaite l'édification d'un aquarium géant installé sur une place publique dans lequel un condamné à mort devrait lutter contre quatre cobras. La peine de mort a été rétablie en 1995 aux Philippines au grand plaisir du juge Asuncion, responsable de 3 des 12 condamnations prononcées en 1 an.

Il n'est pas le seul magistrat à s'illustrer par son raffinement. Le juge Anthony Calabrese Jr du comté de Cuyahoga, en Ohio, a invité une équipe de télévision à **filmer l'exécution** d'un prévenu de 24 ans qui devait être électrocuté le 24 février 1996. Sa raison: «Comme on voit vraiment de tout à la télé, montrons ça afin que le public sache qu'il y a une justice rapide et efficace.» Malheureusement pour le bon juge, les nombreux appels auxquels a droit le prévenu reporteront son exécution de sept à huit ans au moins.

Le juge Lorin Duckman de New York *a fait fi des suppliques* d'une femme battue, Galina Komar, et a libéré son tortionnaire, Benito Oliver, parce qu'il trouvait que quelques meurtrissures n'étaient pas graves et qu'elle n'avait subi aucune fracture. De plus, il estimait que ses craintes étaient sans danger parce que le fait de réunir Oliver et son chien servirait à prévenir tout acte de violence. Trois semaines après sa libération, Oliver, qui avait déjà un dossier criminel, a acheté une arme et s'est rendu au travail de son ex-conjointe pour l'abattre avant de se suicider.

Les magistrats d'une cour norvégienne ont acquitté un homme de 26 ans accusé de violences et de menaces contre sa compagne de 23 ans parce qu'ils estimaient que la jeune femme avait une *attitude provocatrice* qui énervait l'accusé et le mettait hors de lui. Ils ont déclaré: «Elle n'a eu que ce qu'elle méritait compte tenu de sa conduite». Le jugement a évidemment déclenché une campagne de protestations chez les Norvégiennes.

En dépit du fait qu'il était un *malade mental reconnu* et qu'il avait fait de nombreux séjours en institution, Sylvester Adams a été exécuté à Columbia, en Caroline du Sud, après que la Cour suprême des États-Unis eut rejeté un dernier appel de ses défenseurs qui affirmaient que l'état de santé de leur client n'avait jamais été communiqué au jury.

Un fabricant d'outils de Fort Worth, au Texas, qui assistait à un procès, s'est vu demander par le juge Don Leonard de retirer son chapeau, ce qu'il refusa de faire. Il fut *condamné sur-le-champ* à 10 jours de prison pour outrage au tribunal. Trois jours de cellule ont suffi pour lui faire comprendre la gravité de son épouvantable crime; il s'est présenté devant le juge pour lui présenter des excuses et reprendre le chemin de la liberté.

Un *juré* dans un procès à Londres a connu un sort semblable après s'être présenté à la cour une canette de bière à la main et l'autre main passée dans la ceinture de son pantalon. N'y allant pas par quatre chemins, le juge l'a immédiatement envoyé en cellule méditer sur les vertus de la modération.

À Shawinigan-Sud, un *automobiliste* qui contestait une contravention pour excès de vitesse s'est vu intimer l'ordre par le juge Claude Trudel de se débarrasser de la gomme qu'il mâchait allégrement en cour. Prétextant des raisons personnelles, Claude Beaumier a refusé, se voyant aussitôt infliger une peine de 21 jours de prison pour outrage au tribunal.

La justice expéditive

À McAlester, en Oklahoma, lorsque Robert Breehen, un condamné à mort de 40 ans, fut découvert inanimé dans sa cellule après l'absorption d'une dose massive de calmants, il fut hospitalisé en toute hâte pour subir un lavement d'estomac. Déclaré par la suite apte à la peine capitale, il fut ramené à la prison où on le mit à *mort par injection* de trois substances létales dans le bras.

La rigueur de la justice chinoise est sans pareille. Le docteur Yu Jianan, qui avait mis sur pied un petit commerce de faux certificats de stérilisation, a été *exécuté* après avoir plaidé coupable d'avoir rédigé 450 faux documents qui lui avaient rapporté environ 12 000 $. Les Chinoises sont en effet tenues de se faire stériliser après avoir mis un enfant au monde (deux si elles vivent à la campagne).

Le gouvernement chinois a adopté une *loi eugéniste* très critiquée qui lui a d'ailleurs valu l'épithète de «nazi». Elle préconise la stérilisation des personnes souffrant de maladies génétiques et l'avortement des fœtus souffrant d'anomalies.

Fob Jones, le gouverneur de l'Alabama, en avait marre des détenus «qui passent leur temps à regarder les feuilletons télévisés et à boire du cola». Il a commandé 300 jeux de fers pour les heureux élus qui devront désormais ramasser les ordures le long des autoroutes. À son arrivée à la prison, le nouveau détenu sera privé de télévision durant 90 jours, histoire de lui faire comprendre qu'il n'est *pas là pour s'amuser.* Le même gouverneur a trouvé une solution au problème de l'exhibitionnisme des détenus depuis qu'on a commencé à engager des gardiennes de prison; pris sur le fait, ils devront revêtir un uniforme rose fluo qui permettra de les distinguer.

Les trafiquants de *drogue* n'ont pas la vie facile à Singapour. Reconnus coupables, ils sont pendus. La peine de mort semble d'ailleurs redevenir un moyen populaire de régler certains problèmes de criminalité: depuis 1976, année où la Cour suprême des États-Unis a laissé la possibilité aux États américains de rétablir la peine capitale, 37 l'ont fait, le dernier en date étant l'État de New York.

Un récidiviste de San Diego qui avait dérobé un magnétoscope évalué à 146 $ *a préféré se suicider* plutôt que de se voir condamné à la prison à perpétuité. Il craignait que la loi californienne, qui prévoit l'imposition d'une sentence à vie pour une troisième condamnation, ne s'applique dans son cas. Pourtant, la loi ne punit que les auteurs de crimes violents ou «graves». Il n'avait probablement pas tort: un juge de Torrance a en effet condamné un homme à 25 ans de prison pour avoir dérobé une tranche de pizza à des enfants. Il faut savoir qu'il avait été condamné précédemment pour vols, tentative de vol, possession de drogue et utilisation d'un véhicule sans autorisation. Mais, comme le disait le président de l'Union américaine pour les libertés civiques: «Peu importe le nombre de voleurs de pizza qu'on enverra en prison, cette loi ne rendra pas nos rues plus sûres.»

Le juge Albert Mestemaker, d'un tribunal de l'Ohio, a ordonné à un homme qui avait giflé sa concubine lors d'une dispute d'*épouser la plaignante* s'il voulait échapper à une condamnation de quatre mois de prison avec sursis et une période de probation. Les nombreuses protestations qu'a suscitées son jugement l'ont amené à s'expliquer pendant une heure pour dire que les journaux l'avaient mal interprété en finissant par reconnaître que «l'ordonnance condamnant le couple au mariage était annulée». Il n'a pu s'empêcher d'ajouter que les concubins devraient tout de même se marier parce que «le mariage crée habituellement plus de respect mutuel».

Le juge Edward Nottingham de Denver, au Colorado, a reconnu le droit d'un *prisonnier* de pratiquer des rites sataniques dans sa cellule parce que, à son avis, le règlement fédéral interdisant le culte du démon était anticonstitutionnel. Il a aussi exprimé l'avis qu'il fallait «rendre au diable ce qui lui appartient».

En ce magnifique samedi matin, les moniteurs et les élèves de l'école de ski des Alpes de Siusi, en Italie, se promettaient de folles descentes lorsqu'ils constatèrent à leur arrivée que la piste était dépourvue de neige. *Frustré* de ne pas voir l'école s'acquitter de son loyer, le propriétaire était venu nuitamment dégarnir toute la piste à l'aide d'un bulldozer. L'école a dû trouver un autre endroit où ne pas verser de loyer.

Un chauffard de 32 ans de Rio de Janeiro, qui avait foncé dans une foule célébrant une victoire de l'équipe brésilienne de football à la Coupe du monde, n'a pas eu à se présenter devant la justice. Prestement encerclé par la *foule en colère,* il a subi une telle volée de coups et de pierres qu'il a succombé à ses blessures dans l'ambulance qui le transportait à l'hôpital.

Une scène semblable s'est déroulée à Miami. Un automobiliste ayant heurté légèrement une adolescente qui avait bondi devant son véhicule sans crier gare, s'est aussitôt arrêté pour lui prêter secours. La *foule* environnante s'est aussi jetée sur lui pour le frapper. Un assaillant lui a alors tiré une balle dans la tête. À l'arrivée de la police, le malheureux avait aussi été délesté de son portefeuille.

Mais la justice expéditive se retourne parfois contre les *lyncheurs.* Les vendeurs d'un magasin de Monterey, en Californie, qui avaient fait preuve de violence excessive pour arrêter un jeune voleur à l'étalage en train de dérober des cartouches de cigarettes, ont été condamnés à lui verser 13 000 $ de dommages et intérêts. Le malfaiteur avait eu une jambe, un bras et une côte cassés dans l'échange de civilités.

K

comme dans... karma

Pendaison et mariage, questions de destinée.
William Shakespeare

L'histoire de l'humanité est marquée de dictons défaitistes ou glorieux qui ont été appris sous contrainte à des générations d'écoliers. Des maximes du genre «C'est la volonté de Dieu», «C'était écrit», «Les dés en sont jetés», «Quand tu es né pour un petit pain, tu ne manges pas de la galette», «Aux innocents les mains pleines» parsèment encore la formation de trop d'enfants.

La vogue des horoscopes et des diseurs de bonne aventure est remplacée par celle des lecteurs de cartes du ciel à la télévision qui, pour quelques dollars la minute, vous révéleront «la destinée, la rose aux bois» qui n'appartient qu'à vous.

Il y a peut-être du vrai dans toutes ces balivernes lorsqu'on s'arrête à penser que certaines personnes ont décidément un «karma» qui n'appartient qu'à eux.

Un Milanais a ***déboursé sans broncher*** près de 100 millions de lires (70 000 $) pour une bouteille de whisky de 50 ans lors d'une vente de charité. Un journal écossais a sollicité l'avis d'experts qui ont statué que la même bouteille de Glenfiddich, produite à seulement 500 exemplaires, peut être acquise chez un spécialiste londonien pour 3 500 livres (6 000 $), soit 14 fois moins cher.

❀

Un citoyen de New York du nom de Bill Sokolin aurait sans doute mérité l'Oscar du dépit. Voulant faire admirer à des œnologues avertis une bouteille de Château-Margaux de 1787 d'une valeur de 500 000 $ et qui avait jadis appartenu à l'ancien président américain Thomas Jefferson, le collectionneur ***maladroit*** l'a heurtée sur le plateau de service qui la supportait; la bouteille de collection s'est brisée et le liquide a coulé le long de sa jambe jusque sur le plancher. Un silence de mort a régné sur l'assistance pendant que le pauvre homme restait paralysé sous le choc.

❀

Un groupe de vétérans américains de la Première Guerre mondiale avaient rapporté de France une bouteille de cognac Hennessy cinq étoiles. Les militaires s'étaient liés par un pacte: le ***dernier survivant*** du groupe aurait le droit de la boire. La bonne fortune échut à Chester Chasek à l'âge de 92 ans. Mais il a passé son tour: il était abstinent.

❀

À Rennes, en France, un homme de 20 ans a dû subir d'urgence l'ablation de l'œsophage et de l'estomac après avoir bu dans un bar ce qu'il croyait être un Vittel-menthe. La patronne lui a versé ***par erreur*** de la soude caustique contenue dans une bouteille d'eau minérale.

❀

Un Polonais de 55 ans a été traîné par la police un samedi soir dans un dessoûloir municipal de Varsovie avec un taux d'alcoolémie de 7,9 grammes par litre de sang. Pour avoir une idée de l'importance de son ivresse, disons que la dose mortelle est de 5 grammes par litre. On a dû le transporter à l'hôpital pour le réanimer. Pour parvenir à cet état, l'ivrogne avait dû ingurgiter d'un seul trait une bouteille d'un litre et demi de vodka ou boire sans interruption durant plusieurs jours. Une fois rétabli, le recordman a remercié ses sauveteurs, mais a refusé de promettre qu'il allait se montrer désormais plus prudent.

❀

Une ménagère moscovite a bien failli servir de la *chair humaine* à sa famille. Elle eut la surprise de découvrir, dans le beau morceau de filet acheté dans une boucherie d'État, une balle de pistolet. Alertée, la police a perquisitionné la boucherie sans y découvrir aucun reste humain non identifié. Le journal *Moskovsky Komsomolets*, qui a rapporté l'incident, a eu ce trait d'humour macabre: «Nous ne pouvons que souhaiter bon appétit à ceux qui n'ont pas eu la chance de trouver la balle.»

Les chanceux

Il y a peut-être du vrai dans le slogan de la loto qui prétend: «Un jour, ce sera ton tour.» Un couple de Saskatoon, au Canada, a trouvé dans son chalet, qu'il s'apprêtait à fermer pour une longue période, un *billet de loterie* dont il avait totalement oublié l'existence depuis 10 mois. Il valait 2,5 millions $.

❀

À Gulf Breeze, en Floride, Juan Colon éprouvait de *fortes migraines* depuis une semaine. Une radiographie révéla qu'une balle de calibre .22 était restée logée dans son cerveau. Il avoua qu'un copain avait fait feu dans sa direction, mais croyait que la balle n'avait fait que l'effleurer.

Qui dit mieux? Un cas semblable au précédent a été noté à Denver au Colorado; une femme s'était logé en plein cœur l'aiguille qu'elle tenait à la main au moment de faire une *vilaine chute* après avoir trébuché sur son chat. Les violentes douleurs qu'elle ressentait à la poitrine n'étaient que la réaction de son système immunitaire. Une opération à cœur ouvert l'a soulagée.

❀

Plutôt que de risquer la vie d'un garçon de 11 ans, des chirurgiens de Mount Vernon, au Missouri, ont décidé de laisser dans son cœur le petit **projectile d'arme à feu** qui s'y était logé. L'enfant avait été blessé, alors qu'il circulait à bicyclette dans un parc, d'un coup de feu tiré par un adolescent qui s'amusait à faire feu dans sa direction pour l'effrayer.

❀

Une association terroriste hellène (ELA, qui signifie Combat révolutionnaire populaire) s'est spécialisée dans la pose de bombes à bord des autobus de la société des transports de la capitale, Athènes. Elle s'est cependant rendu compte qu'une des bombes qu'elle avait posée n'avait pas explosé et en a prévenu un journal par un tract. La police a fini par désamorcer l'engin qui avait séjourné durant **cinq jours dans un autobus** qui sillonnait les rues de la ville durant tout ce temps.

❀

Un citoyen d'Altoona, en Pennsylvanie, fut étonné d'apprendre d'un policier au téléphone que son auto avait été volée. Pourtant, il la voyait dans l'entrée où il l'avait garée en revenant du centre commercial. Le mystère fut éclairci: il avait pris **par erreur** l'auto en tout point semblable d'un autre client. Le fabricant, Chrysler, a expliqué qu'il y avait une chance sur un million que les clés d'une voiture puissent convenir à une autre. Le policier avait remarqué qu'une voiture semblable à celle dont on signalait la disparition était garée sur le terrain de stationnement du centre commercial; il avait pu retracer le faux voleur par ses plaques.

Une **chance** semblable a favorisé une dame de Harrisburg, toujours en Pennsylvanie. Quelques jours après s'être fait voler sa voiture, elle décida d'en acheter une autre et demanda une tournée d'essai chez un concessionnaire. Elle expliquait ses déboires à la vendeuse lorsqu'elle constata, ahurie, que la voiture qu'elle suivait était la sienne. Elle fit appel à deux policiers, immobilisés à un feu rouge, qui appréhendèrent bien vite le coupable. La dame put retourner chez elle dans sa voiture, tandis que la vendeuse reprit la direction du garage sans avoir réalisé la vente, évidemment.

⚜

Voici une histoire extraordinaire de **destinée,** celle de la survie d'une alpiniste de 43 ans qui redescendait d'une escalade dans les Grisons, en Suisse. Sous les yeux horrifiés de ses camarades, elle a perdu pied et a fait une chute de 500 mètres. La police l'a retrouvée trois heures plus tard, miraculeusement indemne et marchant sur une route en direction de la vallée.

D'autres voient **la mort de plus près** encore et ne s'en portent pas plus mal. Un policier de Grenoble, venu prendre des nouvelles d'une jeune voisine qui s'apprêtait à accoucher, a sauvé d'une noyade certaine le nouveau-né que la mère avait involontairement expulsé alors qu'elle était assise sur la cuvette des toilettes. Le père, épouvanté par les cris de sa femme, s'était changé en statue de sel. Le policier a sorti l'enfant de l'eau et l'a enveloppé dans une serviette puis des couvertures.

⚜

Des **circonstances étranges** conduisent parfois à des résultats bénéfiques. Lorsque la riche héritière d'une chaîne de journaux américains, Anne Scripps Douglas, est décédée après avoir été battue par son deuxième époux, son foie a été transplanté sur son premier mari, Anthony Morell, à qui on n'accordait que six semaines à vivre. L'opération a réussi et l'homme vit normalement depuis.

⚜

La Chine nous fournit régulièrement des **nouvelles fort surprenantes** en matière de réussite chirurgicale. Celle-ci ne fait pas exception. Un paysan de 29 ans de la province de Jiangsu, dans l'est du pays, avait des difficultés matrimoniales parce qu'il était privé de testicules, dévorés par un cochon (sic) alors qu'il n'avait que sept mois. Une opération de 12 heures a permis de lui en transplanter un dont lui a fait cadeau son frère. La nouvelle précisait, non sans humour, qu'au bout d'un mois il était «en pleine possession de ses moyens, ce qui lui a permis rapidement de rétablir l'harmonie dans son foyer».

❀

Un Chinois de 23 ans qui n'avait pu être soulagé de ses migraines par l'acupuncture dut se résoudre à subir une radiographie dans un hôpital de Pékin. On découvrit qu'une aiguille de trois centimètres était **enfoncée dans son crâne,** à deux millimètres seulement du cerveau. Une fois opéré et soulagé, le patient voulut poursuivre l'acupuncteur, mais dut y renoncer. Sa sœur lui apprit que c'était elle qui avait enfoncé l'aiguille, alors qu'il n'avait que trois ans, parce qu'elle tentait de lui percer des boutons qu'il avait sur le front. L'histoire n'explique pas pourquoi elle a laissé son frère souffrir de violentes migraines durant 20 ans avant d'avouer son geste.

❀

Un septuagénaire de Bucarest, en Roumanie, a expérimenté une **situation encore bien plus ahurissante.** Le médecin mandé à son domicile après qu'il se fut étouffé avec une arête de poisson avait déclaré que l'homme de 71 ans était mort d'un infarctus. Trois jours après ses funérailles, il a été rescapé par des fossoyeurs qui l'entendirent frapper des coups dans son cercueil au moment de l'inhumer. Sa femme s'est évanouie lorsqu'il est revenu à la maison et lui a interdit de dormir sous son toit, sous prétexte qu'il était un revenant; ses fils lui ont demandé de ne pas s'approcher de ses petits-enfants. Le pauvre survivant n'était pas au bout de ses peines: il lui a fallu trois semaines pour convaincre la police, les médecins, les prêtres, la banque d'annuler les avis de décès qui avaient été émis.

❀

Un citoyen d'Albi, en France, debout sur le toit d'un appentis pour le nettoyer, a vu la charpente céder sous ses 80 kilos. Il s'est retrouvé, trois mètres plus bas, **empalé** sur un pieu entré au niveau des lombaires et ressorti sous l'omoplate droite sans toucher d'organes vitaux. C'est en voulant bouger qu'il s'est rendu compte de la situation: il n'avait rien senti.

Le record de gain dans une machine à sous de Las Vegas appartient à une jeune comptable au chômage qui avait perdu sa maison et avait quitté Los Angeles en compagnie de son mari pour s'efforcer de trouver un emploi dans la capitale du jeu des États-Unis. Devant son insuccès, elle a **tenté sa chance** en glissant quelques 25 sous dans la fente d'une machine. Après quelques essais, les symboles se sont alignés à l'écran. «Est-ce que je gagne quelque chose?», a-t-elle demandé à sa voisine. «Vous gagnez tout!», s'est écriée l'autre. La chômeuse venait de récolter 1 881 552 $.

Ne pas faire confiance aux banques est une attitude commune chez beaucoup de **personnes âgées** et «Indian Joe» Cizaukas, de Grand Rapids, au Michigan, n'échappait pas à la règle. À sa mort, à 80 ans bien sonnés, les ouvriers chargés de démolir la maison branlante qu'il avait occupée trouvèrent 11 792 $ enterrés sous les fondations. Il avait pris soin de remplir des bocaux, des flacons de médicaments et même une théière de billets de banque. Malheureusement, les infiltrations d'eau avaient transformé le petit trésor en papier mâché. Mais ses héritiers ne s'en sont pas formalisés pour autant: ils ont vendu le terrain de 95 hectares qu'il possédait depuis 40 ans et en ont tiré... 1,25 million $.

Les **loisirs** sont le mode de vie le plus intéressant en cette fin de siècle. C'est l'opinion d'un manchot suédois de 36 ans qui a perdu un bras lors d'un accident et qui a entrepris de s'adonner au golf. Il n'a jamais cessé de progresser et a même réussi un trou d'un coup de 135 mètres (trois sous la moyenne) sur le parcours d'Oskarchamn. Au journaliste abasourdi qui lui demandait ses impressions, il a juste répondu: «Je ne me suis jamais senti comme un handicapé.»

À Wilmington, en Caroline du Nord, **trois pit-bulls** s'étaient jetés sur un bambin de deux ans qui voulait les empêcher de s'en prendre aux porcs de la ferme familiale. Lorsqu'on l'a retrouvé, baignant dans son sang, il avait la gorge déchirée et il lui manquait une oreille. Les grands-parents, propriétaires des bêtes, ont accepté que les chiens soient tués pour qu'une autopsie permette de récupérer l'organe. Trouvée en excellent état, «un miracle» selon le chirurgien, l'oreille a été réimplantée et l'enfant entend normalement depuis.

❀

Un résident de Châteauguay, au Québec, soi-disant victime d'un attentat, est retourné chez lui au volant de sa camionnette, à quelques kilomètres du lieu de l'incident, même s'il avait *deux balles dans le crâne* et l'une dans l'épaule. Ce n'est qu'à son domicile, où il s'est présenté ensanglanté, qu'il a admis à ses proches qu'il «ne se sentait pas bien». Il est parti pour l'hôpital... en taxi.

❀

Un jeune homme de Fort MacMurray, en Alberta, aurait bien pu revendiquer le titre de «*chanceux par excellence*». Par un froid intense, il a survécu à une décharge électrique de 25 000 volts, qui lui valut une chute de 40 mètres en bas d'un pont dans une rivière où il fut sauvé de la noyade et de l'hypothermie par un témoin de son accident.

❀

Michael Springer est toujours à la bonne place *au bon moment.* En 1980 et en 1989, il s'est trouvé sur les lieux d'un échange de coups de feu et a pu secourir les victimes. En 1995, il a sauvé la vie à un homme qu'on venait de poignarder. En 1996, il arpentait une rue près d'un édifice à logements où il aperçut un bébé de 17 mois, assis sur le rebord d'une fenêtre du quatrième étage. Comme de raison, le bébé a basculé et Michael a eu juste le temps de l'attraper au vol.

❀

Le directeur d'un magasin d'Oberstdorf, en Allemagne, est fier de sa forme physique acquise en courant régulièrement le marathon. À 46 ans, il a rivalisé sans peine avec un jeune *voleur* de 26 ans qui venait de dévaliser son établissement, l'a rattrapé en dépit de sa course effrénée et l'a plaqué au sol en faisant un bond en véritable vol plané. C'était le cinquième voleur qu'il permettait à la police d'appréhender en quelques mois par une manœuvre semblable.

⚘

À la prison de Saint-Gilles de Bruxelles, un **détenu** a joué le tout pour le tout et est parvenu sans peine à s'échapper. Il s'est coupé les cheveux de la même manière qu'un compagnon de cellule en instance de libération et a revêtu ses vêtements. À l'appel des prisonniers, il s'est présenté à sa place et a franchi la porte de la prison allégrement. Lorsque l'administration s'est rendu compte de la méprise, elle n'a pu retenir le prisonnier libérable puisqu'elle n'a pu prouver sa complicité.

⚘

Un individu de Guelph, en Ontario, a médité durant 90 jours en prison pour avoir négligé de rapporter au club vidéo une cassette qu'il avait louée quelque temps auparavant. Lorsque la police s'est présentée chez lui avec un mandat, elle a fait la découverte de 1 000 plants de **marijuana** cultivés avec beaucoup de soin et a aussitôt mis l'homme aux arrêts. L'avocat du prévenu a tenté de démontrer qu'il cultivait les plants pour ses besoins personnels, mais le juge n'a pas été dupe.

⚘

À Fort Lauderdale, une retraitée de 76 ans fut attaquée par un malandrin alors qu'elle portait ses ordures à la cueillette. Soucieuse de ne pas se faire voler ses boucles d'oreilles et son collier, elle s'est si bien défendue qu'elle a mis le voleur en fuite, non sans lui avoir fait perdre son dentier. La police eut tôt fait de mettre la main au collet d'un voleur à la bouche molle et le confronta à la dame; un simple essayage de la prothèse démontra qu'il était le **voleur** maladroit. Mais la vieille dame a décidé de ne pas faire confiance à l'appareil judiciaire et a gardé le dentier jusqu'au procès. «D'ici là, il n'aura qu'à manger de la purée et de la soupe», a-t-elle déclaré.

⚘

Deux policiers de Southend, en Angleterre, qui avaient le malheur de travailler la nuit de Noël, ont été récompensés en mettant la main au collet de **deux voleurs qui s'étaient mis dans de beaux draps.** Les deux cambrioleurs avaient emprunté l'ascenseur d'un édifice où ils avaient dérobé un petit coffre-fort, quand il est tombé en panne. Ils ont fait un tel raffut pour obtenir de l'aide qu'ils ont alerté les clients d'une discothèque pourtant en plein réveillon. Mandés sur les lieux, les constables n'ont eu qu'à les appréhender. «C'était bien pratique», a commenté l'un d'eux.

✿

Douglas Sandlin, de Louisville, au Kentucky, peut être considéré comme le **roi des chanceux**: un train de marchandises est passé sur lui sans lui infliger de blessures. L'homme marchait sur la voie ferrée lorsqu'il perdit connaissance et tomba entre les deux rails dans une légère dépression. Mais Douglas a dû tout de même accepter qu'on lui fasse 16 points de suture... histoire de refermer la plaie qu'il s'était infligée en tombant au sol.

Les excentriques

Un médecin de l'hôpital Royal d'Edimbourg, le Dr David Weeks, a consacré une thèse à la défense des excentriques dont il admire l'**insatiable curiosité,** la créativité sans borne et la passion débordante. Selon lui, une personne sur 200 en Grande-Bretagne est habitée par une «folie excentrique». Parmi les 100 individus qu'il a étudiés figurent un homme qui descend le long des immeubles déguisé en éléphant rose, une vieille dame qui a remplacé les fleurs de son jardin par 7 000 nains en terre cuite, un individu qui prend chaque nuit sa voiture pour faire des dizaines de kilomètres en marche arrière ou encore un Écossais qui vit dans une caverne régulièrement inondée par la marée haute. Le médecin s'est dit d'avis qu'il existe un lien entre l'excentricité et le fait que la Grande-Bretagne «reste prodigieusement créative et que plus de la moitié des idées nouvelles adoptées par les industriels de par le monde sont nées dans ce pays». Selon lui, les excentriques présentent une forme atténuée de schizophrénie accompagnée d'une forte imagination créatrice; ils sont rarement malades et vivent généralement jusqu'à un âge avancé.

❁

Devenu amnésique, un **enseignant** américain de 42 ans a erré durant 5 semaines avant de se présenter, à plusieurs centaines de kilomètres de son point de départ, à la ferme où il avait vécu enfant. Reconnu par un voisin perspicace, l'homme a appris alors qu'il était marié et père de six enfants, mais n'est pas parvenu à se souvenir de qui il était.

❁

Au chapitre des **comportements étranges,** il faut citer le cas d'une Anglaise, jadis pharmacienne de son état, qui est décédée en 1992 après avoir passé 35 ans dans une petite hutte de branchages qu'elle avait édifiée devant sa demeure. Elle ne remit jamais les pieds dans sa maison après que son fiancé lui eut fait faux bond à l'autel, le jour de leur mariage.

❁

Un Malais de Kuala Lumpur a battu un **record** déjà homologué en vivant plus de 2 semaines enfermé dans une cage de verre de 4 mètres sur 3 qui recelait 100 serpents venimeux. Afin de calmer l'appétit des cobras, ceux-ci étaient nourris chaque nuit de 300 œufs de poule.

❁

Un solitaire qui avait décidé de mettre fin à ses jours découvrit sur la plage de l'île d'Oléron (sur la côte atlantique française) une capsule de poison radioactif. Il brisa le couvercle et en ingéra le contenu avec un coup de vin blanc. De violentes douleurs à l'estomac eurent raison de sa détermination à mourir de **façon originale.** Il a réclamé des secours et fut hospitalisé.

❁

La Suisse semble receler sa part d'**excentriques** en matière de transport. À Berne, un fanatique des chemins de fer a réalisé un rêve longtemps caressé: il est parvenu à se faire passer pour un mécanicien et à conduire une locomotive durant plus d'une heure sur une ligne importante avant d'être finalement démasqué par le mécanicien qui avait d'abord cru être en présence d'un collègue puisqu'il portait le costume réglementaire. Une faute d'aiguillage l'a trahi à l'arrivée en gare. Le jeune homme de 22 ans s'est enfui et n'a été appréhendé que le lendemain. Sa passion des trains l'avait conduit à revenir à la gare voir passer les trains. Sa prestation aurait-elle fait un émule? À New York, un adolescent de 16 ans a conduit pendant 3 heures une rame du métro, après avoir subtilisé à une connaissance les instruments permettant de conduire le train. Au moment d'être conduit à un examen médical par la police, il s'est échappé et a disparu... dans le métro.

⚜

Un Nigérien de 20 ans, habitant un village près de Niamey, éprouvait des problèmes gastriques de plus en plus «lourds» depuis 2 ans lorsqu'il a décidé de se présenter chez le médecin. Une opération a permis d'extraire un kilo de débris métalliques, clous, fil de fer et pièces de monnaie que le patient a juré n'avoir jamais «consommés». Ses amis et lui sont persuadés que le phénomène est imputable à un *mauvais sort* qu'on lui aurait jeté. Le médecin était plus estomaqué de constater qu'il avait survécu à sa condition que de savoir comment la ferraille s'était retrouvée là.

⚜

Des individus *en mal de renommée* à tout prix n'ont aucunement besoin de suggestions post-hypnotiques pour se distinguer de façon irresponsable. Dans l'île de Bali, des chirurgiens, qui avaient décidé d'opérer un homme de 24 ans qui se plaignait d'atroces douleurs abdominales, ont extrait de son estomac deux couteaux de cuisine, un couteau à beurre, une cuillère et une fourchette, un porte-clefs, une brochette de bambou et quatre baguettes. L'ancien employé de banque avait déjà eu des troubles mentaux par le passé, mentionnait la nouvelle de façon laconique.

⚜

Dans un univers où les médias se surpassent pour nous révéler le «côté sombre» de la nature humaine, toute nouvelle révélant la *pureté de la fantaisie* ou la réussite d'un rêve réjouit. Un Allemand de 71 ans, Hans Imhoff, a réalisé son rêve: il a inauguré à Cologne, en Allemagne, son musée du chocolat où logent plus de 2 000 pièces retraçant l'histoire de la friandise dont il est lui-même un producteur. Les visiteurs sont accueillis par une fontaine dorée dans laquelle coulent 200 kilos de chocolat chaud. On trouve même dans ce musée un gramophone sur lequel on peut passer des disques gravés dans du chocolat. Les rêves les plus fous sont encore les plus beaux...

Un résidant de la région de Perpignan de 52 ans, Jean-Marie Xiffre, a été condamné à 12 ans de réclusion pour *avoir tué* sa compagne de 61 ans, Jeanne Delachasse, parce qu'elle «criait trop». Plutôt que d'avouer le crime, commis avec un fusil... de chasse, il momifia le corps et vécut en sa compagnie durant de longs mois avant d'être découvert.

Un Britannique de 32 ans, Paul Bint, a été condamné à 5 ans de prison pour avoir *personnifié un médecin* dans divers hôpitaux durant 11 ans. L'homme, vêtu d'un sarrau blanc, arpentait les couloirs et les bureaux des hôpitaux pour y voler les chéquiers et les cartes de crédit du personnel. Mais il adorait aussi jouer au médecin, visitant les malades et abusant si bien le personnel qu'on lui faisait signer des prescriptions et même, une fois, une autorisation de transfusion. Il tenta de rassurer les parents d'une malade qui décéda quelques heures plus tard, posa des points à un patient et fit passer une radio- graphie à un autre. L'homme avait déjà séjourné dans une institution psychiatrique.

Le laboratoire de physique du CERN, à Genève, a vu une importante étude sur le big-bang interrompue par une *querelle maritale.* Six mois après leur divorce, un couple travaillait toujours ensemble à ce projet en se disputant quotidiennement lorsque le mari, Nicolas Blazianu fut pris d'une violente colère. Il a dissimulé dans les plafonds, les planchers et les murs 1 300 circuits électroniques indispensables à la recherche de ce centre spécialisé dans le fractionnement de l'atome. Sept mille personnes ont vu leur travail totalement interrompu.

Pas de chance

Un admirateur inconditionnel d'Elvis Presley avait mis 130 ans à amasser une importante collection de disques, livres, photographies et objets de tout ordre. Le ***malencontreux incendie*** de sa demeure a réduit en cendres l'œuvre de toute une vie. Le pauvre James Spawn n'est parvenu à sauver qu'une photographie encadrée et autographiée prise en 1976.

❀

Des jeunes mariés devaient avoir une réception de mariage en règle au Nittany Lion Inn, sis sur le campus de l'université de la Pennsylvanie. Mais c'était sans compter qu'une ***épouvantable tempête de neige*** allait frapper tout l'est des États-Unis. Le résultat fut catastrophique: la moitié des invités furent confinés à des aéroports un peu partout; le pasteur fut rescapé dans un banc de neige en véhicule tout-terrain; la cérémonie dut être célébrée dans le hall de l'hôtel parce qu'il était devenu impossible de se rendre à la chapelle de l'université à quelques centaines de mètres plus loin; en guise de nuit de noces, le marié s'habilla chaudement et partit à la recherche d'une pharmacie pour acheter des médicaments destinés aux invités âgés qui se sentaient mal et la cinquantaine d'invités qui avaient pu se rendre à destination passèrent trois jours dans la salle de réception, dormant sur le plancher et se couvrant à l'aide des nappes. Heureusement, l'orchestre était arrivé à temps, et les jeunes mariés eurent de la musique pour échanger leurs vœux.

❀

Un touriste de 35 ans qui refusait de quitter sa chambre d'hôtel à Portland en Oregon a été sérieusement blessé en tombant du sixième étage d'une chambre où il s'était barricadé.

L'homme avait de l'argent pour payer mais l'hôtel ne pouvait lui fournir une chambre pour une deuxième nuit parce que toutes étaient réservées. C'est en ***essayant de fuir*** les policiers à l'aide de draps qu'il avait noués l'un à l'autre, comme on le montrait souvent jadis dans les films de gangsters, qu'il s'est laissé tomber au sol entre le septième et le sixième étage; il fut blessé grièvement.

⚜

Chacun sait que la France se targue d'avoir mis au point le train le plus rapide, le fameux TGV. Pourtant il arrive que ces ***merveilles de la technologie*** soient elles aussi victimes de l'impondérable que représente l'être humain. Un passager qui s'était coincé le bras dans la cuvette des toilettes a tiré la sonnette d'alarme et a interrompu ainsi le trajet du train le plus rapide durant deux heures un dimanche soir. Le passager avait plongé le bras dans la cuvette en tentant d'y récupérer ses papiers d'identité qu'il venait d'y laisser tomber. Des pompiers de Tours, appelés à la rescousse, ont dû avoir recours à des tenailles de décarcération pour l'extirper, lui et la cuvette, de sa fâcheuse position. L'acteur Jerry Lewis, qui avait pris place à bord du train, a trouvé la scène assez spirituelle pour essayer de la glisser dans un film... si jamais il en réalise un autre.

Certains faits divers relatifs à l'***automobile*** sont moins réjouissants. Un automobiliste de Bucarest, Vasili Ursu, refusa de répondre aux supplications de passants qui essayaient de le convaincre de conduire un enfant gravement blessé à l'hôpital. Le conducteur argua qu'il avait des affaires personnelles urgentes à régler. Il fut catastrophé d'apprendre plus tard que l'enfant qu'il avait refusé de prendre à bord était son propre fils de sept ans qu'il n'avait pas reconnu.

⚜

Il y a eu dans l'histoire de la médecine 31 cas recensés de personnes qui ont ***avalé*** leur... brosse à dents en se lavant les dents. Les *Archives de la chirurgie,* une publication américaine, a rapporté ces cas en signalant que le plus ancien remontait à 1882. Du nombre, il faut préciser que le champion toutes catégories était un malade mental russe qui en avait avalé 16. Quand tu n'as rien à te mettre sous la dent...

⚜

À Fargo, dans le Dakota du Nord, un homme de 34 ans qui était entré à l'hôpital souffrant d'une très forte grippe, s'est réveillé une semaine plus tard dans une *condition inhabituelle*: il avait été amputé des bras et des jambes. Victime d'une rocambolesque série d'erreurs médicales? Pas cette fois. Son état résultait des mesures extraordinaires qu'on dut prendre durant son coma à la suite de complications provoquées par sa grippe, soit: une pneumonie double, des vaisseaux sanguins obstrués, de la gangrène et des poumons obstrués.

⚜

Antonio Ceballos, un professeur d'université de Valparaiso, au Chili, avait *mordu et arraché le doigt* d'un de ses trois assaillants avant de mourir. Des experts en criminologie sont parvenus, par des analyses en laboratoire, à identifier le propriétaire du doigt. Il fut appréhendé avec ses deux complices.

⚜

Trois adolescents britanniques se sont crus riches durant quelques minutes lorsqu'ils découvrirent une boîte en métal en creusant un trou sur la berge d'une rivière près de Southport. La boîte contenait des bijoux, des pièces de monnaie anciennes, des timbres rares, le tout d'une valeur d'environ 75 000 $. Honnêtes, ils décidèrent tout de même de prévenir la police qui se fit remettre le tout. Il s'agissait du produit d'un cambriolage survenu 20 ans plus tôt et que les *voleurs* n'avaient jamais pu ou voulu récupérer.

⚜

Le directeur d'une banque rurale suisse de Gland, près du lac Léman, a été victime à deux reprises en deux ans d'un *vol* commis de la même façon. Retenu en otage toute une nuit avec sa belle-mère et ses deux enfants, il a été contraint d'ouvrir les coffres de la banque au matin lorsque les bandits l'y ont conduit. Les deux vols ont rapporté quelque 750 000 $ aux cambrioleurs.

Une femme de Norristown, en Pennsylvanie, se rendait nuitamment chez un ami lorsqu'elle a été forcée, sous la
contrainte d'un pistolet, de céder le volant à un ***agresseur*** à
un feu rouge. Ne trouvant aucune drogue, il a entraîné la dame
dans une ruelle pour la violer avant de s'enfuir avec sa voiture.
Prétextant vouloir lui venir en aide en lui permettant de faire
un appel téléphonique de chez lui, un «bon Samaritain» l'a
violée à son tour quelques minutes plus tard.

Un véritable «bon Samaritain» a été victime lui de son altruisme sur une route déserte près de Lac-Brome, au Québec.
Voyant un automobiliste en panne tard le soir, il s'est arrêté
pour lui proposer de l'aide. ***L'automobiliste*** lui a dit avoir
besoin d'une paire de pinces. Le secouriste a ouvert le coffre
de sa voiture pour y prendre l'outil et a été assommé par le
soi-disant automobiliste en panne qui s'est sauvé avec le
contenu de son portefeuille, soit 150 $.

❁

Claude Sauriol était tombé en panne en pleine heure de pointe,
un après-midi, sur le pont Jacques-Cartier à Montréal, créant
un lourd ***embouteillage.*** Il entreprit de pousser lui-même son
véhicule jusqu'à ce que deux policiers en voiture lui offrent
de l'aider, ce qu'il accepta de bonne grâce. Pour son malheur,
les deux policiers reconnurent en lui un récidiviste, en possession d'une voiture volée la veille. Il termina sa promenade
au cachot.

❁

Le contrôleur d'une compagnie de surveillance dépêcha les
pompiers d'Old Bridge, au New Jersey, vers une résidence où
ses appareils lui indiquaient qu'un incendie était en cours. À
leur arrivée à la maison de Joseph Romano, les sapeurs ne
virent que de la fumée. La fille du seigneur des lieux pré-
tendit qu'elle avait actionné le signal par erreur. Mais l'odeur
était fortement caractéristique. L'homme et sa fille avaient
tellement fumé de ***marijuana*** que l'avertisseur avait été
déclenché à la centrale de surveillance. Prévenus de la chose,
les policiers trouvèrent sur place une bonne quantité d'herbe

et tout ce qu'il faut pour la peser. Le papa et la fille ont été mis en accusation.

❀

Michelle Lee Monagas, procureure adjoint à New York, rendait visite à son fiancé officier de police lorsque son attention fut attirée par un avis de recherche épinglé au babillard. Elle y reconnut le visage de son frère qui habitait la Floride. Ses renseignements permirent de faire appréhender l'homme qui avait commis quatre viols depuis sa sortie de prison neuf mois auparavant.

❀

Le gagnant d'une cagnotte de 10 millions de schillings (1 million $) au casino de Bregenz, en Autriche, décida d'aller fêter sa bonne fortune au bar d'un club de nuit encore ouvert en cette heure tardive (2 h 30 du matin). La dizaine de clients et les quatre employés voulurent *voir le chèque* pour partager sa joie. La fête fut animée. Lorsqu'il voulut quitter le cabaret, il porta la main à sa poche pour un dernier contrôle. Son sang se glaça: le chèque n'était plus en sa possession.

❀

Lawrence Hanratty a été désigné comme l'homme *le plus malchanceux* par le *New York Daily News*. À 27 ans, il a failli mourir électrocuté sur un chantier et a passé des semaines dans le coma. À son réveil, il a perdu le procès qu'il avait intenté pour obtenir des dommages et intérêts: de ses quatre avocats, un a été chassé du barreau, deux sont morts et le quatrième est parti avec son épouse. L'homme a ensuite passé des années dans des lits d'hôpitaux pour différents malaises au cœur et au foie, consécutifs à son accident. À sa sortie d'hôpital, il fut victime d'un accident de voiture. Le véhicule a été entièrement détruit et lorsque la police eut quitté les lieux après le constat, le pauvre Lawrence fut attaqué par des malfaiteurs qui l'ont entièrement dépouillé. Privé de travail, son propriétaire lui a intimé l'ordre de quitter son appartement et sa compagnie d'assurances l'a averti qu'elle cessait de le dédommager. Onze ans après son premier accident, Lawrence Hanratty souffre de dépression et d'agoraphobie et doit absorber 42 médicaments différents chaque jour. Il a tout de même déclaré au journaliste qui l'interviewait: «Il y a toujours de l'espoir.»

L

comme dans... lamentation

Les plaintes sont le plus grand tribut que reçoive le ciel et la plus sincère partie de notre dévotion.

Jonathan Swift

La plainte est l'exutoire par excellence de notre difficulté de vivre en société. Nous naissons en hurlant que c'est trop tôt et nous mourons en regrettant de n'avoir rien fait qui vaille.

Entre ces deux seuls véritablement grands moments de notre vie, nous passons le plus clair de notre temps à chercher le lieu idéal où nous n'aurons plus à nous plaindre de la présence des autres, ou au moins à n'y trouver que des gens qui ont les mêmes raisons que nous de se plaindre.

Heureusement, la plainte est le moyen idéal de fortifier l'âme et de rêver...

Un touriste néerlandais, peut-être rendu nerveux par l'obligation de conduire à gauche en Angleterre, avait bien des raisons de *regretter* son séjour au pays de Charlot-les-grandes-feuilles. Il oublia de noter le nom de la ville où il avait laissé sa roulotte (et son épouse) avant de se rendre à un rendez-vous. Il avait bien pris soin de noter par écrit le nom de la rue, mais pas celui de... la ville. Après avoir fouillé les routes sur plus de 550 kilomètres, il s'est résolu à demander l'aide de la police en un anglais hésitant qui n'a pas facilité les choses. Mais les policiers britanniques n'ont rien des pandores de la farce: après une série de recoupements avec plusieurs autres stations de police des environs, ils ont fini par découvrir l'épouse éplorée dans sa roulotte.

Une respectable Française d'Agen doit plutôt à son excessive prudence le fait d'avoir eu des démêlés avec la justice. *L'automobiliste de 73 ans* écopa une contravention parce qu'elle roulait à 50 km/h sur une route où la vitesse permise était de 90 km/h, causant ainsi un encombrement routier. Imperturbable, elle a expliqué aux policiers qui faisaient écho au concert d'injures des autres automobilistes, qu'elle «cherchait une place pour se garer».

L'automobile n'a pas toujours cette fonction dévastatrice dans notre société, mais certains individus ne pensent pas moins qu'elle est responsable de bien des maux. Des *écologistes* furent soupçonnés d'un crime de «lèse-caoutchouc» à quelques heures du jour de l'An dans deux villages de la Suisse. Désirant peut-être lancer la mode d'un gruyère nouveau style, des inconnus crevèrent les pneus de 129 voitures dans les villages de Aarau et Buchs. Ils prirent soin cependant de «signer» leur crime en laissant dans les pare-brise des lettres photocopiées qui révélaient leur credo: pour eux, rouler en automobile ne «constitue pas un acte d'amour du prochain» et «détruit la vie et la nature».

À Wellington, en Nouvelle-Zélande, le pilote d'un quadrimoteur, qui était coincé entre plusieurs avions à l'aéroport, dut faire appel aux passagers pour... pousser l'appareil jusqu'à un emplacement où il lui était possible de décoller. Les passagers, impatients de s'envoler, se hâtèrent de répondre à sa demande *sans maugréer.*

La Grèce a-t-elle une influence sur le comportement des voyageurs? Qui sait? Un citoyen allemand de 25 ans, irrité de se voir *refuser de l'alcool* par une hôtesse lors d'une envolée entre Francfort et Athènes, a tenté d'ouvrir une des portes de l'appareil de la Lufthansa en hurlant: «Je veux descendre ici!» Maîtrisé de façon... virile par l'équipage, il a été remis à la justice grecque à Salonique, au nord du pays.

Inondé de plaintes de la part de candidats à l'obtention du permis de conduire à l'effet que les questions des examinateurs étaient truquées et excessivement difficiles, le ministre des Transports de l'Italie a décidé de subir lui aussi le fameux test de 30 questions. Il en a raté huit alors que la limite pour obtenir le permis est de quatre erreurs. Il s'est dit surpris de ne pas avoir eu plus de mauvaises réponses, tant les questions étaient tarabiscotées, et a promis de faire modifier la teneur de l'examen.

Un *détenu* britannique, condamné pour le meurtre de six personnes, a trouvé le moyen de clamer son innocence. Après avoir faussé compagnie à un gardien durant une visite à sa mère, il a agrippé de la main droite enduite d'une colle à prise rapide la grille de Buckingham, et s'est enchaîné à l'aide de la gauche. Il a fallu une heure aux ambulanciers et aux pompiers pour le libérer. À une peine de prison à vie dont il a déjà purgé neuf ans, le manifestant devra ajouter quelques mois de cellule pour atteinte à l'ordre public.

L'insulte personnelle fait partie du plaisir de jouer au cricket en Australie, dit-on. L'une des insultes les plus savoureuses lancées à un frappeur est la suivante: «Ta sœur dit que ta femme ne vaut rien au lit!»

À Bangkok, un ***agent*** de la circulation de 25 ans, en poste à ce que les automobilistes locaux surnomment le «carrefour de l'enfer», est subitement devenu fou. Il a mis tous les feux au vert et, dans le chaos total qui s'en est suivi, s'est mis à danser au milieu de l'enchevêtrement inextricable de voitures. Les agents n'ont pas la vie facile dans cette ville où la circulation est presque impossible: les problèmes de santé (respiratoires et auditifs) sont tels qu'on doit mettre des réservoirs d'oxygène dans certaines guérites en raison des niveaux critiques de pollution.

Un avion qui assurait la liaison Le Caire-New York a dû faire demi-tour dix minutes après le décollage parce qu'un médecin à bord avait ***oublié*** à terre les médicaments qui lui permettaient de se faire une injection toutes les quatre heures. Son frère, porteur de la mallette contenant les médicaments, n'avait pu monter à bord au moment du décollage. Le médecin malade n'aurait pas survécu à un voyage de 12 heures. L'avion est reparti sans lui, cependant.

En matière d'art, toute ***opinion*** n'est pas bonne à exprimer. Mark Bridger, un artiste britannique qui se définit comme «conventionnel», a été condamné à garder la paix durant deux ans pour avoir endommagé «l'œuvre» d'un confrère. Il avait versé une bouteille d'encre dans un aquarium rempli de formol qui contenait le corps d'un agneau. David Hirst, l'artiste offensé, avait changé le titre de sa... pièce de *Loin du troupeau* en *Mouton noir*. Hirst est un créateur qui a déjà soulevé la controverse en exposant une tête de vache grouillante de vers. Il a restauré son «mouton» qu'il a vendu à un collectionneur privé pour la somme de 25 000 livres (37 500 $).

Un autre «artiste» a eu ***moins de chance*** devant la loi. S.R.M. Motamedi, un Iranien qui réclamait 15 000 $ de dommages et intérêts à la municipalité allemande de Wuppertal pour avoir «déplacé» son chef d'œuvre à l'extérieur du musée de Solingen, a été débouté par la cour. Son œuvre consistait en une série de photographies de crottes de chien, agrémentées de sacs en plastique contenant ses propres étrons. L'étanchéité des sacs étant plus qu'imparfaite, l'odeur nauséabonde qui s'en dégageait importunait tellement le personnel et les visiteurs qu'on avait mis moins d'une journée à «déplacer» l'œuvre à l'extérieur du musée.

Un quadragénaire de Kragero, en Norvège, avait beau expliquer sur tous les tons qu'il n'était pas malade, deux ambulanciers l'ont forcé à monter dans leur véhicule pour le conduire d'urgence à l'*hôpital.* Son voisin, un homme de 57 ans qui portait le même nom et qui avait subi des examens plus tôt dans l'institution ce jour-là, eut toutes les misères du monde à se faire réadmettre à l'hôpital parce que le personnel tenait absolument à le convaincre qu'il était déjà hospitalisé.

Le service de l'électricité de France n'entend pas à rire. À cause d'une facture impayée de 1 800 francs (350 $), le service a été interrompu à la résidence secondaire de l'ancien premier ministre Édouard Balladur à Deauville. Le courant a été rétabli une journée plus tard lorsque les ***fonctionnaires*** se sont rendu compte que le rappel de la facture en souffrance n'avait pas été envoyé à sa maison principale à Paris, comme il se doit.

Un père Noël de Jacksonville, en Floride, a semé la consternation chez les enfants et leurs parents lorsqu'il s'est mis en colère parce qu'un tout-petit portait un chandail à l'effigie d'une équipe de football qu'il a en horreur. Ses remarques ont soulevé la colère de la mère qui s'est fait remettre prestement ses bambins par ***le colérique bonhomme*** dans un langage dénué de tout esprit du temps des fêtes. Le père qui immortalisait la scène à l'aide d'une caméra vidéo a voulu s'interposer et s'est vu proposer de régler à coups de poing la question de l'importance de soutenir la bonne équipe de football. Puis, le père Noël, peut-être inspiré par l'arrivée de plusieurs gardes de sécurité, a décidé sur-le-champ de démissionner, pendant qu'un représentant du centre commercial se confondait en excuses. Le père des enfants en question a dû leur expliquer que ce n'était pas «le vrai père Noël».

La **consommation** est peut-être un art de vivre à notre époque troublée, mais c'est aussi une source de tourments. Après que 62 personnes eurent été intoxiquées lors d'une fête, un traiteur de Cardiff, au pays de Galles, fut traîné devant les tribunaux où il jura ses grands dieux qu'il avait fidèlement suivi la «recette de Mme Beeton», une célèbre cuisinière dont le livre fait toujours autorité chez les Anglais. Le problème est que le livre ayant été publié en... 1861, Mme Beeton elle-même n'a pu venir corroborer les dires du traiteur.

Les employés d'une société immobilière d'Ames, en Iowa, se sont **vengés** avec soulagement d'un ordinateur de 1978 qui leur avait fait la vie dure. Lorsque l'entreprise a enfin modernisé son système **informatique,** le coupable fut hissé à 12 mètres du sol par une grue et jeté dans le vide. Les employés se sont ensuite acharnés sur lui à coups de masse. Puis, une petite fête à l'orangeade et au maïs soufflé (sans doute l'équivalent américain du champagne et du saumon fumé...) a clos la cérémonie. L'appareil, imprévisible à souhait, perdait des données à la moindre surcharge électrique; il avait même une fois fait disparaître une année complète de données.

Le Bureau de l'excellence commerciale de Hamilton-Niagara reçoit toutes sortes de plaintes, mais celles-ci sont vraiment savoureuses. Une **automobiliste** s'est plainte de ce que la photo sur son permis de conduire l'enlaidissait. Une famille a porté plainte contre un magicien engagé pour une fête d'enfants qui s'est enfui dès son arrivée... après avoir perçu son salaire. Des clients d'animalerie se sont plaints d'avoir acheté un iguane qui avait des poux, un chien qui grognait, un cobaye qui souffrait d'hémorroïdes. Une voyante a appelé pour dénoncer un client qui ne l'avait pas payée...

Le **passe-temps favori** d'un voisin a conduit une Australienne désespérée devant la cour. L'imbécile a développé une passion pour les grenouilles dont il favorise la venue sur son terrain. C'est par milliers que les amphibiens ont envahi son terrain et le «sérénadent» de façon tonitruante, en particulier à la période des amours. La pauvre voisine a dû se résoudre à mettre sa maison en vente: la cour a décrété qu'aucune loi n'empêchait un citoyen de professer un amour démesuré pour les grenouilles. Je compatis au sort de cette pauvre dame d'autant plus que je suis victime de la stupidité de voisins qui se sont lancés dans «l'élevage» de chiens à la douzaine qui aboient nuit et jour. Ah, les joies de la campagne!

Les descendants du président américain Ulysses Grant, héros de la Guerre civile, ont **menacé** la ville de New York de retirer les corps du célèbre militaire et de son épouse du cimetière qui accueille son mausolée s'il n'était pas restauré. Depuis quelques années, l'endroit est devenu le lieu de prédilection de tout ce que cette partie de la ville compte d'itinérants et de «graffiteurs» que le respect dû aux célébrités historiques laisse... de marbre.

Une levée de boucliers des citoyens de la Floride contre les conditions de vie trop «douces» faites aux **prisonniers** a déclenché une réaction draconienne dans les institutions. Cinq prisons ont retiré purement et simplement tous les appareils de télévision de leurs locaux tandis que deux autres instauraient un régime d'écoute très limité. Le responsable de l'information d'une des prisons a expliqué la décision en ces termes: «Sachant que la télévision est interdite dans cette prison, les criminels vont peut-être y penser à deux fois avant de commettre un crime qui va les amener ici.»

Nicolae Paduraru a fondé en 1972 la Société transylvanienne de Dracula destinée à éradiquer les *préjugés* à l'endroit du célèbre comte, en particulier dans les pays occidentaux. Selon lui, l'interprétation de l'histoire et du folklore de la Roumanie a contribué à fausser la perspective qu'on a de ce héros national qui a empêché les Turcs de s'emparer de toute l'Europe.

Puisqu'on parle des Turcs, on se rappellera qu'ils entretiennent avec les Grecs une *dispute insoluble* à propos de Chypre, dont ils occupent chacun une partie, sous la surveillance des casques bleus. Un chien turc appelé «Ma rose» ne connaissait pas la nature de ce conflit et s'est aventuré au-delà de la zone démilitarisée à la poursuite d'un lapin aperçu entre les barbelés. Lorsqu'il est revenu dans la partie turque, il n'avait pas trouvé le lapin en question, mais arborait une inscription peinte sur son poil: «Chypre est une île grecque.»

La défense des *droits des animaux* peut porter aux excès qui semblent être le propre des bien-pensants aptes à critiquer le moindre comportement. Parmi les opinions les plus outrées formulées par un groupe américain de cet acabit (fort d'une liste de 400 000 membres), on note: ne portez pas de chandails de laine «parce que la tonte se fait sans anesthésie»; ne portez pas de colliers de perles; n'ayez pas d'animal de compagnie si vous ne le considérez pas comme votre égal.

Depuis que les *défenseurs des animaux* expriment leur opinion en faisant sauter des bombes dans des laboratoires, le *Wall Street Journal* a établi un courant au sein des avocats américains pour rechercher ce genre de causes qui leur apportent gloire et fortune.

Greenpeace ne recule devant aucune *cause à défendre* qui lui semble juste. À Hambourg, certains de ses membres ont perturbé l'ouverture d'une exposition consacrée aux 35 ans de la poupée Barbie parce qu'ils accusaient le fabricant Mattel d'utiliser pour sa fabrication 70 % de polychlorure de vinyle nocif à l'environnement. Les poupées sont fabriquées dans des pays (Chine, Malaisie, Mexique et Indonésie) où les contrôles du taux de pollution sont parfois fantaisistes.

Mais le ***militantisme*** de certains activistes de Greenpeace n'est pas toujours bien accueilli. Lorsque six d'entre eux sont montés de force à bord d'un baleinier norvégien, le *Senet*, l'équipage a balancé l'un d'entre eux par-dessus bord en pleine mer. Les cinq autres, au vu des sentiments d'amitié très peu chaleureux qui se dessinaient à leur endroit, ont préféré sauter à l'eau d'eux-mêmes. Un navire garde-côte qui surveillait leurs agissements les a sauvés.

✦

Nous avons raison parfois de nous plaindre de dépression sans en connaître la cause. Un psychiatre du collège royal d'Édimbourg, en Écosse, a conclu, après étude des dossiers d'hôpitaux locaux, que les tempêtes solaires entraînaient une augmentation de 36,2 % des admissions de patients masculins qui disaient souffrir de ***dépression.***

✦

Et pour conclure sur une note satisfaisante, saluons le ***courage*** du magazine médical britannique *The Lancet* qui s'est porté à la défense du *surgeon general* Joycelin Elders, congédiée en décembre 1994 par le président Bill Clinton parce qu'elle avait livré un vibrant plaidoyer en faveur de l'enseignement de la masturbation dans les écoles. Selon le très digne et très sérieux hebdomadaire anglais, il était grand temps que la masturbation, «qui constitue la ***pratique sexuelle*** la plus sûre, soit évoquée de manière ouverte comme une part du comportement sexuel humain».

M

comme dans... mœurs

> *Chaque âge a ses plaisirs,*
> *son esprit et ses mœurs.*
>
> Nicolas Boileau

On enseigne que si d'aventure on rencontrait un homme de Cro-Magnon, rasé de frais et vêtu à l'occidentale, dans une rue, on ne saurait le distinguer de l'homme contemporain.

De là à dire qu'il n'est pas loin le temps où l'on vivait dans des cavernes, il y a une marge que je me refuse à franchir à regret. Depuis cette époque, l'évolution a permis à l'être humain de franchir des étapes enthousiasmantes, dont le point culminant est sans doute l'invention de la télévision qui nous permet de voir, chaque soir au bulletin de nouvelles, à quel point le genre humain a raffiné ses méthodes d'autodestruction.

Le progrès est à notre porte. Tendons-lui la main pendant qu'il en est encore temps. D'ailleurs rassurons-nous: selon l'Institut national des sciences appliquées de l'Australie, le niveau de fertilité est en baisse dans tous les pays du monde. Un scientifique américain, Wolfgang Lutz, a pu affirmer qu'il était «peu probable que la population du globe double d'ici à deux siècles».

Mais, en attendant...

Le phénomène dit de «l'homme rose» ou «homme nouveau» demeure encore mystérieux pour les Britanniques. Un sondage effectué par la respectable agence Mintel a cependant permis d'établir que l'*homo britannicus* était en voie d'acquérir certaines qualités propres à l'***homme nouveau***: il accepte désormais d'accomplir une tâche ménagère. Et alors? Une telle évolution ne s'improvise pas! Les oreilles de Charles n'étaient pas aussi grandes à sa naissance, non?

Étrange pays que l'Angleterre, en vérité. Un ***député travailliste*** de la Chambre des communes a obtenu un contrat pour enregistrer les chansons des Beatles en latin. Ses talents furent révélés durant un débat sur l'enseignement aux Communes: il y interprétait *Yellow Submarine* dans la langue de Jules César. *Omne tullit punctum, qui miscuit utile dulci* (Il a remporté tous les suffrages, celui qui a su mêler l'utile à l'agréable).

Est-ce la récession qui est à l'origine de création d'emplois pour le moins étonnants? À Berlin, une agence qui porte fièrement le nom de «Roméo laveurs» loue les services d'***hommes de ménage*** qui viennent faire l'époussetage chez les particuliers en tenue érotique ou entièrement nus. La clientèle? Un nombre égal d'hommes, d'homosexuels esseulés et de femmes, surtout des femmes d'affaires célibataires. Le tarif du nettoyage ne comprend pas les exigences supplémentaires de la clientèle.

Si pour certains le corps est un temple, pour d'autres c'est une affiche. Don Fancourt, le gérant d'une usine de transformation de viande de porc de Waterloo, en Ontario, au Canada, a profité de l'occasion fournie par la mise en place d'une nouvelle prothèse dentaire pour faire graver un mignon ***porcelet sur une molaire.*** L'artiste qui a procédé à la création de l'œuvre avait déjà gravé des fleurs et même une femme nue sur des dents auparavant. L'épouse du gérant n'a pas été surprise une miette: «Les porcs ont beaucoup d'importance pour lui», a-t-elle commenté le plus sérieusement du monde.

Les *transsexuels* londoniens ont droit à deux cartes d'usagers des transports en commun leur permettant de voyager en fonction du choix d'identité qu'ils font selon le jour. Ils étaient trop en butte aux tracasseries des chauffeurs d'autobus qui leur refusaient le passage si la photo ne correspondait pas à leur allure.

Enfantillages

Une étude sur les *parents* britanniques a démontré que les couples sans enfant ont plus tendance à boire et à fumer immodérément que les couples qui se donnent une progéniture. Selon le *Daily Telegraph*, les maris sont particulièrement enclins à boire exagérément.

Un *enseignant* américain de San Francisco, Jaime O'Neill, a publié les conclusions d'une recherche qui lui a permis de découvrir que 4,3 % de la population américaine était illettrée en 1930, mais que six décennies plus tard ce pourcentage atteint de un cinquième à un quart de la population. La génération «idiot-visuelle», c'est elle. À propos, ça explique peut-être ce qu'a découvert le magazine *Time* lors d'un sondage: en dépit de la présence abondamment télévisée des troupes américaines en Somalie, 43 % des Américains ignoraient sur quel continent (sic) se trouvait ce pays.

Juristes et parlementaires américains sont de plus en plus nombreux à prôner le *retour aux châtiments corporels* pour lutter contre les petits délinquants, «graffiteurs» et voleurs à la tire. Un sénateur américain, entre autres, a proposé de donner jusqu'à 10 coups de verges sur les fesses (couvertes cependant) des «graffiteurs» de 13 à 18 ans.

Pour limiter les **scènes de beuverie** qui soulignent l'annonce des résultats des examens de fin d'études des lycéens, le ministère de l'Éducation de Dublin en a modifié la date. Les résultats furent communiqués un mardi, plutôt qu'un jeudi, considéré comme le début de la fin de semaine en Irlande.

«

Les parents de 6 adolescents responsables de l'incendie d'un club de **karaoké** de Taipei qui avait fait 12 victimes se sont concertés pour faire porter toute la responsabilité sur un seul d'entre eux, dûment conduit au poste de police par son propre père où il a avoué son méfait en prétextant l'ivresse. Mais la police a vite fait d'établir que ses cinq amis étaient avec lui à ce moment-là et n'a pas été dupe. Avec de tels parents, qui a besoin d'ennemi?

«

Les jeunes d'Europe de l'Est ont inventé «l'asile politique touristique». Leur pays de prédilection est la Hollande où ils sont **logés gratuitement** et reçoivent 20 $ par semaine jusqu'à ce qu'on ait statué sur leur sort. Ils arrondissent leurs fins de mois par le vol à la tire et autres activités criminelles.

«

Une association de **parents** du Colorado, Planned Parenthood, a trouvé une façon originale de combattre les naissances non désirées: elle verse 1 $ par jour à chaque adolescente qui peut attester qu'elle a utilisé des condoms et n'est pas tombée enceinte durant la semaine.

«

Le journal du Vatican a critiqué de façon colérique une initiative de promotion gouvernementale anti-sida un jour de rentrée scolaire. Un petit avion a survolé Rome en traînant derrière lui un gigantesque condom sur lequel était écrit: «L'amour sûr fait du bien à la vie.» Avec toute **l'ouverture d'esprit typique du Vatican,** l'éditorial du journal a estimé qu'il s'agissait «d'une décision anti-éducative et nuisible aux jeunes». Tout autre commentaire serait superflu.

L'enfant américain exerce une influence de plus en plus déterminante sur l'*attitude consommatrice* de ses parents, selon le professeur en marketing James McNeal de l'université A&M du Texas. Cette influence se manifeste particulièrement dans l'achat de la nourriture, des vêtements, du mobilier, des ordinateurs, des véhicules motorisés et sur le choix des destinations de vacances. À preuve, le montant des achats évalué à 50 milliards $ en 1984 atteignait un total de 157 milliards $ en 1993.

Loisirs

Les nouveaux riches de Moscou se sont trouvé un goût irrépressible pour les *animaux exotiques.* Le dernier cri en la matière chez les m'as-tu-vu consiste à remplir sa baignoire d'eau et à y déposer des bébés crocodiles qu'on montre ensuite négligemment à ses invités.

(

Le journal *The Oakland Tribune* a publié les résultats pour le moins ahurissants d'un concours qui consistait à demander à ses lecteurs des moyens originaux d'*épargner de l'argent.* Voici quelques-unes des mesures les plus étonnantes qu'on puisse imaginer: séparer les épaisseurs du papier de toilette; faire sécher les fils de soie dentaire pour les réutiliser; régulariser sa digestion de façon à n'utiliser que les toilettes de son lieu de travail en épargnant ainsi l'eau et le papier hygiénique; recongeler l'eau des cubes de glace qui ont fondu; couper une extrémité d'un sac d'aspirateur rempli pour le délester de sa poussière avant de le recoudre pour une nouvelle utilisation; garder dans sa voiture un sac en papier sur lequel on a écrit «Ne fonctionne pas» afin d'en coiffer le parcomètre devant lequel on gare sa voiture.

(

La Roto-Rooter Corp., une compagnie de plomberie américaine, a demandé à ses employés d'établir une liste des objets les plus inusités extirpés de drains obstrués. La liste comprenait, entre autres: des porcelets, des cornes de bœuf, des poussins de Cornouailles, 85 petites culottes de femmes, 50 000 $ en billets (une partie d'une rançon), des intestins de chèvres, un bâton de hockey, une marmotte vivante, un caleçon masculin de taille XXXL (très, très, très grand), des piranhas, une perruque pour homme et... un vibrateur. Qui a dit que les Américains ne savaient pas meubler leurs *loisirs*?

Pourtant, ils y consacrent moins de temps qu'au début des années 80, alors qu'ils se réservaient en moyenne 25 heures par semaine pour reprendre vie. On évalue désormais à 10 ou 12 heures par semaine les *moments de loisir* des Américains qui ont vu leurs responsabilités domestiques et profession-nelles faire un bond prodigieux. Ils rognent sur leur période de sommeil le temps nécessaire à ce qu'ils qualifient de loisirs: parfaire les études, s'entraîner au gymnase, suivre un entraîne-ment spécialisé, tout cela avant le lever du soleil.

Les *loisirs des autres* sont souvent sources d'embêtement. Qui de nous n'a pas eu à souffrir un voisin qui entreprend de réparer, à 7 heures du matin, un escalier branlant en écoutant l'abrutissante musique d'une station de radio populaire? Junior Medland (septuagénaire en dépit de son prénom) avait un problème de taille: une piste pour voitures de course était venue s'installer à l'arrière de sa maison. Adieu tranquillité, adieu retraite. Durant sept ans, Junior a tenté sans succès d'in-téresser les fonctionnaires de sa municipalité à son problème. Lassé, il a décidé de prendre sa *revanche.* Il a installé sur la toiture 11 sirènes hyperpuissantes qui entrent en action dès les premières pétarades. «Ça noie totalement le bruit», a-t-il commenté. Peut-être. Mais ça indispose beaucoup son voisin immédiat qui a installé sur son terrain une pancarte avec une flèche disant: «Le plus bruyant voisin du monde.» Quoi qu'on fasse, on est toujours le voisin de quelqu'un...

Certains hivers doux nuisent à l'industrie du *ski.* Au Vermont, une station a décidé de combattre la désaffection de son centre de ski en lançant les télésièges chauffés. Chacune des 140 cabines jouit d'une température de 10 °C et est munie d'un système radio diffusant de la musique et des communiqués de météo. Quatre cabines VIP sont munies de sièges baquets, de tapis, d'une chaîne stéréo et de vitres teintées. À Gjaidalm, au nord-ouest de Vienne, une station de ski a aménagé une piste pour nudistes d'une longueur de 5 km à une altitude de 1 750 mètres. La piste est surtout fréquentée au printemps et par des skieurs prudents. Chaque chute peut en effet s'avérer très douloureuse.

Des *fonctionnaires* du parlement de Canberra, en Australie, ont été les premiers à acheter des billets d'une tombola organisée par deux maisons closes de la capitale et offrant comme prix des «interludes d'une heure» avec leurs prostituées. Les tombolas avaient pour but de recueillir des fonds pour venir en aide à un service médical aérien qui fournit une assistance médicale gratuite aux personnes des régions éloignées. Haut les cœurs!

La télévision italienne n'est plus un véhicule de spectacle mais le lien par excellence, selon Paolo Vasi, concepteur d'une émission «interactive» que la presse s'est empressée de qualifier de *«télévision-poubelle»*. L'émission consiste à filmer, à son insu, un mari que son épouse soupçonne d'être volage en le plaçant dans une situation compromettante avec une pulpeuse jeune femme. Le tout est retransmis avec l'accord du couple si le mari a résisté à la tentation. Sous le titre de *Complot de famille*, l'émission fait les délices des femmes au foyer selon les sondages.

Los Angeles est une ville où les loisirs sont peu variés, semble-t-il. soixante-quinze pour cent des billets de banque en circulation dans cette région californienne portent des traces de *cocaïne.*

Parce que des résidants des environs d'un stade de Hong Kong se plaignaient du *bruit insoutenable* lors des concerts rock,

les jeunes qui ont assisté à un concert ont décidé, par dérision, de porter des gants pour applaudir.

La violence et l'époque

La question de la ***violence à la télévision*** serait matière de
goût chez les mâles américains. Selon le magazine *Satellite
Orbit*, qui s'adresse aux propriétaires d'antennes paraboliques,
les hommes américains de 18 à 49 ans ont des goûts assez
primaires en matière de télévision: leur préférence va aux
spectacles montrant des blondes pulpeuses, des scènes d'action avec beaucoup de coups de feu, de fusils tronçonnés, de
chiens policiers fous de rage et de dialogues aussi répétitifs
que primaires. Les ***femmes américaines*** du même âge
préfèrent, elles, des *sitcoms* du genre *Roseanne* et *Murphy
Brown*. Et si les hommes croient être les maîtres de la télécommande, qu'ils se détrompent: la plupart des émissions sont
conçues pour atteindre un public féminin: 28 % de la publicité cible un public de femmes de 18 à 49 ans, comparé à
1,6 % pour les hommes du même groupe d'âge.

La ***hantise de la violence*** à notre époque a suscité l'invention de gadgets pour donner à l'homme l'illusion de pouvoir
se défendre, puisqu'il est incapable de concevoir qu'un monde
sans agressivité est encore la meilleure preuve de son intelligence. En voici quelques-uns:
- une broche tricolore (verte, jaune, rouge) fonctionnant sur
  piles permet à une femme dans un bar d'accepter la présence
  d'un interlocuteur inconnu (vert), de lui suggérer de refréner
  son ardeur (jaune) ou de lui signifier de mettre un terme à
  son approche agressive (rouge). La dernière couleur s'accompagne du son strident d'une alarme;
- un dispositif semblable a été conçu pour les vendeurs
  itinérants. Son alarme atteint 107 décibels; si l'attaquant ne
  fuit pas, il est sourd ou c'est un «épais» habitué à écouter

sa chaîne stéréo à tue-tête dans sa voiture sans pot d'échappement;
- un modificateur de voix humaine pour les conversations téléphoniques; une femme donne ainsi l'impression qu'elle est un homme;
- une sirène portative pour femme en détresse;
- une alarme à attacher à un bambin et qui se déclenche lorsqu'il s'éloigne de sa mère;
- un mannequin gonflable à apparence masculine pour femme qui voyage seule en automobile;
- une caméra de surveillance qui détecte les mouvements suspects et les objets lancés dans sa direction; elle est munie d'un dispositif qui lui permet de se déplacer pour ne pas être atteinte.

Les *statistiques* sont effarantes: 48 % des Américains ont une arme à feu chez eux et 74 % sont contre l'interdiction des armes de poing. Le fait qu'ils soient les plus grands propriétaires d'armes à feu au monde (200 millions d'exemplaires) sans être en guerre contre quiconque a inspiré les spécialistes des modes de défense. Ce qu'il est convenu d'appeler «l'industrie de la peur» fait des affaires d'or. Mais certains marchands ne sont pas dénués de toute préoccupation sociale, même si c'est avec *stupidité*: à Atlanta et dans le comté de Fulton, en Georgie, l'arme est vendue avec une mise en garde écrite disant que sa présence dans une maison augmente la possibilité que son propriétaire ou un membre de sa famille soient tués...

Tout Texan de 21 ans et plus peut désormais *porter une arme* en toute légalité sauf dans ces endroits: les bars, les parcs de loisirs, les stades, les hôpitaux, les églises, les postes de police et... les prisons. Le permis, valable pour 4 ans, coûte 140 $ (la moitié moins pour les 60 ans et plus) et est accordé à quiconque a cumulé de 10 à 15 heures de pratique. De pratique? Comme dans vol à main armée et assassinat?

Il existe un gadget qui permet à tout conducteur qu'exaspère le comportement des **imbéciles motorisés** à l'heure de pointe de se soulager de son agressivité. L'appareil, qui se fixe sur un tableau de bord, recrée divers bruits d'armes (mitraillette, grenade, carabine, etc.) et permet au conducteur d'imaginer qu'il vient de trucider le gros porc qui lui a fait une queue de poisson l'obligeant à laisser la semelle de ses pneus sur l'asphalte. Le conducteur est le seul à entendre le mitraillage. Remarquez qu'il existe d'autres solutions pour contrer la stupidité, comme écouter du Mozart sur cassette...

Les **meurtres** commis par les jeunes âgés de 14 à 17 ans ont augmenté de 165 % aux États-Unis entre 1985 et 1995. Au cours de la décennie qui s'étendra jusqu'à 2005, on prévoit que cette augmentation va se poursuivre au moment où quelque 40 millions d'enfants américains atteindront l'adolescence. Le taux de criminalité chez les jeunes avait décru au cours des années 70, pour s'accroître brusquement au milieu des années 80 avec l'apparition du crack. Entre 1980 et 1992, le taux de suicide a fait un bond de 120 % chez les jeunes de 10 à 14 ans, et de 28,3 % chez les 15-19 ans. Cinquante pour cent des jeunes se donnent la mort avec une arme à feu. Les raisons les plus évidentes sont la drogue, l'agressivité, les problèmes familiaux et le stress. Un sondage auprès de 800 jeunes New-yorkais a révélé que plus du tiers a déjà porté une arme et qu'un sur six en porte régulièrement. Vingt pour cent disaient que c'était pour leur prestige ou pour être respectés et 8 % précisaient que c'était pour tuer quelqu'un.

On croit aux États-Unis que des centaines de crimes et d'accidents pourraient être évités si les **armes** n'étaient utilisées que par leur propriétaire légitime (puisque de 40 à 70 % des criminels volent leur arme). Des chercheurs étudient donc divers dispositifs (plaques électroniques, lecteurs d'empreintes, capteurs de voix, etc.) pour faire en sorte qu'une arme ne «réponde» qu'à son propriétaire. Personne ne semble songer à ne pas posséder d'armes, tout simplement.

La compagnie Toys'R'Us a décidé à sa manière d'essayer de changer le cours des choses. Elle a décidé de ne plus vendre d'*armes factices* qu'on peut confondre avec de véritables armes à feu. La décision a été annoncée après qu'un jeune New-Yorkais fut tué par un policier qui se croyait menacé par le jouet qu'il tenait; un autre adolescent, de 16 ans celui-là, avait été blessé par un autre policier pour les mêmes raisons.

Vivre pour manger

New York compte, dit-on, plus de 25 000 restaurants. Ce n'est pas de la tarte! Dans le contexte compétitif qui prévaut chez les Américains, c'est à la particularité de l'établissement lui-même, plutôt qu'à l'excellence de la cuisine, qu'il faut s'arrêter pour les distinguer. Le choix va des restaurants à 25 étages à ceux où les chats sont admis, du restaurant avec serveurs à patins à roulettes à celui pour aveugles et à ceux qui n'accueillent que les végétariens radicaux qui refusent même les œufs ou le poulet. Le restaurateur David Lutke, dans le centre de Manhattan, se distingue de cette profusion d'établissements par sa façon de résoudre le problème de l'affluence de *consommateurs.* Sur chaque table trône un sablier que le serveur retourne au moment où s'asseoit le client, ce qui lui donne environ une heure et quart pour manger. Lors des moments de grande affluence, on demande poliment au client qui a terminé de céder sa place.

Ces derniers apprécieraient probablement les plats du restaurant Fonda Don Chon de Mexico spécialisé dans la cuisine précolombienne et les *mets pour connaisseurs,* du genre gâteau de larves de moustique, sauté de criquets, vers croustillants et œufs d'araignée dans une sauce aux herbes. On salive déjà à la perspective de voir l'intransigeant végétarien qui nous empoisonne l'existence obligé de bouffer ces «délices».

Le brasseur Ed Chilleen, de l'Arizona, saurait, lui, comment les «faire descendre». Il a inventé, pour un ami restaurateur mexicain, une bière épicée en y faisant macérer des piments forts. Les consommateurs ont beau s'étouffer, souffler, suer, ils en redemandent, en prenant bien soin de commander une bière normale pour se désaltérer de temps à autre.

L'agence Chine nouvelle a parcouru les allées d'un grand magasin de Nanjing pour y relever 40 variétés de gâteaux et une dizaine de sortes de vins et de thés confectionnés avec... des fourmis. La docte agence assure qu'une étude faite sur des centenaires a démontré que leur longévité était liée à une *alimentation* riche en fourmis.

La seule pensée de manger à l'aide de baguettes rend plusieurs Occidentaux réfractaires à la cuisine chinoise. L'Occident se targue d'ailleurs d'avoir inventé la fourchette, symbole de son raffinement. Erreur! Des fouilles archéologiques dans la province chinoise de Qinghai ont permis la découverte d'une antique fourchette fabriquée dans un os. À l'âge des cavernes, les ancêtres de Mao avaient déjà *plus de manières* que l'homme de Cro-Magnon. Les rois de France ne mangeaient-ils pas avec leurs doigts?

L'Armée du Salut de Moscou a trouvé une façon inédite de venir en aide aux affamés de la capitale russe. Elle leur prépare des soupes *Slim Fast* venues des États-Unis sous forme d'*aide humanitaire*. Destinées à l'origine aux personnes qui veulent maigrir, ces soupes font partie de lots périmés. Les consommateurs ne sont pas avertis des précautions médicales à prendre pour se nourrir de ces produits puisque toutes les indications sont en anglais, une langue peu parlée en Russie.

Le jardin zoologique de Stockholm avait trop d'oursons, un problème assez fréquent semble-t-il. Comme aucun autre zoo ne voulait adopter un ourson, le personnel en a abattu un, âgé de deux ans, et l'a fait cuire pour un repas communautaire. Aux **bien-pensants** qui poussaient les haut cris, la direction a rétorqué qu'il était préférable d'agir ainsi que de «détruire de la viande dans un monde qui a faim».

Bien qu'ils ridiculisent l'*obésité* des autres, en particulier des Québécois qui viennent passer l'hiver en Floride, les Américains n'ont pas encore réussi à voir la poutre qui leur bouchait l'œil droit. Au pays de l'Oncle Sam, l'obésité est endémique: 58 % des Américains étaient jugés trop gros en 1983, 64 % en 1990 et 71 % en 1994. Selon une étude de l'Institut Louis Harris de New York, 10 % des Américains dépassent le poids recommandé de 30 % et 12 % de 20 à 30 %. L'excès de poids est notable chez 55 % des 25-29 ans, 82 % des 50-64 ans, et 70 % des plus de 65 ans. Fait surprenant, les adolescents américains, en particulier les filles, constituent la plus forte proportion de végétariens au pays. En 1992, 12 millions d'Américains (5 % de la population) se disaient végétariens, une augmentation de 33 % depuis 1985. Selon les Centres de contrôle des maladies d'Atlanta, les deux principales raisons de l'obésité galopante des Américains est la forte présence de graisses et de sucre dans l'alimentation des enfants ainsi que le *manque d'exercice.* On ne s'étonnera pas qu'une enquête effectuée par le fabricant de téléviseurs Magnavox ait donné les résultats suivants: des 50 % d'Américains qui égarent la télécommande de leur appareil, 16 % passent dix minutes à la chercher et la trouvent généralement dans le réfrigérateur ou dans le garde-manger, à côté de la réserve de bière...

Le froid éveille de *drôles de comportements* chez les Danois. Chaque fin de semaine de décembre, du jeudi au dimanche, ils se lancent dans le *Julefrokost*, une suite de fêtes noyées dans l'alcool et les repas où dominent le hareng et le porc et dont le prétexte est de célébrer Noël. L'abus de la bière et de l'aquavit fait tomber les barrières hiérarchiques. Les timorés trouvent le courage de s'en prendre à leur chef de service acariâtre; les femmes rangées laissent tomber leur dernière pièce de vêtements, les couples se forment au hasard d'un soir. L'alerte au sida lance alors les gens dans des appels désespérés aux permanences téléphoniques d'information. Les chemins de fer danois ont pris la chose au sérieux: ils mettent des dizaines de milliers de préservatifs à la disposition des voyageurs durant cette période de l'année.

Les Allemands sont aussi de *solides buveurs.* La principale caisse de sécurité sociale du pays, l'AOK, a révélé qu'ils sont champions du monde de la consommation d'alcool avec 12 litres d'alcool pur par an et par personne. 3,8 % des enfants de 6 à 9 ans et 7 % des enfants de 10 à 11 ans ont déjà goûté à l'alcool. 2,5 millions d'Allemands (dont 250 000 enfants et adolescents) sont alcooliques. 1,4 million de femmes sont dépendantes de médicaments. L'Allemand moyen ingurgite 139,6 litres de bière par an.

Une centrale nucléaire inachevée d'Ukraine a été transformée en... *fabrique de vodka.* La bâtisse avait été construite au-dessus d'une fracture de l'écorce terrestre dont les ingénieurs n'ont constaté l'existence que huit ans après le début des travaux. Les autorités ont d'abord songé à en faire une fabri-que de vêtements, puis un élevage de poissons, mais ont dû se résoudre à opter pour un projet dont la rentabilité était assurée afin d'éponger l'énorme faillite du projet antérieur et la fabrication de la vodka s'est imposée d'elle-même. *O tempora, o mores*!

Quiconque a quelque peu voyagé dans les pays ex-socialistes sait que la *consommation d'alcool* constitue un phénomène fort préoccupant. Dans la ville industrielle de Samara, en Russie, les ivrognes ont même leur propre journal, intitulé évidemment *L'Ivrogne de Samara,* voué à la défense de leurs droits: il informe sur «quoi boire et comment boire», donne des conseils sur le comportement à adopter face aux policiers et explique comment éviter de s'empoisonner avec des alcools frelatés. Évidemment, il publie aussi des conseils sur la façon de se remettre de la gueule de bois.

La recherche d'un plaisir à l'aide de stimulants n'est pas que de notre époque. Le Dr Andrew Sherrat, d'Oxford, a conclu, après avoir étudié l'art néolithique de nombreux sites religieux d'Irlande et de Grande-Bretagne, que les artistes avaient dû être sous l'influence hallucinatoire de ***champignons magiques.*** Les cercles, spirales et lignes courbes observés sur les murs sont semblables à ceux qu'ont dessinés des drogués lors d'expériences dans les années 60 et 70, a-t-il révélé au *Sunday Times* de Londres.

À Rockville, dans l'État du Maryland, un confiseur a remplacé le traditionnel lapin de Pâques en chocolat par des... chauves-souris aux oreilles en beurre d'arachide. Il a été motivé par le président de la société locale pour la ***protection des chauves-souris*** qui désire changer l'image de monstre assoiffé de sang qu'on accole à cette bestiole pourtant si utile. En peu de temps, l'idée a fait fureur et le stock de friandises était épuisé.

Les modes se démodent-elles?

Y a-t-il phénomène plus agressif que d'être obligé, au risque de faire une crise d'asthme, de respirer les parfums capiteux dont on imbibe les revues? Pour le bénéfice des publicitaires qui n'ont pas encore compris, le *Boston Globe* a publié une liste des ***odeurs*** qui déclenchent une réaction nostalgique chez les gens en fonction de la décennie de leur naissance. Les années 20: les fleurs, l'herbe, les roses, le pin, le savon et... le fumier. Les années 30: les fleurs, le foin, l'air marin, le pin, la poudre pour bébés, la fumée des feuilles qui brûlent. Les années 40: la poudre pour bébés, le parfum de sa mère, l'herbe coupée, les fleurs, l'air marin, les roses et... le tweed. Les années 50: la poudre pour bébés, le parfum de sa mère, l'eau de Cologne de son père, les crayons à colorier, le pin et... la pâte à modeler. Les années 60: la poudre pour bébés (décidément, on y tient!), le parfum de sa mère (et à celui-là alors!), l'eau de Javel, le nettoyeur à vitres, l'eau de Cologne de son père, le détergent, la cire en pâte, la pâte à modeler, le désinfectant, l'odeur des raffineries ou des manufactures, la fumée des pots d'échappement. Les années 70: la poudre pour bébés, le parfum de sa mère, la boule à mites, le plastique, le fixatif capillaire, l'huile à bronzer, l'eau de Javel, les pointes en feutre des marqueurs.

❝

Deux Américains ont lancé un pendentif représentant un dragon, le symbole de la famille de Dracula, et renfermant un peu de terre de Transylvanie. Pour garantir l'authenticité de leur produit, ils ont importé de Transylvanie 45 kg de terre tirée de l'emplacement où s'est élevé jadis le château du prince Vlad V, dont la vie tumultueuse a inspiré le romancier Bram Stoker.

❝

La rage des ***cartes à collectionner*** ne connaît pas de frontières. À preuve, une compagnie de Dallas a profité de tout le tumulte qui caractérise la famille royale britannique pour lancer des cartes illustrées de photographies des principaux membres de la famille royale. L'arrière ne comporte pas de statistiques vitales, comme les cartes des athlètes, mais une biographie individuelle assortie de ragots rédigés par une potineuse de renom. Comme chaque torchon trouve sa guenille, chaque ineptie trouve son naïf.

❝

Notre époque se caractérise de plus en plus par un foisonnement de théories toutes plus fumeuses les unes que les autres en matière de ***paranormal***. Mais la plus ahurissante nous est venue de San Francisco où la propriétaire d'une collection de poupées Barbie a lancé son... entreprise: ses poupées font du *channelling* et prodiguent des conseils à des clients qui payent 3 $ pour en bénéficier. À 44 ans, Barbara Bell offre à quiconque le désire de s'en référer à l'une de ses poupées pour connaître ses réponses sur un vaste éventail de sujets allant de l'existence de Dieu jusqu'aux possibilités de promotion au travail. Le culte de Barbie semble florissant pour la médium qui prodigue des conseils du genre: «Barbie te demande de sonder ton propre cœur. Sa parole ne sera pas éteinte, même si elle a l'air silencieuse derrière son sourire peint.»

«

L'avènement de la télévision devait sonner le glas de la *radio.* Curieusement, il se vend plus de récepteurs radiophoniques par habitant aux États-Unis que jamais auparavant.

«

Du temps de mon adolescence, la mode était à la guitare acoustique qu'il fallait absolument se procurer pour imiter Brel, Brassens, Béart ou Leclerc. Si les modes ont changé, le goût de la guitare est resté, lui, bien vivant. Aux États-Unis, certains amateurs payent jusqu'à 10 000 $ pour **immortaliser leur art** sur disque. Un homme au foyer de 40 ans, du Maryland, Tom Vincent, a versé 8 000 $ à un studio pour y enregistrer son interprétation de la pièce *Dreaming Again*. La somme lui a valu l'accompagnement de quelques musiciens et la fabrication de 500 disques compacts et 200 cassettes ainsi qu'une pochette spécialement conçue pour lui.

«

Les Américains ne donnent pas leur place pour publier des *newsletters.* Wendy et Mark Ballard, de Vero Beach, en Floride, sont les sérieux éditeurs du bulletin *DogGone* (juron populaire chez les anglophones) destiné aux voyageurs qui ne peuvent se résoudre à partir en vacances sans leur **animal de compagnie.** La publication renferme des conseils et des chroniques sur les nouveautés, comme la ceinture de sécurité pour chien. Vous qui avez désespéré de la nature humaine en lisant les nouvelles sur le Rwanda et la Bosnie, réjouissez-vous: les chiens ont leur ceinture de sécurité.

«

L'Association dentaire américaine a révélé que la mode des jaquettes en or pour les dents faisait fureur chez les Américains de toute origine ethnique, bien que les Noirs soient les plus attirés par ce genre de *décoration buccale.* Certains modèles affichent aussi des monogrammes, des oursons, des cœurs, des logos de voiture et des dés à jouer. La vraie jaquette coûte 150 $ et nécessite l'abrasion de l'émail de la dent. Certains modèles temporaires se détaillent 20 $, mais sont dangereux: il arrive que la dent se brise en deux lorsqu'on tente de le retirer.

Les institutions

L'institution du *mariage* est peut-être en perte de vitesse, mais continue de susciter des acrobaties cérémonielles. À New York, un couple de marathoniens, Tom Young vêtu d'un short noir, et Pam Kezios arborant une robe blanche ultra courte, s'est présenté tout en sueur dans une église où les attendaient leurs invités en survêtements athlétiques. Le mariage fut expédié en moins de 10 minutes pour permettre aux 2 coureurs, qui avaient déjà franchi 8 kilomètres, de reprendre leur parcours sans trop faire subir de tort à leur moyenne.

«

Les compagnies d'assurances chinoises ont décidé de combattre le divorce en instituant une... *prime au mariage* fondée sur le principe: plus on reste de temps ensemble, plus ça rapporte. Ainsi, les couples qui s'engagent à rester 25 ans ensemble sont assurés de toucher 7 fois la prime. La mort d'un époux apporte à l'autre le double de la prime; mais cette clause n'est pas valable pour les condamnés à mort et les victimes de guerre.

«

C'est à Pékin, d'ailleurs, que vient de s'ouvrir la première «*école de l'amour*» à l'instigation de la Fédération des femmes de Pékin et du Bureau municipal des mariages et de la famille. On y enseigne le sexe et l'art d'aimer et on prodigue des conseils aux amants délaissés. Il s'agit du premier maillon d'une chaîne d'établissements qu'on veut créer. Les cours de **sexologie** sont obligatoires en Chine pour quiconque veut convoler; mais la seule matière est... la contraception.

Un ancien chef de commando britannique de 54 ans, Mick Tyler, s'est donné pour mission de secouer les puces à ses congénères qui s'empiffrent sans retenue à Noël. Il leur offre un **retour à la nature** pour aussi peu que 100 $. Ce retour consiste en une randonnée sur les terrains de son école de survie dans l'ouest de l'Angleterre au cours de laquelle les participants mangent des vivres de ravitaillement et des champignons sauvages, escaladent des montagnes et plongent tout nus dans des rivières d'eau glacée. «C'est une façon magnifique d'échapper à la commercialisation de la fête de Noël», affirme-t-il.

On note un **sommet dans les naissances** de bébés au mois de septembre. Un simple calcul nous révèle que le fait est tributaire d'une conception au début de janvier, soit au moment du réveillon du jour de l'An. Des travaux de spécialistes de la population des universités du Michigan et de Boston démontrent par ailleurs que la canicule de l'été fait baisser les naissances au printemps suivant. D'autres études ont précisé que le temps chaud fait diminuer le nombre de spermatozoïdes et augmenter les fausses couches.

Là où il y a l'homme, il y a de l'hommerie
(Dicton populaire québécois)

Palau, un archipel de la Micronésie, fait depuis peu partie du cercle des pays indépendants de l'ONU. Sa population de 15 000 habitants (dont un dixième est à l'emploi du gouvernement) vit d'**assistance sociale.** Les 600 habitants de l'île de Peleliu, par exemple, sont tellement accablés par la chaleur humide qu'ils ne quittent leur demeure en blocs de béton recouverte d'une toiture en feuille de métal que pour un pique-nique sur la plage, où ils consomment force bière et cannabis (qui pousse généreusement). Selon le *Dallas Morning News,* les Palauans sont les plus grands consommateurs de Budweiser du monde. Mille dollars par année sont dépensés par chaque homme, femme et enfant pour l'achat de bière.

Le maire de Pieve di Curtarolo, un village près de Padoue en Italie, a interdit à ses concitoyens qui demeurent près de l'église locale de faire sécher leurs sous-vêtements sur les balcons de leur appartement parce que leur vue embarrassait les touristes et les *pieux dévots.*

Les services secrets américains ont eux aussi des *idées bien arrêtées* sur ce qu'il convient de porter sous son pantalon. Ils ont saisi un lot de 850 caleçons créés par le concepteur Nicholas Graham de San Francisco parce qu'ils arboraient des répliques des billets de 500 $ américains. La police a argué qu'il était défendu d'imiter les billets véritables, même en format plus petit. Le FBI avait été alerté par les parents d'un garçonnet qui avait trouvé derrière la manufacture des exemplaires en papier des modèles sans valeur utilisés pour l'impression sur le tissu.

Les vêtements en disent long sur les mœurs. Une école d'un quartier particulièrement violent de Boston n'a eu aucune difficulté à faire adopter à ses élèves le port d'un *costume réglementaire,* y compris la chemise et la cravate pour les garçons. Bien que la mesure ne fasse appel qu'au volontariat, les enfants se sont vite aperçus qu'elle les soustrayait aux brimades des voyous qui leur volaient leurs vêtements sur le chemin de l'école.

Lors des difficultés financières éprouvées par la célèbre société d'assurances Lloyd's, en Angleterre, une centaine d'investisseurs *aristocrates* affectés ont dû se résoudre à vendre une partie de leurs titres pour compenser leurs pertes. Il s'agissait surtout de titres mineurs du genre vicomtes, comtes et marquis qui se détaillaient de 9 500 à 152 000 $ US. La plupart des acheteurs de ces titres qui n'ont de valeur que sur le papier étaient des... Américains.

Techno-mœurs

La compagnie d'appels interurbains CGI a refusé de reconnaître la participation de Paul Hilling d'Anchorage, en Alaska, à son concours qui promettait un million $ à un abonné qui utiliserait ses services d'appels durant une période de deux semaines. Chaque appel représentant une chance de gagner le gros lot, Hilling s'est servi de son *ordinateur* pour appeler 415 000 fois CGI. Comme chaque appel avait une durée de moins de six secondes, la compagnie n'est jamais parvenue à facturer ses services. Le farceur a dit que rien dans les règlements du concours n'interdisait de faire marcher autre chose que ses doigts, mais n'a pu convaincre la compagnie de reconnaître sa participation qui représentait le quart de tous les appels enregistrés durant le concours.

Durant l'incroyable procès du footballeur O.J. Simpson, un garagiste californien a trouvé une façon inusitée d'attirer la clientèle. Chaque pompe à essence était reliée à un *téléviseur* diffusant les débats de la cour et qui ne s'allumait que lorsqu'on l'enclenchait.

Selon *The Guardian,* les *systèmes de sécurité* sont si perfectionnés de nos jours que les voleurs sont obligés de s'en remettre au kidnapping des gérants de banque et de leur famille pour les forcer à ouvrir les coffres. Les compagnies de prêts britanniques ont réagi en donnant des cours et un entraînement poussé à leur personnel pour leur enseigner comment réagir à une telle éventualité.

La police bavaroise a recommandé un truc pour se débarrasser des importuns qui font du *harcèlement par téléphone*: le sifflet à roulette. Un coup de sifflet dans l'appareil suffit à faire entendre un carillon dans l'oreille du délinquant durant plusieurs jours. Le truc n'est pas nouveau; il y a une vingtaine d'années, je m'en suis servi pour me débarrasser d'une tourmenteuse qui n'avait pas apprécié qu'on se prive de ses services inadéquats de femme de ménage. Conclusion: efficacité garantie.

〈

Aux États-Unis, un nombre croissant d'*hôpitaux* interdisent l'usage du *téléphone cellulaire* près des équipements de surveillance médicale. On a rapporté plusieurs cas où médecins et infirmières se sont précipités dans la chambre d'un malade qu'on pensait en proie à une crise cardiaque alors que c'était un visiteur qui faisait la causette dans son appareil.

〈

Les propriétaires de *téléphones cellulaires* qui voient leur statut social remis en cause parce qu'ils ne reçoivent jamais d'appel ont inspiré un petit commerce à Joachim Benz, de Francfort-sur-le-Main, en Allemagne. Contre versement de 5 marks (4,5 $) il appelle ces oubliés au moment et à la fréquence de leur choix. En peu de temps, des centaines de clients ont passé contrat pour retenir ses services.

〈

Des sans-abri de Seattle ont formé un groupe d'utilisateurs d'*Internet* qui se sert des ordinateurs des bibliothèques municipales pour communiquer avec le réseau. Dans certains établissements, ce sont même eux qui ont enseigné au personnel à devenir des internautes capables de naviguer correctement. Comme le disait l'un d'entre eux au *Seattle Times*: «On est sans-abri, mais on n'est pas sans intelligence.»

〈

Une émission de télévision de Detroit est à l'origine d'un *meurtre* passionnel. Jonathan Schmitz, 34 ans, avait accepté de participer au *Jenny Jones Show* au cours duquel il apprendrait l'identité d'un *fan* inconnu. Dans sa tête, il ne pouvait s'agir que d'une femme. Il parvint à garder son calme lorsqu'il découvrit qu'il s'agissait d'un homosexuel de 32 ans, Scott Amedure. Mais le lendemain, la découverte d'une note à connotation sexuelle glissée sous sa porte le mit hors de lui. Il bondit chez Amedure et l'abattit de deux balles de pistolet.

Des touristes au Mont-Saint-Michel, en France, ont donné la mesure de leur *déviation* lorsqu'ils ont préféré filmer la noyade d'une femme de 42 ans, qui s'était jetée à l'eau pour sauver sa fille de 6 ans, plutôt que de lui porter secours ou même de donner l'alerte. Un résidant de l'endroit a finalement appelé les sauveteurs qui n'ont pu rescaper que l'enfant. Un touriste réjoui s'est exclamé: «J'ai tout capté sur vidéo», tandis qu'un autre se précipitait à la station locale de FR3 pour y vendre sa vidéocassette.

Drôles de loisirs

De nouvelles *règles parlementaires* en Inde donnent une idée assez précise de ce que peut devenir l'exercice de la démocratie. Le *Sunday Times* de Londres a rapporté qu'il y est désormais interdit de traiter un député de «chou sans épine dorsale», de briser sa chaise sur la tête d'un confrère, de lui jeter un livre à la tête ou de faire jouer à plein volume un *ghetto-blaster* de façon à l'empêcher de prononcer un discours.

La maison de relations publiques David Hans Schmidt de l'Arizona se spécialise dans les contacts entre les médias et les *célébrités à la mauvaise réputation.* Elle organise pour ses clients (comme la patineuse Tonya Harding qui en est) des présences à des émissions télévisées de mauvais goût mais populaires ou des séances de photographies dans des revues «pour hommes seulement».

Le sculpteur américain Paul McCarthy ferait un client en or pour cette compagnie depuis sa dernière exposition à Angoulême en France. Deux de ses œuvres y ont fait ***scandale*** et ont obligé les autorités à fermer l'exposition aux mineurs et à n'accepter que les adultes qui se présentaient sur rendez-vous. *Spaghetti Man* présentait un corps humain à tête de Bugs Bunny et muni d'un sexe long de 15 mètres, tandis que *Moca Man* était un mannequin masculin dont le pantalon était légèrement baissé et le bassin animé d'un mouvement ondulatoire facile à identifier.

Les églises britanniques refusent désormais les termes trop familiers sur les ***épitaphes.*** Dans un pays où les épitaphes sont notoires pour leur vivacité et leur incongruité, la chose peut surprendre. À Woolwich, au sud de Londres, on peut encore lire celle-ci : «À la mémoire sacrée du major James Bush, tué par la décharge d'un pistolet tenu par son planton le 14 avril 1831. Bien joué, bon et fidèle serviteur.»

Les Hollandais font traditionnellement exploser des ***pétards*** pour célébrer la Saint-Sylvestre, en telle quantité cependant que la police a les nerfs en boule durant les semaines qui précèdent le jour de l'An. Elle recherche les pièces d'artifice de mauvaise qualité introduites en fraude dans le pays et dont la puissance est telle que même Alfred Nobel en aurait peur. On comprend ses craintes lorsqu'on apprend que des policiers ont mis au jour 8 000 livres de pièces pyrotechniques possédées par le même individu, dont 5 000 étaient dissimulées dans son garage et sa chambre à coucher. Pour sa défense, l'illuminé a dit qu'il n'y avait pas de danger puisqu'il ne fumait pas au lit.

Les Américains adorent eux aussi ces ***pétarades*** qui sont censées illustrer la joie. Une nouvelle activité gagne d'ailleurs de plus en plus d'États. On fabrique un canon à l'aide d'un tuyau en plastique dans lequel on vaporise du gaz d'aérosol. On bouche le tube d'une... pomme de terre et on met le feu.

Le tubercule peut voyager sur une distance allant jusqu'à 100 mètres. Ça peut paraître amusant, mais c'est aussi dangereux. En Virginie occidentale, deux étudiants ont sérieusement endommagé trois véhicules de la police en les bombardant de boules de papier et d'oignons. Un avocat de 48 ans de Pennsylvanie a eu l'œil gauche et une partie du visage arrachés lorsque son canon a fait explosion. Cet étrange loisir a pris naissance dans les années 70.

N

comme dans... Neandertal

*Le despotisme fait illégalement
de grandes choses, la liberté ne se
donne même pas la peine d'en faire
faire légalement de très petites.*

Honoré de Balzac

On a beau se répéter que l'accroissement des moyens de communication est à l'origine de notre plus grande connaissance des cruautés et de l'ineptie de la société contemporaine, rien ne démontre que Gengis Khàn, dont les basses œuvres n'étaient connues que des mois, voire des années plus tard, était plus sanguinaire que les monstres de l'Ouganda ou de la Bosnie.

Certaines catégories d'individus sont nettement moins monstrueux, mais leur comportement est si particulier qu'ils attirent invariablement les feux de l'actualité sur eux. J'ai nommé les policiers. Le cinéma a depuis des décennies exploité leur méchanceté comme leur grand cœur, leur esprit borné comme leur sens de l'initiative, leur attitude ridicule de respect des règlements comme leur ingéniosité.

Il n'était que justice de leur consacrer un chapitre. Le titre étonnera ceux qui seraient portés à clamer: «J'ai même rencontré des flics intelligents!» Les faits qui suivent les feront peut-être réfléchir.

Indécrottables pandores

Deux ***représentants de l'ordre*** de Washington ont imperturbablement mis des contraventions à répétition sous l'essuie-glace d'une voiture dont le moteur est resté en marche durant 15 heures avec un homme mort d'une blessure par balle assis sur la banquette arrière. Pour leur défense, ils ont allégué qu'ils croyaient que l'homme dormait.

Un constable de Dearborn, au Michigan, a été suspendu durant trois jours et a reçu l'ordre de passer un examen psychiatrique parce qu'il traçait une barre sur le chiffre «7» à la manière européenne. Son syndicat eut de la difficulté à le défendre parce que la convention collective ne faisait pas mention des barres sur les 7, seulement des barres sur les «T»... Plus ***obtus*** que ça...

À Colombo, au Sri Lanka, des ***policiers*** qui avaient appréhendé un homme parce qu'il conservait un préservatif dans son portefeuille, se sont fait avertir dans une lettre du directeur du planning familial du gouvernement que «les préservatifs ne menacent pas la sécurité du pays», mais les braves pandores sont restés insensibles à cet argument: «Pourquoi garder un préservatif à moins d'avoir l'intention de commettre un délit?», ont-ils rétorqué. Un délit?

Le ***roi de l'évasion*** de l'Autriche, Gottfried Wurm, a nargué les gardiens en les appelant pour les avertir qu'il était prêt à s'évader du pénitencier de Linz, considéré comme le plus sécuritaire du pays. Il avait scié les barreaux de sa cellule à l'aide d'une simple scie alors qu'on croyait qu'ils ne pouvaient être attaqués que par une scie électrique à pointes de diamant et avait noué une corde de 10 mètres pour se glisser hors de sa cellule du deuxième étage. «Je voulais juste vous prouver que je suis capable de m'évader même de votre prison», leur a-t-il expliqué.

Un certain policier de Johannesburg a infligé une amende de 137 $ à une jeune femme qui roulait à 92 km/h dans une zone de 60 km/h. Alison Dutton a eu beau lui expliquer qu'elle tentait d'échapper à des voleurs de banque qui tiraient sur tout ce qui bougeait, le *brave constable* est resté de marbre. Soit dit en passant, quatre passants venaient d'être blessés dans l'attaque et les bandits ont pu s'enfuir sans encombre.

Une avocate de la banlieue de Lyon qui voulait s'entretenir avec un *prévenu* a dû se contenter d'un local fort exigu: celui des toilettes où les gendarmes avaient installé une table et deux chaises au-dessus de la cuvette. Chargés de s'expliquer, ils ont fait valoir que c'était le seul endroit disponible et qu'il était très propre puisque «la cuvette, réservée aux personnes handicapées, n'avait jamais servi».

Des policiers qui procédaient à une descente dans un bordel de Turin, en Italie, ont failli s'arracher la moustache avec les dents en repérant une consœur dans le groupe des prostituées. L'accorte demoiselle mettait du beurre sur ses épinards en exerçant le métier de *consolatrice des hommes affligés*. La policière empochait 800 $ par quart de travail en prodiguant aux déviants des relations vêtue de son uniforme.

La *perspicacité* n'est pas donnée à tous. La Garde nationale du Venezuela pensait redorer son blason en annonçant en grande pompe qu'elle venait d'appréhender 30 guérilleros à une trentaine de kilomètres de Caracas. Quelques heures plus tard, elle devait déchanter publiquement: il s'agissait d'une équipe cinématographique et d'acteurs en plein tournage d'un film racontant un soulèvement militaire. La police avait été alertée par des paysans qui, à la vue d'inconnus en uniforme et armés, avaient vite sauté aux conclusions. Ne s'est-il donc trouvé personne pour leur demander ce qu'ils faisaient là, avec des caméras?

Mais il est inutile d'aller si loin pour trouver des preuves de la *courte vue* des gardiens de la paix. La police portuaire new-yorkaise a dû formuler des excuses officielles à la chanteuse bien connue Whitney Houston et à son collègue Bobby Brown dont la limousine avait été mise en joue à l'aéroport Kennedy par neuf policiers qui les prenaient pour des trafiquants de drogue. Et même après que son identité eut été établie et que l'affaire eut été étalée au grand jour, les policiers ont persisté à mettre en doute les dénégations de Whitney Houston, jusqu'à ce que le chef de la police portuaire fasse des excuses personnelles et annonce une enquête sur leur conduite. Plus toqués que ça…

Les *bévues policières* se suivent et ne se ressemblent pas, malheureusement pour les citoyens. À Toronto, trois policiers ont été accusés d'inconduite à l'endroit d'une touriste jamaïcaine qu'ils soupçonnaient de possession de drogue. La mère de quatre enfants a été menottée, introduite de force dans une auto, sortie de la voiture sans trop de ménagement, collée contre un mur et déshabillée en pleine rue devant les passants avant d'être fouillée par une agente qui avait pris la peine de passer des gants. Avis aux touristes: évitez la capitale ontarienne si vous êtes bronzé.

On peut d'ailleurs se demander pourquoi la nudité exerce une telle fascination sur les policiers ontariens. Dwight Bryant, un propriétaire de salon de tatouage de 48 ans, a révélé à un juge qu'il avait eu droit à un traitement bien spécial. Après avoir été détenu durant 13 heures sans autorisation de contacter un avocat à la suite d'un incident avec un autre automobiliste, il a été contraint par les policiers qui l'avaient arrêté à comparaître *nu comme un ver,* menottes aux poignets, devant un juge de paix féminin.

Contrevenant mais juste, le *commissaire divisionnaire* du Leicestershire, en Angleterre, a demandé à ses policiers qui l'arrêtaient pour excès de vitesse de le traiter comme n'importe quel autre citoyen. Il roulait à 128 km/h dans une zone où la vitesse était limitée à 80 km/h. Fait cocasse, l'incident est survenu le jour même du lancement d'une campagne publicitaire de la police contre les excès de vitesse.

Un couple de paysans vietnamiens a été détenu durant trois semaines par la police de Saigon sous l'accusation de *trafic d'opium* alors qu'il ne transportait que du tapioca séché. Huit sacs, pesant au total 814 kilos, avaient été qualifiés de «substance non identifiée» et confiés à un laboratoire de la police où un technicien avait cru déceler 9,65 % de morphine. Des tests subséquents ont établi la vraie nature du produit, trop tard cependant pour éviter qu'il ne se gâte et devienne impropre à la consommation, ce qui a causé de lourdes pertes financières au couple, déjà très pauvre.

Un policier du petit village de Tenterden, en Angleterre, s'est vu menacé de mutation par ses supérieurs parce qu'il n'avait *appréhendé* qu'une seule personne en 23 ans de service. Le brave policier croit qu'il a mieux à faire que de faire la chasse à de prétendus mécréants. «Les gens veulent un policier avec lequel ils puissent parler dans la rue. Ils ne peuvent pas le faire avec des policiers qui traversent la ville à toute vitesse dans une voiture», a-t-il dit en guise de défense.

Lors d'une conférence du Groupe des 7 au Japon, le président américain Bill Clinton tint à garder la forme par sa séance de jogging quotidienne, accompagné du seul président de la Corée du Sud, les autres chefs d'État s'étant désistés. Mais cette séance d'aérobie s'est avérée pour le moins épuisante pour... les *services de sécurité japonais* qui durent se rendre à l'évidence: seule l'équipe de soccer de la police japonaise était suffisamment en forme pour suivre le grand coureur.

Les flics convaincus

Philip Grimaldi, un shérif nommé par le maire de New York pour lutter contre les contrevenants récalcitrants, n'*entendait pas à rire*. Un marchand qui n'avait pas réglé de nombreuses amendes totalisant 495 994 $ pour manquement aux règles sanitaires, a eu la visite de six policiers de l'escouade de Grimaldi qui ont d'abord expulsé la clientèle avant de s'asseoir devant les livres de comptes de l'établissement pour les examiner à la loupe. Moins d'une heure après leur arrivée, ils repartaient avec la somme exigée. En trois ans, le shérif a fait récupérer 135 millions $, alors que son prédécesseur ne parvenait à ramasser que 2,1 millions $ par année avec un budget de fonctionnement de 3 millions $. Le policier est allé jusqu'à faire remorquer la limousine du boxeur Mike Tyson qui n'avait pas payé ses contraventions.

§

Un policier de Portishead, en Grande-Bretagne, n'a été que blâmé pour avoir giflé un adolescent de 14 ans. L'incident était survenu alors qu'un couple avait porté plainte parce qu'un groupe de jeunes délinquants ne cessaient de l'importuner dans sa résidence. Les *parents du jeune désœuvré* avaient argué que les gifles «n'étaient pas la bonne solution» pour empêcher leur fils de faire des bêtises. La condamnation de l'exemplaire policier (une première offense en 20 ans de service) à une amende avait soulevé un tel tollé (deux journaux avaient reçu 65 000 appels en peu de temps dont l'immense majorité était favorable au policier), que le comité disciplinaire a décidé de revenir sur sa décision et de se limiter à une remontrance.

§

C'est un fait abondamment connu que la justice chinoise n'entend pas à rire et qu'elle se montre expéditive avec tous les criminels ou les dissidents: une balle dans la nuque et tout est dit. On comprendra que le *chef de la police* de la ville de Luoyang ait été condamné à mort et deux de ses collègues à la même peine, mais avec sursis, pour s'être associés à des bandits et des contrebandiers. Leur spécialité? L'extorsion de fonds et le trafic d'antiquités. Trois autres policiers de leur personnel ont été condamnés à des peines d'emprisonnement allant de six ans à perpétuité.

Le chef de la **police routière** israélienne a écopé une peine moins lourde pour une faute originale cependant. Il a été démis de ses fonctions après avoir enfreint le code de la route. Haim Klein a été surpris chevauchant allégrement une motocyclette de la police... sans permis de conduire. *Dura lex, sed lex.* Traduction libre: la loi est conne, mais elle est conne pour tous.

Un policier de Detroit qui n'était pas en service a **tué un malade mental** dans une école primaire de la ville parce qu'il croyait voir une arme dans la télécommande que l'homme brandissait. Venu à l'école chercher un enfant, le policier en congé avait été averti par des écoliers qu'un étranger s'y était réfugié et qu'il criait comme un enragé en menaçant de tuer quelqu'un. Lorsque le policier a demandé à l'énergumène de sortir de sa poche ce qu'il y dissimulait, l'autre a obtempéré avec un peu trop d'empressement: le policier a cru qu'il s'agissait d'un revolver. L'homme venait de recevoir son congé d'un hôpital où il avait passé trois semaines pour une schizophrénie paranoïde.

Une **agente** de 33 ans de New York, Kristel Johnson, marchait vers son travail lorsqu'elle arriva sur les lieux d'un violent incendie où pompiers et policiers procédaient au sauvetage des locataires d'un édifice. À un moment donné, un homme tendit à un pompier sur une échelle un bébé de deux ans enveloppé dans une couverture, mais sans s'assurer que l'autre l'avait bien en main. Le poupon fit un double salto du plus bel effet et chuta vers le sol une dizaine de pieds plus bas. Des cris d'horreur s'élevèrent. Mais c'était sans compter sur Kristel, qui se trouvait là par hasard: elle n'eut qu'à tendre les bras et à attraper l'enfant.

Une poursuite à plus de 220 km/h laissait loin derrière les voitures de police qui tentaient d'intercepter deux jeunes conducteurs de Tulia, au Texas, qui grillaient les feux rouges à bord d'une auto volée. Un **policier de réserve,** qui pilotait son Cessna 172, entendit les conversations sur sa radio et décida d'intervenir: Jim Cox a défoncé le toit de l'auto avec son train d'atterrissage, forçant les fuyards à s'immobiliser. Le pilote a réussi à poser son appareil plus loin, mais sans ses roues, perdues dans l'opération.

Le chef de la police de Calcutta a donné l'ordre à ses policiers de ne plus harceler les amoureux qui fréquentent les espaces verts de la ville et osent se tenir la main, boire du thé et roucouler. La mesure a été prise après que deux policiers eurent extorqué une **amende pour obscénité** à un couple de jeunes mariés à bord d'un taxi parce que l'homme avait appuyé la tête sur l'épaule de sa femme. Il s'agissait d'une marque d'affection considérée comme vulgaire selon les normes traditionnelles indiennes qui interdisent tout contact entre sexes opposés en public.

Un **prisonnier** australien qui avait sauté la clôture d'une prison isolée au cœur d'une zone sauvage du pays n'a jamais compris pourquoi les balles des policiers ne l'atteignaient pas alors qu'il traversait une rivière à la nage. Sur l'autre rive, où il se perdit dans la brousse, il prit cependant la peine de se retourner et constata que les balles étaient destinées à un crocodile de cinq mètres qui voulait en faire son repas.

Le sergent Pasuk de la force constabulaire de Bangkok a trouvé une façon bien à lui de calmer l'*hystérie des automobilistes*: il a ajouté une pièce non réglementaire à son uniforme, des souliers de danse. Tout le jour durant, il se dandine, se contorsionne, esquisse des pas de valse ou de rock et donne un tel spectacle qu'il est devenu une attraction touristique.

À Manille, la police philippine a décidé de redorer son image de marque parce que sa *réputation d'arrogance* était telle que les victimes hésitaient à porter plainte contre un criminel à un commissariat. Un concours hebdomadaire vaut 20 $ au policier qui aura été désigné comme le plus souriant.

§

Le directeur du FBI a décidé de faire un geste pour donner le *bon exemple* à ses subordonnés. Il s'est dénoncé lui-même à l'Attorney Général pour avoir égaré un téléphone cellulaire mis à sa disposition. Il a demandé que soit appliquée la sanction qui s'impose dans un tel cas: une lettre de blâme.

§

La police de Hendricks County, en Indiana, possède un *ordinateur* qui appelle les prisonniers libérés sur parole. Ils doivent alors souffler dans le récepteur de leur téléphone; si le prisonnier en liberté a consommé de l'alcool, l'ordinateur le détecte et alerte le policier auquel il doit se rapporter.

Les ripoux

Une policière de Montréal, déguisée en prostituée, est hélée par un client qui l'invite à monter dans sa voiture. L'homme, un haut gradé du ministère de la Sécurité publique, ne se doute de rien et offre de lui payer ses services sexuels au moyen de trois sachets de *cocaïne,* qu'il n'a pas sur lui cependant. La policière révèle son identité et l'appréhende. Mais la qualité du contrevenant lui vaut alors certaines faveurs: il comparaît quand il n'y a personne dans la salle de comparution et le planton qui s'occupe des détenus «ordinaires» a été remplacé par un officier supérieur de la police. Y'a pas de mal à se faire du bien!

§

L'irrespect de certains policiers pour les attributs de leur fonction peut aller loin. La police militaire brésilienne a trouvé dans la voiture d'un inspecteur de la police de Rio de Janeiro 22 kilos de pâte de *cocaïne,* une importante quantité de munitions pour armes de gros calibres et diverses armes volées.

Le jeune inspecteur de 28 ans a été appréhendé au volant d'une voiture en compagnie de deux bandits notoires. Le trio faisait allégrement le commerce de la drogue dans une *favela* (bidonville) de la capitale. Y'a vraiment pas de mal à se faire du bien!

À Moscou, les policiers d'un commissariat ont été mis à pied après qu'il fut découvert qu'ils contrôlaient le lucratif marché de la prostitution près de la gare Belarus à l'ombre du Kremlin. Le journal *Moskovsky Komsomolets*, qui a révélé la nouvelle, a précisé que ces dames étaient reconduites au travail en **voiture de patrouille** et qu'on ne pouvait «obtenir une prostituée qu'avec l'aide d'un policier, mais 24 heures sur 24». Y'a pas de mal à se faire du bien (re-re-bis)!

La haute cour de Londres a ordonné à la police de verser 70 000 livres (143 500 $) à un homme qu'elle avait faussement accusé d'avoir blessé un agent de sécurité lors d'un cambriolage en s'appuyant sur des **preuves fabriquées** de toutes pièces. Cela consolera-t-il l'homme, Paul Dandy, d'avoir passé huit mois en prison et de s'être découragé au point d'avoir tenté de se suicider?

Un ancien policier de Chicago a tenté de tuer une dame du Colorado en s'y prenant **maladroitement** de plusieurs façons. Il a fait feu en sa direction à plusieurs reprises jusqu'à ce que son arme s'enraye. Il a ensuite tenté de l'assommer avec les pierres qu'elle disposait dans son jardin. À l'arrivée de la police qui lui a ordonné de se coucher par terre, il s'est effondré et est mort d'une crise cardiaque. La dame a reconnu en lui un ancien ami de son mari.

Les **conséquences d'un travail mal fait** peuvent être lourdes. Un policier de la police régionale de Peel, en Ontario, fut condamné à cinq jours de congé sans solde pour avoir laissé par inadvertance un homme enfermé dans une salle du poste de police durant deux jours. Le prévenu avait été conduit au poste de police pour interrogatoire dans une affaire de stupéfiants. Il devait être relâché et une voiture de police devait même être mise à sa disposition pour le ramener chez lui, mais il fut «*oublié*» dans le local fermé à clé, sans eau, sans nourriture et sans toilette. Lorsqu'on s'est enfin souvenu de sa présence, il était déshydraté et presque délirant.

§

Le shérif du comté de Wyandotte, au Kansas, n'était *pas convaincu* de la gravité de l'état d'un *prisonnier hospitalisé*: il a débranché son tube d'oxygène et l'a traîné devant le tribunal où il devait comparaître. À son retour de la cour, le prisonnier, qui subissait une grave crise d'asthme, dut être placé en soins intensifs durant plusieurs jours. Le lendemain de l'événement, l'officier a été inculpé de violation des droits civiques du prisonnier condamné à une peine légère pour vol de porte-monnaie.

§

Le vice-ministre de l'Intérieur de la Bulgarie a recommandé à ses concitoyens de s'armer pour se défendre parce que la police n'a pas les moyens de lutter contre la *criminalité galopante* et qu'elle remet en liberté presque tous les criminels qu'elle parvient d'aventure à appréhender.

§

Un passager d'un vol transatlantique Amsterdam/Orlando a été détenu par la police à son arrivée en terre américaine parce que, à son insu, la police néerlandaise s'était servie de ses bagages pour dissimuler une petite quantité d'explosifs dans le cadre d'un test de sécurité. Les policiers d'Amsterdam avaient par la suite *négligé* de récupérer le colis compromettant. Le passager innocent qui ne comprenait rien à l'affaire a dû subir des heures d'interrogatoire et de détention jusqu'à ce que la police d'Amsterdam rétablisse enfin les faits.

§

Un policier de Hanoi qui avait *froidement abattu* un jeune motocycliste qui transportait 5 000 $ US pour le compte d'un homme d'affaires a suscité la liesse populaire lorsqu'une sentence de mort lui a été imposée après un procès public de trois jours. Il est très rare qu'un policier soit accusé de quoi que ce soit dans ce pays d'Asie.

❧

Après six ans d'enquête, la police de Bologne, en Italie, a fini par coffrer trois policiers qui avaient semé la terreur en Émilie-Romagne en se rendant responsables de vols à main armée et de nombreux meurtres gratuits.

❧

La chaîne de télévision Globo, du Brésil, a acquis une notoriété internationale en diffusant des images d'un suspect de vol que des policiers ont *froidement abattu* de trois balles dans le dos à Rio, devant une foule stupéfaite. Trois voleurs avaient voulu s'emparer en pleine ville d'une fourgonnette transportant de l'argent. Les policiers, survenus sur les lieux, ont tué le premier au volant du véhicule, ont abattu le deuxième alors qu'il tentait de se sauver dans un autobus puis ont entraîné le troisième vers la fourgonnette arrêtée. Un policier s'est alors servi de l'arme du suspect pour le tuer en lui tirant dans le dos. Précisons qu'entre 1985 et 1991, les assassinats en tous genres ont fait 70 061 victimes dans l'ancienne capitale du Brésil. C'est plus que le nombre de victimes américaines durant toute la guerre du Viêt-Nam, soit 56 000 combattants.

Mais de tels gestes ont parfois des *conséquences dramatiques* pour les forces de «l'ordre». Dans la localité d'Ihiala, au Nigeria, un policier a fait feu en direction d'un automobiliste qui avait refusé de s'arrêter à un contrôle routier, tuant du même coup une fillette innocente qui vendait des produits le long de la route. Outrée, la foule déchaînée a attaqué le poste de police local et a lynché le policier, en blessant trois autres dont l'un grièvement.

❧

Selon la chaîne de télévision allemande ARD, la police russe continue d'utiliser une méthode du KGB faisant appel à l'hypnose et à des ondes radio pour transformer policiers et agents secrets en «*armes humaines*» *programmées* psychologiquement pour tuer. Le processus est déclenché par un message codé chez ces êtres qui ne connaissent plus ni la peur ni la douleur. On croyait que le procédé avait été abandonné en 1988 sous Gorbatchev.

۵

Lors d'une fin de semaine qui devait être consacrée à commémorer les agents tombés en service commandé, quelque 200 policiers new-yorkais ont **perdu la raison** après avoir consommé une quantité astronomique d'alcool du samedi soir au lundi matin et se sont livrés à du vandalisme dans l'hôtel Hyatt Regency de Washington. Ils couraient nus dans les couloirs de l'établissement, cherchaient à pénétrer dans les chambres de clientes seules, tiraient des coups de feu et réveillaient les clients en hurlant qu'il y avait alerte à la bombe. Ils ont aussi déclenché des alarmes d'incendie qui ont forcé l'évacuation des 1 500 clients. Quatre autres hôtels de la capitale nationale ont aussi été victimes de leurs actes de vandalisme. Les dommages causés ont été de l'ordre de 40 000 $.

۵

Bien qu'un vidéaste amateur ait filmé toute la scène, un policier de Montréal a mis deux ans et cinq séances du comité de déontologie à admettre qu'il était **complètement ivre** lorsqu'il a tenté de régler une dispute de famille une veille de Noël. La scène, croquée en pleine rue et montrant le policier débraillé et à peine capable de se tenir sur ses jambes, avait eu pour origine un appel 9-1-1 demandant l'aide de la police afin d'empêcher des gens de prendre le volant de leur automobile alors qu'ils étaient en état d'ébriété. En guise de défense, le policier incriminé alléguait qu'il n'était pas au volant de l'auto de patrouille à son arrivée sur les lieux.

۵

Le policier René de la Cova, qui s'était rendu célèbre le 3 janvier 1990 par l'arrestation du général Manuel Noriega, a ajouté une autre plume à son chapeau. Il a été condamné à deux ans de prison à Miami pour avoir volé 760 000 $ pendant une opération de **lutte antidrogue** en Floride.

Un rapport publié par des procureurs généraux brésiliens a démontré que les habitants d'Alagoas, un État miséreux du nord-est du pays, avaient peu à craindre des criminels. En effet, 80 % des crimes rapportés étaient commis par les policiers eux-mêmes. Leur situation s'apparente à celle des citadins de Rio de Janeiro: selon un rapport des services secrets brésiliens, 70 % des membres de la police civile de la métropole et 20 % de la police militaire sont *corrompus* à tous les niveaux. En guise d'exemple, dans la zone nord de Rio, sur les 11 kilomètres d'une autoroute qui relie la ville à São Paulo, on dénombre 80 cimetières de véhicules clandestins où sont démontées les automobiles volées. Quatre-vingt-dix pour cent des vigiles qui protègent ces établissements illégaux sont des policiers civils ou d'ex-policiers civils.

À Poitiers, en France, un policier est allé jusqu'à *se blesser lui-même* d'un coup de couteau à la cuisse pour s'assurer que le vagabond qu'il appréhendait à la suite d'une rixe serait condamné à une lourde peine. Ses collègues policiers ayant fini par avouer sa manigance après que le vagabond eut été condamné à un an de prison, le sous-brigadier Michel Cadoret a été condamné à 15 mois de prison ferme, en appel, pour violences, outrage à magistrat, faux et entrave au bon fonctionnement de la justice. Le métier de policier n'a rien de réjouissant en France où le stress, la peur, la routine et l'absence de soutien psychologique sont les raisons les plus souvent avancées pour expliquer qu'il se *suicide* une quarantaine d'agents de police chaque année, soit un tous les neuf jours.

Un policier avec 23 ans de carrière à la Sûreté du Québec a été condamné à une amende de 500 $ et forcé de prendre sa retraite pour avoir tenu deux *maisons de jeu* à Saint-Jérôme. Le policier était responsable de la section moralité, alcool et maisons de jeu à la section de lutte au crime organisé pour la région où il travaillait.

Le service de la police de Chicago utilise un ***logiciel*** qui lui permet de repérer à l'avance les agents susceptibles de «devenir de méchants garçons». Il garde en mémoire des rapports d'objets disparus tels qu'un pistolet ou un insigne et que le policier aurait pu vendre pour se procurer de la drogue.

O

comme dans... obscurantisme

Je n'en veux point aux sots,
j'en veux à la sottise.

Jacques du Lorens

Chaque jour qui passe nous fournit l'occasion de nous demander si le romancier Pierre Boulle n'était pas un visionnaire en écrivant *La Planète des singes,* le célèbre roman que Hollywood a pressé comme un citron pour en sortir cinq longs métrages et une série télévisée.

Bien qu'elle ne cesse d'augmenter en nombre, l'humanité paraît se diriger inéluctablement vers l'autodestruction. Le progrès technologique est le fait de quelques individus, à part de cette multitude qui se pâme pour les guérisseurs, les sectes, la consommation à outrance et qui n'est en rien différente des foules romaines qui criaient: *Panem et circenses (Du pain et des jeux).*

L'explosion des communications n'a pas rendu l'homme intelligent. Elle l'a transformé en publicitaire. La course vers les étoiles est devenue une occasion pour Coca-Cola et Pepsi-Cola de faire flotter leur bannière dans l'espace interstellaire.

L'obscurantisme règne en maître. Il fait beaucoup rire. Peut-être devrait-il faire aussi réfléchir.

339

Les crétins diplômés

Lorsque le réseau CNN a diffusé des photographies de la nébuleuse de l'Aigle, prises par la NASA à l'aide du télescope spatial Hubble, des dizaines de téléspectateurs américains ont passé la journée à appeler la chaîne d'information télévisée pour convaincre les reporters que le *visage du Christ,* surmonté d'un halo lumineux, était visible dans une formation gazeuse.

⌖

La *crédulité* de la clientèle des chanteurs populaires est souvent mise à rude épreuve lorsqu'elle est confrontée au rude choc de la découverte que l'étoile qu'on vénère n'est pas aussi luisante qu'on le croit. Ainsi, plus d'une douzaine de musiciens norvégiens spécialistes du genre *black metal* — une forme de rock très dur qui utilise des paroles évoquant allégrement Satan — ont été appréhendés pour divers crimes dont le meurtre, l'incendie criminel, le viol et les agressions contre des chrétiens. Un musicien célèbre (!) se faisant appeler Samoht (Thomas inversé) ou plus modestement «Le dieu du silence» a été interrogé par la police pour répondre de plusieurs incendies d'églises. Ce courant est si extrémiste qu'il a fait parvenir des menaces de mort contre le personnel du magazine *Kerrang!*, une publication britannique spécialisée dans le… *heavy metal.*

⌖

Un Chinois du Henan qui avait *entendu une voix* dans la nuit lui dire que sa femme était un fantôme, l'a poignardée à mort et s'est précipité chez son père, l'arme à la main, pour lui annoncer la bonne nouvelle. Sa femme s'était déjà plainte plusieurs fois que son mari était excessivement superstitieux et qu'il disait entendre la voix de «Dieu» lui ordonnant de se débarrasser de ce fantôme qui l'avait ensorcelé. Il n'y a pas de frontières à l'imbécillité.

⌖

Dans le monde merveilleux de la médecine parallèle, aucun cas n'est assez *étrange* pour être rejeté. Yvonne Smith, une hypnothérapeute de la Californie, a mis sur pied un groupe d'appui aux personnes qui sont convaincues d'avoir été enlevées une ou plusieurs fois par des extraterrestres. Au cours d'une session pour laquelle elle demande 50 $, Mme Smith détermine si un individu a été oui ou non victime des voyageurs de l'espace. S'il s'agit d'un cas d'imagination furibonde, Mme Smith recommande à la personne de s'efforcer d'être heureuse. La simplicité d'esprit est infinie.

᳘

La société d'assurance automobile de la Colombie-Britannique s'est attiré une réputation de «grippe-sou» lorsqu'elle a refusé de défrayer un jeune héros des 300 $ de réparations à sa voiture que lui avait valus son attitude de bon Samaritain. Voyant qu'un *automobiliste* victime d'une crise cardiaque n'était plus en mesure de maîtriser son véhicule, il manœuvra, à 30 km/h, pour arrêter la course de l'auto, entraînant le sauvetage du pauvre homme. La société d'assurance refusa de le dédommager parce qu'elle considérait qu'il était «responsable» de «l'accident». Mais lorsque le ministre des Transports fit savoir qu'il avait l'intention de payer de sa poche la facture de l'infortuné héros, la société fit volte-face, expliquant qu'il y avait eu malentendu. Ben voyons!

᳘

À Medan, dans le nord de Sumatra, un homme a survécu à un *rite abscons de magie noire*: il s'est coupé les organes sexuels pour les faire brûler dans l'espoir, selon son frère, d'être promu chef du terminus d'autobus où il travaillait.

᳘

Voici un épisode à la mesure de la *stupidité* en matière d'armes chez nos voisins du Sud. Un membre du Congrès, Robert Torricelli, inquiet de la prolifération des armes à feu dans son pays, a proposé d'en limiter la vente à... une par mois par personne! Mais même cette mesure n'a pas plu à l'influent lobby d'hurluberlus regroupés dans la National Rifle Association qui y a vu une mesure «ridicule et inapplicable» et qui, de toute façon, constituait une loi sur l'enregistrement des armes, mesure vigoureusement combattue.

La notion de crime en Chine est parfois surprenante pour un Occidental. Un 1ᵉʳ avril, le quotidien *Guangming,* le journal des intellectuels, a publié un éditorial pour dénoncer la coutume du poisson d'avril. Le virulent article dénonçait cette dangereuse pratique occidentale à la suite de la publication, dans le *Quotidien de la jeunesse chinoise,* de quelques blagues, notamment sur la spéculation immobilière sur la Lune et sur un projet gouvernemental de relier chaque domicile à un tuyau de distribution gratuite de bière.

L'armée royale britannique a publié un nouveau code de conduite dans lequel elle réaffirme la pérennité des **principes d'autrefois.** Le code fustige donc l'adultère, considéré comme «la forme la plus grave de mauvaise conduite sociale», le mariage entre militaires de grades différents qui cause «inévitablement» des problèmes, et non seulement l'homosexualité, mais aussi les rapports hétérosexuels entre officiers et soldats parce qu'ils «bouleversent une structure bien ordonnée». Il n'est pas fait mention de l'assassinat.

On m'accusera d'«anti-albionnisme» enragé, mais je m'empresse de faire succéder à cet énoncé une anecdote qui est en soi un poème sur l'étroitesse d'esprit. Une directrice d'école britannique a dû s'excuser d'avoir empêché ses élèves de bénéficier de places gratuites à une représentation de *Roméo et Juliette.* Ella avait décrété que la pièce de Shakespeare, «exclusivement consacrée à un amour hétérosexuel», n'était pas «idéologiquement correcte». L'affaire s'est rendue jusqu'au parlement de Londres où le premier ministre John Major a condamné le geste de la pauvre dinde.

D'autres bénéficient carrément d'un effet choc pour étaler leur **mauvais goût** et ensuite faire semblant d'être élégants en cédant sous la pression populaire. Le chef de file du prêt-à-porter allemand avait soulevé la colère des mouvements chrétiens en vantant une marque de jeans sur une affiche rappelant la *Cène* de Léonard de Vinci: le Christ y était représenté entouré de 12 jeunes femmes aux seins nus personnifiant les apôtres. Le plus extraordinaire est que ce vendeur de guenilles a retiré ses affiches après le succès du scandale qu'on imagine en disant: «Nous ne voulions blesser personne.» La duplicité est le propre des dégénérés.

❧

Onze *fonctionnaires* du ministère fédéral du Revenu, des Douanes et Accises sont chargés, à Ottawa, de protéger la population canadienne contre la corruption des vidéos, magazines et livres considérés comme obscènes. À la suite d'un raisonnement dont le fondement m'échappe, ils ont décidé de retenir durant quatre mois un lot d'albums de Tintin et Astérix. Je sais que toutes sortes de rumeurs malveillantes courent au Canada anglais sur les relations entre Astérix et Obélix et Tintin et le capitaine Haddock, mais tout de même...

❧

À Egersheim, en Bavière, des millions de chenilles ont complètement ravagé des centaines d'hectares d'une forêt qui comptait des chênes centenaires parce que les pressions des *écologistes* avaient entraîné l'adoption d'un interdit sur les insecticides dans cette zone protégée. La prolifération des chenilles a été telle dans cette région de la Franconie, où l'on cultive les orchidées, qu'on a dû aménager des fossés remplis d'eau pour freiner leur avance. Il va sans dire que les habitants de la région attendent désormais les écolos avec une brique et un fanal.

❧

L'armée américaine a *travesti la vérité* et a décoré deux soldats et un médecin militaire qui avaient tué par erreur un de leurs camarades durant la guerre du Golfe. Devant les pressions de la famille de la victime, l'armée a finalement battu en retraite et retiré les décorations. Trente-cinq soldats américains ont été tués par leurs propres camarades de combat durant ce conflit.

❧

Un patron de pub de Swansea, au pays de Galles, a donné une bonne idée de la valeur des *mœurs* locales en organisant un concours de dégustation de vers de terre pour attirer des clients.

·•

Human Rights Watch/Asia prétend que la Chine procède systématiquement à la condamnation à mort de criminels (des milliers d'exécutions chaque année) de façon à procurer des *organes de transplantation* aux personnages importants du régime. Soixante-quinze à 90 % des organes transplantés seraient pris à même les corps de condamnés qu'on rate juste assez pour les garder en vie le temps d'un prélèvement (reins, artères, cornées, etc.).

·•

On sait que la *peine capitale* fleurit aux États-Unis où la majorité des États l'ont remise en vigueur. Ses défenseurs prétendent qu'elle fait économiser le coût de l'emprisonnement de criminels. Pourtant, selon le Capital Punishment Research Project, une exécution en Floride, incluant toutes les démarches juridiques qu'elle suscite, coûte 3 millions $ US, de quoi garder un criminel en prison durant 120 ans.

·•

En 1865, le Mississippi avait été le seul des 36 États de l'Union à ne pas ratifier l'amendement constitutionnel qui abolissait l'esclavage. Le refus était à l'époque le fait de *parlementaires* qui protestaient contre le fait qu'on ne les remboursait pas pour les esclaves qu'ils devaient libérer. Le fait ayant été découvert par hasard par un parlementaire, le parlement de l'État a finalement approuvé une résolution ratifiant le 13e amendement à la Constitution en... 1995.

·•

La dernière *campagne présidentielle* du Parti révolutionnaire institutionnel du Mexique a coûté 25 fois plus que la première campagne de Bill Clinton. Le PRI a dépensé 1,25 milliard $ US, dont 950 millions $ ont été fournis par des compagnies locales et étrangères. Les dépenses du parti, qui a repris le pouvoir, ont été de 31 fois supérieures au maximum permis par l'Institut fédéral électoral, soit 40 millions $.

À Londres, une vingtaine de clients d'un restaurant sont restés impassibles lorsque six ou sept voyous ont enlevé deux jeunes filles qu'ils ont violées dans une ruelle jouxtant l'établissement. **Personne n'a fait un geste** pour leur porter secours.

Alors que le déficit budgétaire du Maroc s'avérait trois fois supérieur aux prévisions en 1995, le gouvernement a commandé une **limousine** Mercedes 280 SE climatisée, bleu nuit, pour chacun de ses 26 ministres, au coût de 130 000 $ l'unité.

D'autres gouvernements de pays en proie à d'énormes difficultés économiques ne ratent pas l'occasion de s'illustrer dans le même sens. Le président Joaquim Chissano du Mozambique s'est **converti** au Mouvement mondial pour la régénération de l'humanité, une branche du Parti de la loi naturelle qui a tenté de se faire élire sans succès dans plusieurs pays occidentaux. Le converti lui a concédé, dit-on, l'exploitation du quart du territoire national.

Au panthéon de la stupidité trônent plusieurs chefs d'État dont l'ineffable Kim Il-Sung dont la mort provoqua un mystère médiatique: des foules hurlantes de Nord-Coréens en pleurs ont été filmées *ad nauseam* par les caméras d'actualité à l'ébahissement de l'univers. Un tel **lavage de cerveau** collectif s'explique en partie par le fait que 90 % des livres qu'on trouve dans les librairies et les bibliothèques de Pyongyang, la capitale, sont constitués des 1 100 ouvrages (35 volumes) de feu le président dont le cou s'est orné, durant de nombreuses années, d'un répugnant et volumineux kyste qu'il avait peur de se faire enlever.

L'**aristocratie,** comme la classe politique, est aussi une plaie dont les contribuables se passeraient bien. Du moins on le croit. Mais les Britanniques sont, dit-on, attachés à leurs parasites. Selon *The Guardian*, une centaine de membres de la cour de la reine Élisabeth et du personnel de la famille royale sont logés gratuitement ou à des coûts ridicules, dans cinq palais dont l'entretien est financé par les contribuables.

Cette résignation devant l'inéluctable serait-elle le fait de l'éducation reçue en Angleterre? *The Independent* a effectué une enquête sur les *mœurs* des étudiants de Cambridge et d'Oxford et a tiré la conclusion que la majorité d'entre eux travaillaient peu, avaient peu de loisirs et encore moins d'activité sexuelle mais qu'en revanche ils consommaient beaucoup d'alcool.

Il n'est pas toujours nécessaire d'absorber quelque substance que ce soit pour se faire valoir. La Psynetics Foundation d'Anaheim, en Californie, a organisé des soirées rencontres de support moral pour les gens qui se disent victimes d'enlèvement par des *extraterrestres.* Aux États-Unis, 2 % de la population croit dur comme fer qu'elle a été enlevée au moins une fois par des êtres de l'espace.

Pourtant, sur Terre, il se passe des choses bien plus *ahurissantes.* Après bien des plaintes, les patients d'un hôpital de Kisumu, au Kenya, ont fini par obtenir du personnel hospitalier que soient retirés les cadavres de deux personnes mortes cinq jours plus tôt, a rapporté le journal *Daily Nation.* Les malades suffoquaient sous l'odeur des corps en décomposition.

L'Inde est un pays où sévit la misère et où fleurissent quelque 150 *loteries.* On évalue à 50 millions le nombre de personnes qui y consacrent une part de leurs revenus, souvent bien maigres. Selon le *Washington Post,* les journaux locaux rapportent presque chaque semaine des faits divers mettant en cause des pères ou des maris qui se sont jetés devant des trains en marche ou se sont flambé la cervelle parce qu'ils ne pouvaient plus assumer les dettes d'argent qu'ils avaient encourues pour participer à une quelconque loterie.

Au Canada, en 1984, une note du bureau du sous-ministre de la Santé a empêché que l'utilisation du condom comme moyen de se protéger contre le sida soit inscrite dans une brochure gouvernementale, comme il a été déclaré à l'enquête Krever sur le sang contaminé. Mais la **rectitude politique** était aussi le fait des télédiffuseurs à la même époque qui hésitaient à conseiller l'usage du prophylactique latex. À la rigueur, on pouvait montrer une boîte de condoms à la télévision, mais jamais, au grand jamais, le condom lui-même...

Obstination technologique

Insensible à l'évidence, l'*ordinateur* de Revenu Canada a persisté à dire qu'une résidante de Prince George, en Colombie-Britannique, était un homme. Au début, elle a pris l'affaire avec un grain de sel. Mais la persistance de l'erreur l'a embêtée au point qu'elle a dû se lancer dans de multiples démarches pour obtenir rectification. L'erreur pourrait provenir, selon elle, du fait qu'on se serait référé au certificat de naissance de son frère jumeau plutôt qu'au sien lorsqu'elle a demandé une carte d'assurance sociale... 18 ans auparavant. Comme disent communément les informaticiens: «*You put garbage in, you get garbage out*». (Traduction libre: «Tu confies des ordures à ton ordinateur et il te les rend.»

Ce doit être ce qu'une adorable vieille dame de 104 ans de Winona, au Minnesota, s'est dit lorsqu'elle a reçu un avis de la commission scolaire locale l'enjoignant de fréquenter la maternelle! Une représentante de la commission scolaire catholique de Winona, sœur Mary Donald Miller, a pu expliquer que «l'heure» n'était pas venue pour la chère dame de reprendre à zéro les études qu'elle avait entreprises il y a cent ans; c'est un **préposé à l'information** qui avait tapé par erreur «88» lorsqu'on lui avait demandé de procéder à la recherche de tous les enfants nés en... 1988.

Si les expériences d'œnologue de fin de semaine de l'oncle Jean-Guy nous valent parfois d'agréables surprises, toute expérience de boisson maison n'est pas sans danger. Le ministère de la Santé de Cuba, où sévit une grave récession depuis le départ des Russes, a mis les apprentis sorciers de l'alcool en garde contre l'utilisation des **lampes-écrans vides** de téléviseurs. Elles sont utilisées comme récipients des vins et alcools domestiques qu'on y fabrique en grande quantité pour contrer la disette ou les prix astronomiques. La programmation est-elle à ce point décevante?

Les **hôpitaux** britanniques ne sont pas des modèles de fonctionnement intelligent, comme l'a révélé un rapport officiel qui dénonce la bureaucratie du service national britannique de la santé. Ainsi, changer une ampoule nécessite l'intervention de six personnes, a-t-on découvert dans un hôpital témoin: le personnel administratif de l'établissement doit en outre accomplir 17 formalités différentes pour que le travail soit fait. Dans un autre hôpital, il a été révélé que 10 personnes sont nécessaires pour une simple radiographie, ce qui prend 127 minutes au total; 23 minutes seulement sont consacrées à la radiographie elle-même.

Où s'arrêtera l'*esprit d'invention* des généticiens? Aux États-Unis, on a créé des dindes à la poitrine si protubérante que le rapport sexuel est quasiment impossible et qu'il faut garder les mâles dans des enclos différents des femelles pour éviter les querelles dues à la frustration. Les éleveurs ont désormais recours à l'insémination artificielle pour assurer la reproduction.

Le magazine britannique *New Scientist* croit en l'existence du «mercure rouge», une substance permettant la fabrication d'une **bombe nucléaire miniature.** Les efforts pour enrayer la multiplication des armements nucléaires seraient donc inutiles. Sam Cohen, l'inventeur de la bombe à neutrons, endosse cette croyance, contrairement à certains scientifiques.

Il dit: «Je ne veux pas semer la panique, mais le mercure rouge existe et c'est terrifiant.»

Des *écologistes* américains regroupés dans le Conseil de défense des ressources naturelles à Washington, estiment que 50 millions d'Américains, soit un sur cinq, consomment chaque jour une eau n'ayant pas été traitée correctement contre les bactéries, les produits chimiques, les parasites et autres polluants.

Le *New York Times* a révélé qu'au cours des années 60, le fabricant de cigarettes Brown and Williamson avait mis au point une *cigarette* appelée Ariel, qui était moins nocive pour la santé. Le procédé consistait à chauffer le tabac plutôt qu'à le brûler afin de faire disparaître la plupart des substances dangereuses, mais le produit ne fut jamais commercialisé même s'il fut breveté en 1966. La compagnie craignait de donner une mauvaise image à ses autres produits et de voir les clients acheter moins de cigarettes parce que leur vice leur procurerait moins de plaisir.

On a encore recours dans plusieurs pays à un test prénatal appelé CVS (pour Chorionic Villus Sampling) qui contribue, selon une agence gouvernementale américaine, à faire naître des enfants malformés (environ 500 pour 500 000 tests annuels). La *technique* consiste à introduire une aiguille dans l'utérus de la mère pour extraire des tissus de l'embryon; elle crée d'importantes lésions qui peuvent entraîner dans les cas les plus graves la naissance d'enfants sans membres ou sans langue. Ironie de l'affaire, le test consiste justement à déterminer si l'enfant à naître n'est pas malformé ou anormal.

Au cours d'une recherche sur le potentiel des *drogues hallucinogènes* en situation de combat durant les années 60, des soldats britanniques se sont vu administrer des doses de LSD. L'étude consistait à vérifier si le LSD pouvait diminuer l'envie de combattre chez les soldats. On a ainsi «découvert» que la drogue était trop coûteuse, pas assez facile à utiliser et trop imprévisible pour présenter un danger.

L'hebdomadaire allemand *Stern* a publié des dossiers de l'ancienne police secrète est-allemande, la *Stasi*, qui révèlent qu'au cours des années 80 plusieurs haltérophiles masculins ont dû être opérés après avoir cessé de prendre des **doses massives de testostérone** parce que «le gonflement et la féminisation des poitrines avaient atteint un stade précancéreux». Des athlètes féminines ont dû abandonner la compétition parce que la consommation de certains produits leur avait donné une telle pilosité qu'elles devaient se raser chaque jour. Les athlètes est-allemands n'avaient jamais été prévenus des dangers que représentaient ces substances.

Les **absurdités médicales** du genre ne sont pas propres à notre époque. Les pharaons d'Égypte étaient entourés d'une nuée de spécialistes, selon Ira Rutkow, un historien de la chirurgie au cours des âges. Chaque organe et chaque maladie avaient ses spécialistes. Il y en avait même un qui ne s'occupait que du… rectum royal. Ça ne vous rappelle pas le camérier secret du pape? Celui qui était chargé du pot de chambre papal?

Les bien-pensants

Le vol des objets anciens n'est pas récent: on sait que les **pilleurs de sépultures** des siècles reculés sont passés bien avant leurs descendants, les archéologues. À la célèbre abbaye de Westminster, en Angleterre, les «emprunts» sont particulièrement visibles. Des doigts ont été cassés sur les statues en marbre; les couronnes de Henri V et les diadèmes de la comtesse de Suffolk et Sussex ont été endommagés; des parcelles de la mosaïque représentant Édouard le Confesseur ont été volées dans la chapelle qui porte son nom. Dès le XVIe siècle, le placage en argent sur l'effigie de Henri V avait disparu, selon les annales.

L'administration **peu scrupuleuse** de musées américains et japonais est à l'origine de la disparition de fossiles et de météorites rares de l'Australie. Ces acheteurs sont prêts à payer des dizaines de milliers de dollars au marché noir pour des spécimens de première qualité, sans s'interroger sur leur provenance selon le Comité de l'héritage culturel australien.

❧

Les superstitions ont un proche parent: le mythe. Les garçons des générations antérieures se sont-ils assez fait dire que «la masturbation rend sourd» et «fait pousser du poil dans les mains»? Un couple américain, Colleen Davis Gardephe et Steve Ettingler, a publié un livre sur les **histoires de grand-mère** intitulé *Don't Pick up the Baby or You'll Spoil the Child* («Ne prenez pas votre enfant dans vos bras; vous allez le gâter»). Parmi les crétineries recensées par les auteurs, on note: «Les brûlures d'estomac chez une femme enceinte sont l'indice que le bébé a beaucoup de cheveux.» Mieux encore: «Une femme enceinte ne doit pas avoir de l'eau plus haut que la taille parce que le bébé se noiera.»

C'est un autre genre de brûlures d'estomac dont souffrait depuis deux ans un gamin de huit ans du Caire. Le médecin qui craignait une péritonite aiguë a été épouvanté de découvrir dans l'estomac de l'enfant 250 vers de 25 centimètres de longueur dont la vue a fait s'évanouir sa mère. Elle aurait mieux fait d'apprendre les **règles élémentaires de la propreté**: les médecins de l'hôpital ont conclu que la consommation de légumes non lavés était à l'origine de sa maladie.

❧

Les clients naïfs d'une **diseuse de bonne aventure** de Roanoke, en Virginie, ont fini par se réveiller un peu tard et par la poursuivre en justice. À une policière, elle avait promis de mettre un terme à ses ennuis conjugaux à la condition qu'elle lui revienne porteuse d'un verre d'eau, d'une chaussette sale et de 1 200 $. Contre 75 000 $, elle avait assuré un autre qu'elle lui fournirait les numéros gagnants de la loterie lui permettant d'empocher 3 millions $. Évidemment, le pauvre n'a rien gagné. Pour sa défense, elle a allégué qu'elle lui avait bien fourni les bons numéros, mais qu'il était sous le coup d'un mauvais sort jeté par un membre de sa famille. La dame n'avait pas prédit non plus qu'elle se retrouverait en prison où elle médite sur les dangers d'abuser de la crédulité populaire.

•

Les sœurs du cloître de Sainte-Marie-des-Anges, à Appenzell, en Suisse, ont interdit à la Broadway Musical Company de New York d'interpréter la comédie musicale *Hair* dans une école située sur un terrain leur appartenant. Bien qu'elles n'aient jamais vu la pièce antimilitariste dont Milos Forman a tiré un film célèbre, les religieuses ont fait dire par leur porte-parole qu'elles craignaient que le message hippie de la pièce ne soit ***contraire aux valeurs chrétiennes.***

•

Un tribunal français a accordé un dédommagement de 3 000 FF (900 $) à un artiste canadien qui avait utilisé une partie de la scène de la création de Dürer dans une affiche conçue pour un théâtre. L'entreprise de mobilier urbain Decaux Services avait ***dissimulé sous des triangles noirs*** les sexes d'Adam et d'Ève.

•

Les journaux allemands se sont ridiculisés en consacrant beaucoup d'espace dans leurs colonnes à un «météorite» dans un champ de Bavière. Il y avait même un témoin qui affirmait que la «chose» avait fait jaillir «un geyser d'eau et de boue d'environ 150 mètres de haut». Un journal a même dramatisé en expliquant qu'un «bloc entier de maisons aurait pu disparaître». Chacun a dû ***déchanter piteusement*** lorsque la police a révélé qu'il s'agissait tout bonnement d'un vulgaire explosif utilisé pour creuser un lac artificiel.

•

Une estampe de Renoir a servi de ***trophée à des éleveurs de porcs*** à Wagga Wagga en Australie avant d'aboutir dans le bureau d'un archiviste de l'université locale qui s'en est servi pour décorer son bureau jusqu'à ce qu'elle fût remarquée par la conservatrice artistique du campus en 1994. Elle n'en crut pas ses yeux. L'estampe fut évaluée à 33 000 $. L'archiviste a eu ce commentaire éloquent: «Elle ne m'impressionnait pas tellement. Moi et l'art, vous savez...»

❖

Dans l'État du Bihar, celui qui a le plus fort taux d'analphabétisme en Inde, les étudiants revendiquent le ***droit de tricher*** en faisant valoir que le niveau du corps enseignant est trop faible pour leur donner une chance raisonnable de réussir. À Dalsingarai, des heurts entre la police et les étudiants qui n'ont pas apprécié que celle-ci tente de les empêcher de copier à un examen, ont fait quatre morts. Au secondaire comme à l'université, les étudiants font appel à l'intimidation pour convaincre leurs professeurs d'autoriser la tricherie. Il arrive que les dirigeants étudiants, alliés à de puissants hommes politiques, aient plus de pouvoir que le corps enseignant.

❖

Spider Robinson, un écrivain d'origine américaine, dut attendre pendant des années l'autorisation d'émigrer au Canada parce que les ***fonctionnaires*** de l'Immigration du consulat de New York estimaient qu'être romancier de science-fiction ne constituait pas un véritable travail. La mésaventure lui a permis de déclarer: «La science-fiction est le seul genre littéraire qui affirme qu'il y aura un avenir.»

❖

Le jour même où le secrétaire général du Conseil de l'Europe, Daniel Tarchys, entamait une visite en Roumanie pour juger de l'évolution de ce pays devenu membre de l'organisme un an plus tôt, les ***députés*** se prononçaient contre une dépénalisation de l'homosexualité et votaient des peines de prison de un à cinq ans.

Ils se trouveraient en bonne compagnie avec le ***président zimbabwéen*** Robert Mugabe qui s'oppose à une légalisation de l'homosexualité dans son pays. Son avis est clair: «Cela dégrade la dignité humaine. C'est contre nature et il n'est pas question de permettre à ces gens de se comporter pire que les chiens et les porcs. Si les chiens et les porcs ne le font pas, pourquoi les êtres humains le feraient-ils?»

Lors d'une conférence à Londres, la romancière chinoise Jung Chang a déclaré que, lorsqu'elle était enfant, ses parents la **culpabilisaient** de refuser de manger ses nouilles en lui rappelant les enfants affamés du monde capitaliste.

À peine 30 % des mères québécoises nourrissent leur bébé au sein à leur sortie de l'hôpital comparativement à 75 % des Canadiennes. Une **méconnaissance** des bienfaits de l'allaitement naturel et la pression de l'entourage en sont la cause. En effet, plusieurs pères s'y opposent parce qu'ils ont du mal à concevoir que les seins de la femme puissent avoir une autre fonction que celle liée à la sexualité.

La moitié des diplômés des collèges américains sont **incapables de lire** un horaire d'autobus, selon une étude faite par le Education Testing Service de Princeton au New Jersey. L'étude démontre en outre que ces gens sont cependant plus instruits que la moyenne.

Après 44 ans de **loyaux services,** un cheminot britannique de 59 ans a été congédié sans prime de départ 3 jours avant la retraite. Motif: il avait bu une bière alors qu'il était en service.

Maintenant qu'ils ont décidé de s'ouvrir sur le monde, les Russes cherchent à étudier les **bonnes manières** au plus tôt. Il est temps. Lors d'une envolée d'Aeroflot, un passager ivre a caressé une inconnue, craché dans l'allée, roté à la face d'autres passagers, engueulé un garçon de 10 ans, taché son siège de beurre, tout ça avant de s'endormir en bavant sur l'épaule de la femme qu'il avait tripotée contre son gré. À une journaliste occidentale qui commentait ce comportement neandertalien, la dame a demandé, étonnée: «Ça ne se passe pas comme cela dans votre pays?»

Mariam Mesaret, une femme de ménage *sidéenne* de la célèbre actrice égyptienne Sherihan, n'a pu monter à bord de l'avion dans lequel elle devait être expulsée vers Addis-Abeba. Son histoire ayant fait la une des journaux, les autres passagers l'ont reconnue et ont refusé qu'elle s'assoie dans le même avion qu'eux.

~

Le maire d'un petit village près de Larissa, en Grèce, Théodore Kaffes, s'est illustré par une opinion pour le moins *rétrograde.* Il refuse de célébrer les mariages civils rendus légaux au début des années 80 par le gouvernement socialiste. «Le mariage civil pousse les couples mariés directement dans les mains de Satan», croit-il. Il affirme en outre qu'il «choque les fondations du code moral du pays».

~

Le *député fédéral* Rex Crawford, de Chatham en Ontario, est d'avis que le recours aux coups de bâton constituerait un puissant facteur de dissuasion pour les jeunes contrevenants comme pour les adultes reconnus coupables de crimes.

Menace à l'environnement

L'Everest a subi 147 expéditions en 40 ans. Ravis d'accéder à un endroit où «la main de l'homme n'a jamais mis le pied», pour reprendre l'expression des Dupond et Dupont, les alpinistes ont fait un cadeau à la montagne: 16 tonnes d'*ordures* de toutes sortes.

~

Les épandages de *pesticides* dans la pampa argentine ont été responsables de la mort d'environ 20 000 aigles qui migrent sur une distance de 7 000 milles chaque année à partir du Canada et des États-Unis. Selon le Fonds mondial pour la faune, dans la seule ville de General Pico, près de 4 000 aigles ont été trouvés morts.

~

Après la Chine, l'Inde, avec ses 934 millions d'habitants, est le pays qui devrait franchir le cap du milliard avant l'an 2000.

La Banque mondiale implore les hommes de faire davantage pour contenir l'augmentation de la population, eux qui ne sont que 6 % à utiliser des moyens de contraception. L'organisme craint que le pays ne connaisse une ***explosion démographique*** et une grave épidémie de sida.

⤙

La lutte à l'épidémie de peste (la première en 28 ans) qui a frappé l'Inde en 1995 a été rendue pénible par le ***culte du... rat,*** rongeur sacré dans la religion hindoue. En dépit d'une cinquantaine de morts en quelques jours et d'une campagne de dératisation gouvernementale, des milliers de rats continuaient de courir dans les rues des villes, dévorant fruits et bonbons, puisque les gens refusent de les tuer. À Calcutta, les Hindous vont même jusqu'à se rassembler dans l'un des parcs de la ville pour nourrir les dizaines de milliers de rats qui y ont élu domicile. Le temple de Karni Mata, situé dans l'État désertique du Ràjasthàn, est entièrement voué au culte du rat. Abondamment nourris sous un parasol en or au son des prières et des cymbales, les rats se reproduisent tout aussi... abondamment.

⤙

Le ***Front de libération des animaux*** a fait campagne contre le gavage des oies en bouchant les toilettes d'une dizaine de restaurants gastronomiques en Suisse et en les ornant d'auto-collants. Un porte-parole a menacé de boucher les toilettes avec du ciment si les établissements continuaient à servir du foie gras.

⤙

L'Indonésie et la Thaïlande fournissent chaque année aux restaurants européens quelque 300 millions de paires de cuisses de grenouille, qu'on tue en les coupant en deux. Le massacre des batraciens a un ***résultat épouvantable*** sur la prolifération des insectes.

⤙

Le magazine *Time* a pu écrire que le chiffre d'affaires des ***braconniers*** américains dans les 366 parcs du pays était d'environ 200 millions $ annuellement. Vingt des 100 espèces

356

animales attaquées sont menacées. Les superstitions et les vices des Asiatiques (le mythe du pénis et des vésicules d'ours comme aphrodisiaques) représentent 50 % de la somme.

Le Fonds mondial de la nature (WWF) estime à 12 millions le nombre d'animaux victimes chaque année des **braconniers** de la forêt amazonienne. Un seul animal capturé sur 10 parvient vivant sur les lieux de vente. Ce commerce rapporte entre 500 et 700 millions de dollars par an aux braconniers. Le ouistiti à pelage doré peut valoir jusqu'à 15 000 $, et certains perroquets plus de 4 500 $, estime le président du chapitre brésilien du Fonds, Eduardo Martins.

Le Service américain des poissons et de la faune et le Service national des pêcheries ont rejeté une pétition de plusieurs groupes de défense de l'environnement visant à accorder une protection générale au saumon de l'Atlantique en tant qu'espèce en voie de disparition. La raison? Les services ont estimé que ce poisson était *déjà disparu* des rivières de la Nouvelle-Angleterre où il frayait jadis en abondance. Les groupes s'alarmaient de la pollution des rivières et de la construction de nouveaux barrages.

En cinq ans, un millier de gazelles ont été abattues en Égypte par quelque 120 riches braconniers du golfe Persique. Sous le prétexe fallacieux de tourisme dans le désert, ils arrivent en caravanes motorisées, avec des serviteurs, de la nourriture, des générateurs et du matériel de télécommunication, voire des radars. Les rares gardes-chasses n'osent leur rappeler que la chasse est interdite dans le désert, les riches Arabes du Golfe étant de grands pourvoyeurs d'aide à l'Égypte.

La zone antique autour des pyramides d'Égypte est **menacée** par la construction d'une autoroute où les ouvriers découvraient régulièrement des tombes et des sarcophages. L'Unesco a averti Le Caire que le site des pyramides serait placé sur la liste des «patrimoines en danger» et retiré complètement de la liste du patrimoine mondial si le tracé de l'autoroute n'était pas dévié de 25 km, mais comme la construction était presque terminée, il y a peu à espérer d'une telle mesure. En 30 ans, les pyramides du Gizeh, dernière des sept merveilles du monde antique encore existante, ont subi l'assaut d'une démographie galopante. L'armée y a construit des camps; on a édifié des immeubles bariolés juste devant les pyramides et les ordures sont traitées dans une gigantesque décharge. Devant le Sphinx, où vivent 45 000 personnes, le gouvernement a fait enlever des tonnes de détritus pour aménager un parc de stationnement pour autobus de touristes; auparavant, ceux-ci venaient se garer aux pieds mêmes du monument.

Selon une étude de la Banque centrale du Chili réalisée dans sept forêts du pays de 1985 à 1994, si la *déforestation* se poursuit au rythme actuel imposé par l'industrie du bois, toutes les forêts indigènes pourraient avoir disparu en dehors des zones protégées d'ici à 20 ans.

Les pratiques obtuses

Un Roumain de 40 ans, Sabin Brancoveanu, dénoncé par un voisin, a été arrêté pour *profanation de sépulture* après avoir exhumé le corps de son frère aîné décédé quelques jours plus tôt pour lui planter un clou dans le cœur. Il souhaitait ainsi chasser le fantôme de son frère de 58 ans qui venait terroriser le reste de la famille chaque nuit depuis sa mort, a-t-il expliqué.

Chaque année, des cadavres de poulets, de chats, de chiens ou de chèvres sont retrouvés dans les parcs de la ville de New York, manifestement sacrifiés par des adeptes du Santeria, un *culte vaudou cubain.* Mais la découverte du cadavre d'un ours femelle de 70 kg dans le Forrest Park du quartier de Queens a été une première. L'animal, probablement chassé dans les Catskill ou les Adirondacks au nord de l'État, avait été éviscéré, un crucifix était planté dans son abdomen et il était enroulé dans une couverture blanche.

Mais ce genre de pratique est **encore plus révoltante** lorsque des humains en sont les victimes. À Cambridge, en Ontario, une petite fille de deux ans est décédée durant une séance d'exorcisme lorsque la circulation du sang vers le cerveau a été restreinte pendant qu'on la maîtrisait. La mère et la grand-mère de l'enfant, ainsi que deux voisins, ont été accusés d'homicide involontaire.

À Calistena, en Calabre (Italie), une petite fille de deux mois est morte à la suite de tortures infligées par ses oncles lors de **rites sataniques** destinés à éloigner les esprits malins (sic) de la maison familiale. Un mage l'a arrosée d'eau de Lourdes puis violée et frappée à coups de poing et de pied devant ses parents et une partie de la famille. Les sinistres idiots ont été emprisonnés.

La pratique de l'**exorcisme** est plus répandue qu'on ne le croit. Un Britannique, Peter Horrobin, a même fondé un centre international où il enseigne l'exorcisme et la guérison. La possession satanique, affirme-t-il, peut être provoquée par plusieurs causes: un accident de la circulation, un avortement, le tabagisme, la masturbation ou le contact avec le corps d'un décédé. M. Horrobin dit avoir libéré un homme que le diable avait rendu intoxiqué aux bonbons à la menthe (sic).

Au Caire, une jeune femme de 21 ans et sa sœur de 18 ans ont tué leur mère à coups de pied et de poing après l'avoir dévêtue alors qu'elle se trouvait dans la salle de bains. Elles étaient persuadées que leur mère était **possédée** par un esprit et avaient décidé de «chasser le djinn qui habitait son corps». La police a découvert les deux jeunes femmes dans un état d'hystérie avancée.

Dans un bidonville d'Orange Fram, à une trentaine de kilomètres au sud de Johannesburg, des villageois ont traîné deux femmes hors de leur masure une nuit et les ont brûlées vives parce qu'ils les soupçonnaient de *sorcellerie.*

-◦-

Un juge de Jérusalem a fait incarcérer un dompteur d'animaux qui appliquait ses *méthodes* à sa femme et à ses enfants en les maltraitant et en les rouant de coups. Ils les obligeait à coucher dans le corridor de l'appartement pour louer leurs chambres quand il avait besoin d'argent. Sous les yeux horrifiés de ses enfants, il avait fait éclater le crâne d'un chat qui avait eu le malheur de pénétrer dans le domicile.

-◦-

Le tribunal correctionnel de Saint-Gaudens, en France, a condamné à une amende de 50 000 FF (8 500 $) un restaurateur adepte de «zen macrobiotique» qui prétendait *guérir* diverses maladies graves, dont le sida, grâce à une alimentation à base de céréales.

-◦-

Durant la Révolution culturelle chinoise de 1966 à 1976, c'est à un autre genre d'alimentation qu'on s'est adonné. D'après les Américains Nicholas Kristof et Sheryl WuDunn, auteurs du livre *China Wakes,* la directive de hauts gradés du Parti communiste à l'effet qu'il fallait manger les ennemis contre-révolutionnaires fut suivie à la lettre: on servit de la *chair humaine* dans les cafétérias gouvernementales. Des milliers de gens s'adonnèrent au cannibalisme par conviction politique. Les auteurs affirment que «dans certaines écoles secondaires, des enseignants et des directeurs furent assassinés et rôtis en plein air lors de fêtes populaires destinées à célébrer la victoire sur les contre-révolutionnaires».

-◦-

Parce qu'il était persuadé que son fils n'était pas de lui (la date de sa conception correspondant à celle d'un viol dont sa femme avait été victime), un mari de Fairmont, au Minnesota, a enfermé l'enfant dans une chambre sans fenêtres durant 16 mois et l'a affamé en lui donnant juste assez de nourriture (presque uniquement des céréales d'avoine et de l'eau) pour qu'il survive. Quand la police a découvert l'enfant, âgé de quatre ans, il ne pesait que huit kilos. L'*idiot* médite en prison depuis.

❧

En matière d'alimentation, Rodney Hines, de Chico en Californie, avait des goûts bien particuliers. Il a été appréhendé pour avoir volé quatre **urnes funéraires** dont il a utilisé les cendres pour priser et en condiments sur ses aliments. Il voulait, a-t-il expliqué, atteindre «la vie éternelle».

❧

Un **aphrodisiaque** contenant de la bave de crapaud séchée a causé la mort de quatre hommes entre février 1993 et mai 1995 aux États-Unis. Vendue sans mention de la composition du produit ni mode d'emploi, la substance, de couleur brune, était destinée à une application sur les parties génitales. Les quatre victimes l'avaient ingurgitée.

❧

À Soweto, la banlieue noire de Johannesburg, une centaine d'enfants sont violés chaque jour par des hommes **séropositifs** qui croient se débarrasser ainsi du virus du sida. Lettie Baatjies, responsable de la clinique Meadowlands, attribue la recrudescence des viols d'enfants à la légende qui confère des vertus curatives à l'hymen des petites filles. Les enfants sont généralement âgés de 9 mois à 10 ans.

❧

En Chine, où l'avortement et même l'infanticide sont des façons de ne pas mettre de filles au monde, les mâles seront en surnombre vers l'an 2020. Selon Marcus Feldman, démographe à l'université de Stanford aux États-Unis, on comptera alors 110 hommes pour 100 femmes, un déséquilibre qui pourrait bien renverser l'actuel système de la dot: la famille du futur époux devrait alors payer pour obtenir une épouse.

Cette pratique de la dot, bien que décrétée illégale en 1961, est encore très présente dans la vie des Hindous, qui forment 80 % de la population de l'Inde. L'*aspect épouvantable* de ce système est que les épouses dont les familles ne peuvent verser les sommes promises après le mariage sont souvent tuées par leur belle-famille. De 1990 à 1995, le nombre des victimes de la dot est passé de 4 836 à 5 582. On les arrose de kérosène, un combustible courant dans les cuisines, et on y met le feu. La famille du mari allègue ensuite qu'il s'agit d'un accident.

⟿

Dans certaines régions de l'Inde, la coutume pour une veuve de s'*immoler sur le bûcher* de son époux est encore respectée bien que la pratique ait été bannie par le gouvernement indien (le gouvernement colonial britannique l'avait interdite en 1829). Une veuve de 65 ans d'un village du Madhya-Pradesh avait annoncé à sa famille son intention de se livrer à un «sati», le rituel en question, et avait revêtu ses plus beaux atours pour ce faire. À son grand dépit, Bhagwati Khare en a été empêchée par les villageois présents.

⟿

Au Zaïre subsiste une coutume qui constitue une espèce de *viol légalisé* de la veuve. À la mort de son époux, elle est prise en charge par sa belle-famille et soumise à des rituels traditionnels, dont celui de la «purification». Un membre de sexe masculin de la parenté est désigné pour avoir une relation sexuelle avec elle le lendemain de l'enterrement ou le lendemain de la journée où le deuil se termine. La décision est prise avec ou sans le consentement de la veuve et de sa propre famille. La pratique est destinée, dit-on, à la libérer de la présence de son conjoint, laquelle pourrait lui nuire dans son effort de refaire sa vie.

⟿

Selon l'Organisation mondiale de la santé, 40 % des femmes de 36 États d'Afrique, ainsi que de quelques pays du Moyen-Orient et de l'Asie de l'Est, subissent des *mutilations génitales,* une pratique rituelle qui remonterait à plus de 2 500 ans. Avec l'augmentation de l'immigration, beaucoup de pays occidentaux se trouvent aux prises avec cette coutume barbare que certaines femmes africaines défendent elles-mêmes en disant aux Occidentaux qu'ils n'y comprennent rien et que ça ne les regarde pas. Cette attitude explique peut-être que les juges occidentaux ont de la difficulté à se montrer sévères dans de telles causes. À Paris, une femme reconnue coupable d'avoir excisé deux fillettes, n'a été condamnée qu'à un an de prison. Au Caire, quatre hommes ont été arrêtés pour avoir permis à la chaîne de nouvelles CNN de filmer l'excision qu'ils pratiquaient sur une fillette de 10 ans. Les autorités égyptiennes étaient fort en colère contre ce reportage qui montrait «une image rétrograde du pays». On estime pourtant que de 70 à 85 % des Égyptiennes subissent une forme ou une autre d'excision.

En cette fin de siècle, l'*occultisme* semble connaître un regain de popularité. Certaines pratiques laissent pantois. Deux médiums du New Jersey ont révélé avoir été engagés jusqu'à présent par 90 firmes qui les ont chargés d'interviewer, par télépathie, des candidats à un emploi. Ils lisent les formulaires remplis par les candidats et contenant des informations du genre nom, adresse, sexe et autres coordonnées. «Nous nous fermons les yeux, a expliqué l'un des deux, et nous formulons ensuite en paroles ce qui nous vient à l'esprit.»

L'*occultisme* est devenu tellement sérieux que Bob Rickard, de Londres, a pu réunir plus de 1 000 participants à un congrès dans une université de Londres où il était question d'ésotérisme, de parapsychologie, d'ovnis, de tables tournantes, de vampirisme, etc. Des kiosques offraient à la vente plusieurs objets pour le moins étranges, dont un T-shirt affichant un visage de martien fluorescent qui clignoterait s'il était mis en présence d'un extraterrestre.

En Algérie, aux prises avec des problèmes économiques graves et une guerre larvée avec les Islamistes, on compte quelque 5 000 *diseurs de bonne aventure,* soit un pour 5 300 personnes. À Seoul, la capitale de la Corée du Sud, ce genre de fumistes a beaucoup de succès auprès des jeunes hommes à qui ils vendent des amulettes qui leur assurent le succès aux examens d'entrée à l'université. Il faut dire que les étudiants masculins croient aussi qu'ils éviteront l'échec en se glissant nuitamment dans une salle de classe pour y dérober sept coussins protégeant les postérieurs féminins contre la dureté des chaises.

Les ***prophètes du Nouvel Âge*** annoncent la venue d'une «planète parallèle» qui s'approche de la Terre pour permettre aux humains «éclairés» de changer de monde et de vivre ensuite une vie harmonieuse.

On compte dans le monde quelque 1 100 ***sectes*** qui croient que l'avènement de l'Apocalypse est pour bientôt, selon *The Millenial Prophecy Report,* un bulletin publié par le folkloriste Ted Daniels de Philadelphie. Une demi-douzaine de soi-disant messies parcourent la Terre pour annoncer que le jour du Jugement dernier est proche et qu'il faut se repentir. C'est l'avis en tout cas de la prophétesse Sophia Richmond, de Grande-Bretagne, qui prétend qu'une partie de la comète de Halley s'est détachée et fonce vers la Terre. Elle attribue sa vision (aucun astronome ne confirme ses prédictions) au «télescope prophétique que le Tout-Puissant a mis dans son cerveau». Ce faisant, Dieu aurait-il enlevé autre chose, comme l'intelligence?

P

comme dans... animaux préférés

Les animaux supérieurs ne sont jamais atteints de cette maladie qu'on appelle le Sens Moral.

Mark Twain

Depuis que l'homme a découvert les vertus du compagnonnage en domestiquant le chien et les joies de l'alimentation carnivore en construisant des clôtures autour des vaches, l'animal est au cœur de ses préoccupations.

Certains humains vouent aux quadrupèdes et aux volatiles un culte qui dépasse l'entendement. Qui n'a pas risqué ses os dans une chute sur les trottoirs englués d'excréments de certaines villes françaises ne connaît pas le péril de vivre en société.

Les Nord-Américains ne devraient pas pousser les hauts cris devant des gestes d'amitié pour les animaux qui les dépassent. Eux qui ont un amour particulier pour les pit-bulls, ou pour les perruches qu'ils laissent voleter au-dessus des têtes des visiteurs sans se préoccuper des cadeaux non sollicités qui tombent sur les cheveux, n'ont de leçon à donner à personne.

Mais pour revenir à nos moutons, voici quelques illustrations des étranges rapports qui peuvent exister entre l'homme et l'animal.

Les animaux malades de l'homme

Des écarts de langage ont valu à un magnifique perroquet au plumage bleu et or d'être chassé du zoo de l'île de Wight, dans la Manche. L'ara macao **choquait les enfants et leurs parents** en leur suggérant en termes non équivoques d'aller voir ailleurs s'ils ne pourraient pas faire des choses intimes. Le directeur du zoo a demandé à un professeur d'élocution de corriger les écarts de langage de Bluey le perroquet, mais, peine perdue. Lui aussi se vit conseiller de chercher un endroit pour aller méditer sur les plaisirs solitaires. Le directeur du jardin zoologique croit que le propriétaire précédent de l'oiseau, un marin, avait peut-être la langue trop bien pendue lorsqu'il a enseigné à parler à son élève.

Une **perruche égarée** du nom de Pippy s'était perchée dans un arbre à Londres. En voyant venir une dame, l'oiseau lui a crié sur un ton menaçant: «Je suis Pippy. J'habite au numéro 7, Strawberry Close à Nailsea. Compris?» Le propriétaire de l'oiseau, averti par lettre, appela l'aimable femme au téléphone. Il avait la même voix que sa perruche.

Le cas d'une **perruche japonaise** qui avait la parole bien en bec force à réfléchir sur l'utilité d'un mode d'expression vocal. Pico Chan, un mâle bien actif, avait décidé de filer à l'anglaise un matin en allant voir ailleurs si les amis des oiseaux étaient aussi sympathiques que ses propriétaires. Il fut recueilli deux semaines plus tard, à 30 kilomètres de la demeure familiale, par un employé de station-service à qui il a dit son nom et son adresse. Selon le quotidien *Tokyo Shimbun*, lorsque l'aimable garagiste l'a rapporté à sa maîtresse, Pico Chan s'est exclamé en entrant: «Salut, c'est moi!»

En dépit de sa taille imposante, l'autruche est un oiseau délicat (et je ne parle pas du goût qu'elle peut avoir à l'Action de grâces). Un vétérinaire britannique a réalisé que les **autruches** en captivité avaient tendance à s'ennuyer. Et lorsqu'elles ne trouvent plus de raisons de s'envoyer en l'air (ce qui leur est particulièrement difficile, étant donné qu'elles ne volent pas), elles mangent leurs jouets et se réveillent avec des indigestions carabinées. Ou elles ne se réveillent pas, parce qu'elles en meurent. Même celles qui prennent du poids peuvent avoir une santé très précaire: on a trouvé dans l'estomac de certaines d'entre elles des balles de ping-pong, des cuillères en plastique et des bouts de fil de métal.

Les colombophiles sont des gens qui prennent très au sérieux leur *passion pour les pigeons.* L'Association des propriétaires de pigeons voyageurs de Hollande a pris une décision draconienne: elle recueillera les excréments des 10 meilleurs concurrents, à chaque compétition, pour y déceler les traces des stéroïdes que leur font absorber leurs maîtres retors. De l'autre côté de la Manche, on déplore un mal mystérieux qui fausse le sens de l'orientation des pigeons anglais. On en rend responsables, dans le désordre, la pollution, le réchauffement de la planète et même la chute de la comète Shoemaker-Levy 9 sur Jupiter. Tous ces facteurs auraient contribué à perturber le champ magnétique terrestre qui joue un rôle, croient les ornithologues, dans le mode de direction des pigeons. Curieusement, personne n'a encore songé à accuser les membres de la famille royale britannique, dont la conduite est pourtant fort perturbatrice. À moins que ce ne soient les oreilles du prince Charles qui engendrent des perturbations éoliennes lorsqu'il se trouve sur un terrain de golf. En Suisse aussi on ne badine pas avec la colombophilie. L'annonce de la suppression du service de pigeons voyageurs de l'armée a suscité un tollé. Un comité de défense des 30 000 pigeons militaires s'est mis en frais de recueillir des milliers de signature dans une pétition demandant le maintien du service. La raison? Il paraît qu'aucun moyen de transmission ne coûte si peu cher. De toute façon, en cas de conflit nucléaire, peu importe que la nouvelle soit transmise par pigeon ou par ordinateur: personne n'aura le temps de s'en rendre compte.

Le maire de Zwolle, en Hollande, n'a pas la faveur de ses concitoyens. Écœuré de voir ces rats volants trop nombreux se faire écraser sous les roues des voitures, il a retenu les services d'un chasseur pour s'en débarrasser. Mais où trouver l'argent pour le payer lorsqu'on est maire d'un village au budget serré? Facile: le chasseur garderait le produit de ses ventes à une entreprise française qui en ferait des pâtés. Là où les relations avec les concitoyens du maire se gâtèrent, c'est quand les **conserves de pigeons** furent revendues à des marchands hollandais et que certaines boîtes furent données en cadeau de Noël aux employés de la municipalité. Rien ne se perd, rien ne se crée.

Un Londonien a compris lui aussi que les **pigeons** représentaient une source de revenus. Il a fait disparaître le quart des volatiles qui hantent Trafalgar Square (quelque 4 000 selon les journaux) et les a revendus aux restaurants. Scotland Yard a reçu une dénonciation d'un témoin qui prétendait avoir vu le hardi entrepreneur subtiliser une quarantaine de pigeons qu'il enfournait dans une boîte en carton. Les grands bienfaiteurs de l'humanité savent demeurer anonymes.

🦜

Des dizaines d'**observateurs d'oiseaux** britanniques, bardés de jumelles, de caméras vidéo, de magnétophones avaient pris place autour d'un petit lac où un représentant extrêmement rare d'une espèce aquatique à col rouge avait été aperçu. Leur patience fut récompensée: voici en effet que l'oiseau s'amène et se pose délicatement sur la surface étale de l'eau. Aussitôt, un monstrueux brochet de plus d'un mètre le happe, sous les cris d'horreur des amis des oiseaux, et s'en fait un repas instantané. Il ne resta que quelques petites plumes rouges à la surface.

🦜

La chasse demeure un sport noble en Angleterre; même la reine s'y adonne. Elle fut bien aise d'accepter une invitation à la chasse au **lagopède** rouge d'Écosse qui a la particularité de planer longuement avant de se poser. Comme la vieille dame a encore bon œil, elle réussit sans peine à en tuer un exemplaire en plein vol. Mais le volatile se vengea dans sa mort: il tomba avec force sur l'épaule royale et lui laissa un hématome douloureux démontrant hors de tout doute que sa majesté a le sang bleu. Un tabloïd britannique en fit ses choux gras en titrant: «La reine frappée par un lagopède kamikaze.»

☙

En Allemagne, les maniaques du chant du **rossignol** peuvent désormais l'écouter au téléphone, grâce à une organisation de défense de la nature qui a enregistré ce chant ineffable, mais difficile à percevoir en forêt. Le hic: chaque appel coûte 47 $. Ce qui ne semble pas refroidir l'ardeur des amants de la nature: la ligne est submergée de 60 000 appels quotidiens.

☙

La province hollandaise de Griesland représente une étape appréciée des milliers d'*oies* qui migrent chaque année en provenance de la Sibérie. Elles sont si nombreuses que le président de la SPA locale ne vit point de mal à en mettre une sur sa table à Noël et il s'en fut à la chasse avec un ami qui eut la chance de faire mouche le premier. Frappée en plein vol, une oie d'une douzaine de livres s'abattit sur la tête de l'infortuné président, aussitôt knock-out. Sur son lit d'hôpital, il jura d'avoir sa revanche: il mangerait tout de même de l'oie au réveillon.

☙

Les graines de cannabis non utilisables (c'est-à-dire stériles) sont utilisées dans la fabrication de **nourriture pour les oiseaux.** Selon un représentant du bureau des drogues dangereuses du ministère canadien de la Santé, «il semble que leur chant soit plus mélodieux quand on en ajoute à leur nourriture».

☙

Selon le *San Antonio Express-News,* l'édification de gratte-ciel dans les villes du Texas fournit un site de reproduction idéal pour les **vautours,** une espèce en danger. Les gigantesques oiseaux nichent parfois sous le nez des employés, derrière les fenêtres donnant sur de faux balcons. Ce nécrophage est d'une grande utilité, mais ses excréments sont malheureusement proportionnels à sa taille, ce qui n'agrémente guère les beaux édifices modernes.

Michael Lloyd de York, en Pennsylvanie, mériterait une médaille. Poussé à l'extrême limite de la patience, et peut-être conforté par une couple de bières, il a abattu d'un coup de fusil bien placé le *coq* de son voisin. Sa défense franche lui a valu un acquittement en cour: «Je ne dormais plus à cause de ces m… poulets.»

Heidrun Ganser est une psychologue allemande qui a une clientèle un peu particulière: elle est spécialiste en psychologie féline et a des «clients» sur tout le territoire allemand. Après des études tout à fait classiques, elle a commencé à exercer sa profession. L'intérêt qu'elle portait aux humains a été de plus en plus associé à l'étude du comportement des *chats* après qu'elle se fut procuré un minet qu'elle appela «Banal». Les problèmes que doit solutionner la psychologue, qui insiste pour préciser qu'elle n'est pas vétérinaire, relèvent surtout de la propreté des animaux et de leur relation d'agressivité à l'endroit de leur maître.

À propos de chat… Une vétérinaire américaine, Myrna Milani, a établi qu'il est préférable de gratter un *chat* dans le cou plutôt que sur la tête. Elle explique que le chat a une vie sexuelle très ardente et que des caresses accentuées sur le crâne stimule sa libido et l'incitent à griffer ou à mordre le dispensateur des caresses.

Un hôtel pour *chats* (sic) de Lincolnville, dans le Maine, appelé le *Cat's Pajamas*, est équipé de chambres privées et de rebords de fenêtres rembourrés pour permettre aux hôtes de prendre du soleil ou de fantasmer sur les oiseaux. Un programme de loisirs quotidiens est en vigueur, de même qu'un cocktail d'herbe à chat. Cet amour désordonné n'étonne pas venant des Américains: chaque année, aux États-Unis, on procède à quelque 800 implantations de stimulateurs cardiaques sur des chats affligés d'une maladie du cœur.

☙

La canicule affecte considérablement les animaux de compagnie dans les mégapoles. Des *chats* se jetteront en bas des édifices par les fenêtres ouvertes (le syndrome a même été observé chez les chiens, les furets et les iguanes selon le *New York Times*). Des chiens souffriront d'agoraphobie qui nécessitera des antidépresseurs pour leur permettre de quitter l'appartement. Et les tortues suicidaires choisiront d'affronter les tondeuses à gazon.

☙

Un conflit qui perdurait entre deux familles d'Avignon à propos de la propriété d'une *chatte* a obligé la police à intervenir pour éviter que les échanges de coups ne se terminent dans le drame. La première famille affirmait que l'animal avait quatre ans et lui avait été volé par l'autre famille qui, elle, rétorquait que le chat n'avait que deux ans. Un vétérinaire commis d'office par la police a endormi l'animal et a procédé à son autopsie: l'animal avait bien deux ans. La pauvre chatte est sans doute plus heureuse maintenant que dans l'une ou l'autre de ces familles.

☙

Un marchand fort actif de Nanjing, en Chine, fait le ***commerce du chat,*** rapporte le *Economic Evening News*. Il arrive à peine à suffire à la demande avec les 40 ou 50 minets (d'un poids variant de 2,5 à 4 kilos) qu'il vend chaque jour aux restaurants locaux. Le marchand assure que la chair du chat est délectable lorsque cuite avec du poivre, du gingembre et de l'anis. Je le crois sur parole.

☙

Les autorités de Macao, une enclave portugaise du sud de la Chine, ont arrêté un homme qui tentait d'y faire entrer en fraude les carcasses de 100 *chats décapités.* Les chats, dont la consommation n'est pas illégale à Macao, étaient destinés à la fabrication d'une soupe traditionnelle dont on prétend qu'elle tient chaud l'hiver.

Au jardin zoologique de Copenhague, un ***okapi*** (un mammifère rare d'Afrique apparenté à la girafe) est décédé subitement lorsqu'une troupe d'opéra a commencé à répéter non loin de son enclos. Curieusement, les journaux ne se sont pas entendu sur l'opéra en question. L'un a prétendu qu'il s'agissait de *Tannhäuser* de Wagner, l'autre de *L'Enlèvement au sérail* de Mozart. Je parie sans aucune hésitation pour le premier choix.

Parfois les rôles sont inversés; l'homme vient à la rescousse de l'animal. Dans le cas d'un ***saint-bernard,*** avouez que le paradoxe est hilarant. À l'aéroport de Barcelone, en Espagne, la police a dû avoir recours à un vétérinaire pour pratiquer une opération sur un chien de cette race qui accompagnait une dame en provenance de Colombie: son estomac contenait 11 sachets renfermant 2 kilos de cocaïne pure.

La protection des animaux contre les rayons de soleil nocifs a conduit la Société royale australienne pour la prévention de la cruauté envers les animaux et la section locale de Greenpeace à publier une recommandation pour le moins inattendue. Elles ont suggéré aux propriétaires de ***chats et de chiens*** de les enduire de crème solaire «écran total» et de les munir d'un chapeau afin de les protéger des effets nocifs de l'amincissement de la couche d'ozone propre à la région du sud de l'Australie et de la Nouvelle-Zélande.

La magnanimité humaine va parfois encore bien plus loin en Australie. Un ***crocodile*** de trois mètres qui avait tué un nageur imprudent n'a pas été abattu, mais placé dans un élevage où il est destiné à se reproduire après avoir été soigneusement examiné par des chercheurs désireux de comprendre pourquoi les crocodiles attaquent l'homme. Le directeur du département régional du Queensland a eu ce commentaire laconique: «Les crocodiles constituent une part importante de notre environnement. Cela ne sert à rien de se ***venger***.»

La sollicitude ne connaît pas de frontières. En Finlande, où quelque 4 000 **rennes** sont tués chaque année par des véhicules parce qu'ils s'aventurent sur les voies publiques, les éleveurs ont décidé de leur coller des bandes réfléchissantes au train (l'équivalent du triangle rouge pour véhicule lent) dans l'espoir de leur éviter les accidents nocturnes. Dans un petit village du comté de Humberside, en Angleterre, une mesure semblable a été préconisée par les écologistes pour venir en aide aux vaches. Une quarantaine ayant été frappées à mort par des automobilistes en deux ans, le port de jambières fluorescentes a été proposé pour les rendre visibles sous la lumière des phares.

«Le *junk food* est la cocaïne et le crack du monde des cerfs», selon David Kaskell, directeur des ressources du Parc national du Grand Canyon. Deux douzaines de **cerfs à queue noire** ont dû être abattus en 1995 parce qu'ils s'étaient tellement empiffrés de croustilles et de gâteries offertes par les touristes qu'ils avaient perdu toute faculté de digérer la végétation qui est leur nourriture normale. Leur habitude de la présence de l'homme est telle qu'ils se dirigent directement vers les gardiens lorsqu'ils les aperçoivent, si bien que ces derniers n'ont eu aucune difficulté à les faire passer de vie à trépas.

Le gouvernement thaïlandais a dû ouvrir en 1993 un centre de désintoxication pour... **éléphants.** Les propriétaires des pachydermes leur donnent trop d'amphétamines pour les faire travailler plus longuement et illégalement en forêt. Une trentaine de bêtes peuvent y séjourner à la fois.

Le **culte animalier** peut être poussé à l'extrême. (J'en sais quelque chose: ma voisine fait le commerce du caniche aboyeur et malheureusement elle en vend moins qu'ils ne se reproduisent.) Les universités et centres de recherches américains doivent investir des fortunes pour protéger leurs installations des attaques des défenseurs des animaux. On a noté une augmentation de 61 % du nombre d'actes de sabotage et de gestes de protestation de la part des soi-disant fronts de libération des animaux de laboratoire. Les instituts dépensent maintenant des millions de dollars en vitres à l'épreuve des balles, en équipement de surveillance électronique et en utilisation de personnel de garde. Les menaces sont telles qu'à l'université de Stanford, le laboratoire n'est accessible qu'au personnel spécialisé qui doit passer un test de détection au moyen d'un scanner qui établit leur identité en fixant leur pupille. Avant le début de l'attaque américaine dans le golfe Persique, en 1991, le haut commandement militaire a pris soin de rassurer la World Society for the Protection of Animals: ses troupes feraient tout en leur pouvoir pour éviter de blesser les *chameaux* durant les tirs d'exercice.

L'*adulation* des Européens pour les animaux de compagnie est un phénomène qui étonne les étrangers peu habitués à partager leur table au restaurant avec des *chiens* qui bavent sur la nappe. Cette adulation a inspiré à des manufacturiers de mettre sur le marché des gâteries pour le moins étonnantes: chocolats fins blancs ou noirs pour chiens, bouchées aux fruits pour hamsters, conserves à base de chair de crabe et sauce aux pruneaux pour chats et même une bière sans alcool pour chiens et chats.

L'idée de donner de telles gâteries à un animal surprend. Le chocolat contient de la théobromine qui peut rendre le *chien* malade et même le tuer. Le plus nocif est le chocolat non sucré Baker's. Quant aux aliments mous en conserve, ils causent de la carie dentaire chez 8 *chats* sur 10.

Mais les Européens ont aussi raison de se moquer de nous. À Victoria, en Colombie-Britannique, un magasin d'aliments pour animaux organise chaque année à l'approche de Noël des séances de photographie en compagnie du père Noël. Les animaux attendent sagement en file le moment de grimper sur les genoux du bonhomme qui dit qu'ils sont comme les enfants: «Il y en a des sages et des moins sages.» Un centre commercial montréalais organise quant à lui «La Noël des chats».

Voici une nouvelle qui en dit long sur le niveau d'évolution des Américains. Des vétérinaires de l'Oregon ont déclaré qu'ils traitent de plus en plus de *porcs* qui souffrent d'obésité. Ils ont observé que, plus le propriétaire d'un porc souffre d'embonpoint, plus l'animal est affligé du même mal.

Le *porc* n'a pas mauvaise réputation partout. Le magazine *Discover* a révélé dans un reportage que les femmes des hauts plateaux de la Nouvelle-Guinée vont jusqu'à les nourrir au sein et que les paysans locaux les accueillent dans leurs maisons où ils vivent comme les autres membres de la famille.

Une centaine d'étudiants roumains ont ridiculisé à leur manière Adian Paunescu, ancien numéro 2 du dictateur Ceausescu, qui avait entrepris de critiquer un ancien détenu politique. Ils ont empalé une *tête de porc* et l'ont déposée devant sa résidence dans un concert de grognements et en criant bien fort: «*Jurassic Porc*».

À Arlington, dans le Wisconsin, des ouvriers qui nettoyaient les décombres d'un laboratoire détruit une semaine plus tôt par un incendie, qui avait coûté la vie à des *centaines de porcs,* ont eu la surprise de découvrir quatre survivants, affamés et gelés, mais bien décidés à continuer de contribuer à l'étude sur le cholestérol qui y était effectuée. Quelques heures après leur sauvetage, ils se comportaient en véritables goinfres et jouaient entre eux.

L'instinct des gros animaux hérités de la préhistoire peut parfois leur être funeste à notre époque. À Guwahati, en Inde, un *éléphant* qui s'était blessé en heurtant un câble à haute tension, a suscité une réaction en chaîne: les 70 autres éléphants de la harde se sont précipités pour lui porter secours. Bilan: six éléphants électrocutés et de nombreuses bêtes blessées.

Un **orignal** de quelque 320 kilos s'était pris d'affection pour une fausse biche en styromousse qui servait de cible d'entraînement à l'arc à Waterboro, dans le Maine. Probablement en rut, le roi de la forêt a fait une cour si pressante à la reproduction qu'elle en a perdu ses bois et que finalement sa tête a roulé par terre. Décontenancé devant le résultat, l'orignal a repris nonchalamment sa dignité et a regagné son boisé la queue basse.

Le Comité du commerce des céréales et des aliments pour bétail de la CEE a révélé dans un bulletin de liaison que les **veaux** coréens destinés à l'engraissement reçoivent trois litres de bière par semaine et une «alimentation variée et savoureuse dans le style buffet». «Ils sont régulièrement massés et on leur procure une ambiance musicale (Vivaldi, Mozart, mais pas de rock).» Il semblerait que, de l'avis du consommateur coréen, la viande soit extraordinairement tendre et savoureuse.

Une famille de Spokane, dans l'État de Washington, a enseigné à un **dalmatien** sourd du nom de Juliette à comprendre 30 signes du langage signé grâce à de la patience et à une quantité généreuse de récompenses sous forme de biscuits. La surdité est un mal courant chez les dalmatiens à cause de l'abus de fertilisation entre représentants de même lignée.

D'autres humains se montrent plus attentionnés à l'endroit des animaux. «Shadow», le **labrador** de Dwayne Folsom, de Fort Lauderdale, manifestait son désir de suivre son maître chaque fois que celui-ci s'adonnait à la plongée sous-marine. Pour satisfaire à ses désirs, il lui a fabriqué un équipement de plongée adapté; l'animal l'accompagne depuis.

Les humains ont souvent tendance à voir dans le comportement de leurs animaux favoris des indices d'une intelligence qui se rapprocherait de la leur. Dans un livre publié sous le titre *The Intelligence of Dogs*, l'auteur Stanley Coren a fait le bilan des aptitudes de **79 races de chiens.** Le plus con? L'afghan, celui que les dames de la haute société se plaisent encore parfois à promener en limousine. Qui se ressemble...

Un promeneur a mordu à mort un **berger allemand** qui avait bondi sur lui dans un parc de Dniepropetrovsk, en Ukraine, sous l'œil médusé de son maître. Le chien avait été attiré par la forte odeur d'alcool qui se dégageait de l'homme qui lui a planté les dents dans la gorge.

Une femme de Deux-Montagnes, près de Montréal, a également ment été traduite en justice pour avoir abandonné durant plusieurs jours sur son balcon **son petit chien** à qui elle avait immobilisé la gueule en l'entourant d'une bande élastique, vraisemblablement pour l'empêcher de japper. La gangrène au menton était si avancée qu'il a fallu euthanasier le chien.

La justice a été plus sévère pour un résidant de Simcoe, en Ontario, qui avait battu un **chien de six mois** à mort devant ses enfants à l'aide d'un marteau et avait laissé le cadavre durant deux jours en plein milieu de la cour. Isaac Reimer a été condamné à trois mois de prison pour le meurtre du chien, un mois de plus pour avoir agressé son fils en le tirant par l'oreille et deux mois supplémentaires pour manquement à une période de probation.

Un individu de Gardner, au Massachusetts, a été condamné à un an de prison avec sursis et à 100 heures de travaux communautaires pour avoir **pendu son chien** qui avait déféqué sur son paillasson. Todd Burwell n'en était pas à son premier exploit du genre. Six ans auparavant, il s'en était pris de la même manière au chien de son propriétaire: la dépouille de l'animal avait été découverte dans un compacteur à ordures.

Un résidant de Cleveland, en Ohio, a été condamné à 15 ans de prison pour avoir ordonné à son **pit-bull** de tuer sa petite amie. Jeffrey Mann avait probablement maintenu Angela

Kaplan lorsque la bête l'a mordue une centaine de fois avant qu'elle ne succombe à ses blessures. Le chien a eu moins de chance que son maître: il a été abattu à la suite du verdict.

❧

Un jeune boucher marocain a été condamné à huit ans de prison par un tribunal de Casablanca pour avoir fabriqué pendant plusieurs mois des merguez avec de la **viande de chiens.** Il s'approvisionnait à raison de deux ou trois chiens par semaine dans un dépotoir hanté jour et nuit par les chiens errants.

❧

Des vétérinaires bulgares ont trouvé une solution moins radicale au problème des **chiens et chats errants**; ils ont mis au point un stérilet contraceptif. Sofia, la capitale, est aux prises avec 100 000 chiens errants. Le problème est d'envergure: un enfant est mort à Targoviste en octobre 1995 après avoir été mordu par un chien enragé. Quelque 400 000 Bulgares doivent être traités chaque année pour le ténia du chien.

❧

Les braconniers sont directement responsables de l'extinction éventuelle de nombreuses espèces, dont celle des **rhinocéros** est parmi les plus spectaculaires. Pour contrer les menaces qui pèsent sur l'espèce, les jardins zoologiques s'efforcent de trouver des moyens d'inciter les rhinos à se reproduire, mais avec des résultats pas toujours encourageants, en particulier à cause de l'extrême myopie de l'animal. Au zoo de Madrid, on a tenté de stimuler les ardeurs sexuelles d'un rhinocéros blanc en introduisant dans son enclos une chamelle en chaleur. À Christchurch, en Nouvelle-Zélande, l'introduction d'une femelle rhinocéros blanche dans l'enclos des mâles s'est soldée par sa noyade: une bagarre ayant éclaté à son arrivée, elle a perdu pied et s'est retrouvée dans un étang. Les employés du zoo ont tenté au risque de leur vie de la sauver en lui maintenant la tête hors de l'eau, mais peine perdue.

❧

Jarrette Arlo Dean n'a pas hésité, après avoir été mordu par un **serpent à sonnette** lorsqu'il circulait à bicyclette près de

Elkton en Virginie. Il l'a décapité d'un coup de dents. L'*irascible cycliste* de 43 ans a survécu bien qu'il eût dû passer plusieurs jours aux soins intensifs de l'hôpital de Rockingham pour soigner les cinq morsures qu'il avait reçues à la bouche et à la langue. Son visage était tellement enflé qu'il ne pouvait parler. «Un miracle ambulant», selon sa fille Tina qui lui a servi de porte-parole.

Les Australiens ont cessé de se débarrasser des *crapauds venimeux* en les frappant à coups de bâtons de golf ou en les plongeant dans des bains d'acide. Désormais, ils les ramassent dans des sacs en plastique et les mettent au congélateur. Selon un spécialiste: «La congélation est indolore pour les crapauds. Ils s'endorment et ne se réveillent plus.»

La *calvitie des moutons* occasionne des pertes annuelles de 50 millions $ aux éleveurs de la Nouvelle-Zélande qui font le commerce de la laine. Trente des 140 millions de bêtes qui forment le cheptel en sont atteintes.

Dans l'Ouest canadien, les éleveurs de bétail ont fort à faire pour protéger leurs *taureaux* des engelures au scrotum qui peuvent les rendre infertiles. La température est particulièrement froide lorsque le vent d'hiver souffle avec violence. Marge Grenier, une fermière de Redvers, au sud de la Saskatchewan, avait inventé un moyen de remédier au problème: un «chauffe-testicules» formé d'un sac rembourré et fixé à l'animal à l'aide de bandes velcro. Le dispositif était malheureusement trop efficace: les gonades étaient tellement au chaud que la fertilité des taureaux était aussi menacée que si elles avaient subi la morsure du froid.

Un groupe d'agriculteurs danois a trouvé une façon plus efficace que les antibiotiques pour soigner la diarrhée des *vaches*: il leur fait boire du vin rouge (un demi-litre pour les veaux et deux litres pour la vache). Selon Hans Peder et Anissa Hornbjerg, les animaux malades ingurgitent «sans protester» ce liquide avant de s'assoupir pour se réveiller quelques heures plus tard «en bonne forme».

༇

Le personnel du zoo de Basildon, en Angleterre, n'utilise plus de parfum ou de lotion après-rasage près des **animaux sauvages.** Les lions, les léopards, les lynx et certains primates devenaient «lubriques à l'excès» lorsqu'ils humaient ces parfums. Les visiteurs sont également requis de rester à distance respectable des cages s'ils portent un parfum, surtout ceux qui sécrètent de la civette ou du musc.

༇

Lord Bath, un **excentrique** qui possède un couple de **gorilles** à la libido anesthésiée, se désespère de les voir se reproduire. Comme les bêtes aimaient la télévision, il a eu l'idée de leur présenter une cassette montrant, sans dissimulation, les ébats amoureux de leurs cousins singes pour stimuler leurs ardeurs. Rien n'y fit. Il cherche une nouvelle façon de les exciter.

༇

Cent vingt **babouins** du zoo d'Emmen, aux Pays-Bas, ont mystifié leurs gardiens et créé toute une commotion. De façon tout à fait imprévisible, ils ont décidé de délaisser le sol de leur enclos et de se réfugier dans des arbres durant trois jours d'affilée. Ils ne descendaient que pour chiper la nourriture déposée au sol par leurs gardiens et remontaient aussitôt sur leurs perchoirs. Après trois journées de grève, ils sont tout aussi mystérieusement redescendus au sol et ont repris leur vie normale de babouins.

༇

Après avoir tué sa dompteuse roumaine lors d'une représentation à Koweit, un **lion** a sombré dans la mélancolie et s'est «suicidé» en refusant toute alimentation. Devant un public horrifié, le fauve avait refermé la gueule sur le cou de Elena Tipa, 52 ans, et toute tentative de lui faire lâcher prise avait été vaine.

Les animaux néfastes

Un ouvrier britannique de 62 ans de West Bromwich s'est retrouvé sans logis parce que son ***chiot adoré*** avait mis le feu à la résidence. La police, qui a retrouvé le pyromane réfugié derrière le réfrigérateur de la maison lourdement abîmée, a estimé qu'il avait pourchassé une boîte d'allumettes avec tellement d'ardeur qu'elles avaient fini par s'enflammer.

À Oberlinsbach, en Suisse, un ***saint-bernard*** a été responsable de l'incendie de la cuisine de son maître; il a agité la queue avec tellement de force qu'elle a allumé deux plaques de la cuisinière électrique qui mirent le feu à des rideaux. Le chien témoignait tout simplement sa joie de partir en promenade.

*L'**histoire du chien Taro*** n'a pas d'égale. Elle débuta à Noël 1990 alors que l'akita de 50 kilos avait malencontreusement griffé une fillette de 10 ans, nièce d'un couple du New Jersey. La loi de l'État obligeait les propriétaires à faire abattre la bête. Ils ont contesté en arguant que leur nièce l'avait provoqué. L'affaire a duré trois ans et a coûté la coquette somme de 100 000 $. Les politiciens locaux se sont emparés de l'histoire qui a aussi suscité l'intervention de l'inénarrable Brigitte Bardot. La Cour suprême du New Jersey ayant maintenu la décision, c'est finalement la nouvelle gouverneure de l'État qui a tranché la question: Taro a été gracié, mais a été banni du New Jersey à vie.

La police de Boyton Beach, en Floride, était mystifiée de recevoir des appels 9-1-1 sans correspondant au bout de la ligne. Après avoir réveillé sans ménagement le locataire éberlué d'un appartement d'où ils provenaient, les constables durent se rendre à l'évidence. Le responsable des appels était le ***chat*** Kitten (sic) qui avait formé les trois chiffres à l'aide des boutons poussoirs et qui s'amusait à raccrocher puis à renfoncer la touche de rappel automatique.

À Tralee, une ville au sud-est de Dublin, **une armée de souris affamées** a jeté son dévolu sur les câbles d'alimentation électrique des feux de signalisation, provoquant le plus bel embouteillage de l'histoire de cette municipalité de 12 000 habitants. Malheureusement pour les rongeuses boulimiques, le courant les a foudroyées dès que les câbles furent attaqués.

č

L'image idyllique du bon gros **chien de la famille** tant vantée par la publicité et les téléromans américains en a pris pour son rhume au Minnesota après qu'un bambin de quatre ans eut été attaqué par l'animal de la maison par -26 °C. Le hic est que l'animal a déchiqueté les vêtements du garçon et l'a laissé nu durant deux heures et demie avant qu'il ne soit découvert à l'article de la mort, sans pouls et sans respiration. La température du corps de l'enfant était descendue à -2 °C et les médecins ont dû le réchauffer longuement avant que son cœur ne recommence à battre. Le père a abattu l'animal.

č

La police municipale d'Omsk, en Sibérie, a dû abattre un **bull-terrier** qui avait attaqué et tué son maître endormi. Le chien se serait vengé d'avoir été puni par son maître pour s'en être pris à un **chat** durant une promenade. De retour à la maison, le maître s'est étendu sur un sofa pour faire une sieste. Son épouse a découvert son corps au retour d'une course: il avait été mordu au cou et son visage était lacéré. La bête avait léché tout le sang de la victime et était allongée calmement à ses côtés.

č

Bien que personne n'ignore la nature dangereuse du **pit-bull,** il se trouve encore des gens pour attendre qu'il ait commis l'irréparable pour s'en débarrasser. À Londres, un pit-bull devenu soudainement furieux a commencé à saccager un appartement avant de s'en prendre aux cinq personnes présentes, trois femmes et deux hommes, qu'il a blessées. La police a dû lui régler son cas.

Tous les oiseaux ne se démarquent pas par leur gentillesse. Des **dindes** qui s'étaient échappées d'une ferme ont provoqué un accident de la circulation à Iron Mountain, au Michigan. Les policiers mandés sur place ont essayé de les disperser par de grands gestes, mais cinq ou six d'entre elles ont foncé sur un policier d'une façon menaçante et l'ont encerclé comme si elles voulaient l'attaquer. Le constable a dû avoir recours à sa bonbonne de gaz incapacitant au poivre pour les faire fuir.

La NASA a été obligée, au printemps de 1995, de reporter le vol d'une navette lorsqu'une inspection permit de découvrir 135 trous (dont le diamètre atteignait parfois 12 centimètres) creusés par des **piverts** dans la mousse qui protège les réservoirs extérieurs. Les oiseaux avaient tenté d'y creuser leurs nids. La mousse protège les réservoirs de carburant contre la formation de glace lorsque la navette atteint des couches de températures glaciales en quelques minutes.

Les **goélands** de Nanaimo, en Colombie-Britannique, ont développé une passion pour les ampoules du système d'éclairage qui ornaient le Palais de justice. Les palmipèdes croquaient les ampoules de 12 watts à un tel rythme que les employés n'arrivaient plus à les remplacer. On a dû renoncer à cet éclairage qui se voyait de fort loin et donnait un cachet particulier à l'édifice.

Dans la région de Linz, en Autriche, un **hibou** (oiseau pourtant réputé pour sa timidité) a semé la terreur en s'attaquant aux cyclistes et motocyclistes qui osaient s'aventurer près de son aire de nidification. Trois cyclistes ont été hospitalisés, gravement blessés à la tête.

On a rapporté des incidents semblables dans les forêts du nord-ouest des États-Unis où des *joggers* ont été attaqués par de **jeunes hiboux.** Il semble que les volatiles prennent les queues de cheval des coureurs pour des écureuils en mouvement ou d'autres proies, en particulier à la tombée du jour lorsqu'ils sont affamés.

Les oiseaux ne sont pas les seuls à se montrer hargneux à l'endroit des *joggers*. À New Forest, en Angleterre, un coureur s'est soudainement trouvé à proximité d'une *truie* gigantesque (deux mètres de long) et de ses *porcelets*. Elle s'est jetée sur lui, l'a renversé et lui a arraché une partie d'un mollet. La liberté de circuler en forêt à la recherche des glands a été accordée aux porcs depuis Guillaume le Conquérant, en Angleterre. L'habitude les rend sauvages, prétendent les gardes forestiers.

Le phénomène a eu son pendant à Los Altos, en Californie, où un fermier émule de saint François a rendu la liberté à trois *porcs* qu'il avait élevés. Le poil long, pesant allégrement leurs 90 kilos, les trois cochons (que le fermier avait prénommés Dory, Tom et Olga) avaient élu domicile dans un parc où ils faisaient allégrement la chasse aux *joggers*. Bien que le fermier ait juré qu'ils étaient la gentillesse même, les autorités du parc lui ont enjoint de les mettre à l'ombre, sinon elles prendraient des mesures pour en faire du bacon.

Un scientifique hollandais a découvert que les *coquerelles* «pétaient» toutes les quinze minutes et qu'elles continuaient d'émettre des vents de méthane jusqu'à 18 heures après leur mort. Le méthane émis par les insectes représente 20% de la quantité du gaz en suspension dans l'air et les coquerelles seraient les plus grandes contributrices à l'effet de serre, selon ce savant que cite le *Sunday Telegraph*. Les *termites* et les 13 millions de vaches sont aussi responsables de l'émission de méthane. Enfin, l'université Cornell aux États-Unis a découvert que les castors étaient eux aussi de véritables manufactures de ce gaz qui provoque le réchauffement de la planète. Le manteau de castor va-t-il revenir à la mode pour enrayer l'effet de serre?

À Djakarta, capitale de l'Indonésie, où l'on recense quelque 200 espèces de **termites,** une variété a décidé de changer de menu, d'ordinaire composé de bois. Elle s'attaque désormais au béton et au métal et fait des ravages annuels évalués à 145 millions $ US. Leur appétit est tel qu'elles sont capables de broyer des plaques métalliques et de la tuyauterie en plastique.

Une firme britannique a requis les services d'un ancien dresseur de la police pour entraîner des **chiens** à détecter la carie sèche qui met en danger les structures des édifices. Les bêtes sont si habiles qu'elles font la distinction entre les champignons anciens et nouveaux et qu'elles détectent même la pourriture avant qu'elle ne soit visible à l'œil humain.

Il suffit parfois de peu pour déclencher des catastrophes. Dérangé par le bruit d'un tracteur sur un chantier de construction, un essaim d'environ 50 000 **abeilles** s'est engouffré dans une station de métro de Rio de Janeiro et a attaqué les passagers sur un quai. Une femme allergique à leur venin en est morte et une centaine de personnes ont été blessées.

Un citadin de Robstown, au Texas, s'affairait à tondre sa pelouse lorsqu'il a été attaqué par un essaim de quelque 4 000 **abeilles tueuses** qui l'ont piqué un millier de fois environ. Blessé gravement, il a été transporté à l'hôpital de Corpus Christi où on l'a sauvé. Ces abeilles sont les descendantes d'abeilles africaines échappées d'un laboratoire brésilien en 1957. L'essaim n'a jamais cessé de se déplacer vers le Nord. Elles sont apparues pour la première fois au Texas en 1990.

Al Asbaty, de Paterson au New Jersey, a été plus chanceux. Il avait laissé les vitres de sa voiture baissées pendant qu'il magasinait dans un centre commercial. À son retour, il fut surpris de découvrir qu'une colonie d'environ 20 000 **abeilles** avait choisi le véhicule pour donner une nouvelle ruche à leur reine. Un apiculteur est parvenu à les faire migrer dans une ruche artificielle qu'il avait «greffée» à l'ouverture d'une des vitres de l'auto.

ℰ

Une cargaison de *porcs* pétomanes a obligé, par ses fâcheuses flatulences, un avion de la South African Airways à rebrousser chemin. L'émission de méthane dans la soute était telle que l'alarme avait été déclenchée.

ℰ

Plutôt que de recourir à des moyens radicaux comme le fusil pour éloigner les élans et les cerfs qui viennent ronger les pousses de sa plantation l'hiver, un arboriculteur suédois a utilisé l'enregistrement du hurlement d'un *loup* réalisé par la BBC. Hakan Hjelmqvist a déclaré au quotidien *Goteborgs Posten* que l'opération avait été une réussite complète.

ℰ

La population des *coyotes* ne cesse de croître en Amérique du Nord. Dans certaines régions canadiennes, ils mettent en danger le cheptel de cerfs. La police de New York a découvert les cadavres de deux d'entre eux, un abattu par balles dans un parc du Bronx et l'autre tué par un véhicule à 1 km de là.

ℰ

À Londres, c'est un *renard* en maraude qui a tué les sept *flamants roses* du Palais de Buckingham. En fait, il en avait déchiqueté six; le septième est mort d'émotion. Le «goupil» avait pu se rendre jusqu'aux volatiles à long cou en marchant sur la surface gelée d'un lac. Il a disparu sans emporter de restes.

ℰ

On évalue à 1,5 million la population des *rats* d'Alma-Ata, la capitale du Kazakhstan, soit autant que ses habitants. Et elle augmente à une vitesse folle. Les responsables sanitaires en attribuent la raison à l'habitude des nombreuses échoppes privées de jeter leurs ordures sur les trottoirs. À défaut de convertir les citoyens à un civisme élémentaire, le Centre de prévention de la peste essaie de créer artificiellement une espèce de «rats-loups». Le Dr Cherimbek Izbassarov affame des rongeurs dans une cage jusqu'à ce qu'ils se jettent les uns sur les autres; une fois qu'il a goûté à la chair de ses congénères, le rat ne peut plus s'en passer. Les survivants remis en circulation se lancent dans le carnage.

Une résidante de l'East Village, à New York, avait une théorie assez étrange à propos des *rats*. Lorsqu'elle découvrit que certains d'entre eux avaient décidé de lui tenir compagnie dans son appartement, elle décida de gagner leur amitié en leur donnant des céréales et en leur chantant des ballades. En quelques jours à peine, elle dormait sur un sofa et les rats dormaient dans son lit. Selon un dératiseur appelé sur les lieux: «Si tu donnes de la nourriture à un rat, tu t'en fais un ami pour la vie.»

Le cadavre d'une femme partiellement dévorée par les *lions* a été découvert dans un enclos du zoo de Washington. Il ne pouvait s'agir d'un accident: pour parvenir à cet endroit, elle a dû franchir une palissade de 1 m 20, négliger trois signaux d'avertissement et un fossé rempli d'eau.

L'équipage d'un Tu-154 russe qui assurait la liaison Tchita-Moscou a fait la moitié du trajet (jusqu'à Omsk) réfugié dans un coin de la cabine. Il tentait d'éviter tout contact avec un *serpent* qui s'était réfugié là, probablement lors d'une escale à Harbin, en Chine.

Une danseuse du ventre israélienne qui s'exécute avec un *python* de trois mètres originaire de Birmanie devra se trouver un nouveau partenaire. Le petit rat qu'elle lui avait donné en pâture avant de sortir faire des courses s'est battu avec succès contre le reptile. Les morsures du rat lui ont brisé la colonne vertébrale et l'ont laissé paralysé.

La police allemande s'est ridiculisée pendant trois jours en essayant de rattraper un *caïman* qui avait échappé à la surveillance de son propriétaire et batifolait allégrement dans les eaux du Rhin. Six balles tirées dans sa direction l'avaient raté et sa survie en avait fait un véritable héros en Allemagne. Il fut finalement capturé au filet près de Cologne.

On comprend le peu d'empressement des flics à s'approcher d'une telle bestiole. Dans la réserve de Saint-Lucia, au Kwazulu-Natal (Afrique du Sud), un campeur qui se portait à la rescousse de son ami aux prises avec un *crocodile* a été noyé par la bête qui a jeté son dévolu sur lui et l'a entraîné dans l'eau. La victime originale a subi des blessures à une jambe et a dû être hospitalisée.

Ceux qui croient que tous les *dauphins* ont le comportement de Flipper déchanteront en apprenant qu'un de ses congénères a tué d'un coup de queue à l'abdomen un baigneur de São Paulo. Le mammifère de 250 kilos nageait depuis une quinzaine de jours dans les eaux de la plage de Caraguatatuba lorsque deux zigotos décidèrent de le chevaucher. Le dauphin, se sentant agressé, a réagi vivement.

La chaleur rend les *brochets* agressifs et les porte à attaquer des proies beaucoup plus grosses qu'eux. Une femme de 27 ans a été mordue au pied en se baignant dans un lac situé à une centaine de kilomètres de Vienne. Quelques jours plus tard, une fillette de 7 ans a été gravement mordue au bras par un brochet qui lui a laissé une plaie profonde de 10 centimètres. La gueule du brochet comporte 700 dents.

Un *éléphant* d'un cirque de Honolulu est devenu subitement fou et a tué son dresseur en le lançant dans l'arène. Les spectateurs ont d'abord cru à un trucage; mais lorsqu'un autre dresseur venu à l'aide du premier a été blessé à son tour, la panique s'est emparée de la foule qui a fui l'animal devenu incontrôlable. L'animal s'est lancé dans une course éperdue à travers la ville, blessant une douzaine d'autres personnes. Les sédatifs s'étant avérés inefficaces, la police a dû l'abattre.

À Bienne, en Suisse, c'est un *sanglier* de 70 kilos qui s'est illustré en s'attaquant à un vieillard de 82 ans qui se rendait tout bonnement chez son médecin. Chargé violemment par la bête qui a failli le faire tomber, l'homme s'est accroché à un muret et a dû subir un nouvel assaut qui lui a valu une douloureuse morsure à la jambe. La victime a trouvé l'énergie de décocher un violent coup de pied à l'animal qui s'est enfui dans une cour de ferme où un policier lui a fait passer le goût des promenades d'une balle dans la tête.

❦

Kari Haugen, de Norvège, skiait allégrement lorsqu'elle fut renversée par un *orignal* qui l'a chargée et l'a maintenue au sol. Pour se libérer, elle a mis un pouce dans une de ses narines et un doigt dans l'autre en serrant de toutes ses forces. L'animal s'est enfui en soufflant bruyamment.

❦

Une *oie* du Canada s'est prise d'un amour soudain pour une enseignante d'une école de Hopkinton au Rhode Island. L'oiseau a transformé la cour d'école en territoire de nidification et chassait tous les enfants sauf l'enseignante. Il venait même frapper du bec à la porte de l'école pour se rappeler à elle lorsqu'elle était à l'intérieur de l'édifice. Deux policiers venus le déloger durent se réfugier à l'intérieur de leur voiture tant il s'est montré agressif. De guerre lasse, l'oie a fini par décider de quitter la cour d'école sans avoir réussi à gagner le cœur de sa belle.

Les animaux sauveurs

À Labinsk, en Russie, où sévissait une grave pénurie de nourriture, un octogénaire mourant de faim a pu survivre grâce à son *chat* qui faisait la chasse aux pigeons avec beaucoup d'adresse. Il les rapportait fidèlement à son propriétaire qui les faisait cuire.

Les *chats* aussi peuvent contribuer au bien-être des humains et souvent de façon radicale. Un touriste britannique s'est retrouvé dans un hôtel d'Arménie (une république de l'ex-URSS où la notion de confort était quelque peu moyenâgeuse). Il ne s'était pas plaint de l'absence d'eau chaude et des pannes d'électricité fréquentes. Mais lorsque le rideau de la fenêtre tomba sur son lit au beau milieu de la nuit parce qu'un trop grand nombre de souris s'y étaient agrippées, il descendit se plaindre, en colère, à la réception. La jeune préposée eut d'abord l'air étonné de constater qu'on pouvait se plaindre de quelques petites souris. Mais lorsque ses neurones finirent par entrer en action, elle s'exclama: «Ah! Vous vouliez une chambre à l'étage du chat!» La leçon ne fut par perdue; des amis à lui qui se présentèrent au même établissement quelques semaines plus tard demandèrent une chambre «à l'étage du chat». «Bien sûr», fut la réponse de l'employée qui avait l'air de trouver la demande tout à fait naturelle...

En Norvège, une **chienne** de quatre ans, Toya, a parcouru trois kilomètres à travers des montagnes arctiques profondément enneigées, afin de quérir du secours pour son maître qui s'était démis un genou en faisant du ski en solitaire.

Les anglophones, dont l'affection pour les animaux est légendaire, ne ratent jamais l'occasion de la manifester. Une compagnie d'aliments pour chiens a instauré le «Temple de la renommée» des animaux à Toronto pour célébrer leurs faits et gestes héroïques. Un **chien akita** de neuf ans, Nago, a été intronisé en grande pompe pour avoir sauvé la vie d'une fillette de six ans; il l'a poussée hors d'atteinte d'un camion qui allait la heurter après avoir dérapé sur de la glace. À Ottawa, en plein cœur de janvier, **deux épagneuls** qui accompagnaient leur maîtresse lors d'une randonnée, l'ont sauvée d'une mort probable après qu'une crise d'épilepsie l'eut fait tomber hors du sentier qu'elle arpentait à l'écart de son ami. L'un des deux chiens l'a gardée au chaud en se couchant sur elle et a léché le sang qui obstruait sa bouche, tandis que l'autre allait prévenir l'ami par ses aboiements. Inconsciente durant près d'une heure et demie, la jeune femme fut traînée jusqu'à la voiture de son compagnon qui put alors la conduire à l'hôpital. Un autre chien ontarien a lui aussi atteint la renommée: le **berger allemand** Samantha a sauvé d'une mort par hypothermie un garçonnet de trois ans; ce dernier avait profité du sommeil de son père pour tenter de marcher jusqu'à l'hôpital rendre visite à sa mère qui venait de donner naissance à un petit frère. À la vue de l'enfant très légèrement vêtu qui grelottait de froid sur une route déserte, la brave bête l'a entraîné jusqu'au domicile de son maître qui constata que l'enfant, transi et grelottant, avait trouvé quelque chaleur en s'accrochant à la fourrure de l'animal.

Une **chienne** britannique s'est elle aussi distinguée. Après que son maître eut été grièvement blessé par un chauffard qui l'avait laissé sous les roues de sa voiture en prenant la fuite à pied. Missie, bien que blessée lors du même accident, a parcouru deux kilomètres pour trouver du secours et ramener une ambulance. «Abandonné par un humain et sauvé par un chien, voilà qui résume bien la société actuelle», a commenté une parente du blessé, Russel Warren.

Le fait qu'un **chien** puisse porter secours à un épileptique n'est pas un phénomène inhabituel. Dans un article pour un magazine professionnel, le vétérinaire britannique Andrew Edney a exposé les résultats d'une recherche personnelle effectuée auprès de 37 cas qui démontrent que, sans aucun entraînement préalable, les chiens sont capables de réagir correctement lorsque leurs maîtres sont victimes d'une attaque. Ils aboient pour prévenir les voisins ou partent immédiatement à la recherche d'aide. Les plus utiles dans de telles occasions sont les **colleys** et les chiens dont la race a été perfectionnée pour le travail.

Dans le village de Hérens, en Suisse, tout éleveur de vaches qui le souhaite peut noter la date et l'heure exactes de la naissance de ses **veaux.** À l'aide de ces paramètres et de données du genre, une astrologue de Montheu établit le thème astral des bêtes du troupeau et détermine leur «caractère» et leurs points faibles. Mais surtout, elle est en mesure de recommander les dates de saillie propices à la naissance d'un veau femelle. Il faut dire que les Suisses ne sont pas manchots lorsqu'il s'agit d'utiliser tout le... potentiel des vaches. Oubliez le chocolat. J'ai à la mémoire un petit documentaire que je visionnai jadis au Festival de Nyon et qui montrait comment s'y prendre pour extraire de la bouse de vache accumulée dans une citerne le gaz nécessaire à l'éclairage et au chauffage d'une maison!

℃

En Russie, des *rats* se sont révélé très utiles à l'homme en refusant de manger des pommes de terre en provenance de la Chine. Les légumes étaient semble-t-il «bourrés de substances chimiques». Le rat deviendra peut-être indispensable aux estomacs russes puisqu'on rapporte que des conserves de viandes et des biscuits chinois qu'on leur offrait ont été dédaignés par les rongeurs. Il faudrait maintenant mettre à l'épreuve leur sens olfactif devant l'alcool chinois; en Extrême-Orient russe, on a rapporté plusieurs décès de personnes qui avaient consommé des alcools distillés en Chine.

℃

Le terrible attentat qui fit 166 victimes à Oklahoma City le 19 avril 1995 a suscité l'expérimentation de nouveaux moyens de combattre le terrorisme, comme le demandait le président Clinton. Charlie, un *labrador* à poil noir, a été entraîné à la dure à utiliser son odorat pour détecter les armes à feu, chargées ou non.

℃

La police de Cambridgeshire, en Angleterre, entraîne des *chiens renifleurs* à porter sur la tête des mini-caméras à infrarouge. L'appareil est aussi muni d'un émetteur-récepteur radio qui permettra de mieux entendre les aboiements des chiens lorsqu'ils trouveront une victime d'éboulement vivante, par exemple, et à qui ils pourront communiquer des encouragements. Les images sont nettes, selon le détective Gil Boyd, parce que la tête d'un chien est comme une plate-forme gyro-stationnaire.

℘

Lorsque que Mary Bratcher, d'Artesia au Nouveau-Mexique, écrasa son **chien** Brownie par accident, tous les membres de la famille convinrent qu'il fallait l'enterrer dans un champ de la ferme. Ce qui fut fait, mais sans l'assentiment du petit Toby, âgé de trois ans, qui *refusait d'admettre la mort* de son animal favori. Le lendemain, au retour d'une promenade en automobile pour lui changer les idées, la famille fut époustouflée de trouver Brownie sur le perron de la porte. En mauvais état et couvert de terre, mais bien vivant comme le constata le vétérinaire à qui on amena la bête en vitesse. Les Bratcher pensent que Brownie fut déterré par les autres chiens de la famille, aussi perspicaces que le petit Toby. Quoi qu'il en soit, le rescapé porte désormais le nom de Lazare, pour bien rappeler sa mésaventure.

℘

L'alpiniste Armin Liedl gravissait avec un guide autrichien l'Aconcagua, en Argentine, le plus haut sommet du monde après ceux de l'Himalaya avec ses 7 000 mètres, lorsqu'il prit sous sa protection *un chien errant* qui le suivit dans l'escalade. À 6 500 mètres de hauteur, les aboiements répétés du chien permirent à Liedl de prendre conscience du mal des hauteurs de deux alpinistes argentins et de les secourir à temps. Le chien s'est rendu au sommet de la montagne avec lui puis a tranquillement repris sa liberté à la descente.

℘

Un paysan chinois est conscient de l'effort qu'il faut fournir pour débarrasser son pays de la calamité que représentent les **rats.** Liu Shangzhang, du village de Lingbei dans la province du Jiangxi, a dressé ses quatre chiens à faire la chasse quotidienne aux rongeurs. Avec une moyenne quotidienne de 10 rats, les chiens ont débarrassé la région de plus de 20 000 bêtes en 5 ans.

John Winch, un amateur de fossiles, a été bien inspiré le jour où il a amené son **bull-terrier** Jake en promenade sur une plage de l'île de Wight. La toutou a déniché un os d'iguanodon de 1 m 20, vieux de 118 millions d'années. Les paléontologues qui ont authentifié le membre antérieur du reptile espèrent maintenant que Jake découvrira le reste du squelette.

Un sort bête

Danielle Gunn-Moore, chercheuse dans un centre spécialisé de Bristol, en Angleterre, a établi que les soins particulièrement attentionnés que leur prodiguent leurs britanniques maîtres permettent aux **chats** de vivre plus vieux. La proportion de chats dépassant 15 ans de vie est passée en 10 ans de 5 à 14 %, a-t-elle démontré. La scientifique estime que dans 30 ans, la durée de vie moyenne des chats britanniques se situera entre 20 et 25 ans. Au milieu des années 90, elle était déjà de 14 ans.

Ces assertions sont démontrées par l'aventure de Sam, un **chat** de 14 ans, que ses maîtres, un couple de retraités, avaient décidé avec regret de faire piquer parce que sa vie était devenue trop misérable. La pauvre bête ne pouvait plus marcher, mangeait à peine et semblait à bout de forces. Une injection de penthotal fit l'affaire et le vétérinaire constata le décès. Le lendemain matin, Russel Keeley, son maître, voulut lui accorder un dernier regard avant de l'enterrer; c'est alors qu'il entendit du remue-ménage dans la boîte de carton qui contenait le corps. Quelle ne fut pas sa surprise de découvrir un Sam bien en vie et affamé. Les Keeley se sont juré de le garder jusqu'à sa mort naturelle.

Un **petit chat noir efflanqué,** qui s'était glissé dans un conteneur dans un port de Taiwan, a survécu à un voyage de 9 600 km et à trois semaines de mer à bord d'un cargo. Il a été découvert à son arrivée à Mount Vernon, dans l'État de Washington.

Félix, elle, a battu tous les records: la **chatte** a franchi 288 000 km sur 64 vols en 29 jours. Elle s'était enfuie de sa cage dans la soute de l'avion qui l'emmenait avec sa maîtresse de Francfort à Los Angeles. Malgré d'intenses recherches, Félix demeura bien cachée dans l'avion qui la fit voyager entre les États-Unis, l'Europe et l'Amérique latine. Elle fut finalement découverte à Londres.

Un **chien** a survécu 18 jours dans les décombres de Kobe, au Japon, après le tremblement de terre qui détruisit la ville en janvier 1994. Sa maîtresse fouillait les ruines de sa maison lorsqu'elle crut entendre des aboiements ; elle appela son chien de six mois par son nom et aussitôt les aboiements redoublèrent. Les secouristes mirent quatre heures à le dégager.

Paulo Zappia, un Australien de Sydney, ne croyait pas aux vertus d'une bonne laisse lorsqu'il sortait **son gros chien.** Son imprudence lui a valu bien des déboires. Laissé à lui-même, le chien s'est précipité sur un cycliste qui a fait une chute et s'est blessé. Un premier procès s'est terminé par une condamnation à verser 87 911 $ australiens à la victime. Zappia, trouvant la somme exagérée, décida d'aller en appel. Mal lui en prit: le nouveau procès s'est terminé par une autre condamnation avec, en prime, une amende portée à 131 867 $ australiens (soit environ 90 000 $ US).

Les **serpents à sonnette** du nord-est des États-Unis peuvent vivre jusqu'à 25 ans, mais ne s'aventurent jamais à plus d'un mille de leur lieu d'origine, selon le biologiste Howard Reinert, de la Pennsylvanie. S'ils sont conduits à plus de huit kilomètres de leur emplacement naturel, ils ont toute la difficulté du monde à s'y retrouver.

Chester, une **tortue** de Lyde, un petit village du centre de l'Angleterre, avait bien peiné Malcolm Edwards lorsqu'elle disparut dans le jardin de la maison paternelle. En dépit d'une marque (à la peinture) que son père avait peinte sur sa carapace, Malcolm, alors âgé de neuf ans, n'était pas parvenu à la retrouver. C'est une voisine qui l'a découverte, à 135 mètres de la maison, la distance qu'elle était parvenue à parcourir en 35 ans!

Contrairement à ce que croyait Jean de la Fontaine, les **lièvres** gagnent les courses. Le lapin commun d'Europe court 50 fois plus vite qu'un **renard**. Lorsqu'il est repéré par l'un d'eux, il se dresse sur ses pattes arrière et met bien en évidence son ventre blanc, comme pour dire au renard: «Toi et moi savons que tu ne peux m'attraper. Alors ne gaspillons pas notre énergie à des courses inutiles.» Généralement, affirme le Dr Tony Holley, un connaisseur en la matière, le renard regarde ailleurs et fait mine de ne pas le voir.

La revue britannique *The New Scientist* a publié plusieurs lettres de lecteurs qui affirment avoir vu des **pigeons** de Londres prendre le métro. Les volatiles solitaires semblaient très bien savoir leur destination. Ils montaient dans un wagon, attendaient patiemment que la rame de métro s'arrête à la station suivante et s'envolaient dès l'ouverture des portes.

Le petit village de Siniria, en Cisjordanie, était devenu un véritable lieu de pèlerinage. Le bouche à oreille avait fait la réputation du **bouc** de Moufid Abdoul Ghafer de même que sa fortune: le mâle donnait en effet un «lait surnaturel» que son propriétaire vendait 50 $ le verre. Les témoins racontaient que le «lait» possédait des pouvoirs magiques susceptibles de soigner la stérilité masculine. Hélas, Mousaed faisait l'envie de trop de gens. Jalousé, menacé, le pauvre homme s'est résigné à abattre son bouc. Des témoins ont raconté à un journal israélien qu'il avait été contraint de le faire sur ordre des services secrets du Hamas, **soucieux de préserver l'ordre public.**

Q

comme dans... qu'en-dira-t-on

*Une bonne réputation vaut mieux
que le bon parfum, et le jour de la mort
que le jour de la naissance.*

Ancien Testament

L'être humain se passionne généralement pour les records, en particulier ceux du plus gros bidule, de la plus grande patente, du plus laid, du plus beau.

Bref, on s'émerveille de ce qu'on peut, des oreilles du prince Charles comme du vide abyssal des programmes des partis politiques.

Pour satisfaire la curiosité de ceux qui ne peuvent se passer d'olympisme en tout, voici de quoi passer le temps en attendant qu'ils trouvent une façon bien à eux de passer à l'histoire.

Le culte de l'infini

Pour marquer la sortie d'un crayon «écologique» qui n'utilise plus du bois mais de la résine synthétique, la société Conté de Boulogne-sur-mer, en France, a fabriqué un crayon géant de 174,06 m, *le plus gros* du monde. Il figurera d'ailleurs au *Livre Guinness des records*. En plus, il écrit pour vrai.

Un record d'un autre ordre apparaîtra dans le célèbre livre: 30 buveurs polonais ont mérité d'y figurer en battant le record du monde de *consommation de bière.* Ils ont ingurgité 400 litres du blond liquide en 12 heures. L'événement avait été organisé par le Parti des amis de la bière dont 12 représentants siègent à la Diète de Varsovie. Heureux pays où on peut se moquer de la politique!

Pour sauver l'homme de l'ennui, il suffit souvent de lui donner un défi à relever. La preuve en a été fournie par une cinquantaine de chefs de Manille, aux Philippines, qui ont fabriqué *la plus grande saucisse* du monde, longue d'un kilomètre. Ils ont eu besoin de l'appui de 8 bouchers pour débiter 850 kilos de porc et de bœuf, auxquels ils ont incorporé 44 kilos d'épices, 22 kilos d'ail et 65 kilos de sucre, le tout introduit dans une enveloppe de 22 kilos fabriquée à partir d'intestins de porc. L'homme n'est pas grand qu'à genoux, comme le prétendait Péguy, mais à se surpasser dans la banalité.

Parfois, c'est dans l'infiniment petit qu'il s'exprime. Une entreprise ukrainienne, Kristall, est parvenue à tailler 57 facettes sur *le plus petit* diamant du monde, soit 0,00012 carat.

Tout peut avoir valeur de collection et on comprend les passionnés des grands maîtres de la peinture qui paient des fortunes pour posséder une toile. Un producteur de télévision de Londres a une marotte d'un autre genre: au cours d'une vente aux enchères chez Sotheby's, il a payé près de 2 000 $ un *bout de fromage* tibétain vieux de 200 ans.

☙

À New York, on peut acheter un morceau de charbon récupéré sur le site du naufrage du *Titanic*. Contre 29,95 $ US, on vous cédera la pièce dans un petit coffret portant une plaque d'identification en laiton.

☙

Certains records méritent plus que d'autres de figurer dans les livres même si on a tendance à les passer sous silence. Un couple de Baton Rouge en Louisiane, qui voulait adopter une fille, a accepté d'adopter les quadruplées qu'une jeune femme célibataire de 20 ans avait remis pour adoption à leur naissance.

La réputation à tout prix

L'art ne connaît pas de limites, dit-on. Dans un sketch pour l'émission de télévision *Saturday Night Live*, le comédien Dana Carvey a personnifié le prince Charles sous forme d'une gigantesque serviette sanitaire pour parodier la déclaration que le fils de la reine avait faite à Camilla Parker-Bowles. Et pour demeurer dans le sujet de la culture, citons le cas de cette artiste féministe britannique, Helen Chadwick, qui a exposé dans une galerie 12 sculptures en bronze sous le titre de *Fleurs de pisse*. Les œuvres ont été faites à partir d'un moulage des traces laissées par l'*urine* de l'artiste dans la neige. Mme Chadwick a bénéficié aussi de l'apport liquide d'un ami masculin pour embellir les concepts visuels qu'elle avait formés. L'idée derrière l'expérience créatrice était, selon elle, de «s'attaquer aux problèmes de l'identité sexuelle en créant des formes qui rejettent les distinctions stéréotypées». Rien de moins!

☙

Même les plus sérieux financiers posent, le cas échéant, des gestes étranges. Au risque de se donner une *réputation* douteuse, la direction d'une banque de Londres a fait appel à un exorciste pour se débarrasser d'un ***fantôme*** qui hantait ses locaux. La figure, aperçue quatre fois dans le hall de l'établissement qui subissait simultanément une baisse de température, était celle d'un homme sans tête vêtu d'un costume élisabéthain. Le consultant en psychisme, l'ingénieur à la retraite Eddie Burks, a décidé le spectre à quitter la banque. Il s'agissait, selon lui, d'un aristocrate qui avait été décapité non loin de là pour avoir refusé d'obéir à un ordre du roi.

ᕔᖇ

On ne devrait jamais badiner avec le ***paranormal,*** se sont dit certains touristes qui ont renvoyé les morceaux qu'ils avaient détachés de Ayers Rock, une formation naturelle en Australie. Un journal local a rapporté que le parc national recevait d'un peu partout dans le monde des centaines de pièces qui avaient été pillées par des visiteurs venant d'aussi loin que l'Europe et les États-Unis. Les lettres demandaient qu'on replace les pierres dans leur position originale au lieu dit Uluru. Les correspondants étaient convaincus que la malchance s'était abattue sur eux à la suite d'un sort jeté par la divinité qu'ils avaient offensée. Les aborigènes consultés se sont montrés étonnés: bien que considéré comme un lieu sacré, Uluru n'a jamais fait l'objet d'aucun sort.

ᕔᖇ

Selon le journal *The European,* 30 000 repérages d'***extraterrestres*** et de vaisseaux spatiaux ont été rapportés en Hongrie depuis 1942. Certains rapports mentionnaient la présence de la Vierge Marie auprès des êtres de l'espace. Les Hongrois, qui croient avoir la réputation d'être des amants de premier ordre, ont commencé depuis peu à se vanter d'avoir eu des rapports sexuels avec de belles voyageuses interstellaires.

ᕔᖇ

Les autorités vietnamiennes ont saisi une édition d'un magazine local sur la science et la technologie, destiné plus précisément aux métallurgistes et aux étudiants. Des 19 articles qu'il contenait, 5 portaient sur les métaux et 14 autres sur des sujets choisis par les éditeurs pour ***attirer plus de***

lecteurs, entre autres: le cannibalisme, les mystères de l'embaumement et les mémoires d'un homme qui a eu
105 femmes.

❧

Le *remords* est une forme de jugement. Seize ans après avoir
violé et tué, avec l'aide de son frère, une jeune femme de
20 ans, un Australien de 32 ans ne pouvait plus vivre avec le
souvenir de son crime qu'il alla confesser à un prêtre. Peu de
temps après, il se livra à la police et fut condamné à la prison
à perpétuité. Son frère s'était suicidé quelques années auparavant. Une longue enquête n'avait jamais pu élucider cette
triste affaire.

Et que dire de cette histoire *abracadabrante* survenue à
Sackets Harbor, dans l'État de New York. Douglas Youngs
était connu comme l'heureux propriétaire d'un monomoteur
Aeronca de 1946 qu'il bichonnait avec amour. Un matin qu'il
voulait s'envoyer en l'air, il ne réussit qu'à noyer le moteur.
Il négligea de couper l'alimentation en essence pour purger
le moteur et lorsque, debout près du cockpit, il actionna le
démarreur, l'avion fit un bond sur la piste et... s'envola sans
lui. Le malheureux a déclaré par la suite: «Il a fait de beaux
loopings et lorsque je l'ai vu pour la dernière fois, il était à
environ 900 mètres d'altitude et se dirigeait vers le nord-est».
On croit que l'appareil s'est écrasé à une quinzaine de kilomètres plus loin où des habitants d'un village disent avoir
entendu un grand bruit.

❧

Le vendredi précédant un match du Super Bowl, un passager
d'une envolée à destination de la ville de San Diego (où devait
se dérouler la rencontre) fut victime d'une crise cardiaque.
Aussitôt, le pilote demanda: «Y a-t-il un médecin à bord?»
Incroyable, mais vrai: *18 personnes* se sont dirigées vers le
malade pour lui venir en aide.

❧

En Chine, le nom de famille Chang est d'une *popularité exemplaire,* puisqu'on compte 112 millions d'individus qui le

portent. À eux seuls, les Chang sont plus nombreux que la population de la plupart des pays du monde, les sept plus grands exceptés.

ﾟﾟﾟ

La **renommée** est parfois plus difficile à conserver qu'à obtenir. La poste allemande a publié en 1995 un timbre qui commémorait le 500ᵉ anniversaire d'une réforme administrative et judiciaire conduite par l'empereur Maximilien Iᵉʳ. Malheureusement, on utilisa pour le représenter le visage de son père, Frédéric III, mort bien longtemps avant l'événement historique.

Une petite bête de mauvais poil

Vous connaissez, nul doute, la maxime: «Le malheur des uns fait le bonheur des autres.» Vous apprécierez alors à sa juste valeur l'esprit d'entreprise des Chinois en apprenant qu'ils ont créé le... «marché de la souris». Les agriculteurs de la province de Canton les capturent vivantes, plutôt que de les empoisonner, et les vendent aux restaurants: elles y sont en effet appréciées comme un **mets de choix.** Au marché de Taiping, près de Zhanjiang, il s'en détaille environ 2 000, 4 fois par mois. Les plus recherchées sont bien grasses et pèsent plus de 250 grammes. À table!

Sous d'autres cieux, on ne voit pas tant d'avantages à ces rongeurs. L'abondance des récoltes en Afrique du Sud avait provoqué une véritable invasion dans la communauté agricole de Klerksdorp, à quelques kilomètres de Johannesburg. Une campagne intensive de **dératisation** a vu des centaines de citoyens se lancer à l'assaut des envahisseuses. Certains ont déclaré à un journal qu'ils en tuaient une douzaine par jour dans leur maison. La nouvelle a d'ailleurs bien failli ne pas paraître: la salle de rédaction du journal local a été envahie par des centaines de souris qui ont bouffé des photos et rongé les câbles des ordinateurs, détruisant *ipso facto* les textes en mémoire.

✣

Sous le beau ciel bleu de l'Italie, tout ne va pas toujours comme une gondole qui flotte. À Venise, en effet, la population des bipèdes humains est de cinq fois inférieure à celle des *rats*. Les citoyens apeurés ne cessent de lancer un cri d'alarme à la municipalité: les rats sont si gros dans les canaux, les jardins publics, les boutiques et les maisons qu'on en a vu *chasser les chats*. Les *rats* occupent un nombre grandissant de maisons tombées en ruine et vivent grassement des déchets que laissent les touristes dans la si belle ville.

✣

La ville de Bombay reconnaît l'utilité des *chasseurs de rats*: elle a créé 70 emplois de chasseurs nocturnes. Bien que la fonction n'ait pas été publicisée dans les journaux, 40 000 personnes s'étaient présentées pour la postuler. Le journal *The Independent* a signalé que la moitié des postulants étaient des diplômés universitaires sans emploi. Mais on n'a pas fait appel à leur PhD pour s'illustrer: «Tout ce que ça prend, a déclaré un représentant de la municipalité, c'est une bonne ouïe: il faut repérer l'animal qui couine et le frapper adroitement. À Bombay, ce n'est pas difficile: on entend plus les rats que les oiseaux.»

✣

Plus au nord, au Bangladesh, les autorités gouvernementales se sont inspirées de la méthode chère aux fabricants de glaces à l'eau américains (rappelez-vous: 15 000 enveloppes contre une babiole en plastique *Made in Taiwan*). Chaque individu qui se présente avec... 10 000 queues de *rats* a droit à un téléviseur en couleurs. Le fléau a son importance dans ce pays aux prises avec une pauvreté galopante: les rats dévorent chaque année 450 000 tonnes de céréales. S'acheter un poste de radio portatif reste un luxe au Bangladesh: imaginez le statut social de celui qui possédera un téléviseur en couleurs. Les moins chanceux, ou les moins habiles, reçoivent 4 $ pour chaque centaine de rats expédiés au paradis des rongeurs.

Pour se débarrasser de la vermine, rien ne vaut le ***poison à rats,*** croit-on. Le problème est que si le poison est toujours aussi efficace, les rats, eux, sont moins attirés par lui. Une firme britannique, Antec International, a pris l'affaire au sérieux: elle a mis au point 20 nouvelles saveurs susceptibles de rendre le poison plus appétissant pour les rongeurs. Elle va même jusqu'à leur faciliter le suicide: le produit est désormais plus facile à mâcher.

Toute vérité est bonne à... savoir

Le «poisson d'avril» est une ***coutume*** qui survit depuis des siècles et qui va continuer longtemps à berner les inattentifs. À Londres, un jour de 1er avril survenu un samedi, un animateur de station FM a trompé ses auditeurs en leur faisant croire qu'ils devaient aller travailler parce que c'était en fait le vendredi. Cinq mille personnes ont appelé pour lui dire qu'elles avaient été trompées (certaines s'étaient rendues au travail) ou pour lui signaler sa méprise.

Il était courant chez les hippies des années 60 de faire sécher les pelures de banane et de tenter de les ***fumer,*** bien que personne ne se souvienne d'avoir vraiment obtenu un plaisir notable dans la pratique. L'explication a été fournie par un journaliste du *Times* de Londres selon qui la pelure du fruit a la propriété d'emmagasiner un composé de sérotonine, dopamine, et norépinéphrine supposément actifs sur le système nerveux.

Une parlementaire du Maryland a décidé de venir en aide aux personnes qui souffrent de nausées, vertiges et suffocation lorsqu'elles hument l'***odeur*** de certains parfums, eaux de Cologne, savons et déodorants. Carol Petzold a demandé que, à la manière des zones non fumeurs, soient créées des zones sans odeur. Le geste peut paraître intolérant, il est pourtant très justifié: l'allergie dont souffrent ces gens est baptisée «sensibilité multiple aux produits chimiques».

Un acteur de Brescia, en Italie, était allergique pour sa part aux **ronflements sonores d'un spectateur** qui faisaient rire l'auditoire. Il a refusé de terminer la tirade de la scène finale de *Macbeth* et a quitté les planches sous les applaudissements des spectateurs, devant une Lady Macbeth bien encore en vie et toute surprise de l'être.

La protection des bien-pensants

Un millier de **militants pour les droits des animaux** ont semé la pagaille durant une semaine dans le port de Shoreham, en Angleterre, pour empêcher l'embarquement de veaux et de moutons à bord de camions. Le déploiement policier exigé pour protéger les camionneurs a coûté 1 million $. Une centaine de membres d'organisations comme Compassion dans le monde fermier et la Société royale pour la protection contre la cruauté envers les animaux ont été appréhendés pour méfaits. Ils avaient été conviés par le front de libération des animaux qui ne s'embarrasse pas toujours de prendre des gants blancs. Les méthodes terroristes du chef du front, Keith Mann, lui a déjà valu la prison: son organisation a expédié des colis piégés et des bombes incendiaires à des compagnies ou des magasins associés à ce qu'elle considère être de la cruauté envers les animaux, faisant plusieurs blessés.

Plusieurs succursales de la Bank of Boston ont trouvé un certain jour un poisson mort aux effluves évidents dans leur boîte aux lettres. C'était l'œuvre d'écologistes qui protestaient contre le fait que la banque soit actionnaire de la papetière International Paper Company de Jay, dans le Maine, qu'ils accusaient de déverser des produits chimiques toxiques dans le fleuve Androscoggin.

Une idée qui fait lentement son chemin aux États-Unis propose le paiement de *compensations aux Noirs* pour les années d'esclavage. Ces compensations à chaque descendant d'esclave pourraient se chiffrer à 98 191 $, soit le prix estimé pour «40 acres de terrain et un mulet». C'était le cadeau que Abraham Lincoln voulait faire à chaque esclave libéré.

❧

Un inventeur suisse suggère une nouvelle forme de sépulture qui consiste à injecter les *cendres des défunts* dans les racines des arbres à l'aide d'un tuyau amovible. Une option «arbre individuel» ou «arbre familial» est également proposée. Le prix d'une sépulture varie de 580 à 2 100 $ US.

❧

L'administration pénitentiaire écossaise a entrepris de lutter contre les *suicides* dans ses établissements de détention en peignant les murs des cellules en teintes pastel. Un porte-parole a expliqué que «les psychologues estiment que les tons pastel ont un indéniable effet calmant sur les gens et contribuent à diminuer leur stress, contrairement aux couleurs vives».

❧

Les *traditionalistes* de la ville d'Assen, en Hollande, ont pris les moyens pour protéger l'image de leur père Noël local, Sinterklaas. Quiconque ose s'afficher avec un costume de Santa Claus est épinglé par la police qui se fait un devoir de l'expulser, menottes aux poignets, de la localité.

❧

Flora Mae et Lyle Biddle, un couple d'octogénaires de Hastings, au Michigan, fut *ulcéré* de découvrir que quelqu'un se servait de leur terre pour faire pousser illégalement de la marijuana. Ils ont pris sur eux d'exterminer les plants qu'ils découvraient; en une semaine, ils en avait fait disparaître 5 000, ce qui représentait une valeur marchande de 3 millions $.

R
comme dans... religion

*Nous avons tout juste assez de religion
pour nous haïr, mais pas assez
pour nous aimer les uns les autres.*

Jonathan Swift

Il fut une époque où la pratique de la religion était fort simple. De notre bord, il y avait les bons et de l'autre, les méchants, ou du moins ceux que Dieu enverrait peut-être dans les limbes s'ils n'avaient pas trop mâchouillé de missionnaires durant leur vie.

Mais ce beau temps est révolu. Que dire de l'engouement récent pour les anges? Après *Le Livre des anges*, on a droit au *Magazine des anges* qui invite très sérieusement ses lecteurs à lui communiquer leurs témoignages sur «tout ce qui concerne les apparitions angéliques». Vaut mieux lire ça qu'être aveugle.

Ne vous moquez pas. La religion est devenue un fouillis de thèses et d'antithèses où il est de plus en plus difficile de séparer le bon grain de l'ivraie. À preuve...

À toutes les sauces

La mode de la forme par l'aérobie résiste; la télévision continue de diffuser un peu partout dans le monde de ces émissions où des nymphettes et des éphèbes tressautent en essayant de nous convaincre de les imiter au saut du lit. Mais la mode prend parfois des aspects insolites. À Miami, la reine du «rock aérobique» a pour nom Paulette: vêtue d'un rare costume en lycra noir et de bas-résille de la même teinte, elle brandit des **haltères en forme de crucifix** au son d'une musique *heavy metal*. Elle fait concurrence à un organisme nommé Le ministère de l'âme et du corps qui vend un vidéo d'exercices aérobiques sur fond musical religieux.

La pratique religieuse n'est pas toujours aussi simple dans un monde de plus en plus énervé. Il en résulte que les Églises doivent avoir recours à des solutions modernes pour satisfaire leurs fidèles. L'hebdomadaire britannique *The Observer* a rapporté que les catholiques pourraient bientôt **se confesser par télécopieur.** Il faudra s'assurer de ne pas se tromper de numéro: imaginons un instant qu'un de nos politiciens, bourrelé de remords, adresse son message à un journal en mal de copie! Les catholiques ne sont pas les seuls à bénéficier d'un tel atout: une compagnie israélienne a procédé à l'installation d'un télécopieur près du **mur des Lamentations à Jérusalem** pour permettre à tous les croyants d'expédier des messages à Dieu qui sont insérés dans des fissures de la célèbre construction. Près de 200 messages sont reçus chaque jour. Mais le rabbin responsable du mur a averti les fidèles que le message par télécopieur ne libérait pas de l'obligation de prier.

La modernisation de la pratique religieuse a fait l'objet d'une foire d'articles religieux à Vincenza, en Italie. La vedette: **un confessionnal dernier cri** insonorisé, climatisé et muni d'un fauteuil confortable. Certains religieux catholiques ont réagi avec colère à l'idée de tenir une foire qui transforme le confessionnal «en cabine téléphonique de l'ère spatiale». Tant qu'il ne sera pas question de 1ʳᵉ et 2ᵉ classes comme dans les avions et jadis dans le métro parisien... C'est d'ailleurs en Italie qu'un député a fait tout un esclandre en chambre en dénonçant la mise sur écoute d'un confessionnal de prison, à San Remo, près de Gênes. Le confesseur qui avait eu l'imprudente idée de se plaindre de la découverte du micro derrière l'image pieuse qui ornait son confessionnal, avait été arrêté, mis en garde à vue durant plusieurs heures et accusé de faire obstruction aux enquêtes de la police.

La compagnie de téléphone israélienne Bezek s'est d'ailleurs distinguée d'une autre façon: elle a installé, pour la Pentecôte, des *lignes de téléphone* directes qui ont permis aux chrétiens du monde entier d'entendre des prières de Terre Sainte diffusées en plusieurs langues ainsi que des nouvelles sur la Terre Sainte.

Mais certains effets du modernisme choquent. Une paroissienne du nord de l'Italie s'est plainte au mensuel catholique *Vita Pastorale* d'avoir entendu le *téléphone cellulaire de son confesseur* sonner pendant qu'elle récitait ses péchés. «Le bon sens a-t-il abandonné les hommes de Dieu», s'est interrogé l'éditorialiste de la publication.

L'identité sexuelle a soulevé un beau cas pour les rabbins israéliens. Un homme marié, père de deux enfants, a subi une opération pour *changer de sexe* et a retrouvé la foi du même coup. Devait-il se tenir avec les femmes ou avec les hommes à la synagogue, où les représentants des deux sexes sont tenus à l'écart les uns des autres? Les plus hautes autorités rabbiniques n'ont pas encore trouvé de réponse à l'énigme.

La religion *hébraïque* a aussi ses zélés. Le ministère des Affaires religieuses d'Israël a tout de même absous un *fonctionnaire* qui avait fait montre d'un empressement douteux à circoncire un bébé. Il avait traîné chez une immigrante d'un quartier de Jérusalem un rabbin chargé de couper le prépuce des mâles vagissants. Les protestations de la mère éplorée qui ne parlait que le russe furent inutiles: la chair fut purifiée d'un coup de bistouri en un tournemain. Mais, manque de pot, l'enfant n'était pas juif.

Pour rester dans la brume de l'obscurantisme, signalons que les **extrémistes orthodoxes** pourtant minoritaires de Jérusalem ont obtenu, sous la pression et aux frais de tous les contribuables, des autobus séparés pour ne plus être «salis» au contact des impurs... et des femmes. Les intégristes juifs estiment en effet que tous ceux qui ne sont pas comme eux sont des impurs. «Impures» aussi sont les femmes menstruées. Afin de ne courir aucun risque, les mâles ont leur rangée de banquettes à eux et laissent l'autre rangée aux femmes. Plus égales que ça, elles meurent, les pauvresses!

À New York, les appellations étranges n'ont heureusement pas le même sort. Un boxeur a obtenu d'un juge l'autorisation d'utiliser le nom professionnel de «*fou de Dieu*». Cet adepte d'une obscure secte chrétienne s'appelait auparavant Peter Ludwinski, mais il affectionne les surnoms à saveur religieuse puisqu'il s'est aussi appelé: «Le boxeur polonais» et «Le prédicateur pugiliste».

Les fidèles ont des raisons que la raison ne connaît pas. Taiwan a demandé aux fidèles du culte des ancêtres qui brûlent de l'imitation de papier monnaie lors des funérailles d'abandonner cette pratique qui contribue à la **pollution atmosphérique** déjà épouvantable au-dessus de la ville. Un représentant de l'administration municipale a suggéré de déposer des cartes de crédit dans le cercueil du défunt. Le responsable d'une compagnie émettrice de cartes de crédit s'est aussitôt offert pour concevoir des cartes à l'intention des... esprits.

Un vent de modernisme semble d'ailleurs souffler sur la plus aincélèbre église italienne, Saint-Pierre de Rome, sinon sur les idées qu'on professe au Vatican. L'administration vaticane a en effet procédé à l'installation d'***horloges pointeuses*** pour les 130 employés (prêtres et séculiers) employés au vicariat de Rome. Un prêtre qui a voulu garder l'anonymat a dit considérer la chose comme «punitive et humiliante» tandis qu'un porte-parole de l'administration du vicariat a répliqué que d'autres services de la Cité du Vatican étaient déjà équipés de tels appareils et «qu'il fallait être de son temps».

D'autres églises se refusent à avoir recours à des pratiques de séduction pour s'attirer des fidèles ou tout au moins conserver ceux qu'il leur reste. L'Église pentecôtiste unifiée des États-Unis a fait parvenir une lettre à ses 7 500 pasteurs leur demandant de rappeler à leurs 500 000 fidèles certains préceptes de base. Son ***code de sainteté*** est strict et bannit la natation, les danses mixtes, la coupe des cheveux pour les femmes, le maquillage, toute tenue qui expose le corps de façon impudique, tous les sports et plaisirs de ce monde, les programmes radiophoniques et musicaux malsains et la présence de téléviseurs dans les foyers. D'autres cultes font preuve d'un esprit plus ouvert. Un important rabbin israélien a décrété que les femmes juives qui avaient bénéficié de chirurgie esthétique au visage et aux seins n'enfreignaient aucune loi religieuse dans la mesure où elles s'abstenaient de mentir à propos de leur âge par la suite.

À Rome, la maison d'édition San Paolo, spécialisée dans les ouvrages et les revues religieuses, s'est lancée dans le ***vidéoclip***. Elle en a produit un qui montre la Vierge Marie (interprétée par un mannequin de l'ex-Yougoslavie tout de noir vêtue) chanter le *Salve Regina* en compagnie d'un groupe rock populaire.

Une maison de disques londonienne a vendu 150 000 exemplaires d'un album du pape Jean-Paul II; on y entend en particulier le pontife réciter le ***rosaire en latin***. Enregistré il y a une quinzaine d'années, le disque est d'abord sorti en Espagne.

∽

En Asie, le rapport avec la voiture peut se révéler assez... religieux. L'Indonésie est le lieu de ce qu'il convient d'appeler la «mécanique magique», ou *Ketok* (qui signifie *knock* dans le langage populaire). Plusieurs conducteurs sont convaincus que des mécaniciens ont jeté des sorts à leur voiture, ce qui explique leur mauvais fonctionnement. Une pratique y fleurit: des mécaniciens-magiciens réparent les voitures, mais exercent aussi la fonction de sorciers capables d'annihiler les mauvais sorts. Leur entraînement, très rigide, comprend non seulement un **apprentissage technique** rigoureux, mais des périodes de jeûne sévère. Quelqu'un voudrait-il implanter la coutume en Occident?

∽

Et qui dira un jour que les croyances les plus farfelues ne sont pas les plus nobles? Dans le parc Golden Gate de San Francisco, un nombre croissant d'Hindous et de bouddhistes viennent rendre un culte à un **objet de forme phallique** abandonné il y a quelques années par un camionneur pressé. Les fidèles lui attribuent la guérison de nombreuses maladies, y compris l'arthrite. Et ce, bien que l'objet en question soit un... pilier d'autoroute.

∽

Au chapitre des comportements étranges, il est facile de trouver l'inspiration chez les Canadiens anglais. À Prince George, en Colombie-Britannique, un service religieux dans un **temple sikh** a fait plusieurs blessés et s'est soldé par l'arrestation de 15 personnes quand une dispute, commencée à l'intérieur du temple, s'est transportée à l'extérieur. Un détachement de plusieurs agents de la GRC a dû intervenir avec une ferme rigueur pour ramener l'ordre et conduire les blessés à l'hôpital. Une divergence d'opinion serait à l'origine de l'incident. Le besoin de se protéger expliquerait-il l'obligation qu'ont les sikhs de porter un poignard à la ceinture?

Le port de ce fameux poignard, le Kirpan, dont la lame a ordinairement une quinzaine de centimètres de longueur, a fait l'objet d'une décision de cour inusitée à San Francisco. Trois écoliers de 7, 8 et 10 ans, que leurs parents gardaient à la maison parce que leur école refusait de les admettre avec un couteau du genre, ont été autorisés à le porter en classe «parce que leur école doit faire tous les *efforts raisonnables* pour tenir compte des croyances et des pratiques religieuses des élèves». Peut-être parce qu'elle craignait de sombrer sous le ridicule, la cour a cependant suggéré que les lames soient émoussées et que les couteaux soient cousus ou verrouillés dans les fourreaux.

∽

Vous souvenez-vous de l'histoire du paralytique qui avait tellement la foi qu'il a lâché ses béquilles dans un sanctuaire et est tombé sur le c...? À Ueberlingen, en Allemagne, une vieille dame animée d'un grand sentiment religieux a connu un sort encore plus triste. En *allumant un cierge,* elle a mis le feu à ses vêtements et elle a été brûlée vive en dépit des efforts de témoins pour se porter à son secours.

∽

En banlieue de Québec, un «*fou de Dieu*» obsédé par la présence d'un cabaret de danseuses nues dans son environnement a défoncé nuitamment à coups de hache la porte de l'établissement pour aller y mettre le feu. Les pompiers ont été empêchés d'entrer durant une dizaine de minutes par l'énergumène qui les menaçait de sa hache. Lorsqu'il a enfin succombé à la fumée, il était trop tard pour sauver l'immeuble. L'homme, un quadragénaire, a dû être conduit à l'hôpital pour y être traité pour intoxication à l'oxyde de carbone.

∽

À Winnipeg, des chirurgiens sont parvenus à recoudre le pénis d'un homme de 31 ans qui se l'était tranché à l'aide d'un couteau de cuisine sur l'*ordre de l'Antéchrist.* L'inconnu avait été trouvé par la police, maculé de sang et errant dans un parc. L'organe manquant fut découvert sous le lit de la victime.

Des informations statistiques glanées entre 1989 et 1991 démontrent que les *catholiques américains* font non seulement l'amour plus souvent que la moyenne des gens mais qu'ils y prennent plus de plaisir. Ces résultats, publiés dans un livre écrit par le père Andrew Greenley, *Sex: The Catholic Experience,* sont très révélateurs: plus des deux tiers des catholiques mariés font l'amour au moins une fois par semaine contre 56 % des non-catholiques; la moitié des catholiques de 55 ans et plus s'y adonnent une fois la semaine contre seulement 20 % des non-catholiques; 30 % des catholiques se sont procuré des dessous érotiques contre 20 % des non-catholiques et un tiers seulement des célibataires catholiques avouent avoir été chastes durant l'année écoulée contre 43 % des célibataires protestants. *Voile-toi la face, ô Sion!*

Mais les *catholiques* n'entendent pas à rire en ce qui a trait à l'objet de leurs croyances. À Cologne, leurs plaintes ont amené la cour à saisir un *poster* dans une galerie d'art qui montrait une religieuse qui tirait sur le drapé d'un Christ en croix pour y jeter un coup d'œil lubrique.

En Afrique du Sud, un étudiant américain en théologie a fait scandale en exposant dans la cathédrale anglicane du Cap une peinture montrant le Christ sous les traits d'un *sidéen.*

D'autres fidèles se choquent pour beaucoup moins. Une paroissienne de l'église catholique Saint Paul, à Burlington en Ontario, a lancé une *campagne de protestation* pour faire «détruire en mille morceaux» une statue de la Vierge dont les seins étaient visibles sous sa tunique. «Comment les hommes peuvent-ils prier devant cette statue sans éprouver un désir sexuel?», s'est demandé Lucy Amadeo qui n'a, de toute évidence, jamais contemplé les œuvres ferventes de peintres médiévaux montrant la mère de Jésus en train de l'allaiter.

La bonne dame aurait sûrement été du nombre des protestataires qui ont obligé un magasin de vêtements de Madison

Avenue à New York à démonter une crèche où *la Vierge Marie était vêtue comme Madonna* d'un soutien-gorge balconnet et dont les Rois mages empruntaient les traits de personnages de bandes dessinées. La crèche n'avait soulevé aucun remous durant trois semaines, jusqu'à ce que son existence soit évoquée par un animateur radiophonique.

∽

Des centaines de milliers d'Indiens ont assailli depuis quelques années l'ambassade d'Israël à New Delhi pour faire valoir leur droit à l'immigration sous le prétexte qu'ils sont des descendants de Menashe, le chef de la «*tribu perdue*», l'une des 10 exilées d'Israël en 722 ap. J.-C. La question pourrait s'avérer problématique puisque quelque 300 millions d'Indiens peuvent se réclamer de Menashe. L'administration israélienne a résolu temporairement le dilemme en leur conseillant d'attendre la venue du Messie pour revenir au pays...

∽

Les parents d'un garçon de deux ans qui a perdu son pénis à la suite d'une *circoncision ratée* ont exigé une compensation de 800 000 $ US d'un tribunal de Tel Aviv. Selon eux, le *mohel* qui pratique la circoncision a provoqué une hémorragie en incisant trop profondément; le bandage trop serré qu'il a alors appliqué a déclenché la gangrène dans le petit membre viril.

∽

Un paquebot de la ligne Premier Cruise de la Floride, capable d'accueillir 1 500 passagers, est entièrement *casher.* Le navire n'accoste jamais entre le coucher du soleil du vendredi et le coucher du soleil du samedi. À bord, une équipe de rabbins surveille l'observance des règles religieuses en ce qui a trait à l'équipage et à la nourriture.

∽

Les protestations des *ultra-orthodoxes* juifs et arabes de Jérusalem ont convaincu la municipalité de refuser de la ville de Florence un cadeau qu'elle avait d'abord accepté: une réplique évaluée à 700 000 $ US du *David* de Michel-Ange. La nudité du célèbre héros juif de l'Antiquité choquait les pudibonds. Florence a vaincu l'obscurantisme en offrant à la ville une statue en bronze de David réalisée au XVe siècle par Andrea del Verrochio qui, elle, le montrait vêtu.

∾

Dieu a-t-il le sens de l'humour? C'est ce que croit une agence de voyages de Dublin qui a choqué l'*Église catholique d'Irlande* par ses affiches publicitaires placardées dans les abribus qui vantaient sa «Collection immaculée» et autres «Endroits miraculeux». Mais les bien-pensants ne sont pas parvenus à contrer la campagne: Budget Travel a préféré parier sur le rire de Dieu.

Les Britanniques aussi ont misé sur le sens de l'humour divin. Le Conseil britannique de la prévention (BSC) a illustré une campagne en faveur des *relations sexuelles protégées* à l'aide d'une affiche montrant le pape Jean-Paul II qui affirme: «Onzième commandement: tu porteras toujours un préservatif.»

Mais le pape a d'autres motifs de déprimer que les affiches iconoclastes. Les résultats d'une enquête de l'Université catholique de Rome sont probants: si 78 % des Romains se disent *catholiques,* seulement 23 % vont à la messe, 40 % croient à l'au-delà, 50 % sont favorables au mariage des prêtres, 75 % sont favorables au divorce, à la contraception, à l'union libre, aux relations prénuptiales, 53 % acceptent l'homosexualité et 14 % seulement s'opposent à l'avortement.

∾

En dépit de l'opposition féroce de l'Église grecque orthodoxe, le parlement chypriote a aboli l'usage de la dot conjugale par un vote unanime. Cette coutume, qui remontait à des millénaires, était devenue totalement anachronique dans une société qui n'a plus rien de rurale.

∾

L'Église protestante américaine subit une transformation profonde, selon le *New York Times*. Il se crée un peu partout des «*méga-églises*» à grande communauté qui orientent leur enseignement vers la classe moyenne harassée.

෴

L'Église anglicane canadienne autorise désormais la ***représentation féminine de Dieu*** et interdit les hymnes aux expressions guerrières. Elle a aussi adopté une résolution qui valorise l'apport à son ministère des gays et des lesbiennes.

෴

L'Église d'Angleterre a décidé de se départir de ses actions évaluées à 5,6 millions $ dans le réseau de télévision par satellite British Sky Broadcasting. Motif: le réseau a décidé de lancer une chaîne érotique.

Un monde d'œillères

Une ***dispute*** entre une Église de Harlem et ses locataires a viré au ***tragique*** à New York. Huit personnes ont été tuées et trois autres ont été blessées gravement lors d'une fusillade suivie d'un incendie. L'Église, qui occupait le deuxième étage d'un immeuble, appuyait un sous-locataire noir qui ne voulait pas quitter son petit magasin de disques où voulait s'agrandir l'autre locataire, un Blanc, qui y possédait un magasin de vêtements.

෴

L'esprit religieux porte parfois à des gestes excessifs. À Salem, en Oregon, un homme de 65 ans et son fils de 35 ans se sont ***suicidés*** à l'aide d'armes à feu parce que leur thèse personnelle affirmant que la valeur de la prière pouvait être démontrée de façon scientifique avait été rejetée par leur église, la First Chuch of God, des scientifiques et leurs connaissances.

෴

Vous croyez que la jeunesse occidentale est libérée? Voilà de quoi réfléchir. L'Église baptiste des États du Sud a lancé avec succès un mouvement de ***renonciation à la sexualité*** avant le mariage qui fait fureur de Washington à Miami. À Orlando, en Floride, des milliers de jeunes se sont entassés dans un stade, sous un soleil infernal, pour faire vœu de chasteté jusqu'au mariage. Cent mille capsules en plastique multicolores contenaient l'engagement écrit d'autant de jeunes. Les adeptes de cette philosophie reçoivent un jonc (on ne sait pas s'il est en plastique) qui témoigne de leur virginale intention. En un an, ce mouvement, appelé True Love Waits, et qui a pris naissance au Tennessee, est parvenu à embrigader 102 000 adolescents, selon son porte-parole, Richard Ross. Selon lui, la campagne dépasse la société américaine pour laquelle elle a été inventée et s'étend désormais à une centaine de pays. Une jeune participante à un rassemblement a expliqué que le mouvement croissait en réaction à la libération sexuelle des *baby-boomers* qui a permis la généralisation des contraceptifs, mais aussi l'avènement du *sida.*

La religion suscite, on le voit, des comportements qui décourageraient le saint le plus aguerri. À Addis-Abeba, un Éthiopien de 34 ans n'a pas eu besoin de Loreena Bobbit: il s'est tranché lui-même le pénis, en prétextant que ses appétits sexuels et sa fréquentation des prostituées étaient irréconciliables avec *sa foi chrétienne.* Du même coup, l'homme, qui a déjà été marié deux fois, a annoncé son intention de consacrer sa vie au Christ. On lui a sans doute trouvé une gentille cellule pour vivre une vie de méditation et de renoncement.

Trois fermiers ghanéens d'un village sis non loin de la capitale, Accra, ont été condamnés à neuf ans de prison pour avoir dérobé le cœur d'un mort et tenté de le vendre à un sorcier. L'utilisation de parties du corps humain, réduites en poudre, est encore courante dans ce pays dans la fabrication d'*amulettes et de fétiches* pour favoriser l'avancement professionnel; ils entrent aussi dans la composition de potions mortelles, au choix. La sorcellerie utilise les côtes d'un accidenté de la route pour jeter des sorts mortels et les cheveux d'un sourd et muet pour réduire un adversaire ou un concurrent au silence.

Les organes génitaux, eux, garantissent la réussite commerciale. Toute prostituée vous le dira.

Folie que tout cela, crieront les cartésiens de tout acabit. Les tintinophiles, eux, savent bien depuis *Les Sept Boules de cristal* qu'on ne ridiculise pas ce que l'on ne comprend pas. Deux voleurs d'artefacts hopis, utilisés jadis dans les rites de passage de la tribu amérindienne en Arizona, en savent quelque chose. Quinze ans après le vol d'objets sacrés, ils sont encore **hantés par des fantômes** qui les assaillent dans leurs rêves. Jimmy Lee Hinton et Randall Doyle Morris se spécialisaient alors dans les vols archéologiques; ils avaient revendu des masques en bois à un cultivateur, Eugene Pyle, pour 1 600 $. Se croyant sur le point d'être appréhendé par le FBI, le rancher brûla les objets. Depuis, Hinton a subi de graves infections du foie, des reins et de la prostate; Morris a failli être tué lors d'un accident de motocyclette qui le priva d'un bras et d'une jambe. Bien qu'ils se soient excusés auprès des Hopis, les deux malfaiteurs n'ont jamais pu trouver la paix et sont hantés par le remords et la crainte, ont-ils déclaré à un journal de Phoenix.

On ne badine pas avec la pureté religieuse dans la **religion sikh.** L'écrivain pakistanais Sadiq Husain est, depuis 1994, passible de décapitation (rien de moins!) par quiconque voudrait amasser un joli magot de 330 000 $. C'est la bourse qui a été offerte à quiconque le punirait de façon définitive pour avoir osé écrire un livre intitulé *L'Histoire des guerriers,* qui assimile les fondateurs de la religion sikh à des gredins et à des voleurs.

En banlieue de Naples, un policier qui avait découvert une petite statue en plâtre du Christ l'a apportée chez lui pour la nettoyer. Il raconta ensuite qu'un **liquide rouge** s'est mis à couler des yeux, de la tête, des mains, du visage, de la poitrine et des pieds de la statue. En moins de temps qu'il n'en faut pour faire un signe de croix, des milliers de croyants se sont pressés devant sa maison pour constater le «miracle», forçant l'évêque local à ordonner une enquête.

Les manifestations du genre ne sont pas limitées aux seuls objets inanimés catholiques. En Thaïlande, à Hong Kong, au Bangladesh, en Indonésie, en Inde, on signale régulièrement des statues de Shiva et de Ganesa qui boivent... du lait devant des *fidèles admiratifs.* Pourtant les méchants scientifiques ont vite fourni une explication: la pierre absorbe les liquides comme le lait par simple effet capillaire. Lorsque le marbre est blanc, il devient impossible de discerner le lait qu'il contient.

∽

Pauvre Jésus... S'il revenait, serait-il très heureux de la tournure des événements depuis sa mort? D'abord qui était-il au fait? Le très sérieux dictionnaire de langue anglaise *Oxford* a décidé de ne plus utiliser l'expression «fondateur de la chrétienté» pour le définir mais plutôt celle-ci: «Prédicateur juif considéré par ses fidèles comme l'incarnation du Fils de Dieu.»

∽

Chose certaine, Jésus s'étonnerait sûrement de la *stupidité* de certains croyants qui se réclament de lui. Neuf jeunes Tanzaniens et un prêtre de l'Église adventiste du septième jour qui avaient voulu tester la vigueur de leur foi en se rendant à un festival religieux ont tenté de répéter la marche de Jésus-Christ sur le lac Tibériade. Hélas pour eux, la surface du lac Victoria est demeurée bien liquide et ils se sont tous noyés.

∽

On s'étonnera toujours des exactions que provoquent les préceptes religieux mal compris. À Kiev, des centaines de fidèles se sont assemblés devant la cathédrale Sainte-Sophie pour y attendre la fin du monde. En l'absence de leurs leaders emprisonnés, Marina Tsvygur, «la Dieu vivant» (sic) et de son mari le «prophète» Yur Krivonogov, ils ont prié jusqu'à ce qu'ils se rendent compte qu'ils *faisaient des fous d'eux.* Le plus étonnant n'est pas que la secte se soit effondrée peu après, mais bien comment elle avait pu être créée au départ.

∾

Un adepte de la secte des **Témoins de Jéhovah** s'était cru malin en exigeant de son fils, par testament, de vivre dans la maison familiale après sa mort et à son voisin d'entretenir la ferme, de payer les taxes et fournitures à même les revenus et ce... jusqu'à sa résurrection d'entre les morts. Rien de moins. Mais le juge Guy Kroft de Winnipeg a considéré que la croyance du décédé dépassait les bornes, même pour des Témoins de Jéhovah. En conséquence, le fils a obtenu pleine jouissance de la ferme.

Mais ce ne sont pas tous les juges qui sont frappés de l'illumination du bon sens en matière religieuse. Un magistrat de Chicago a refusé d'obliger une **ardente pentecôtiste** de 22 ans à subir une césarienne, même si des spécialistes médicaux étaient venus témoigner que c'était la seule façon d'empêcher l'enfant de naître avec des lésions cérébrales ou même de mourir. La mère était parvenue à convaincre le juge que Dieu allait faire un miracle pour protéger son enfant. L'enfant est né handicapé. Tout autre commentaire étant superflu, je m'abstiens.

∾

Il n'y a pas que l'ennui qu'exporte la ville de Toronto: désormais, elle exporte aussi «la bénédiction de Toronto». Des fidèles, qui en auraient été gratifiés à la chapelle de l'aéroport international de Toronto, l'ont importée en Angleterre. Cette bénédiction engendre un état général d'extase accompagné de pleurs, de rires, d'aboiements, de cris d'oiseaux, de meuglements, de rugissements. Les bénis (autant des catholiques que des protestants) se roulent par terre dans leurs églises. En Angleterre, on ne sait plus trop qu'en penser, attribuant cette manifestation de foi à de l'*hystérie collective* suscitée par l'approche d'un nouveau millénaire.

L'*Église catholique* n'est pas à l'abri des sarcasmes comme on s'en doute. Les participants à un congrès consacré au 25e anniversaire de l'encyclique de Paul VI sur la natalité, *Humanæ Vitæ*, ont prôné la chasteté comme moyen de «bâtir une société dans laquelle les personnes seraient respectées». Pour eux, cette pratique signifie pour les conjoints le respect de certaines convenances dans le cadre de leur «intimité conjugale» et pour les personnes non mariées «l'abstinence des rapports sexuels». Le directoire des évêques italiens a édicté pour sa part que les divorcés remariés sont autorisés à communier à la condition qu'ils se repentent et renoncent à leur vie sexuelle. Les évêques italiens demandent à ces fidèles de «recycler en rapport d'amitié leur nouveau lien et de recevoir les sacrements dans une église où ils ne soient pas connus afin d'éviter le scandale». Mais dans quel monde vivent ces prélats?

Après avoir rappelé que l'Église est une monarchie et que la contestation y est interdite, le pape a publié un nouveau code de conduite à l'endroit des clercs qui leur rappelle les règles fondamentales de leur état: ne pas adhérer à un parti politique ou à un syndicat, porter l'habit ecclésial et se confesser plus souvent. Le code a cette perle suave: «La démocratisation est une tentation très grave parce qu'elle amène à ne pas reconnaître l'autorité et la grâce du Christ et à dénaturer l'Église.» N'est-ce pas l'ancien premier ministre du Québec, Maurice Duplessis, qui disait quelque chose du genre: «L'instruction c'est comme la boisson; il y en a qui ne portent pas ça»?

Il est étonnant d'ailleurs qu'une église prêche l'abstinence d'une part et qu'elle soit confrontée à de dures réalités d'autre part. De 1992 à 1995, le diocèse de Camden, au New Jersey, a dû verser quelque 3,2 millions $ de dédommagement à 19 personnes qui avaient porté plainte **contre neuf prêtres pour agression sexuelle.** Selon *The Philadelphia Inquire*, les autorités catholiques avaient consenti à payer à condition qu'aucune publicité ne soit faite à ces affaires.

❧

À l'issue d'une conférence épiscopale, le cardinal Cahil Daly de Dublin a présenté au nom de tous ses évêques, les excuses de son Église aux victimes dans leur enfance d'agressions sexuelles par des *prêtres pédophiles.* Il a exprimé sa «profonde honte» devant ces actes qui «ont provoqué une peine immense aux enfants et à leur famille». Désormais, les cas d'abus sexuel seront rapportés aux autorités civiles, a-t-il promis.

L'Église catholique n'est cependant pas la seule à être confrontée aux mœurs sexuelles particulières de ses clercs. Une consultation auprès de la *communauté anglicane* de Toronto a révélé que les fidèles estimaient que leur Église devrait lever l'interdiction faite à ses prêtres homosexuels de dévoiler leur orientation sexuelle pour éviter que leur vie ne soit en danger.

❧

La décision de l'Église anglicane britannique *d'ordonner des femmes* a soulevé une vague de fond de contestation en ses rangs. On estime à plus de 700 le nombre des ministres incapables d'accepter la décision et qui se sont réfugiés dans l'*Église catholique,* laquelle les a accueillis en condamnant l'ordination des femmes. Mais pour certains, cette décision est une mine d'or. Un fabricant d'habits religieux britannique a en effet lancé une ligne de vêtements de 24 modèles (choix de couleur et tout le tralala) pour les femmes prêtres. Le catalogue inclut une jupe-culotte spécialement conçue pour les femmes prêtres qui désireront parcourir «en toute décence» les rues de leur paroisse à bicyclette.

❧

En France, l'*archevêque de Paris,* Mgr Jean-Marie Lustiger, s'est attiré des commentaires peu élogieux en rappelant qu'il avait demandé en 1987 l'ouverture d'une enquête pour la canonisation du meurtrier d'un policier qui s'était repenti de son crime et s'était plongé dans le mysticisme avant d'être guillotiné. La Fédération autonome des syndicats de policiers a estimé, au cours de la controverse qui a résulté, «qu'il aurait pu trouver quelqu'un d'autre».

༄

Les Gaston Lagaffe ne sont pas toujours ceux qu'on pense. Dans l'État du Ràjasthàn, au nord de l'Inde, quatre fidèles ont été tués et cinq autres grièvement blessés lors de l'écroulement du dôme d'un temple hindou qu'on inaugurait. L'entrepreneur travaillait peut-être pour des prières.

༄

En matière de services religieux, la mode est à la réponse aux besoins des groupes les moins accessibles. À Vernon, en Californie, *les sourds* ont désormais leur église, la Holy Angels Church of the Deaf. Les fidèles perçoivent les vibrations de l'orgue grâce à un plancher spécial qui tressaute d'ailleurs pour leur indiquer qu'ils doivent se lever ou s'asseoir. Un éclairage approprié a été installé pour qu'ils puissent voir correctement le prêtre qui dit la messe en utilisant le langage des sourds et muets.

༄

Plusieurs, et j'en suis, sont d'avis que l'Église catholique a perdu beaucoup de son attrait lorsqu'elle a banni de sa liturgie la *musique grégorienne.* Une anecdote témoigne de l'intérêt que cette extraordinaire musique suscite. Un disque comportant 38 cantiques interprétés par des moines bénédictins a été au sommet de la liste des succès en Espagne: 230 000 copies ont été vendues en deux semaines! L'affaire a suscité des articles dans tous les grands quotidiens du monde, provoquant un intérêt non désiré pour les humbles moines qui ont décliné toute invitation à parler d'eux et de leur passion pour le grégorien.

D'autres hommes de religion sont moins humbles mais d'une perspicacité qui les rend intéressants. Bawa Daouda, le plus grand sorcier nigérien, est décédé avec toutes ses dents, ce qui est plutôt rare pour un homme de 126 ans. Cet homme célèbre dans son pays, qui est mort en laissant deux veuves et 17 enfants dont le plus jeune avait 9 ans, n'aimait pas beaucoup l'*Islam*. Il aimait d'ailleurs raconter une anecdote qui datait du temps où il avait rendu visite à un émir qui avait fait construire une grande mosquée. «À l'intérieur, on m'a montré un petit abri en me disant: «C'est la maison de Dieu.» J'ai dit: «Ça tombe bien, car cela fait longtemps que je le cherche.» J'ai ouvert et il n'y avait personne dedans.»

À Birmingham, le conseil municipal a fait rire de lui à Noël en décidant qu'il n'y aurait ni père Noël, ni anges dans les illuminations qu'on a rebaptisées «illuminations des fêtes» plutôt qu'illuminations de Noël. L'administration souhaitait *ne pas froisser* les non-chrétiens, notamment la population immigrée. Elle a suggéré le recours à des symboles neutres comme des étoiles, des chandelles et des arcs-en-ciel. Dommage qu'il n'y ait pas eu de soleil: il aurait pu leur réchauffer le crâne et en chasser la brume qui leur colle au cerveau.

Une *église pentecôtiste* d'Arvada, au Colorado, a fait payer 15 $ à des *naïfs* (les moins de 12 ans n'étaient pas admis) qui faisaient la queue pour assister à un spectacle grand-guignolesque destiné à faire réagir ses ouailles contre la dépravation des mœurs contemporaines. Dans les sept tableaux que comportait le spectacle, on pouvait voir un homosexuel malade du sida dans son cercueil, une femme couverte d'une serviette sanglante en train de se faire avorter à côté d'une table sur laquelle on avait déposé un bol rempli d'organes sanguinolents d'animaux, un adolescent déprimé qui se tirait une balle dans la tête, etc.

À Tibériade, en Galilée, une femme n'a pas obtenu la permission des *rabbins* pour se marier. Ils ont prétexté qu'il y a 26 siècles (sic!), un de ses ancêtres avait épousé une femme divorcée à Djerba, en Tunisie, alors qu'il était membre de la tribu des prêtres (Cohen).

Les **Mormons** en sont venus à une entente avec cinq groupes juifs: ils cesseront désormais le baptême posthume des victimes de l'Holocauste.

∾

Un mythe qui a fait perdre à de nombreux juifs autrichiens maison, fortune, liberté, santé et vie a finalement été aboli par l'***Église catholique*** autrichienne et par l'évêque du Tyrol, Mgr Reinhold Steicher. Il a publié un décret proclamant que le meurtre rituel d'un enfant de trois ans attribué à des juifs errants, 500 ans plus tôt dans la petite ville de Rinn, n'avait jamais eu lieu.

∾

L'***ineffable Sun Myung Moon,*** qui a fondé son Église de l'unification à Seoul en 1954, continue de subjuguer les gogos. Lors d'une cérémonie dans la capitale de la Corée du Sud, il a uni 35 000 couples sous une pluie torrentielle. L'événement retransmis à la télévision par satellite a également permis à 325 000 autres couples de s'unir à travers le monde. «S'unir» est un bien grand mot pour ces gens dont certains ne se connaissaient pas vraiment, étant même absents de la cérémonie: mais comme les couples font vœu d'abstinence durant 40 jours pour permettre à l'épouse (sic) de se préparer à sa nouvelle vie et de prier, qui s'en formalisera?

∾

Deux jeunes gourous grecs de 22 et 21 ans et leur grande prêtresse de 20 ans ont été condamnés à la prison à perpétuité pour viol et **sacrifice sanglant** de deux jeunes femmes lors de rites de leur secte satanique. Ils ont avoué pratiquer régulièrement des sacrifices humains et animaux dans une banlieue d'Athènes.

∾

Pour «accomplir la volonté de Dieu», Dewey Chafin s'est fait mordre à 118 reprises par des **serpents venimeux.** Ses doigts sont tordus et sclérosés par les poisons, son corps est couvert de minuscules taches blanches et il doit passer de longues journées au lit pour refaire ses forces. Il est membre d'une petite Église pentecôtiste indépendante à la frontière du

Kentucky et de la Virginie. On ne s'étonnera pas d'apprendre que Dewey demande chaque jour à Dieu de venir le chercher.

∽

Un chauffeur d'autobus philippin s'est *fait crucifier* 10 années d'affilée le Vendredi saint dans le village de San Pedro Cutul devant des milliers de touristes qui semblaient apprécier les cris de douleur de Fernando Macapagal lorsqu'on lui enfonçait un clou dans les pieds. Bien qu'elle n'apprécie pas la coutume qui tient plus du carnaval, l'Église catholique locale ne la décourage pas, de sorte qu'elle se perpétue de génération en génération.

∽

Un couvent de l'Ohio, la Chapelle des reliques du Centre Maria Stein de Dayton, garde précieusement *500 reliques catholiques.* On peut y «admirer» des éclats d'os et de bois, des morceaux de tissus et toutes sortes d'objets. Parmi les plus étranges, on remarque un éclat d'os de saint Jean-Baptiste, un morceau du berceau de l'enfant Jésus et du Saint suaire et des éclats du bois de la table de la dernière Cène et de la croix.

∽

Des milliers de *moines bouddhistes* du Sri Lanka se réunissent lorsque deux gardiens d'une relique vénérée le décident pour lui rendre hommage. Il s'agit d'une dent qu'on dit avoir appartenu à Bouddha lui-même. La relique aurait été retrouvée sur le bûcher de son incinération en 486. Elle fut transportée au pays par une princesse indienne qui l'avait dissimulée dans sa chevelure, selon la légende.

∽

L'*Église de scientologie* a perdu deux procès importants en Allemagne. Elle n'a pas réussi à se faire considérer comme une Église au sens de la loi allemande, mais seulement comme une organisation poursuivant des intérêts économiques. Elle a aussi été déboutée par le tribunal administratif de Cologne lors d'un procès intenté au ministre du Travail qui l'avait traitée d'organisation criminelle de blanchiment d'argent et de cartel de l'oppression méprisant pour l'homme, qui fait subir un lavage de cerveau à ses membres.

~

À l'occasion d'une fête de Pâques, une église de l'Oregon a monté une pièce en cinq tableaux sur la vie et la Passion du Christ à laquelle on pouvait **assister en auto.** Le spectacle durait 12 minutes, les arrêts moteur coupé compris. Les employés du parking de l'église faisaient en sorte que les véhicules se suivent sans traîner.

~

Dans une cause qui opposait des parents **Témoins de Jéhovah** à la Société d'aide à l'enfance du Toronto métropolitain, la Cour suprême du Canada a établi que la liberté de religion ne va pas jusqu'à permettre à des parents de refuser à leur enfant des traitements médicaux contraires à leurs croyances si ces soins peuvent lui sauver la vie. Il y a de l'espoir...

~

Un inspecteur des wagons du métro de New York de confession **sikh** a intenté une poursuite d'un million $ US contre son employeur qui l'a congédié pour refus de porter un casque de sécurité. Charan Kalsi estime que son devoir religieux de porter le turban passe avant toute autre considération de sécurité. (Soupir...)

~

La firme américaine Kenner Parker Toys a mis sur le marché une **poupée qui s'agenouille** et qui joint les mains en geste de prière. La poupée portait le nom de Special Blessings (Bénédictions spéciales). (Re-soupir...)

~

Une campagne du gouvernement britannique pour éliminer les risques de rubéole en cas de grossesse s'est heurtée à une fin de non-recevoir dans une **école catholique** du nord de l'Angleterre qui regroupe 569 adolescents. Le directeur de l'établissement, le père Leo Chamberlain, a en effet estimé que le vaccin était «diabolique» parce qu'il avait été mis au point il y a plus de 20 ans à partir de cellules de fœtus.

Deux adolescents espagnols de familles différentes sont morts le même jour parce que leurs parents, **Témoins de Jéhovah,** avaient refusé qu'on procède à une transfusion sanguine. Dans le premier cas, une adolescente de 14 ans, une injonction avait été demandée à la cour, mais la jeune fille est morte avant que la démarche se concrétise. Le père de la jeune fille, séparé de sa femme, a poursuivi son épouse pour non-assistance à personne en danger et a demandé la garde de leur autre enfant. Dans le deuxième cas, un garçon de 13 ans, un juge avait ordonné le transfert du malade à l'hôpital, mais il est décédé quelques heures après son arrivée.

Les clercs originaux

Un prêtre anglican de 36 ans s'est égaré à 1 100 mètres d'altitude dans les montagnes d'Écosse où il skiait, victime de l'épais brouillard qui avait soudain recouvert la région. On a beau avoir l'âme pure et aspirer à rencontrer son créateur dans la joie sereine, on peut aussi avoir envie de vivre, ne serait-ce que pour pouvoir se tremper encore une fois les lèvres dans de l'excellent whisky. L'homme d'Église a opté pour la seconde voie: il a creusé un trou dans la neige, une fois la nuit venue et, épuisé, s'y est enfoui pour se protéger du froid. Mais le pasteur ne craignait pas que Dieu: il craignait aussi de perdre le moral et de s'endormir pour ne jamais se réveiller. Il a donc passé **15 heures à se chanter des airs** de Leonard Cohen et de Tina Turner. Il était temps que les sauveteurs le repèrent le lendemain: il avait la voix éraillée et avait épuisé son répertoire. Au fait, la seule pensée de Tina Turner n'au-rait-elle pas suffi à le garder éveillé toute la nuit?

Un pasteur anglican britannique, le révérend Anthony Freeman, a été **destitué par l'évêque** de Chichester pour avoir écrit un livre dans lequel il affirmait qu'il «n'y a rien là-haut, et s'il y a quelque chose, on ne peut de toute façon en avoir connaissance». Si on ne peut plus se fier aux ecclésiastiques

pour croire à sa place, à qui devra-t-on s'en remettre?
L'homme d'Église a rejeté l'épithète d'athée; il a plutôt tenté,
dit-il, «de faire accepter les différentes conceptions de l'existence de Dieu».

∾

Les nouvelles technologies, comme les nouvelles idées, ne
sont pas toujours bonnes pour l'esprit. Le révérend Siaosi
Nuuausala, des îles Samoa, blâme les mœurs occidentales,
révélées par la télévision qui n'a fait son apparition qu'au
début des années 90 chez la population de 160 000 âmes,
pour expliquer le haut taux de suicide des jeunes (une quarantaine par année). Mais un éducateur local, Andrew Petru,
a déclaré que la responsable était plutôt l'*éducation religieuse
tordue* que reçoivent les jeunes dans ce pays considéré comme
archi-conservateur. Tourner en ridicule est un principe de base
de l'éducation familiale et scolaire. En outre, les mauvais
traitements physiques sont considérés comme la norme et
l'éducation sexuelle est à toutes fins utiles interdite.

∾

Les religions qui durent sont celles qui maintiennent intacts
leurs principes, quelque idiots qu'ils soient. L'ambassadeur
des États-Unis en Grèce, Thomas Niles, l'a bien illustré
lorsque les moines du monastère d'Iviton, sur le mont Athos,
lui refusèrent le gîte pour la nuit parce qu'il ne voulait pas
se séparer de son *chien*. En mille ans d'existence, le monastère
n'a jamais permis l'intrusion d'un chien, mâle ou femelle. Par
contre, la règle oblige les moines à donner refuge à quiconque
le sollicite. Que faire? On a trouvé une solution «salomo-
nesque»: Des lits de camp furent montés à l'extérieur pour
l'ambassadeur, son chien et ses gardes du corps et ils passèrent
la nuit à la belle étoile.

∾

À Liverpool, un vicaire anglican a refusé de baptiser un enfant
au prénom de «Damian» parce que c'était celui d'un diable
selon la Bible. Toujours en Angleterre, plus précisément à
Shrivenham, dans l'Oxfordshire, le curé et ses marguilliers
ont refusé que la pierre tombale d'un des paroissiens mort

d'une crise cardiaque porte l'inscription «Je leur avais bien dit que j'étais malade». Le journal *The Independant* qui rapportait le cocasse incident a déploré de façon très britannique que les **inscriptions litigieuses** fussent en voie de disparition au pays de Sa Majesté.

∽

À une époque où la fréquentation des lieux de culte s'amenuise à vue d'œil, n'importe quel truc a sa valeur pour attirer les fidèles. Le diocèse anglican d'Ottawa a opté pour la **publicité radiophonique.** L'un des quatre messages faisait retentir un bruit grinçant pendant qu'une voix d'homme défilait les jours de la semaine. À «dimanche», un silence s'intercalait jusqu'à ce que la voix dise: «L'Église anglicane: la détente». Ça fait un peu promotion de matelas vibrateurs sur les bords, non?

∽

En Angleterre, une publicité destinée à séduire de futurs catéchumènes a fait froncer les sourcils des **croyants purs et durs.** Elle disait: «Les chrétiens font de meilleurs amants: découvrez comment en vous rendant à une église du voisinage.» On y a vu une tentative d'attirer les gens par le biais du sexe, comme une réclame de voiture qui fait asseoir une fille à gros seins sur le capot.

Pourtant, la publicité n'est pas une si mauvaise idée et l'**Église catholique italienne** devra peut-être s'y résoudre. Parce qu'elle est fauchée, l'Église italienne a mis en vente 10 000 de ses 95 000 églises. Sa seule exigence (l'expérience, ça s'acquiert) est qu'on n'en fasse plus des discothèques ou des gymnases.

Mais à certains endroits, la publicité a encore fort à faire pour être comprise. Le général des moines paulins du sanctuaire de Jasna Gora, en Pologne, là où est conservée la célèbre icône de la vierge noire, a fait tout un boucan récemment à la suite de la publication d'une illustration dans un magazine. L'hebdomadaire *Wprost* a représenté la vénérée vierge à l'enfant en affublant les personnages de masques à gaz, dans une tentative de dénoncer la ***pollution de l'air,*** un problème commun aux anciens pays communistes. Le bon moine n'a pas compris la blague, mais y a vu une tentative de se moquer «des sentiments des croyants». Le général a l'auréole un peu serrée autour de sa tonsure, non?

Parfois, on se demande si l'observance de certains préceptes n'est pas qu'affaire de modes. Un missionnaire anglican au Pérou s'est plaint à un quotidien britannique de ce qu'il avait souvent à baptiser des bébés porteurs de ***prénoms évocateurs*** comme Hitler ou Lénine. C'est que les Péruviens ont l'habitude de piger le prénom de leurs enfants au hasard des almanachs, des calendriers et des journaux, sans se préoccuper de qui il s'agit puisqu'ils prononcent les noms étrangers à la bonne franquette.

D'autres pratiques religieuses sont plus nuisibles. À Minneapolis, au Minnesota, un pasteur a été emprisonné parce que ses fidèles et lui rendaient un culte un peu trop bruyant au Christ. Les membres de cette congrégation croient-ils que Dieu est sourd? L'histoire ne le dit pas. Mais, toujours est-il que pour être assurés de faire entendre leurs prières, ils se lançaient dans des ***concerts fort bruyants*** de chant, de musique, de guitare électrique et de batterie. Sous certaines températures torrides, les fenêtres ouvertes laissaient passer un tel tintamarre qu'on a enregistré 72 plaintes de voisins au bord de la crise de nerfs en quelques semaines. Une souscription populaire a été lancée pour défrayer l'installation de doubles fenêtres et d'un système de climatisation. Question: l'air frais rend-il moins con? Ça reste à... entendre.

Des protestants réformés de Hereford, en Angleterre, ont vu d'un mauvais œil que leur évêque participe à un ***rituel*** qu'ils associent à de la sorcellerie. Il a été aperçu, dans sa cathédrale, en train de danser dans un cercle de ministres féminins, avant de caresser les gisants des évêques prédécesseurs. Le révérend John Oliver a dit que son attitude était parfaitement correcte et n'avait rien à voir avec «le Nouvel Âge». Non. Seulement l'âge de la retraite…

∽

Le révérend Brian Stiller, chef de la Evangelical Fellowship of Canada, s'est plaint d'une **annonce publicitaire** de la compagnie de meubles Léon qui vantait le «miracle» de ses bas prix. Le révérend a estimé que ce message suscitait chez ses ouailles un sentiment «de brimade et de marginalisme culturel».

À Pensacola, en Floride, un ministre baptiste n'a pas craint, lui, de **rompre avec les traditions** pour améliorer son ministère auprès de ses ouailles. Il a réduit son service religieux à 22 minutes. Au menu: un sermon, bref, évidemment, l'interprétation d'un cantique, la lecture d'un passage de la Bible, une prière et… une quête. «Pourquoi faut-il qu'un service religieux débute à 11 heures et dure plus d'une heure?», s'est-il expliqué. Il y a peut-être beaucoup de bon sens dans ces sages paroles. Son exemple a été suivi par un pasteur luthérien de Stewartsville, au New Jersey. Un nombre croissant de lieux de culte s'ouvrent dans des centres commerciaux aux États-Unis. Certaines congrégations, désireuses de surveiller les coûts d'exploitation, louent des locaux aux écoles durant les fins de semaine.

∽

Voir «Satan» dans les appareils électriques n'a rien d'exceptionnel. Six **rabbins ultra orthodoxes d'Israël** ont qualifié le magnétoscope «d'engin destructeur qu'il faut bannir de toutes les maisons juives». Pourtant, chez leurs ouailles, la possession d'un magnétoscope procédait d'une bonne intention: un grand nombre de familles orthodoxes l'utilisent pour visionner des mariages religieux et des discours de rabbins. Mais l'occasion fait le larron, semble-t-il, et c'est la raison pour laquelle la bande des six rabbins a recommandé le retrait préventif de l'appareil par lequel le péché vient «pour éviter la tentation d'allumer la télévision». Les ultra-orthodoxes considèrent que les journaux et la télévision sont des «objets impurs». Certains courants particulièrement purs vont même jusqu'à interdire l'usage de la radio.

Dans certains cas, les rabbins se montrent plus expéditifs. Saisi d'une demande en divorce par une jeune femme qui accusait son mari de ne plus remplir ses devoirs conjugaux, le *tribunal rabbinique* de Jérusalem l'a obligé à abandonner son deuxième emploi de livreur de journaux le matin de façon qu'il soit en mesure de répondre aux attentes de sa légitime. Dans un autre cas de divorce, refusé à l'épouse depuis 15 ans par un mari qui s'était enfui au Brésil, un rabbin entreprenant l'a retrouvé dans la forêt amazonienne après plusieurs mois de recherche et l'a forcé à s'exécuter.

Un rabbin de Tel Aviv a décrété pour sa part qu'un mari pouvait divorcer de sa femme si elle contrevenait à la *modestie en public* en roulant les manches de sa robe en haut des coudes. Le rabbin a estimé que cette règle était infrangible même durant les journées torrides de la canicule.

∾

Le grand rabbin Eliahu Backchi Doron de Jérusalem a autorisé les *juifs ultra orthodoxes* à écouter les chansons du transsexuel Dana International pourvu qu'ils sachent qu'il était auparavant un homme. La tradition religieuse juive (Halacha) interdit en effet aux fidèles d'écouter la voix d'une femme, considérée comme érotique.

∾

L'ancien grand rabbin sépharade d'Israël, Ovadia Yossef, a des idées bien arrêtées en matière de *respect du sabbat*: il interdit aux policiers de poursuivre les voleurs en ce jour, sauf s'ils mettent en danger la vie des gens. Il a également décrété qu'il était interdit aux témoins d'utiliser le téléphone pour prévenir la police s'ils assistaient au cambriolage d'une banque. Et les signaux de fumée?

∾

L'Angleterre a une longue tradition de vénération des phénomènes paranormaux. Des étudiants de l'université Leeds ont demandé et obtenu qu'une *sorcière blanche* devienne leur «aumônière». Susan Leybourne jouit du même statut que les 11 autres conseillers spirituels de tout acabit qui hantent l'institution. Elle guide les étudiants dans les méandres de la magie, des rites et cultes non conventionnels. Plus on est de fous, plus on s'amuse!

∽

Les intégristes de tous crins n'ont pas inventé l'*obscurantisme,* mais contribuent fortement à le répandre. Un policier de Seattle, qui avait arrêté un jeune homme et sa petite amie pour excès de vitesse alors qu'ils se rendaient à un rendez-vous pour un avortement, les a détenus durant trois heures afin de les convaincre de renoncer à leur projet. Après une heure et demie de discussion stérile, agrémentée de la promesse de laisser tomber la contravention, il a conduit les deux jeunes gens dans un groupe religieux d'extrême droite où ils durent subir un autre lavage de cerveau antiavortement. Bien que troublé, le couple a maintenu sa décision et s'est présenté à la clinique avec trois heures de retard. Le sadique illuminé s'est trouvé aux prises avec une poursuite pour atteinte aux droits civiques.

∽

Le *Vatican* a publié un «mode d'emploi» de la vie religieuse en communauté qui ne manque pas de saveur. Il recommande une utilisation modérée des médias et surtout de la télévision.

∽

Un prêtre sexagénaire de la banlieue de Buffalo, dans l'État de New York, a plaidé coupable à l'accusation d'avoir acheté de la *cocaïne* pour plusieurs centaines de dollars. Mais il a nié avoir puisé dans la caisse de son église pour satisfaire son vice.

∽

Un curé d'une petite bourgade près de Southampton, en Angleterre, n'y est pas allé avec le dos de la cuiller pour punir un *couple adultère* qui s'était connu dans la sacristie paroissiale en préparant régulièrement ensemble la messe du samedi soir. Il les a dénoncés en chaire devant 600 paroissiens puis il a publié des instructions en cinq points dans le bulletin paroissial, décrétant en particulier l'ostracisme des deux pécheurs. Le révérend Peter Irwin-Clark a justifié sa campagne en disant que c'était un «acte d'amour» destiné à aider les amants à regagner leurs domiciles conjugaux respectifs et à leur «éviter d'aller en enfer».

◡

Le Vatican a obtenu la démission de l'évêque des Seychelles, Mgr Félix Paul, lorsqu'il a avoué qu'il se délectait de cassettes de *films pornographiques* et qu'il cultivait de la marijuana. Catholicisme et loisirs étranges ne font pas bon ménage, a-t-il reconnu.

L'Église catholique n'est pas reconnue, en effet, pour badiner avec les «choses du sexe». Aux participants à un cours de formation pour enseignants de méthodes naturelles (évidemment) de régulation des naissances, *Jean-Paul II* a invité les couples à ne pas considérer «le rapport sexuel comme une occasion de jouissance utilitariste», mais comme «l'expression d'un don entre l'homme et la femme, dans une disponibilité généreuse et responsable à la procréation». Il n'a pas abordé à la même occasion le problème de la surpopulation dans le monde.

◡

Une Britannique de 66 ans a été condamnée à trois ans de prison pour *avoir fait chanter un prêtre* en le menaçant de dévoiler qu'elle était sa maîtresse depuis 22 ans. Bien qu'il eût subi une vasectomie en 1976, le pauvre pasteur croyait dur comme fer qu'il était le père d'un enfant qu'elle avait eu en 1978. Il avait versé au total quelque 150 000 $ durant tout ce temps. Sans le sou et incapable de faire face à ses demandes de plus en plus hardies, le curé a fini par raconter toute l'histoire à son évêque.

◡

Un prêtre orthodoxe roumain qui avait *abusé grandement du vin de messe* a été roué de coups par des fidèles enragés. Le saint homme avait entrepris de lire la messe des morts plutôt que de célébrer la cérémonie du mariage pour laquelle on l'avait mandé. On connaît bien son penchant dans le petit village de Valea Caprei où il a déjà roué de coups un de ses fidèles et s'est soulagé en pleine rue devant plusieurs témoins.

Mais les *moines sulfureux* ne constituent pas un phénomène nouveau. Un prêtre italien, archiviste au Vatican pendant 12 ans, a traduit une série de documents relatant des faits peu édifiants de 1451 à 1586. Nonne qui met au monde des jumeaux qu'elle tue avant de les baptiser, frère qui brise son vœu de chasteté avec deux religieuses, père supérieur qui se livre à la sodomie avec deux moinillons et plusieurs femmes, prêtre qui émascule un confrère par jalousie amoureuse, etc. L'Église a vivement dénoncé la publication de ce livre par le prêtre retraité de 70 ans qui jure que tout est vrai dans ses écrits.

∽

Un frère mariste de Saint-Étienne, en France, a peut-être voulu démontrer que ces pratiques anciennes n'étaient pas révolues. Il a été écroué sous l'accusation d'*agressions sexuelles* sur 17 garçons et filles de 12 à 17 ans dont il avait la garde.

∽

David Hope, un évêque anglican de 54 ans, a *surpris ses ouailles* londoniennes en reconnaissant publiquement à la BBC avoir eu des relations sexuelles aussi bien avec des hommes que des femmes. Toute vérité est bonne à dire, en somme. L'ancien évêque anglican de Glasgow l'a compris: à 74 ans, Derek Rawcliffe a confessé publiquement lui aussi son homosexualité à la télévision.

Un *pope grec* a eu moins de mérite à manifester son penchant sexuel. Un procureur d'Athènes a engagé des poursuites contre lui à la suite de plaintes de harcèlement sexuel de la part de 12 femmes. Elles affirmaient qu'il avait tendance à leur pousser la tête contre ses organes génitaux au moment où il les bénissait après les avoir confessées. Le pope a

répliqué en en accusant six de calomnie. Et les six autres?
De médisance peut-être?

∾

Une chirurgie cardiaque n'a pas été bénéfique à un ***prédicateur sud-africain.*** Arthur Cornwall a engagé des poursuites
contre ses chirurgiens pour «ablation de l'âme». Et si c'était
le cerveau?

∾

En Chine, quelque ***90 monastères bouddhistes*** de la montagne sacrée de Jiuhua attirent tellement de touristes que les
bons moines se sont convertis au commerce capitaliste semblable à celui des lieux de pèlerinage occidentaux. Ils ont
ouvert des hôtels et des gîtes, des restaurants (végétariens
évidemment) et des boutiques de souvenirs. La gestion de
cette activité fort lucrative les a obligés (les pauvres!) à
s'acheter des voitures et des téléphones cellulaires.

S

comme dans... sexe

*Lorsque les femmes prennent
le mauvais chemin, les hommes
savent trouver le bon
pour les rejoindre.*

Mae West

J'ai la prétention de croire que le salut de l'humanité passe par une vision rabelaisienne de la vie en société. Mon vœu le plus cher est qu'un grand rire universel secoue tout ce que le monde contient d'obscurantistes vertueux et annonce le triomphe de la santé sur la morale.

Hélas, je sais mieux rêver que croire et il s'écoulera sans doute quelques millénaires avant que mon rêve ne se réalise.

En attendant, je me réjouis de trouver dans un sujet universel, la sexualité, motif à ridiculiser les bien-pensants et objet de réflexion humoristique sur un comportement qui n'aura jamais fini de nous étonner.

Les obsédés

À Saint Paul, au Minnesota, un concierge qui vouait une **passion dévorante** à une jolie locataire, a imaginé un stratagème qui révèle un goût prononcé pour les scénarios compliqués. En ouvrant la porte de son appartement, un jour, elle le découvrit dans son lit, nu, bâillonné, les yeux bandés et menotté. À ses côtés, une note intimait à la jeune femme d'avoir une relation sexuelle avec l'homme, sous peine de le voir exécuter à distance par un tireur qui le tenait en joue à travers la fenêtre grâce à une lunette d'approche. Peu impressionnée par le libellé de la demande, la locataire préféra aller se plaindre à la police qui n'eut qu'à cueillir le malfrat, incapable de prendre la fuite. Voilà qui s'appelle ne pas protéger ses arrières!

La police du comté de San Bernardino, en Californie, a mis la main au collet d'un individu de 54 ans qui a avoué avoir été l'auteur de milliers d'**appels téléphoniques obscènes** sur une période de 23 ans. Il se faisait passer pour un docteur et informait ses victimes, des femmes, qu'il détenait leurs enfants ou d'autres personnes qui leur étaient chères. Il menaçait de faire un mauvais parti à ses «otages» si les femmes ne décrivaient pas très explicitement un acte sexuel. L'une de ses victimes, une femme de 75 ans, a subi une attaque cardiaque en recevant un tel appel.

À Los Angeles, un employé de 33 ans a obtenu un dédommagement d'un million de dollars de la compagnie dont il avait dû démissionner. Il avait été victime durant six ans du **harcèlement de sa supérieure hiérarchique** qui ne cessait de le caresser et de l'embrasser malgré ses protestations. Furieuse d'apprendre qu'il allait se marier, elle l'avait rétrogradé, ce qui avait provoqué son départ et la poursuite.

À Trémonzey, en France, un homme de 22 ans a été accusé de «mauvais traitements à des animaux» par le propriétaire d'un poulailler qui l'avait surpris en train de ***sodomiser une de ses poules.*** L'imaginatif jeune homme a reconnu les faits, mais a mis l'affaire sur le compte de son ivresse, qui avait momentanément faussé sa perception des réalités.

Jusqu'où est-il permis d'aller trop loin? Tout a ses limites comme le démontre l'anecdote suivante. Un jeune couple britannique s'est offert une partie de ***sexe oral*** dans un wagon bondé sans qu'aucun voyageur n'y voit quelque chose de suffisamment *shocking* pour protester. Mais lorsque le duo voulut se remettre de ses émotions ***en grillant une cigarette*** dans ce wagon pour non-fumeurs, les autres voyageurs furent si outrés de leur sans-gêne qu'ils les dénoncèrent derechef à la police. Les deux nicotinomanes ont reconnu leur culpabilité et payé une amende de 50 livres. Honni soit qui mal y pense!

C'est la ***télépathie*** qui a valu une inculpation de meurtre à une veuve de 70 ans de São Paulo. Elle a assassiné son psychiatre pour l'avoir abandonnée, selon ses dires, à la suite d'une «relation amoureuse par télépathie».

La police d'Holstebro, au Danemark, a hérité de l'agréable tâche de rendre à leurs propriétaires 577 petites culottes, soutiens-gorge et paires de bas qu'un ***fétichiste*** de 34 ans avait dérobés dans des maisons et des magasins.

L'épouse du juge britannique Sir Laurence Austin, qui présida au procès du livre *Lady Chatterley's Lover* en 1960, a vendu la copie de l'honorable magistrat aux enchères à Londres. Le livre faisait montre de ***nombreuses annotations*** de la main de la chère dame et les pages étaient déchirées dans les coins à force d'avoir été relues.

L'intérêt des femmes pour la «chose» ne se dément pas à travers les âges. Un sondage du magazine américain *Women Only* a révélé que 72 % des sondées avouaient avoir fait l'*amour en public,* y compris dans des ascenseurs de grands magasins.

※

À Atlanta, en Georgie, une enquête a été ouverte sur les pratiques de certains employés d'un hôtel Holiday Inn qui regardaient — avec l'accord tacite de la direction — tout ce que faisaient les clients dans leur chambre grâce à des *trous percés* dans les murs. «La seule raison de ces trous était de permettre aux employés de regarder les clients se déshabiller, se doucher et avoir des relations sexuelles», a dû constater le responsable de l'enquête.

※

En matière d'amour, les Britanniques semblent posséder un certain talent pour l'insolite. La police londonienne a procédé à une enquête sur le cas d'un *hypnotiseur* de 49 ans accusé d'avoir utilisé ses talents pour agresser sexuellement ses clientes non sans avoir pris soin de filmer le tout sur bande vidéo. Une cinquantaine de femmes ont répondu à la demande de témoignages de la police. Un des détectives chargés de l'enquête ne s'est cependant pas départi de son flegme typiquement «Major Thompson» en décrivant les vidéos très explicites trouvés chez l'hypnotiseur: «On y voit des femmes qui, à mon avis, sont en état d'hypnose et à qui on fait des choses vraiment bizarres.»

※

Le sexe a toujours la faveur des médias britanniques, parfois de façon époustouflante. La plus célèbre prostituée britannique, Lindi St-Clair, surnommée «Miss coup de fouet», s'est valu des manchettes fort utiles à la vente de sa biographie (*It's only a Game — Ce n'est qu'un jeu*) en simulant sa disparition. La demoiselle à l'impressionnant tour de poitrine (103 centimètres) avait révélé dans son livre que 267 députés du parlement avaient compté parmi ses clients et que du nombre, 252 étaient «*corrompus et pervers*» et qu'elle aimerait bien les nommer. Mme St-Clair fut retrouvée en bonne santé dans un motel de Fort Lauderdale en Floride. Elle y préparait, paraît-il, la prochaine campagne électorale de son parti politique, le «Parti correctif», d'où son surnom bien approprié.

⊛

Les Anglais, on le sait, ont inventé le droit... britannique. C'est une pratique un peu bizarre qui tend à préciser beaucoup de choses. C'est ainsi que, constituée en cour d'appel suprême, la Chambre des lords a statué que les *actes sadiques* infligés à des masochistes consentants relevaient des voies de fait. Ils ont alors rejeté l'appel de cinq hommes condamnés à la prison pour avoir fait subir des sévices génitaux à des partenaires, notamment au moyen de papier à poncer et d'hameçons (?). Le président de la cour, Lord Templeman (sic), a précisé avec toute la dignité d'un lord qui ne se sent pas menacé par les révélations de «Miss coup de fouet»: «La société est obligée et habilitée à se protéger contre le culte de la violence. Le plaisir dérivé de la douleur est une mauvaise chose.» Mais, magnanime, le magistrat a cru bon d'expliquer que la circoncision, le tatouage, la boxe et le percement des oreilles ne relevaient pas de ces «pratiques barbares, dangereuses ou dégradantes pour le corps et l'esprit». On ignore s'il souhaitait inclure dans cette liste le geste de la mère qui pique les fesses de son enfant avec une épingle en le changeant de couche.

⊛

Un réparateur d'ordinateurs du New Jersey a confié à un journaliste du *Philadelphia Inquirer* que 20 % des appareils qu'on lui confiait à réparer contenaient des *logiciels pornographiques* sur leur disque, «dur» évidemment. L'éditeur d'un magazine destiné aux 11 millions d'abonnés des banques de données électroniques l'a confirmé en précisant que «ça va de l'indécent à l'obscène, et même jusqu'au franchement répugnant». On n'arrête pas le progrès!

⊛

Cinq *policiers* d'une petite municipalité au nord de Barcelone, que le service de nuit ennuyait passablement, avaient trouvé un moyen de se garder en éveil: ils téléphonaient à tour de rôle à une *ligne érotique.* Ils avaient oublié que la facture parviendrait à la municipalité: ils en furent quittes pour rembourser 5 000 $ de frais d'appel.

⊗

La compagnie IBM a été secouée par une accusation peu commune: une ingénieure en congé de maladie a intenté une poursuite contre son employeur qui l'aurait *contrainte* d'avoir des relations sexuelles avec un représentant du Pentagone afin qu'IBM obtienne des contrats de l'État. L'agence a, de fait, accordé 29,5 millions $ de contrats à IBM à la suite de ces prétendus rapports non souhaités.

⊗

La compagnie Téléglobe Canada s'est retrouvée avec 1 million $ de mauvaises créances au Guatemala pour avoir transmis des appels à des *lignes érotiques* de Montréal et de Toronto. Les annonces aguichantes dans un quotidien de la capitale avaient négligé de mentionner que des frais d'appel de 2,75 $ la minute étaient facturés. Plus de 70 000 Guatémaltèques se sont précipités sur les lignes, certains accumulant même des factures de 10 000 $. La compagnie de téléphone Guatel s'est révélée incapable de percevoir les sommes dues, soit que les abonnés étaient trop pauvres, soit qu'ils refusaient tout simplement d'admettre qu'ils avaient fait les appels.

⊗

À Londres, une ligne téléphonique a été mise à la disposition des *obsédés de la pornographie* qui souhaitent alléger leur conscience et rompre avec leur accoutumance. Sur le modèle des circuits destinés aux désespérés et aux alcooliques, le message enregistré encourage le correspondant, évoque les raisons qui conduisent l'homme à la pornographie et suggère des dérivés aux récréations solitaires: la promenade, le bain chaud, l'écoute de la musique, etc.

⊗

À Philadelphie, une société chargée de facturer les clients des *téléphones roses* a pratiqué une forme de chantage auprès des clients qui lui a rapporté 2 millions $. La compagnie avait racheté des comptes impayés, accumulés par cartes de crédit.

Les employés menaçaient les clients de révéler leur vice à leurs épouses. Une poursuite a été engagée par le ministère public lorsque le manège a été mis au jour par des clients choqués des méthodes abusives.

⊗

Un gardien d'église de Halland, en Suède, s'ennuyait. Il faut dire qu'un tel métier n'a rien pour stimuler l'esprit. Il profitait donc des moments de solitude pour appeler des *messageries érotiques* qui le mettaient en contact avec des femmes racontant leurs fantasmes sexuels. Lorsqu'une facture impayée de 3 636 $ a rebondi sur le bureau du pasteur, tout a basculé. Un tribunal de Halmstad l'a condamné à une amende de 519 $. La paroisse lui a conservé son poste à la condition qu'il rembourse la somme qu'elle avait payée à la compagnie de téléphone.

⊗

La fin du conflit en Croatie a vu naître le vif intérêt des mâles pour les *téléphones roses.* Annoncées dans des journaux locaux, ces messageries érotiques ont cependant le défaut de se trouver fort loin du pays, souvent à Hong Kong ou à Porto Rico. À une occasion, des abonnés de la région de Split, le grand port de l'Adriatique, ont accumulé 4 000 minutes à un seul numéro de Hong Kong en moins de deux heures. La société nationale des communications recueille ainsi des factures énormes en devises étrangères et a de la difficulté à faire payer ses clients en général démunis. Chaque minute coûte 5 $ et une conversation dure rarement moins de 15 minutes (75 $). Comme le salaire mensuel moyen n'est que de 200 $ en Croatie, on peut imaginer les problèmes familiaux qui en découlent.

⊗

Un sondage réalisé au Danemark au moment du 25e anniversaire de la *libéralisation de la pornographie* (en 1969) a permis de constater que 61 % des Danois (73 % des hommes et 50 % des femmes) sont d'avis que le gouvernement de l'époque avait eu raison d'adopter une telle mesure. Les gens éduqués sont généralement favorables à la mesure à 79 %, tandis que ceux qui ont quitté l'école à 14-15 ans le sont moins (40 % seulement). On note par ailleurs au Danemark une baisse marquée pour la pornographie. Le dernier cinéma porno a fermé ses portes en 1992 à Copenhague, alors qu'on en comptait 75 en 1975 et il ne reste plus qu'une quinzaine de boutiques «pour adultes seulement» dans le quartier chaud. Même le marché de la vidéo érotique connaît des... pannes de désir, selon la directrice du Musée de l'érotisme.

Mais la pornographie n'a pas bonne presse partout. Le parlement ukrainien a adopté une loi qui rend **passible de prison** (jusqu'à 5 ans) et d'amendes sévères la diffusion ou la production de films pornographiques.

Des employés d'une centrale électrique de Burbank, en Californie, ont reçu un... électrochoc en arrivant au travail un dimanche. Deux hommes et une femme entièrement nus étaient en pleine activité sexuelle, chevauchant allégrement une motocyclette. La ville de Burbank avait délivré un permis de tournage à une compagnie de films pornos, mais les employés, dont *plusieurs se sont plaints*, n'en avaient pas été prévenus.

À Saint-Vigor-d'Ymonville, en France, des gendarmes ont été estomaqués de découvrir un couple en train de faire l'amour sur le capot d'une voiture, devant une quinzaine d'automobilistes. Le couple, qui n'en était pas à sa première prestation toujours gratuite, a été inculpé pour outrage à la pudeur. La femme a révélé qu'elle ne participait à ces étonnants spectacles que pour plaire à son *mari exhibitionniste.*

Un soldat israélien a sûrement perdu sa petite amie après le coup bas qu'il lui a fait. Sous la promesse de permissions futures de la part d'un officier, il avait accepté de **filmer sa compagne** en pleins ébats. Le film fut ensuite projeté dans la base devant de nombreux bidasses. La victime n'a appris que quelques mois plus tard qu'elle avait été immortalisée sur pellicule et elle a porté plainte. Avec des amants de ce calibre, elle devrait peut-être changer d'orientation sexuelle.

Un Zimbabwéen de 28 ans n'est pas parvenu à convaincre un juge de Hahare qu'il entretenait des relations sexuelles depuis neuf mois *avec une vache* pour échapper à la menace du *sida.* Condamné à neuf mois de prison, le soupirant a essayé de démontrer sa bonne foi en cour en déclarant son amour pour l'animal, en prononçant des vœux de mariage et en jurant fidélité à sa bien-aimée durant son incarcération. Le juge l'a mal pris. Il a qualifié son attitude d'abominable et de dangereuse pour la santé nationale puisque les rapports sexuels se produisaient avec un animal dont le lait et éventuellement la viande étaient destinés à la consommation humaine.

Un paraplégique quinquagénaire a été condamné à 18 mois de prison avec sursis pour avoir pénétré nuitamment dans la chambre d'une *patiente hospitalisée* dans une clinique où il résidait et s'être livré à des attouchements sexuels. La victime souffrait de troubles psychiques liés à un inceste subi dans son enfance. Décidément...

Les mal pris

Un juge de Portland, en Oregon, a dû démissionner lorsqu'il a été révélé qu'il était *marié à deux femmes* en même temps. Il avait reconnu, devant la commission disciplinaire qui enquêtait sur son cas, avoir convaincu sa seconde épouse de l'épouser en lui montrant un document falsifié qui attestait son divorce d'avec sa première femme.

Un menuisier et une serveuse de la région de Bordeaux, en France, qui avaient vite compris qu'ils possédaient des atomes crochus après avoir fait connaissance dans l'établissement où travaillait la demoiselle, ont connu des amours difficiles en pleine nuit dans l'auto du monsieur. Au *moment suprême* d'un échange qui leur semblait paradisiaque, ils ont été attaqués par des bandits armés qui leur ont subtilisé leurs papiers, leur argent et la voiture. Privés de tout moyen de communication et de transport, ils durent faire de l'auto-stop pour rentrer à la ville et porter plainte, forcés de relater les circonstances du vol à des policiers hilares.

Les policiers en voient de toutes les couleurs, c'est bien connu. À Avignon, en France, à la suite de nombreux appels outrés, les motards de la police locale se sont rendus un après-midi à une cabine téléphonique sise non loin d'un cimetière pour interrompre un jeune couple qui mettait beaucoup d'ardeur à y *faire l'amour debout.*

Il n'existait guère de ce genre de bruyante passion dans un couple de Californie dont l'union s'est terminée par un divorce qui a valu 240 000 $ à l'épouse. Mais lorsque le mari apprit qu'elle avait déclaré à son psychiatre qu'elle n'avait jamais éprouvé d'attrait sexuel pour lui en 13 ans de mariage (et vlan pour le secret professionnel!), il l'a accusée de fraude. Et bien que la dame ait expliqué au juge qu'elle n'avait jamais rien dit à l'intéressé «afin de ne pas le blesser dans son ego de mâle», elle a été condamnée à remettre la coquette somme à son ex. Il est maintenant plus riche de 240 000 $, mais tout le monde sait que c'est un *zéro au lit*!

Une épouse israélienne a demandé le *divorce* d'avec son mari après quatre ans parce qu'il ne proférait aucun cri passionné ni grognement enthousiaste en faisant l'amour.

«Il y a ceux qui font la chose…», chantait l'inimitable Juliette Gréco. Et il y a aussi ceux qui ne peuvent pas «faire la chose». Un quadragénaire de Montréal a appris à ses dépens que les correctifs ne sont pas toujours de tout repos. Il a intenté une poursuite à un médecin qui lui avait promis de résoudre son problème d'*impuissance* intermittent par des injections de papavérine dans le pénis. Affligé d'une érection permanente à la suite de l'intervention, le pauvre homme dut se soumettre à une autre intervention chirurgicale qui a éliminé le problème par trop visible, mais qui l'a rendu définitivement impuissant.

Le *tourisme sexuel* est devenu une activité rentable en Asie du Sud-Est mais il n'est pas sans danger pour les naïfs en mal d'émotions fortes. La police thaïlandaise a mis hors d'état de nuire une bande de travestis qui avaient trouvé une façon pour le moins originale d'appâter le poisson. La tactique conventionnelle consistait à faire ingurgiter des boissons droguées aux victimes avant de les dévaliser. «Mais comme beaucoup de nos clients ne buvaient pas, nous les amenions à lécher nos seins préalablement enduits de calmants», a révélé l'une de ces «nourrices» nouveau style.

L'Inde a aussi ses connaisseurs en la matière. On estime de 100 à 200 000 le nombre d'*eunuques* qui se livrent à la prostitution vêtus d'habits féminins. Un festival annuel en rassemble plusieurs milliers qui célèbrent leur état. À cette occasion, l'un d'eux s'est fait copain-copain avec un balayeur d'un hôpital de New Delhi qu'il a émasculé après l'avoir drogué. La police qui a arrêté le «quéquettologue» a découvert qu'il avait déjà été inculpé pour un crime semblable trois ans plus tôt.

D'autres mœurs chinoises ont semé tout un brouhaha au parlement de Londres lorsque 109 députés ont dénoncé la vente de 50 000 pénis de phoques destinés au marché de Shanghai. Un *pénis de phoque* se vend 170 $ à Hong Kong en compagnie des cornes de rhinocéros et des pénis de tigre (une soupe de pénis de tigre se détaille 320 $ dans les restaurants asiatiques de New Delhi). Les organes animaux sont aussi utilisés dans la pharmacopée chinoise au même titre que les pénis de jeunes garçons. À Terre-Neuve, le ministère des Pêcheries a cependant indiqué que le permis accordé était pour la chasse aux animaux et non pas pour la cueillette des organes mâles.

Un charpentier de 35 ans de Seoul, qui avait *loué les services* sexuels de sa jeune épouse à un sexagénaire durant trois ans pour un montant de 24 500 $, a vu rouge lorsque le vieux lubrique a réclamé un remboursement au terme du contrat alléguant que la jeune femme ne s'acquittait pas bien de sa tâche. La querelle a dégénéré en bagarre et le charpentier s'est retrouvé à l'hôpital, souffrant de contusions et blessures. Costaud, tout de même, l'ancêtre!

⊛

La *passion que vouent les Britanniques aux animaux* (un ménage sur quatre a un chat) a été en partie expliquée par les résultats d'une enquête. Soixante-six pour cent des hommes et 62 % des femmes propriétaires d'un chat préfèrent le caresser plutôt que de caresser leur partenaire. Cinquante pour cent avouent que leur chat leur semble plus beau que leur partenaire. S'étonnera-t-on que la femme britannique soit prête à renoncer au sexe plutôt qu'à son chocolat favori? Un sondage Gallup l'a révélé: 34 % de 1 000 femmes interrogées ont répondu sans hésiter que la dernière chose qu'elles sacrifieraient serait leur friandise préférée, contre seulement 30 % qui ont avoué que ce serait le sexe. Chez les mâles, la tendance était bien différente: 50 % ont clamé bien haut que le sexe serait la dernière chose à sacrifier pour eux.

⊛

Sur le continent, un sondage a révélé que 37 % des Allemands *préféraient se soûler* que faire l'amour, une activité qui ne recueillait d'ailleurs l'aval que de 21 % des mâles. Quinze pour cent choisissaient la danse et 9 % optaient pour la balade en voiture plutôt que de succomber à leurs pulsions sexuelles.

⊛

Le sexe est une question sensible chez les Ontariens où le bureau de *censure cinématographique* est renommé pour ses décisions parfois étonnantes. Eleanor Johnstone, une ardente défenseresse des mœurs moins permissives, est devenue membre du bureau avec l'idée qu'elle pourrait lutter contre la pornographie. Mais après quelques mois de visionnement, elle montrait son abattement dans une interview. Avec candeur, elle avouait que des représentations osées surgissaient dans son esprit après ses heures de travail et elle se demandait bien pourquoi. Elle se souvenait en particulier d'une scène où une femme versait de la cire fondue sur le corps d'une partenaire. «Pourquoi?», a-t-elle demandé à un autre censeur. «Pour amplifier la sensibilité», s'est-elle fait répondre. Elle admet qu'elle en a frémi d'horreur. Depuis, confesse-t-elle, elle s'interroge sur ce qui est normal en matière de sexualité et se demande si ce n'est pas elle qui est anormale avec ses principes étroits.

⊗

Un urologue colombien n'a pu soulager que temporairement un jeune homme de 22 ans du port de Barranquilla, sur la côte caraïbe. L'infortuné est affligé d'un *priapisme* que lui envieraient bien des hommes aux fonctions déclinantes. Mais les temps seront durs pour Casadiego Fajardo: son érection permanente se remanifestera éventuellement selon le médecin.

⊗

Les *voyageurs lubriques* qui comptent s'approvisionner sur place lorsqu'ils se rendent en Belgique devraient apporter leur provision de condoms. Un test réalisé par une association de consommateurs belges a démontré que sur 23 modèles testés, 10 sont de bonne qualité, 8 de qualité acceptable et 5 de qualité insuffisante.

⊗

Souhaitons aux Thaïlandais que la qualité des latex soit plus élevée. Selon Asia Watch, un groupe américain des droits de l'homme, le pays compte de 800 000 à *2 millions de prostitué(e)s* et 75 % des mâles du pays ont eu recours à leurs services.

⊗

Un célèbre *dragueur* de Bogotá dont la réputation était due au volume de son membre devra désormais se rabattre sur les souvenirs. Tout à la joie d'avoir attiré deux opulentes blondes dans sa chambre, il était déjà aux anges des petits soins qu'elles allaient lui prodiguer lorsqu'il a accepté une gomme à mâcher d'une des déesses. Le somnifère qu'il contenait l'a envoyé dans un enfer: lorsqu'il s'est éveillé, il avait le bas-ventre couvert de sang. Les deux demoiselles s'étaient enfuies en emportant ce qui faisait son orgueil de macho.

Un libertin de Copenhague se souviendra longtemps d'une partie de jambes en l'air avec une prostituée. Dans un salon de massage, l'homme avait exprimé le désir de suivre un *certain nombre de rituels* dont celui de se mettre complète-ment nu et d'être traité comme un esclave, les pieds et les mains attachés. Une fois sa perversion assouvie, il fut bien embêté de découvrir que sa charmante tourmenteuse était inca-pable de le libérer de ses menottes, la serrure s'étant coincée. Après bien de vains efforts, l'experte dut faire appel à un autre expert, un agent de police, pour libérer son encombrant client.

Un quinquagénaire britannique s'est trouvé dans une *position encore plus humiliante.* Il avait prêté son caméscope à un ami pour lui permettre de filmer la cérémonie de mariage à laquelle il était invité. Lorsque les invités voulurent visionner les images tournées, quelle ne fut pas leur surprise de voir des images que l'homme avait oublié d'effacer: elles le mon-traient en train d'avoir un rapport sexuel avec le *bull-terrier* de son voisin. Bien qu'il ait tenté de faire croire au juge qu'il s'agissait d'un trucage et qu'il n'avait pas vraiment «consommé» avec l'animal, le prévenu a été condamné pour zoophilie.

Les avantages du sexe

Des sexologues danois et suédois ont publié dans un journal de Copenhague des opinions à l'effet que «*le sexe et l'amour au travail* procurent un surplus d'énergie; les employés tra-vaillent mieux et le chiffre d'affaires grimpe». Ils étaient d'avis que l'attirance entre un homme et une femme créait une atmosphère de bonne humeur sur le lieu de travail, aug-

mentait la joie et le rendement au travail. Une enquête suédoise a d'ailleurs démontré qu'un homme sur quatre a eu des
relations amoureuses sur son lieu de travail. Parmi les lieux
les plus propices pour cultiver ces relations, on note les hôpitaux où se rencontrent médecins et infirmières, les avions pour
les pilotes et hôtesses de l'air, et... le monde des médias et
du cinéma.

Une étude américaine a révélé que la mode était maintenant
à la **masturbation,** encouragée par la crainte du **sida,** sans
doute, mais aussi par une brochette de nouveaux moyens de
fantasmer: le téléphone érotique, l'ordinateur, les magazines
spécialisés, les vidéos pornographiques, les films érotiques
dans les chambres d'hôtel, les romans érotiques explicites, les
vibrateurs et les ateliers d'apprentissage qui s'ajoutent aux
leçons pratiques et aux manuels d'instructions.

La «chose» suscite des comportements humoristiques. La
population de Llanwrtyd Wells, dans le pays de Galles, a été
avertie par l'Office de tourisme local de ne plus «procréer
sans son consentement». C'est que toute augmentation indue
du nombre de ses citoyens lui ferait perdre son titre de plus
petite municipalité de Grande-Bretagne. Avec les années, la
population est passée en douce de 528 à 618, certaines jeunes
femmes ayant peut-être appliqué trop à la lettre le conseil traditionnel de leur mère: «Ferme les yeux et pense à
l'Angleterre.» L'attrait touristique de la petite ville étant
menacé, les responsables ont placardé des affiches annonçant
que «les couples produisant plus que la moyenne nationale de
2,35 enfants seront sévèrement réprimandés». Toujours sur le
mode humoristique, l'affiche disait cependant que «les
citoyens peuvent expirer à volonté». Plus anglais que ça, tu
meurs, évidemment. *Rule Britannia!*

Si le mâle britannique est d'une **nature romantique,** il n'est
pas fou. Il sait qu'il peut tirer parti de la situation, pourvu
que cette situation soit claire et nette. Une femme vient

d'ailleurs à sa rescousse: le professeur Sally McIntire a rendu publics les résultats d'une étude effectuée par des sociologues de l'université de Glasgow et qui démontre que «les hommes mariés vivent plus vieux que les célibataires, particulièrement s'ils sont d'une nature décidée et sûrs d'eux; ils sont souvent plus riches, souffrent moins du stress et sont soutenus moralement par leur famille». À l'opposé, selon cette spécialiste des mœurs amoureuses insulaires, les célibataires boivent plus, fument d'avantage et ont une vie plus aventureuse (voilà! On en revient toujours au c... quoi qu'on prétende). La même règle s'applique aux femmes, mais leur longévité s'accroît si elles divorcent ou sont veuves. CQFD!

Une enquête d'experts du département de gynécologie de l'université de Tel Aviv est venue contredire la thèse répandue à l'effet que les hommes produisant peu de sperme devraient le conserver pour une relation au moment de l'ovulation de leur femme. Les hommes concernés (15 % des couples sont infertiles et la responsabilité incombe pour la moitié à l'homme) seront heureux d'apprendre que l'enquête conclut qu'ils devraient au contraire avoir une relation au moins *une fois par jour* de façon à augmenter leur fertilité.

Pour compléter cette information, signalons que la responsable du service de chimie pathologique de l'université de Tel Aviv a mérité une bourse de 27 000 $ d'un groupe pharmaceutique israélien pour avoir mis au point une pommade contre l'*impuissance mâle,* produite à partir d'une hormone naturelle du corps humain. La pommade, dont l'effet stimulant dure une heure, doit être appliquée avant chaque rapport. Le nom de cette grande bienfaitrice du genre humain? Irina Goses.

Le député belge Jean-Pierre Van Rossem a publié, avec l'aide de trois *amateurs invétérés* dont un autre parlementaire demeuré anonyme, *Le Guide Van Rossem du sexe et des bordels.* Le livre, qu'il avait d'abord songé à intituler *Le Guide*

Micheline, lui a permis de découvrir que «le confort est en dessous de tout. Il semble que tout ce qui compte pour eux c'est de faire le maximum d'argent.»

⊗

Dans l'armée néerlandaise, l'égalité fait loi. Après avoir expédié 1 100 exemplaires gratuits de *Playboy* à ses casques bleus alors cantonnés dans les Balkans, l'état-major a accepté de faire parvenir 150 exemplaires du magazine pour **homosexuels** *MaGAYzine* à ceux dont l'orientation sexuelle n'avait rien à voir avec les filles à grosse poitrine.

⊗

Un bonze thaïlandais du nom de Phra Suan Panyatharo, un bienfaiteur de l'humanité, a eu droit à des obsèques en grande pompe auxquelles a assisté le ministre de la Santé. Le bon moine s'était rendu célèbre à Bangkok, en 1989, en distribuant des milliers de **phallus en bois bénit** à des milliers de femmes mariées qui avaient fait appel à lui... pour des raisons non précisées, disait la nouvelle. Le saint homme avait réussi sans peine à rassembler des milliers d'adeptes dans un stade pour procéder à la distribution des objets.

⊗

Les mythes ont la vie dure et l'évolution des sociétés en matière de sexualité prend parfois des tournants insoupçonnés. Ainsi, une vaste enquête menée en France a démontré que les Français et les Françaises avaient des opinions non concordantes sur leurs rapports. Les hommes ont déclaré faire l'amour en moyenne 8,1 fois par mois et durant au moins 31 minutes chaque fois, alors que les femmes n'avouaient avoir eu de relation que 7,2 fois et d'une durée de 25 minutes. Les hommes sont deux fois plus infidèles que les femmes, selon l'enquête. Comme le recours à la prostitution ne peut expliquer l'écart, les spécialistes ont conclu que les **hommes** «s'attribuent vraisemblablement plus de partenaires qu'ils n'en ont eus».

Un autre sondage sur les **mœurs sexuelles des Français** s'est avéré très révélateur. Huit Français sur 10 rêvent de s'enlacer sous les cocotiers devant un coucher de soleil, mais 4 sur 10 ne dédaignent pas les artifices *sexy* du genre porte-jarretelles, guêpières et G-string. Ils s'imaginent en train de consommer ailleurs aussi: le sous-bois et le lit à baldaquin (75 %), la douche (70 %), la plage (66 %), le foin (64 %) et le pont d'un voilier (57 %). Comme maîtresse idéale, ils souhaitent une «femme mûre et épanouie» (78 %), une «brune mystérieuse» (77 %), une «jeune ingénue romantique» ou une «sportive dynamique» (71 %).

Selon l'écrivain américain James Gilbaugh, auteur de *Men's Private Parts: An Owner's Manual* (traduction libre: «Les bijoux de famille: le manuel du propriétaire»), il est de mauvais ton de téléphoner à un ami à 22 heures le samedi soir. Son enquête sur les ***mœurs sexuelles*** lui a appris que c'était «le» moment de la semaine où les couples jouent à touche-pipi.

Danny Taurozzi, un conseiller financier dans une firme de Laval, au Québec, a présenté un mémoire au Comité permanent des finances à Ottawa qui propose de ***taxer l'industrie du sexe*** pour contribuer à réduire le sempiternel déficit canadien. Il est d'avis qu'une lacune dans ce secteur prive le gouvernement canadien de centaines de millions de dollars en taxes et impôts.

Un promoteur immobilier de Bangkok a fait construire une mini-ville de 32 hectares pour ***homosexuels*** appelée Flower Town. On y trouve toutes les installations d'une ville classique: habitations, magasins, restaurants, bars, cliniques, cinémas, installations de sport. Dix pour cent des appartements ont été achetés par des étrangers. Les hétérosexuels sont aussi acceptés.

Les dangers

Le métier de belle-de-nuit a parfois ses aspects rigolos. Un septuagénaire de Lausanne a été retrouvé, dévêtu juste ce qu'il faut pour la chose, mais... **mort** d'une crise cardiaque sur la banquette arrière de sa voiture, une nuit de janvier. La police n'a pas relié sa mort au froid, mais à une crise cardiaque provoquée par la **jouissance** aux mains d'une prostituée qui lui prodiguait les soins usuels et qui s'était hâtée de prendre la fuite.

⊛

Peter Hobson était directeur de Charterhouse, une célèbre école privée britannique (près de 20 000 $ de frais annuels de scolarité). Il avait mérité ce poste grâce à une **réputation d'inflexible moraliste.** Lorsqu'il avait trouvé un garçon et une fille nus dans un lit, il les avait renvoyés sur-le-champ en disant que toute personne «surprise dans une situation compromettante devrait quitter l'école». Mais lorsqu'une plantureuse prostituée blonde de 18 ans, prénommée Mia, révéla à un tabloïd anglais qu'elle connaissait très bien «cet homme très seul», le pauvre Peter dut s'appliquer à lui-même le châtiment qu'il avait réservé aux deux étudiants. Le départ de cet homme marié et père de deux enfants fut pudiquement attribué à des «raisons de santé».

⊛

Les handicaps physiques ne font pas nécessairement obstacle à l'esprit d'initiative. Un paralytique français de 41 ans, gérant d'une petite société «rose» qui fonctionnait par Minitel, avait trouvé un moyen original d'arrondir ses fins de mois. Il louait les services de sa femme pour des rencontres **sadomasochistes.** Les ébats étaient aussi filmés sur cassette à la villa cossue où ils se déroulaient.

⊛

Un **homme en goguette** de Miami se souviendra longtemps de sa séance avec une prostituée rencontrée à l'aéroport. La belle était en fait un homme déguisé qui, durant un échange ardent, lui a sectionné la langue d'un coup de dents et l'a dépouillé d'une somme de 100 $ avant de disparaître dans la brume. La victime a eu beaucoup de difficulté à formuler sa plainte à la police.

Aux États-Unis, la lutte à la prostitution passe par la délation depuis quelques années, mais un «comité pour la prévention de la criminalité» pousse l'affaire très loin. Il a établi une ligne téléphonique qui fournit le nom, l'âge, l'adresse et l'accusation retenue contre les **clients des prostituées** appréhendées. La police expédie pour sa part une lettre à l'adresse du client pour lui expliquer les dangers, en particulier le **sida,** de fréquenter certaines demoiselles, cherchant au fond à mettre les épouses au courant du danger qu'elles courent.

Les marchands de **pornographie** poursuivent probablement un objectif similaire. Mais le danger est grand d'exercer ce métier selon le pays où l'on réside. Un auteur chinois a été condamné à mort pour avoir publié un livre dit pornographique. Le titre? *Connaissances élémentaires pour les jeunes mariés.* Le **juge magnanime** lui a accordé un sursis de deux ans pour se réformer et obtenir la réduction de sa peine à la prison à vie.

Des **écologistes néerlandais** trouvent que l'amour «protégé» n'est pas très... écologique et le condamnent. Ils affirment que les condoms en latex sont traités au soufre pour en accroître l'élasticité et que jetés aux toilettes ils répandent cette substance nocive dans les stations d'épuration. Ils en veulent aussi aux gels spermicides, aux lubrifiants, aux œstrogènes artificiels que libèrent les femmes par leur urine. Cette dernière substance contribuerait à changer le sexe des poissons, affirment-ils.

En amour, c'est bien connu, la valeur n'attend pas le nombre des années. À Topeka, au Kansas, un **garçon de 13 ans** a été condamné à verser une pension alimentaire à sa gardienne de 17 ans qu'il avait engrossée pendant qu'elle veillait sur lui.

Le tempérament expéditif peut aussi donner lieu à des gestes originaux. Un habitant de Brazzaville, habitué des prostituées, avait décidé d'utiliser sa chienne une nuit qu'il se sentait inspiré. Mal lui en prit: il fut surpris par son épouse que les gémissements de la bête avaient réveillée. Sur les conseils des voisins accourus, elle a mené son mari, honteux, et la **chienne** chez le vétérinaire pour savoir s'il existait un danger qu'il ait contracté le **sida**. Le praticien a eu beaucoup de peine à lui faire comprendre qu'il n'y avait aucune preuve qu'un animal ait pu contracter la maladie.

Sous d'autres cieux, on prend très au sérieux la façon de se comporter en société lorsqu'il est question de rapports sexuels. À Brasilia, la propriétaire d'un édifice de 25 *condominiums* a écrit à ses locataires pour leur demander de **refréner leurs ardeurs** durant leurs relations parce que l'insonorisation déficiente des murs permettait d'avoir une idée très nette de ce qui se passait dans chaque appartement. Tout en leur demandant leur avis sur l'opportunité de mieux faire isoler les murs, elle n'a pas manqué de faire la morale à chacun et de les encourager à «réévaluer leur comportement éthique, social, émotionnel et sexuel» en attendant de retrouver «la liberté de s'exprimer de façon passionnée».

Les bouleversements politiques en Pologne ne semblent pas avoir changé grand-chose aux préjugés en matière de sexualité. Un manuel d'éducation sexuelle destiné à des élèves de la dernière année du secondaire leur apprend que la femme «doit freiner son comportement séducteur et provocateur» puisque, même si elle aime le garçon, celui-ci ne désire que son corps. Passant sous silence les moyens anticonceptionnels et les façons de se prémunir contre les MTS, le manuel recommande aux jeunes femmes d'attendre le mariage pour avoir des rapports sexuels, puisque la **sexualité hors mariage** conduit à la frigidité.

La nature humaine ayant un sens poussé de l'imitation, l'affaire Bobbit a vite fait des émules un peu partout dans le monde. Il convient de rappeler brièvement cette affaire. Loreena, une immigrante équatorienne, fut acquittée de l'accusation de «coups et blessures volontaires» pour avoir tranché le *pénis* de son mari qui la maltraitait régulièrement. Le jury a décidé qu'elle souffrait de folie passagère à ce moment-là. Ce fut une explosion de joie dans son pays d'origine où une organisation féministe avait menacé de partir à la chasse des pénis de 100 visiteurs américains si elle était condamnée. Quant à John Bobbit, précédemment acquitté du viol de son épouse, mais obligé de trouver 350 000 $ pour payer ses factures médicales et juridiques, il s'est lancé dans une carrière dans le show-business aux États-Unis. Il a obtenu des contrats dans des clubs de nuit où il racontait des blagues salaces sur sa condition. À son monologue succédait une séance de danses lascives avec des jeunes femmes de l'auditoire qui pouvaient mériter 10 000 $ si elles parvenaient à provoquer une érection de son membre recousu. Mais le concours intitulé «Participez à un miracle de la science» n'a heureusement rien coûté aux propriétaires de bar puisque le pauvre John n'a plus de viril que le prénom. Privé de sa Loreena, il a fini par se trouver une nouvelle blonde qui l'a formellement accusé de l'avoir battue quelques semaines après qu'ils se furent mis en ménage. Depuis, il s'est recyclé dans le film porno.

Peu de temps après, une Turque a tranché le membre de son mari dans un bidonville d'Ankara et une Allemande a joué adroitement du *couteau de cuisine* sur un homme qui lui avait fait une proposition malhonnête. La jeune Turque n'a pas été emprisonnée parce qu'il a été établi que son mari la sodomisait fréquemment contre son gré. Elle avait pris soin de le soûler et de l'attacher avant de s'exécuter. Quant à l'Allemande, elle avait même tenté de brûler le pénis coupé. Sa victime a survécu, mais ne fera plus grande consommation de coquille en jouant au hockey puisque les médecins n'ont pu lui rattacher l'appendice.

Un mari plus chanceux de Waynesville, en Caroline du Nord, s'est montré magnanime et a refusé de témoigner contre sa femme, accusée d'avoir *mis le feu à son sexe* arrosé de dissolvant à ongle au préalable. Comme la blessure était en voie de guérison, la jeune femme de 27 ans a pu reconnaître sa culpabilité à une accusation moindre qui lui a valu 240 heures de travaux communautaires et l'engagement de ne pas troubler l'ordre public durant 2 ans.

Une autre histoire de grandeur d'âme est celle du couple Aurelia et Jaime Macias de Los Angeles. Femme battue par un mari qui l'agressait sexuellement, Aurelia a profité du sommeil éthylique de Jaime pour lui **subtiliser les gonades** à l'aide d'une paire de ciseaux. L'incident, survenu en septembre 1992, a traîné devant les tribunaux jusqu'en 1994. Bien que privé à jamais de ses bijoux de famille, Jaime a pardonné à Aurelia et le couple s'est réconcilié. Un jury de cinq hommes et sept femmes en a tenu compte et a acquitté l'épouse.

Le refus de poursuivre en justice semble être une constante chez les victimes de la «déquéquettisation». À Manille, aux Philippines, une femme de 35 ans qui refusait d'avoir des rapports sexuels devant ses enfants en plein jour s'est emparée du couteau que brandissait son mari déjà dénudé et a porté un **coup de sabre réussi.** Le diminué a perdu tout espoir d'une chirurgie réparatrice, mais a tout de même refusé de porter des accusations contre sa femme.

Ce n'est pas le cas de son congénère Donald Jacolo que son épouse, Gina Espina, a surpris à jouer à touche-pipi avec une collègue de travail. La légitime n'a pas apprécié: elle a attendu que le mari imprudent sombre dans les bras de Morphée dans une chambre d'hôtel pour **le priver de son excroissance** du bas-ventre au moyen d'une paire de ciseaux. L'infortuné a appelé les flics à la rescousse, a fait appréhender l'épouse non repentante et a supplié les chirurgiens de lui rendre ce qu'une lame insensible avait tranché. Hélas, trois fois hélas, la bouture n'a pas eu de prise. Donald a déclaré lors d'une interview radiophonique qu'il allait poursuivre Gina, qui a rétorqué pour sa part être prête à affronter les juges «pour défendre mes droits». Sans préciser lesquels.

⊛

Les victimes de viol ont-elles montré la voie à leurs sœurs? À New Delhi, une femme s'est servie d'un *couperet* pour sectionner le sexe d'un marchand qu'elle accusait de l'avoir violée en l'absence de son mari. Elle est allée ensuite porter le corps du délit au poste de police. La victime a chanté une autre chanson: il a prétendu avoir été attaqué par le couple alors qu'il venait leur réclamer le paiement d'une dette.

⊛

À Kolding, une jeune Danoise de 19 ans, que son violeur voulait obliger de surcroît à lui faire une fellation, a *mordu* avec une violence exaspérée et compréhensible le sexe de l'agresseur qui s'est enfui en hurlant. Les traces sanguinolentes qu'il a laissées ont incité la police à faire savoir qu'il risquait la mort par tétanos s'il ne se rendait pas. Mais ce sont ses lunettes (perdues sur les lieux du crime) qui l'ont trahi. La police les a confiées au service informatique des opticiens qui enregistre les coordonnées des clients et l'a retracé sur les lieux de son travail. Un examen sommaire du corps du délit a révélé des traces de morsure profonde et le violeur, penaud, a reconnu son crime en donnant pour excuse qu'il était trop soûl pour se rappeler ce qui était arrivé.

⊛

À Harbin, en Chine, un jeune vagabond de 12 ans a subi en pleine rue, la nuit, la *castration* aux mains d'un inconnu qui l'avait étouffé. Conduit à l'hôpital lorsqu'il a repris connaissance, il a pu être sauvé *in extremis*. Le crime s'expliquerait par le fait qu'une superstition chinoise tenace attribue l'augmentation de la virilité et de la longévité à des remèdes traditionnels fabriqués à partir d'organes sexuels de jeunes garçons.

⊛

Le *culte du pénis* va très loin en Chine si l'on en croit cette nouvelle. Une paysanne, conseillée par un voyant, a coupé le sexe de son mari à l'aide de ciseaux dans l'espoir d'en voir pousser un autre, plus performant.

❀

À Arcadia, en Floride, c'est pour une toute autre raison que Bill Sconyers, un jeune homme de 23 ans, a utilisé une *scie électrique* pour se trancher le pénis. (Vous souvenez-vous du film de Marco Ferreri, *La Dernière Femme*, où Gérard Depardieu utilisait un couteau électrique pour procéder à semblable altération de ses attributs? Rien que d'y penser...) Aux policiers venus le secourir, l'émasculé volontaire a déclaré qu'il avait ressenti le besoin d'agir de la sorte «afin de devenir une femme». Eh bien, il a réussi: les médecins ont été incapables de lui recoudre la partie désormais en trop.

❀

Lorsqu'elle a appris que son conjoint la trompait, Louise Achayok, une habitante de l'Alaska, lui a *mordu* le pénis au sang et l'a griffé au visage. Elle a été appréhendée sous l'accusation d'avoir causé une blessure «à l'aide d'un instrument dangereux», en l'occurrence ses dents.

❀

Un mari de Harare, surpris au lit par sa femme de 40 ans avec une jeune poulette du printemps, eut l'outrecuidance de lui dire qu'il la trouvait désormais trop vieille pour le satisfaire. Le macho de 45 ans aurait mieux fait de dire qu'il jouait aux cartes: l'épouse outrée lui donna un coup de bûche sur la tête puis lui trancha net le pénis à l'aide d'un couteau de cuisine. Comme le sexe du triste sire a été *recousu avec succès,* la vengeresse épouse n'a écopé que deux mois de prison.

Une épouse de Baurù, au Brésil, s'est tirée d'un semblable délit avec une caution de 30 $. Révoltée par le fait que son mari de 35 ans refusait de faire l'amour avec elle, Ana Gotti lui a *entaillé* le pénis avec un couteau de cuisine pour le punir de ne plus «remplir son devoir conjugal». Le médecin qui a procédé au nécessaire travail de couture a dit craindre pour le fonctionnement futur de l'organe, ce qui n'arrangera sûrement pas les relations du couple dont les voisins ont dit qu'il passait son temps à se quereller.

Une femme de Port of Spain, à Trinidad, a bénéficié de moins de clémence de la part d'un juge: elle s'est vu imposer sept ans de travaux forcés pour avoir privé son mari de son pénis à l'aide d'un couteau. La femme a eu beau prétendre qu'il s'agissait d'un *accident,* le juge a plutôt cru le mari qui a déclaré avoir été mutilé durant une crise d'épilepsie qui l'avait laissé inconscient. Le plus curieux est que l'organe n'a jamais été retrouvé…

Irritée de voir son mari découcher plus souvent qu'à son tour, une épouse de Seoul lui a sectionné le pénis à l'aide d'une paire de ciseaux durant son sommeil. Le membre viril a pu être recousu après que l'épouse repentante eut apporté *la partie manquante* à l'hôpital. Le mari, pas rancunier pour un sou, a décidé de ne pas porter plainte. Tout compte fait, il a été chanceux dans son malheur: trois autres maris sont morts en Corée du Sud après avoir subi une telle ablation.

En amour, il y a intérêt à se méfier des membres de sa famille. À Kitchener, en Ontario, une célibataire d'une trentaine d'années que fréquentait un soupirant qui déplaisait à sa sœur, a vu ses *ébats amoureux piégés* de façon originale. La sœur et son mari avaient dissimulé un interphone de chambre d'enfant sous son lit. Constatant que l'ami de cœur était présent, le couple fit irruption en pleine nuit à l'appartement de la dulcinée et entreprit de donner une raclée au malheureux. Sous la menace d'un couteau, le pauvre Don Juan a sauté par la fenêtre du troisième étage. Le couple a été accusé d'entrée par effraction, d'agression armée et d'interception de communication privée. L'amoureux transi court encore.

Restons (brièvement) en Ontario. Darren Laitte, 26 ans, s'était glissé dans la fosse d'aisance des toilettes extérieures du parc naturel de Warsaw Caves pour *espionner les dames* venues s'y soulager. Deux femmes qui l'avaient aperçu à travers la lunette du siège le dénoncèrent à la police. Il dégoulinait d'excréments lorsqu'il fut appréhendé. Un juge de Peterborough a sans doute trouvé qu'il avait déjà assez souffert: il l'a condamné à trois ans de probation après que les deux dames eurent retiré leurs accusations d'avoir commis un acte indécent.

⊛

L'urgence d'agir a parfois des conséquences inattendues. Après qu'une commission scolaire de Hampstead au Texas eut congédié trois jeunes meneuses de claque *parce qu'elles étaient enceintes* (une quatrième évita le même sort grâce à un avortement), elles devinrent la coqueluche des autres enfants qui leur réclamaient des autographes.

⊛

L'attitude des femmes en matière sexuelle n'est pas toujours aussi résignée qu'on le prétend. À Calgary, la police a appréhendé *une jeune proxénète* de 15 ans qui avait forcé un jeune homme de 17 ans à se prostituer dans le secteur gay de la capitale albertaine.

⊛

Certaines femmes ont l'emballement facile. Le ministre de l'Intérieur zambien a dû *faire appréhender son épouse* par la police parce qu'elle agressait une femme enceinte qu'elle soupçonnait d'être la maîtresse de son mari.

⊛

Prise d'une *soudaine folie amoureuse,* une jeune Équatorienne a sectionné de ses dents la langue de son petit ami qui en est resté muet au propre et au figuré. La jeune fille a juré ne pas s'être rendu compte de ce qu'elle avait fait aux policiers venus l'appréhender, porteurs d'une plainte de la tante du Roméo, incapable de s'exprimer.

⊛

À Avignon, en France, c'est un *amoureux en rut* qui s'est retrouvé en prison après avoir embrassé si férocement l'objet de son amour qu'il lui a arraché la lèvre inférieure. Il avait pénétré de force dans son appartement pour tenter de faire

465

entendre raison à la jeune dame qui lui refusait ses faveurs. À la police, il a déclaré que sa conduite s'expliquait par le fait qu'il avait pris trop de calmants. On frémit à la pensée qu'il aurait pu absorber des stimulants par inadvertance.

L'amour fou est-il un délit? La police de Salisbury en Angleterre n'a pu le démontrer et a dû remettre en liberté un jeune homme *ivre d'amour et de gin* qui avait été trouvé baignant dans son sang. Il avait tenté de faire disparaître à l'aide d'un couteau un tatouage portant sur sa poitrine le nom de la belle qui venait de lui signifier son congé.

D'autres jeunes femmes se montrent plus douces dans leurs ébats buccaux. Un chauffeur de taxi de la Rive-Sud de Montréal a été obligé, sous la menace d'un revolver, de se laisser faire une *fellation* par une jeune cliente au début de la vingtaine qu'accompagnait un homme. Arrivé au terme de la course, le couple l'a payé et lui a laissé un généreux pourboire. Le chauffeur n'en a pas moins porté plainte pour agression sexuelle.

Une jeune femme de 32 ans de Dukuseti, dans le centre de Java, qui s'était ennuyée de son amant de 60 ans, a eu un moment d'*ardeur irrépressible* et lui a mordu le sexe avec une telle vigueur qu'il en est mort. La police a appréhendé la jeune femme qui s'était déjà trouvé un nouvel ami... de 60 ans.

Un agent de voyages allemand a été condamné à dédommager deux clients privés de sommeil lors d'un séjour de trois semaines au Sénégal par les ébats amoureux de leur voisin de case. Ce dernier avait pris au mot le baratin des dépliants de voyage qui suggéraient «d'approfondir les relations avec les populations indigènes» et il ramenait chaque soir une prostituée. Est-ce un trait propre à la prostituée sénégalaise? Toujours est-il que chacune des invitées *hurlait à s'en décrocher la mâchoire* durant les rapports sexuels. Le juge a donné raison au couple qui s'est bien juré de prendre ses vacances dans la Forêt-Noire la prochaine fois. Il devra cependant se méfier: un couple allemand a déjà été contraint par la cour, après une plainte collective du voisinage, à se livrer à ses ébats sexuels en silence, sous peine d'amende, voire d'emprisonnement.

⊛

Deux touristes britanniques (une dame de 33 ans et sa nièce de 21 ans) ont obtenu un jugement de cour favorable qui leur a valu respectivement 3 300 $ et 1 350 $ de la part d'un agent de voyages, responsable de leur séjour en Tunisie où elles avaient été victimes de harcèlement sexuel. À la suite de cette condamnation, l'Association britannique des agents de voyages a publié une série de lettres de plaintes de clients pour démontrer que leur métier n'est pas toujours simple. Deux touristes se sont plaintes d'avoir été «*frustrées sexuellement*» parce que l'appartement qu'on leur avait alloué durant leurs vacances était trop petit. Une autre a exigé de l'agence de rechercher le père de l'enfant qu'elle avait conçu durant ses vacances et dont elle ne connaissait que le prénom et la ville d'origine. Une originale a demandé l'annulation et le remboursement intégral d'un séjour qu'elle avait réservé parce qu'entre-temps elle était «tombée enceinte sans aucune responsabilité» de sa part...

⊛

Un faux-monnayeur d'Atlantic City a eu tort de payer en monnaie de singe la prostituée qui avait si gentiment contribué à son bien-être. Lorsque des copines lui firent remarquer que les trois billets de 100 $ qu'il lui avait remis portaient le même numéro de série, la jeune femme s'est présentée à des policiers et leur a demandé de la suivre à un motel où elle a identifié son *client.* L'homme était membre d'un groupe de sept faux-monnayeurs qui venaient de réussir à écouler 20 000 $ dans les casinos.

⊛

La police new-yorkaise s'apprêtait à saisir plusieurs tonnes de médicaments censés contenir de la corne de rhinocéros et du pénis de tigre (deux espèces en voie de disparition) et destinés à venir en aide aux mâles en mal d'*aphrodisiaque.* Elle eut cependant la bonne idée de faire analyser les médicaments. Le laboratoire découvrit que les fameux médicaments tant décriés par les groupes de protection des animaux ne contenaient que des herbes ou de la gelée. Le seul animal qui aurait pu être en danger était le consommateur à cause de la présence de petites quantités d'agents chimiques peu recommandables pour sa santé.

Le Dr Giulio Biagiotti, un spécialiste romain des hormones mâles, met les play-boys en garde: un trop grand nombre d'aventures sexuelles est dangereux. La surenchère peut les rendre *impotents* dès l'âge de 40 ans. Après étude de quelque 1 500 cas, le spécialiste est à même d'affirmer que la situation s'aggrave lorsque le Casanova est de surcroît un fumeur ou un conducteur de voitures rapides. Il avance que l'homme sage qui se contente d'une vie sexuelle «régulière» ne connaîtra pas de problèmes d'impuissance avant l'âge de 70 ans et même plus tard.

Un expert médical de Londres a conclu à la mort accidentelle du député conservateur Stephen Milligan, trouvé sans vie dans son domicile londonien, vêtu de bas de femme, d'un porte-jarretelles et la tête dans un sac de plastique. L'homme politique avait eu recours, selon le Dr John Burton, à un dispositif de cordelette et de câble, actionné par ses jambes, pour provoquer une *suffocation limitée* en comprimant son cou, et parvenir à l'orgasme en «un acte très dangereux». Le médecin a précisé qu'il voyait deux ou trois cas semblables chaque année, «surtout chez des adolescents».

Toujours prêt

L'*étrangeté sexuelle* est sans limites. Un jeune homme de Mineola, dans l'État de New York, a été blanchi de l'accusation d'avoir eu une relation sans consentement avec la petite amie de son frère jumeau. Il s'était présenté en pleine nuit à l'appartement de la jeune femme, abrutie par le sommeil, et lui avait demandé de faire l'amour. Après l'échange, il s'était inquiété à haute voix de ce qu'en penserait son frère, ce qui avait soudainement ramené la dame à la conscience et lui avait valu une expulsion dare-dare. Mais le plus surprenant de l'histoire, c'est que la jeune femme et le jumeau cocu ont continué de se fréquenter.

Le divorce est une solution quel que soit l'âge des partenaires. Une Israélienne de 84 ans en a fait la preuve en demandant au **tribunal rabbinique** de Safed, dans le nord-est du pays, de rompre son union avec son mari de 86 ans parce qu'elle avait obtenu la preuve qu'il la trompait avec sa meilleure amie de... 80 ans.

Comme le disait un penseur anonyme, la durée de la vie sexuelle est conditionnelle à l'*érection matutinale.* La preuve en a été faite par un Bédouin des Émirats arabes unis qui a entrepris, à 78 ans, de se trouver une 40e épouse. Il faut dire qu'il n'en a jamais gardé plus de quatre à la fois, suivant en cela les préceptes de la loi islamique. Il a expliqué le fait d'avoir eu tant d'épouses par le bas prix qu'il fallait payer jadis pour en obtenir une, c'est-à-dire un chameau. Or, comme il est éleveur de chameaux de métier...

L'un des phénomènes les plus constants de la société contemporaine est l'effort entrepris pour convaincre les amoureux de se protéger à l'aide du **condom.** Le propriétaire d'un cinéma londonien (qui porte soit dit en passant le nom de «Prince Charles») se montre plein de prévenances pour les amoureux qui fréquentent son établissement et a doté la dernière rangée de fauteuils qui facilitent les corps à corps. Le préservatif est compris dans le prix du billet. «On ne sait jamais ce que vont faire les gens dans le West End», explique-t-il avec un sens pratique qui frise la perfection.

En 10 ans, la Malaisie, premier producteur de caoutchouc au monde, a vu ses exportations de *préservatifs* multipliées par 6. Elle ne recule devant rien pour satisfaire sa clientèle et ses condoms «parfumés à la fraise» sont particulièrement populaires aux États-Unis, en Europe et au Japon. À Cologne, on a d'ailleurs fait époque en présentant une première collection de préservatifs sous le nom de «confection pour l'érection». La diversité était étonnante: du préservatif pour le footballeur au condom lumineux ou à petites fleurs, en passant par la capote de la pomme du paradis (!), au condom décoré de sucettes et en forme de perceuse.

Ce pauvre condom n'a pas fini de se valoir des outrages. Vingt pour cent des Britanniques trouvent que la taille des préservatifs standard est *trop petite* pour convenir à leur sexe, selon une étude menée dans un hôpital londonien. O.K., les *boys*, un peu de sérieux!

L'usage du condom ne se fait pas sans risques, comme le démontre la mésaventure d'un Français de Quimper qui est resté durant quatre heures, en pleine nuit, les doigts coincés dans une distributrice de *capotes anglaises.* Un groupe de jeunes passant par là vers 5 heures du matin ont pu prévenir les pompiers qui ont d'abord cru à une blague avant de venir à son aide. L'homme a dû être hospitalisé pour blessures aux doigts.

La fabrication du condom n'est pas une quelconque affaire pour les Japonais. La compagnie Sagami Rubber Industries a réussi à dominer le marché suisse et deux tiers des marchés français et scandinaves en proposant une *variété plus résistante* mais plus mince qui accroît la sensibilité. Elle leur a aussi attribué des noms suggestifs comme «Le paisible», «Le sonore» et «Le plus que sept fois».

Aux États-Unis, la compagnie américaine Pleasure Plus a fait fureur en ajoutant à l'extrémité du célèbre ballon cylindrique *un petit réservoir mou* qui contribue à rendre plus perceptible le plaisir des partenaires. Les grandes inventions sont souvent les moins publicisées, n'est-ce pas?

⊛

Un étudiant en physique de Rome a mis au point un condom qui joue *un air de Beethoven* lorsqu'il se fissure par accident durant un rapport sexuel. La pièce d'équipement est enduite d'une substance spéciale conductrice d'électricité qui, en cas de rupture, déclenche une puce miniature fixée à la base du préservatif. Il prévoit aussi un modèle qui préférera la voix humaine à la musique pour donner l'alarme.

⊛

À Hollywood, Heidi Fleiss, la jeune madame rendue célèbre pour avoir mis sur pied un réseau de *call-girls* destinées aux milieux du cinéma et de la télévision, a profité de sa soudaine notoriété pour lancer une ligne de pyjamas pour femmes et de caleçons pour hommes munis d'une *pochette discrète* destinée à abriter un condom. «Toujours prêt!»

⊛

Les magazines érotiques prennent toute leur signification à notre époque de restriction où l'*appétit sexuel* semble en déroute. Au Brésil, une enquête du magazine *Istoc* auprès de 2 631 de ses lecteurs a démontré que 67,4 % d'entre eux attribuaient à la crise économique leur impuissance, leur frigidité ou leur panne de désir. La fréquence des rapports sexuels, au niveau national, est passée de trois fois la semaine à 1,6 fois. Qu'est-ce qu'on fait quand on fait l'amour 0,6 fois?

⊛

En Pologne, les *magazines érotiques* de qualité primaire ont dû céder le pas devant l'invasion du *Playboy*. Menacée d'interdiction à la suite d'une plainte du Parti chrétien national, la publication, qui se vend déjà à plus de 75 000 exemplaires, a été jugée «érotique mais non pornographique» par la justice qui l'a considérée comme un «classique qui contient des articles d'écrivains et de savants reconnus». Du moins pour ceux qui ne l'achètent pas pour les images.

Mais le sexe est aussi un ***métier,*** pour paraphraser André Malraux. Le syndicat des prostituées néerlandaises (30 000 membres) a reçu l'appui des féministes des Pays-Bas dans sa lutte contre des cours destinés à leur enseigner des techniques nouvelles que souhaitaient leur imposer les propriétaires de bordels. Comme dans toute bonne négociation de convention collective, les opinions se sont révélées contradictoires: les patrons prétendaient que les cours étaient destinés autant à enseigner le sexe sécuritaire, la manière de se défaire d'un client difficile que les techniques révolutionnaires de la baise. Mais les filles et leurs défenseurs y ont vu une manière pour les patrons de faire plus d'argent sans que cela profite aux gagneuses.

&

La crise économique a des répercussions inattendues en matière de rapports sexuels. À Houston, au Texas, une jeune mère, diplômée en biologie, a obtenu l'accord de son mari pour louer un panneau-réclame qui annonçait: «Utérus à louer» sur une autoroute. La jeune dame, qui a déjà un fils de 12 ans, avait requis les services d'un avocat pour tenter de dénicher des ***parents improductifs*** et obtenir l'argent nécessaire à la poursuite de ses études de doctorat.

Car l'***impuissance*** est un problème pour bien des gens. Une firme suédoise a lancé une potion destinée à accroître la fertilité mâle: une tranche de corne de caribou marinée dans la vodka. Le produit vise le marché asiatique où l'on professe encore beaucoup d'intérêt pour ces liquides aux vertus inoubliables.

&

L'Asie conserve des ***pratiques inhabituelles*** en ce qui touche les organes reproducteurs. Lors d'un congrès de la Société des chirurgiens de Hong Kong, un conférencier a révélé que 71 % des garçons musulmans de l'Inde subissaient la circoncision aux mains d'un barbier plutôt que d'un médecin. «Probablement parce que le barbier est plus habile que le médecin», a affirmé sans broncher le Dr Devdas Hedge de Mangalore.

⊛

La peur de la spontanéité qui peut se traduire par une suite de tracas de plus ou moins grande importance a été à l'origine de la création à New York d'un groupe qui porte le nom de «Centre national des hommes» et qui prône, en guise de préliminaires aux relations intimes, la signature d'un «*contrat pour une relation sexuelle consensuelle*». Entre autres clauses on y trouve celle-ci qui n'a rien de particulièrement inspirant: «Aucun de nous ne pourra affirmer avoir été la victime de harcèlement sexuel, d'agression ou de viol à la suite des actes qui font l'objet de cet accord.» La passion a désormais un nom: la bêtise!

⊛

Ceux que le stress désole parce qu'il réduit leur *libido à zéro* seront heureux d'apprendre que la médecine douce peut venir à leur secours. Un praticien allemand a mis au point un «octogone érogène», un générateur magnétique qu'il suffit de placer dans la poche de son pantalon durant quatre à six heures pour se redécouvrir de nouvelles ardeurs. Testé sur des impuissants de 30 à 60 ans, il a provoqué chez 70 % d'entre eux des érections pouvant durer jusqu'à 25 minutes avec une fréquence passant de 2,5 fois à 8 fois par mois.

⊛

En matière de sexualité, le *stress* qu'engendre une vie consacrée au travail, comme le veut le mode de vie occidental, peut nuire aux rapports intimes. De l'avis de la sexologue canadienne, Eileen Alexander, les couples très occupés devraient gagner du temps en se préparant à une relation par une bonne conversation téléphonique à caractère érotique avant de quitter leur travail.

⊛

L'évolution de la technologie ne va pas nécessairement de pair avec un accroissement de la conscience. Huit citoyens du Manitoba, y compris deux adolescents, ont été accusés d'avoir fait circuler du matériel pornographique *par ordinateur.*

La police avait été avisée par un adolescent de 14 ans qui avait surpris sa jeune sœur à visionner des scènes de bestialité sur son ordinateur personnel.

☙

L'Université de Californie a accueilli sous son toit une exposition de plus de deux millions d'objets et d'articles relatant la vie des *homosexuels* au XXe siècle, notamment une édition de 1906 d'un magazine homosexuel allemand, une combinaison de motard en cuir rose et des boîtes d'allumettes de bars gays. John O'Brien, qui gère la collection, a déclaré: «Un de nos problèmes en tant que gays et lesbiennes est de trouver nos racines.»

☙

Un sexologue britannique, le Dr Andrew Stanway, prévoit que la reprise des voyages habités vers la Lune au cours du prochain siècle sera l'occasion d'un tourisme particulier: celui qui permettra de faire l'amour *en état d'apesanteur.* Il prédit que la durée des rapports sera allongée «parce que les corps se meuvent beaucoup plus lentement». Il souligne aussi que «chacun des amants se sentira six fois plus léger». En somme, le seul problème qu'il anticipe est de se maintenir au lit.

En attendant la concrétisation de ce rêve, deux entrepreneurs américains, l'un de Las Vegas et l'autre du Connecticut ont eu la même idée. Pour une somme qui varie de 220 à 250 $, ils proposent des vols d'une heure dans un *avion aménagé* avec lit, rideaux et musique, bouteille de champagne et rose rouge. À leur retour, les touristes du ciel de la compagnie Meriden, au Connecticut, se voient remettre un insigne qui certifie qu'ils ont copulé en plein vol. Les passagers sont avertis cependant de ne pas s'ébattre durant les décollages et les atterrissages.

☙

La troupe de théâtre de l'université d'Édimbourg, en Écosse, a trouvé une façon originale de financer une tournée en Russie qui lui coûtait 10 000 livres. Elle a demandé aux étudiants de contribuer en versant la somme de 10 livres qu'ils obtiendraient grâce à un don à la banque de sperme locale. On ignore ce que la troupe a suggéré de faire aux étudiantes.

❀

Le gouvernement chinois a publié une circulaire pour décréter qu'il «est interdit d'importer des étrangers pour masser les représentants du sexe opposé ou de se travestir sur la scène». Le document n'était pas plus explicite, mais il semble que la Chine soit submergée par l'afflux de prostituées étrangères qui deviennent **entraîneuses** «sans y avoir été autorisées», précise l'agence chinoise Xinhua.

❀

La police d'Indianapolis a appréhendé un jeune homme de 21 ans qui faisait du porte-à-porte nu, coiffé cependant d'une casquette, et prétendant être un livreur de pizza. Il s'est blessé en tentant d'enjamber une palissade. Linda Wyland, la policière qui a procédé à l'arrestation, a déclaré: «Ce genre de choses arrive toujours avec le printemps. Il y a toujours des types qui veulent **se vanter** de ce qu'ils ont.»

T

comme dans... travail

Le travail! La seule chose qu'on ne regrette jamais.

Pierre Benoit

Quiconque a voulu faire avaler jadis que «le travail c'est la santé» a dû mourir subitement d'un infarctus au moment où il tentait d'escalader pour la trois centième fois dans la même journée, un sac de 50 kilos sur l'épaule, l'échelle qui menait au grenier, en essayant de labourer son champ à distance.

Non, je le proclame bien haut, le travail n'est pas la santé. Le travail est une obligation, une tare, un malaise permanent, la façon la plus efficace de se ruiner la santé. J'y pense chaque fois que je m'enchaîne à mon ordinateur en regardant par la fenêtre les oiseaux qui se gavent de graines et d'insectes. Oui, je sais, le menu n'est guère appétissant pour un humain, mais il doit être satisfaisant: les oiseaux chantent toute la journée et ne font jamais la grève.

Malheureusement, il faut travailler. Parlez-en à Monsieur mon éditeur qui est parvenu à me convaincre d'écrire ce livre...

Les patrons obtus

Le magazine américain *Fortune* a demandé à des centaines de cadres de désigner **les dirigeants les plus odieux,** ceux qui ont «un penchant pour le harcèlement psychologique» et piquent des colères «qui transforment les subordonnés en blocs de gélatine agités de tremblements». La publication a pu singulariser les frères Harvey et Robert Weinstein de Miramax Film, qui «ont commencé à s'intéresser au cinéma en allant voir *Les Quatre Cents Coups* de François Truffaut, croyant qu'il s'agissait d'un film porno». Les deux frères ont déjà congédié un employé durant un match de baseball amical parce qu'il avait raté une balle. À la fin de la partie, ils se sont ravisés et l'ont réengagé.

~

Certains patrons étaient dans une position assise lorsque le souffle du bon sens se manifesta. Quelque 200 employés d'un producteur de volailles du Morbihan, dans l'ouest de la France, ont dû faire la grève pour protester contre la volonté de leur patron de les **faire uriner à heure fixe.** La direction de l'usine, qui avait décidé que ses salariés n'auraient plus que 10 minutes, tous les matins, à 10 h 30, pour satisfaire leurs besoins physiologiques, afin de «limiter les abus», a dû faire marche arrière et annuler sa mesure.

~

Le travail ne rend pas nécessairement riche: dans certains cas, il est surtout douteux qu'il rende intelligent. Un **chef d'entreprise** de Rio de Janeiro a offert de l'argent à tous ses salariés pour qu'ils l'imitent en se rasant le crâne. Dix-sept des 23 employés ont accepté l'offre et ont reçu chacun 5 000 cruzados (environ 40 $CAN), soit un tiers du salaire minimum légal au Brésil. Claudio da Costa Ramos a expliqué qu'il avait eu, un soir dans sa salle de bains, une vision qui l'avait poussé à se faire raser le crâne. Féru d'astrologie, l'homme ne signe aucun contrat sans consulter les astres et sa statue du prophète Isaïe. Satisfait de son nouvel aspect physique, il est persuadé de récupérer rapidement l'argent versé à ses employés, car il dit croire à «une force supérieure». «Pour l'instant, c'est le coiffeur du coin qui fait de bonnes affaires», a-t-il concédé.

~

Certains employeurs n'entendent pas à rire en matière de morale. Un employé de la Bank of America de San Francisco, dont la qualité du travail lui avait pourtant valu une augmentation de salaire, l'a appris à ses dépens lorsque la direction le *congédia* en raison de son activité extra-curriculaire. Durant ses temps libres, le jeune homme s'adonnait au *strip-tease*. Il a dû avoir recours aux tribunaux pour se justifier.

~

Les experts en rendement estiment qu'un cadre perd normalement 4,3 heures par semaine à la recherche de documents mal placés, mal classés ou mal étiquetés.

~

Le syndicat des employés de chemin de fer britannique a dénoncé avec dédain une expérience que British Rail se proposait de faire. Pour savoir si ses employés étaient capables de travailler près de trains qui circulent à 225 kilomètres à l'heure, *la brillante direction* de l'entreprise avait décidé d'attacher des employés à des poteaux près de la voie ferrée. «C'est une façon bizarre de trouver une réponse à une question», a commenté l'impassible président du syndicat.

Par contre, il arrive aussi que des employés soient *congédiés* pour des motifs qui n'ont rien à voir avec leur rendement. Richard Skalski, un jeune graveur de 18 ans de Birmingham au Michigan, a été remercié parce qu'il a refusé de garer sa voiture, une Oldsmobile 1977, loin de celle de son patron. «Nous avons des clients qui arrivent ici en Lincoln ou en Mercedes; les ailerons arrière de sa voiture les inquiétaient», a reconnu son patron en guise d'explication.

~

La société Freetraders de Portsmouth, en Angleterre, a été condamnée à verser un dédommagement de 12 000 $ à un livreur de bière qu'elle avait remercié sous *prétexte* qu'il sentait mauvais. La compagnie avait allégué que personne ne voulait travailler dans le même camion que Paul Gratton. Malheureusement pour l'employeur, aucun autre employé n'a voulu corroborer son allégation.

C'est en Angleterre, d'ailleurs, que des employés ont commencé à ***poursuivre leur patron*** pour «traumatisme cumulatif». Selon le *Sunday Times* de Londres, des avocats qui se spécialisent dans les causes de blessures à la personne font leurs choux gras en défendant des employés qui affirment avoir souffert de nausées, de migraines et de perte temporaire de la vue parce qu'ils avaient été forcés de trop travailler.

Les employés désespérants

Le *zèle.* Ce mal par qui le dégoût des autres nous arrive. Y a-t-il rien de plus exaspérant que de travailler à côté d'employés zélés qui consacrent leur vie à des patrons qui s'en moquent éperdument? Voici une histoire pour tous ceux et celles qui ont de tels compagnons de travail. Une cour d'appel de Venise a condamné cette année un employé du bureau des réclamations d'Adria à prendre des vacances. L'homme de 60 ans, convaincu d'être aussi indispensable que le patron de la compagnie Fiat, avait refusé de prendre des vacances et des congés depuis 28 ans. Il avait accumulé 900 jours de congé. Le service du personnel, qui a obtenu l'ordre de la cour, voyait avec terreur venir le jour où il faudrait lui payer cette somme.

Que celui qui n'a jamais été ***en retard au travail*** donne l'argent de ses vacances annuelles aux chômeurs! Les retards sont inévitables, on le sait; ce sont leurs justifications qui sortent de l'ordinaire. Une firme américaine qui a sondé un millier de firmes pour connaître le genre d'excuses invoquées, n'a pas caché sa surprise de constater l'imagination vive des retardataires. Parmi les insolites, elle a retenu: «Le chien de tête de mon traîneau est mort», «Mon actrice préférée vient de se marier; j'avais besoin d'être seul», «Un avion s'est posé sur l'autoroute et a bloqué la circulation».

~

En voulant bien faire pour protéger les droits individuels et dénoncer le harcèlement dont sont victimes certaines minorités, les **bien-pensants** se mettent parfois le doigt dans l'œil jusqu'au coude. La mairie de Pontarlier, en France, a été poursuivie par l'un de ses citoyens, après avoir interdit le lancer du nain dans les foires et autres événements. Manu Wakenheim, surnommé «le nain volant» et réduit au chômage par la décision, a entamé des procédures pour «entrave à la liberté de travail».

~

On a beau répéter sur tous les tons qu'il n'y pas de sot métier mais de sottes gens, certaines façons de gagner sa vie laissent pantois. Le gouvernement indien a exprimé l'intention d'interdire le transport des excréments humains par «les intouchables», la classe miséreuse de la société. Les précédents gouvernements avaient jugé irréaliste de tenter de supprimer une activité qui fournissait un emploi à 40 000 personnes, parmi les plus pauvres de la société.

~

Dans le cadre des **métiers saugrenus,** celui de père Noël ne donne pas sa place. Mais certains de ses représentants font tout ce qu'ils peuvent pour déshonorer la profession. À Melbourne, en Australie, un voleur, ayant toutes les apparences du père Noël dans un costume typique, a fait irruption dans une station-service la nuit de Noël en poussant le traditionnel *«Ho, ho, ho. Joy-oy-oy-eux Noël!»* Désireux de s'emparer du contenu de la caisse en menaçant l'employé, le malandrin a pourtant déguerpi lorsqu'il conclut à un geste du pompiste que ce dernier avait déclenché une alarme. «La police a fouillé le secteur mais n'a trouvé aucune trace de traîneau tiré par des rennes», a déclaré un policier dont on croit qu'il faisait une blague. On sait que les policiers ont la réputation d'être un peu vaches en matière d'humour.

On n'a plus les **domestiques** qu'on avait, déploraient constamment les personnages de la haute société dans les romans d'Agatha Christie. La chère écrivaine aurait sûrement vu dans l'anecdote suivante une confirmation de ses appréhensions. Au Maroc, une domestique à l'emploi d'un couple de Salé, près de Rabat, a ébouillanté et grièvement brûlé au visage ses employeurs qui n'avaient pas tenu leur promesse de l'emmener rendre visite à ses parents habitant un village voisin. Peut-être n'était-elle point douée pour la conversation.

Pour d'autres, le travail n'est pas si contraignant, avec les conséquences qui s'ensuivent cependant. Un homme d'affaires de Peterborough, en Ontario, a décidé de fermer une manufacture peu de temps après son acquisition, parce que le taux d'absentéisme quotidien y était de 25 %. «Et ce taux montait à 76 % à l'ouverture de la chasse», a-t-il commenté.

~

La filiale canadienne du géant américain d'équipements sportifs Nike a été condamnée à verser 2 millions $ à un ancien employé rendu invalide à la suite d'un accident de voiture survenu alors qu'il était en état d'ébriété. L'employé avait été amené à consommer beaucoup de bière lors d'une foire commerciale. Le juge a conclu que la compagnie avait fait preuve de **négligence** en ne tentant pas de dissuader son employé de prendre la route avec des facultés affaiblies.

~

La **fonction publique américaine** a tellement été ridiculisée pour avoir qualifié d'«employés essentiels» les travailleurs de Washington qui doivent se présenter au travail lors des tempêtes de neige, qu'elle a inventé une autre expression qu'elle estime plus adéquate: «employés d'urgence».

~

Chacun connaît l'histoire du vendeur d'aspirateurs qui s'impose en glissant le pied entre la porte et le cadre. Celle-ci est encore plus étonnante. Une société britannique, la Kirby U.K., a présenté des excuses gênées à une famille de Birmingham qui a dû avoir recours à de l'aide extérieure pour se

débarrasser d'un jeune **vendeur entreprenant.** S'étant introduit dans la maison de Mme Kate Generalis, en dépit de ses
protestations polies, le jeune homme se mit à faire le ménage
de toute la maison pour bien démontrer les qualités de son
appareil. Après trois heures et demie de nettoyage du salon,
de la salle à manger, de l'escalier, des chambres et des toilettes, la famille au grand complet a pu s'enfuir grâce à un
subterfuge de la sœur de la pauvre dame, ce qui a obligé le
jeune vendeur, demeuré seul, à enfin mettre un terme à sa
démonstration.

~

Les 6 700 journalistes accrédités à la Chambre des représentants et au Sénat, à Washington, sont désormais tenus, mais
sans contraintes, de rendre publics leurs revenus et leur état
de fortune. Comme les parlementaires qu'ils critiquent. Cette
résolution du Sénat a été dénoncée par l'association des journalistes accrédités au Congrès comme «une attaque directe
contre la liberté de la presse». Mais plusieurs organes de presse
ont d'ores et déjà interdit à leurs journalistes de **manger à
plusieurs râteliers** en percevant des revenus d'entreprises
privées et de groupes de pression.

Pour rester dans l'esprit du précepte «Y'a pas de mal à se
faire du bien», signalons la démarche d'un journaliste du
magazine allemand *Bild* qui a réussi à obtenir un mois et demi
de congé de maladie sur simple demande alors qu'il était en
parfaite santé. Michael Stange a vu six médecins à qui il n'a
eu qu'à marmonner qu'il était **surmené** pour obtenir immédiatement un congé. L'un d'eux à qui il avait avoué qu'il
voulait tout simplement trois jours de congé, a été si ravi de
sa franchise, dont il l'a félicité, qu'il lui a accordé 12 jours
de congé en lui recommandant de bien s'amuser.

~

La Chine essaie progressivement de s'adapter aux mœurs occidentales. Depuis peu, la semaine de travail a été **réduite** de
six à cinq jours.

Enseignants en danger

L'école St-Mary de Wantage pour *jeunes filles bien,* en Angleterre, (la pension annuelle y est de 20 000 $ par année) a dû renvoyer à leurs parents toutes les élèves de cinquième année à la suite d'une émeute. À deux heures du matin, des dizaines de fillettes, le visage dissimulé sous des masques de guérilleros et armées de bombes puantes et d'œufs pourris, avaient violemment attaqué le personnel enseignant. Le conseil d'administration et la direction de l'école avaient conféré, la semaine précédente, pour trouver un moyen de faire de la publicité autour de leur programme d'enseignement.

~

L'enseignant d'une maternelle de Camp Springs, au Maryland, a alerté le service de la sécurité après avoir vu un *bambin de cinq ans* montrer un pistolet semi-automatique à des camarades au fond de la classe. La police a confisqué l'arme, dont le magasin était rempli de balles, et que le garçonnet avait trouvée dans le tiroir d'une commode à la maison. La mère a été accusée d'avoir permis à un mineur d'avoir accès à une arme chargée.

~

Les enfants turbulents des autobus de la Commission scolaire des Cantons, au Québec, doivent maintenant se surveiller. De petites boîtes dissimulent des *caméras de surveillance* dans certains des 112 véhicules. Ni le conducteur ni les jeunes passagers ne savent à quel moment la boîte à l'avant du véhicule est munie ou non d'une caméra.

~

Un écolier de 12 ans de Scarborough, en banlieue de Toronto, a été *accusé* sous 27 chefs dont voies de fait, vol, menace, extorsion et agression sexuelle contre ses camarades de classe.

~

Un jeune Portugais de 10 ans de Lisbonne, décrit comme «tendre et intelligent» par ses professeurs, a tiré accidentellement à l'aide d'un *fusil de chasse* sur la cour de récréation de l'école en face de son domicile, tuant un garçon de 9 ans et en blessant un autre de 10 ans.

Des lycéens de Yehoud, un faubourg de Tel Aviv, désireux de **s'éviter un examen** de mathématiques au baccalauréat, ont déclenché une fausse alerte à la bombe en disposant une bonbonne reliée à des batteries par des fils. Bien que les bâtiments eussent été évacués, une fois que les artificiers eurent conclu à une blague de mauvais goût, l'examen a tout de même eu lieu.

Un juge de Tallahassee, en Floride, a condamné à trois ans de prison ferme un adolescent de 14 ans qui avait rossé sa professeure de... dessin. Dirk Anderson, qui comparaissait menottes aux mains et chaînes aux pieds, a eu beau réclamer la clémence de la cour en pleurant, le juge a plutôt tenu compte du fait qu'il avait brisé des dents de Mme Judith Birtman, lui avait causé des blessures aux yeux et lui avait causé un tel traumatisme émotionnel qu'elle avait désormais des pertes de mémoire. La dame avait osé demander à l'*énergumène* de cesser de l'interrompre,

La tâche des enseignants n'est pas toujours rose, comme on le voit. Mais certains professeurs semblent capables d'en faire plus pour se rendre la vie encore plus misérable. Un enseignant de Belding, au Michigan, qui avait défié 232 élèves de lire 7 000 livres en un mois a perdu son pari: il a dû ingurgiter des **vers de terre** bouillis, assaisonnés de sel et de jus de citron devant ses élèves qui s'étaient révélés des mordus de la lecture. Le pauvre homme n'a pas craint de leur lancer aussitôt un nouveau défi pour l'année suivante.

Enseigner peut aussi s'avérer beaucoup **plus dangereux.** Un adolescent de 16 ans de Blackville, en Caroline du Sud, est retourné à l'école après avoir été suspendu: il a blessé grièvement son professeur à la tête avant de se suicider. Le corps d'une autre enseignante de 56 ans a été découvert dans la salle de repos des professeurs: elle avait succombé à une crise cardiaque en voyant apparaître l'énergumène armé.

~

Une enseignante, professeur de mathématiques au niveau primaire, a donné **une leçon bien particulière** à ses élèves: elle a mis au monde son premier enfant sur l'estrade. Entre les ultimes contractions et la naissance proprement dite, on avait cependant eu le temps d'évacuer les élèves. Les infirmières, arrivées sur les lieux, eurent tout juste le temps d'étendre le bébé sur un pupitre et de le faire pleurer; il était apparu bleu, le cou étranglé par le cordon ombilical. «Maintenant que c'est fait, a dit la mère de 34 ans, tout est correct. Mais si c'était à refaire, je préférerais une maternité.»

~

Une enseignante de Lompoc, en Californie, a conclu avec **philosophie** que ses jeunes élèves avaient bénéficié d'une leçon sur la «chaîne alimentaire» lorsque le poulet que les petits nourrissaient affectueusement dans la cour de l'école fut enlevé par un aigle et dévoré au sommet d'un poteau de téléphone à côté de l'école.

~

New York jouit depuis bien des années (ceux qui ont de l'âge ou de la culture cinématographique se souviendront du film *Blackboard Jungle* tourné en 1955 par Richard Brooks avec Sydney Poitier) de la réputation d'être **la ville la plus dangereuse pour les enseignants.** 21 % des élèves de niveau collégial reconnaissent avoir déjà apporté une arme (revolver, couteau, matraque) à l'école et 40 % avoir été menacés. 68 % des porteurs d'arme affirment avoir l'appui de leurs parents («Jean-Sébastien, as-tu ta belle AK-47 dans ton sac à lunch?»). Des 160 collèges de New York, 41 sont pourvus de gardiens munis de détecteurs de métaux et 20 autres filtrent les entrées au moins une fois la semaine. Ce doit être ça un enseignement de qualité...

Les incidents peu banals sont d'ailleurs monnaie courante dans les écoles de la métropole américaine. Un étudiant de 17 ans, qui voulait *se venger* d'un camarade, a blessé 17 personnes en projetant de l'acide sur un groupe dans le couloir de son collège du quartier Queens. Un membre de la direction, souffrant de brûlures au deuxième degré au visage, et trois élèves ont dû être hospitalisés. Comble d'ironie, l'élève qui faisait l'objet de l'attaque n'a pas été touché.

Mais les anglophones ne sont pas les seuls à faire montre de *mœurs scolaires* aussi édifiantes. À Hausleiten, près de Vienne, un directeur d'école qui avait admonesté un élève de 13 ans surpris à *fumer* dans les corridors a été grièvement blessé d'un coup de fusil de chasse par le jeune nicotinomane qui s'est ensuite enlevé la vie dans la cour d'école. L'arme était la propriété du père du jeune fumeur. Qui a dit que le tabac était sans danger pour la santé?

~

Sans doute affolée par toutes ces nouvelles de violence à l'école dont on nous rebat les oreilles, une institutrice d'Edmond, en Oklahoma, a *paniqué* en découvrant ce qu'elle croyait être un engin explosif à l'école. En moins de temps qu'il n'en faut pour crier «Piaget», la pauvre a déclenché l'alerte: deux cents élèves furent évacués et les démineurs de la police se mirent à l'œuvre, nerfs tendus. La station de télévision locale interrompit même ses émissions pour lancer une alerte à la bombe, déclenchant l'arrivée de dizaines de parents angoissés. Les démineurs durent se rendre à l'évidence: l'objet en question était l'œuvre d'un sculpteur en herbe qui l'avait réalisée en guise de travail scolaire. Dénonçant la réaction intempestive des médias, le directeur de l'école a défendu l'enseignante en disant: «Après tout, elle n'est pas professeur d'art.»

~

Un étudiant en doctorat d'histoire naturelle de Londres a eu la chance de river leur clou à nombre de *bien-pensants* qui refusaient de remettre en question le diktat d'un professeur, trop célèbre pour être contesté. Il a démontré qu'une mouche, préservée dans un bloc d'ambre fossilisé et présenté au Musée d'histoire naturelle de la capitale britannique depuis 1922 comme un spécimen vieux de 38 millions d'années, n'était qu'une supercherie. La substance avait été cassée pour que la mouche puisse y être insérée et fixée avec de la résine.

~

Moins on en fait, plus on est sûr d'obtenir son diplôme de «l'*Université de la paresse*» de Wilburton en Oklahoma où «Notre travail consiste à vérifier — et, en général, nous les croyons sur parole — que nos élèves sont de véritables paresseux», explique Stoney Hardcastle, le fondateur de l'institution. «La paresse se travaille dès le jeune âge», aime-t-il répéter. Selon lui, on reconnaît facilement quelqu'un qui en fait trop. Ramer en canot, par exemple, est mauvais; le vrai paresseux a une embarcation à moteur. Hardcastle est un professeur de journalisme à la retraite. Il a créé l'Université de la paresse de Wilburton en 1987 pour alimenter un fonds de cadeaux de Noël. N'importe qui peut être diplômé s'il verse une contribution de 2 $...

Tout est question de critères

Les *critères d'embauche* de la compagnie aérienne China Air lui causent bien des soucis; c'est qu'elle n'arrive plus à trouver des hôtesses de l'air vierges! «C'est un problème mondial», a déploré avec beaucoup de tristesse dans la voix la directrice du centre de formation.

~

Certains politiciens prennent leur fonction fort au sérieux et n'admettent pas que leurs confrères n'aient pas le même sens aigu du *respect du travail*. À Londres, un député conservateur, M. Geoffrey Dickens, a réclamé l'ouverture d'une enquête sur un de ses collègues de l'opposition travailliste qu'il surprit, un soir de session, en train de «*folichonner*» avec une femme dans les douches de la Chambre des Communes. Le député Dickens faisait lui-même ses ablutions, à la fin d'un long débat sur les finances de la Communauté européenne, lorsqu'il aperçut le couple se diriger vers une cabine de douche et s'y enfermer à double tour. Outré, il a aussitôt alerté plusieurs de ses collègues afin de faire constater de visu cette «infraction au règlement interne» de la Chambre des Communes. Les témoins, dont le nombre s'accrut au fur et à mesure que la Chambre se vidait, ont alors pu entendre, selon un député présent, «toutes sortes de bruits venant de la cabine».

~

L'Angleterre, on le sait, ne badine pas avec le respect dû à ses *bobbies*. Mais plus d'un Anglais a souri en apprenant la mésaventure de l'un d'eux: assigné à un *travail de surveillance* incognito en civil dans un bar, le cher homme a pris son travail tellement à cœur qu'il a ingurgité une quantité abrutissante de bière et qu'il est tombé inconscient, face contre terre.

~

Un clochard de Grenoble, en France, qui eut la présence d'esprit de se souvenir qu'il avait jadis eu un compte en banque parce qu'il avait travaillé, a été doublement chanceux. Il apprit d'abord que d'avoir consacré ses derniers francs en poche à l'achat d'un billet de loterie lui valait la somme de 70 000 francs (environ 15 000 $). Parce qu'il devait posséder un compte en banque pour encaisser le chèque, il évoqua ce compte qu'il avait eu par le passé. Le personnel de la loterie a retracé le compte et découvert qu'il s'y était accumulé plus de 60 000 $ en dividendes d'actions d'une firme qui l'avait employé à l'époque.

~

La situation embarrassante fait partie des *conditions de travail* pour certaines personnes. Mais il arrive que l'embarras soit démesuré par rapport à la tâche. Dans un livre sur la question, le sociologue américain Edward Gros de Seattle a cité le cas d'un diplomate appelé à prononcer une allocution à un dîner officiel. Une fois debout, l'orateur s'est rendu compte que sa braguette était ouverte; il s'est rassis précipitamment mais, dans sa hâte de remédier à la situation, il a coincé sa cravate dans la glissière. L'hôtesse s'est résolue à couper la cravate au vu et au su de tout son auditoire avant que le malheureux homme puisse enfin s'éclipser dans les coulisses.

~

Certains employés ont un sens du devoir qui échappe à la plupart des journalistes normalement constitués puisqu'ils en font des nouvelles. Après une chute de 52 mètres du 14e étage d'un édifice en construction, un technicien de Lagos, au Nigéria, a atterri dans une fosse où on avait entassé des copeaux de bois. Se relevant aussitôt *comme si de rien n'était,* il actionna la radio portable qu'il n'avait pas lâchée au cours du trajet vers le sol pour mettre en garde un grutier contre la fausse manœuvre qu'il s'apprêtait à faire.

Dans d'autres pays, l'employeur se montre *pour le moins difficile* en matière d'évaluation des candidats. L'association nationale des recruteurs professionnels des États-Unis a révélé que les grosses entreprises se faisaient insistantes en matière d'emploi à cause de la récession. Ils reçoivent des contrats de recrutement qui spécifient des exigences aussi surprenantes que ce qui suit: être un bon golfeur avec un handicap de 10 ou moins; avoir des notions de violon et de la musique traditionnelle scandinave; avoir couru le marathon; être passé maître dans la plongée sous-marine en profondeur; être chef d'une famille qui comprend une femme, des enfants et un chien (la nouvelle ne précisait pas l'ordre d'importance dans lequel il fallait les ranger en postulant l'emploi).

~

En Italie, le secrétaire d'État de la fonction publique a adressé une circulaire à tous les *fonctionnaires* exigeant qu'ils déclinent désormais leur identité et les coordonnées de leur service quand ils répondent au téléphone, tant le laxisme est un mal répandu. Certains commentaires sur le sujet nous éclairent encore plus: le ministre des Affaires communautaires responsable de la chasse aux abus de l'administration a reconnu qu'il serait difficile d'appliquer la mesure parce que dans certains services *personne ne répond au téléphone*; et le secrétaire d'un des plus grands syndicats italiens a tout simplement dit: «Une autre circulaire? Nous en avons déjà reçu 22 800!» Autrement dit, *Chi va piano, va sano.*

~

La situation économique des pays d'Europe de l'Est, jadis le «paradis» des travailleurs, n'échappe à personne. Une usine de Belogradtchik, en Bulgarie, n'ayant pas les moyens de payer ses employés, a décidé de leur verser *en guise de salaire* le produit qu'ils fabriquent, en l'occurrence des téléphones. Les ouvriers sont ravis; plutôt qu'un salaire minimum qu'ils ne toucheraient pas de toute façon, ils préfèrent des appareils qu'ils revendent cinq fois leur valeur sur le marché noir tant c'est une denrée rare dans ce pays. Des bûcherons russes ont reçu, eux aussi, un salaire inattendu: dépourvu de liquidités, leur employeur leur a remis des boîtes de tampons hygiéniques qu'ils devaient revendre pour se valoir un salaire. Dans une papeterie russe, l'employeur a troqué une partie de sa pro-duction contre du vin de mauvaise qualité qu'il verse en salaire à ses employés. On imagine la qualité de travail qui en ressort. Les pompiers de l'usine étaient si «beurrés» un jour qu'ils n'ont pu éteindre un incendie dans un caisson de charbon.

~

Les agents secrets sont des *travailleurs acharnés* qui accor-dent beaucoup d'importance à la qualité de l'exécution de leur tâche. Au cours des années 60, en France, près de Grenoble plus précisément, des agents soviétiques qui préparaient la Troisième Guerre mondiale ensevelirent de l'équipement radio et de l'argent liquide. Ils n'avaient pas compté cependant sur le service des ponts et chaussées français qui décida d'y construire une route. Depuis, le «trésor» dort sous l'asphalte.

~

Un syndicat australien qui ne savait plus comment endiguer l'hémorragie de ses membres a fait scandale en proposant à ses futurs adhérents, dans une publicité, une *ristourne* dans les boîtes de *strip-tease* d'hommes et de femmes de Sydney. Les autres syndicats ont crié bien haut qu'ils trouvaient la pratique indigne du mouvement syndical.

Les résultats d'une étude sur 12 537 jeunes Britanniques publiée dans *Archives of Pediatrics Adolescent Medicine* a démontré que les filles obèses et les garçons de petite taille **gagnent moins d'argent,** devenus jeunes adultes, que les autres jeunes de leur âge. Des résultats comparables ont été notés dans d'autres pays, notamment aux États-Unis. L'étude n'a pas précisé si l'élément responsable était la discrimination ou si d'autres facteurs entraient en jeu, tels qu'un complexe d'infériorité.

~

La compagnie SBT Accounting Systems, de Sausalito en Californie, a établi à 5,1 heures hebdomadaires le temps passé par un employé (un samedi sur deux étant ouvrable) à s'amuser de façon improductive avec son **ordinateur.** Mais ce «relâchement» des pratiques de travail ne touche pas toute la société. L'armée chinoise s'efforce, elle, de raviver l'esprit révolutionnaire et l'*ardeur au travail* en ses rangs en citant en exemple un héros de 22 ans du nom de Lei Feng qu'elle a «canonisé» à titre posthume. Tué en 1962 par la chute d'un poteau de téléphone, l'impayable jeune soldat était connu pour son altruisme et sa foi inébranlable dans le Parti communiste. L'un de ses grands faits d'armes était qu'il se levait la nuit pour laver en secret les chaussettes de ses camarades. Peut-être n'avait-il que l'odorat trop fin?

~

Les tâches qui peuvent paraître idylliques aux citadins ne sont pas toujours de tout repos. L'Union des fermiers du pays de Galles, en Angleterre, a fait réaliser une étude qui démontre que les bergers de montagne sont 87 fois **plus susceptibles de se suicider** que tous les autres travailleurs. Ces fermiers souffrent de stress dans des conditions économiques difficiles, d'isolement et d'incapacité à prendre des vacances.

Le travail est un art

Il existe des tâches dont l'originalité est telle qu'elle interdit de croire qu'elles pourraient être inutiles. La *haute opinion* qu'en ont leurs responsables atteint d'ailleurs des sommets stratosphériques. Un célèbre critique gastronomique de Grande-Bretagne, Egon Ronay, a assuré ses papilles gustatives à la Lloyd's pour 250 000 livres (soit 375 000 $); la compagnie d'assurances lui verserait cette somme dans un délai de trois mois s'il était démontré que les attributs buccaux du sieur perdaient de leur efficacité.

~

Parce qu'il était frustré de n'obtenir que des petits rôles sans envergure, Valentine, un jeune acteur britannique de 26 ans, a décidé de *se donner en spectacle* dans les rues de Londres. Un maquilleur prend une heure à lui confectionner une allure authentique de dandy du XVIIIᵉ siècle avant qu'il ne revête chaque matin sa perruque, sa veste chamoirée et sa culotte à mi-jambe. Ainsi attifé, il réjouit les spectateurs involontaires que sont les passants.

~

Le cinéma a souvent mis en évidence la *difficulté inhérente aux tâches* les plus simples comme les plus compliquées. Vous vous souvenez de Chaplin qui avait toujours maille à partir avec le travail? Et Harold Lloyd suspendu aux aiguilles d'une horloge à des dizaines de mètres dans les airs? Un ouvrier de Pittsburgh chargé de réparer une horloge géante a connu un sort semblable à celui de Lloyd. Les aiguilles d'une horloge avaient été placées à l'horizontale pour lui permettre d'avoir une plate-forme pour travailler. Sans signe avant-coureur, une des aiguilles s'est rompue et l'ouvrier, heureusement relié à un filin de sécurité, est resté suspendu durant 20 minutes en plein vide au sommet d'un gratte-ciel, avant d'être tiré de sa fâcheuse posture.

~

Une compagnie du Maine a trouvé une *façon originale de faire travailler* Christopher Lewey, un artiste-naturaliste, professeur d'écologie et d'ornithologie: elle lui fait exécuter des boucles d'oreille, des épingles à cravate et des porte-clés décorés avec du crottin d'élan. M. Lewey a recours à du crottin d'hiver, composé à 99 % de bois, et traité avec une laque spéciale qui supprime les odeurs nauséabondes et assure sa conservation. Le succès de ses créations artistiques auprès des touristes ne constitue pas une première: il y a une dizaine d'années, on vendait dans le Maine des sacs de déjections séchées de mouettes à 1 $ pièce, une pratique qui avait connu un succès phénoménal. Avis aux propriétaires de McDo assaillis par des flopées de mouettes qui bouffent les frites des clients.

D'autres ont la ***conscience professionnelle*** surdimensionnée. René Alegria, d'une famille de neuf frères et sœurs, célèbre pour ses numéros de cirque, a parcouru 2 300 km en auto pour aller chercher un visa suisse à Mexico avant d'enchaîner 30 heures d'avion, trois heures de train, 200 km au volant d'une caravane motorisée et quatre heures de répétition pour remplacer son frère blessé dans un numéro au cirque Knie à Genève. René était le seul à pouvoir remplacer Francisco comme contrepoids dans un numéro de roue qui nécessite deux personnes.

Une quarantaine de musiciens de l'Opéra de San Francisco ont été ***contraints d'abandonner*** le travail tant ils étaient handicapés par... la gale, une maladie de peau contagieuse. Les musiciens devaient continuellement déposer leur instrument pour se gratter jusqu'au sang. La maladie est due à un parasite animal, le sarcopte, qui creuse sous la peau des sillons ayant l'aspect de fines lignes grisâtres. Des centaines de costumes ont été passés au désinfectant pour éliminer le parasite.

Les travailleurs courageux

Le chapitre de la *stupidité* en matière de travail ouvre des perspectives illimitées pour un observateur de l'actualité insolite. Une policière de Toronto a intenté une poursuite de 3,1 millions $ contre la force constabulaire qui l'employait, après qu'un agent masculin eut pris à l'improviste une photo d'elle en train d'uriner près d'une voiture de police lors d'un raid. La photo ayant été placardée au babillard du poste, la pauvre fut évidemment l'objet de quolibets dont on imagine facilement la subtilité. La suite est délectable, comme dirait Brassens: le policier a été condamné à cinq jours de congé sans solde le jour même où il devait être cité à l'honneur par la Jeune Chambre de Commerce locale. Quant à la policière, dont on a découvert qu'elle était constamment l'objet de brimades de la part des mâles du poste, elle fut mutée dans un autre district mais a fini par quitter la police sous la pression de ses pairs.

~

Les journaux italiens ont pris l'habitude d'offrir des gadgets à leurs lecteurs pour mousser leur tirage. C'est ainsi qu'une journaliste de l'hebdomadaire satirique *Cuore* (Cœur) a été offerte, recouverte de cellophane, à un lecteur. Plusieurs journalistes de la revue avaient accepté de participer à la campagne folichonne pour ridiculiser la pratique qui consiste à offrir des livres, des disques, des cassettes vidéo, des parfums aux lecteurs, ce qui horripile les publications sérieuses peu enclines à ce genre de *marchandage.*

~

Glen Page, un citadin de Peoria, en Illinois, travaillait seul dans son atelier, lorsque sa main fut happée par une machine-outil; cette situation l'empêchait d'arrêter le moteur et de retirer sa main. Devant la perspective de mourir au bout de son sang, il *s'est sectionné l'avant-bras* à l'aide d'une cisaille et s'est fait un garrot avec un morceau de sa chemise avant d'appeler les pompiers à son secours. Les chirurgiens de l'hôpital où il fut conduit n'ont malheureusement pu lui regreffer le membre tranché en dépit de plusieurs heures d'effort.

~

L'inutilité d'une tâche suffit à rendre un travailleur malade. Ou enfin, ça devrait suffire. Au chapitre des tâches inutiles, notons celle qui incomba à une équipe de réparateurs-électriciens à l'aube du premier mandat du président Clinton. Dans une frénésie de recherche d'appareils d'écoute électronique au Sénat, des «experts» passèrent des semaines, nuitamment évidemment, à couper des fils suspects et à en souder d'autres. Chaque jour, une équipe d'électriciens devait passer derrière eux pour raccorder les fils d'ordinateurs et de haut-parleurs que les «experts» *s'obstinaient* à trouver suspects.

~

Une infirmière de Canberra, en Australie, a contracté une hépatite B et a dû subir une greffe du foie parce qu'elle avait été atteinte dans l'œil par le *crachat d'un patient.* Dès que la maladie fut détectée, la patiente a été hospitalisée et est tombée dans le coma; six jours plus tard, on parvenait heureusement à la sauver par une transplantation. Elle a pu reprendre son travail un an après l'intervention. Il s'agit du premier cas répertorié d'une telle transmission de la maladie.

~

Cinq pompiers qui avaient éprouvé de fortes nausées et des étourdissements sur les lieux du déraillement d'un convoi ferroviaire près de Markham, en Ontario, n'étaient pas victimes d'émanations de produits toxiques comme on le supposa d'abord, à l'hôpital où ils furent conduits. L'accident étant survenu non loin d'une ferme, ils avaient été *incommodés* par les odeurs qui s'échappaient de la grange.

U

comme dans... du bon usage

Le secret de réussir, c'est être adroit,
non d'être utile.

Jean-Pierre Claris de Florian

Le mode d'emploi est essentiel à la vie. Sans lui, l'être humain serait incapable de manger des céréales au petit déjeuner, d'ouvrir une boîte de conserve ou de mettre une lettre à la poste.

Pour progresser sur le chemin rocailleux de l'existence, l'homme et la femme se donnent des règles de vie en société, inventent des techniques de relaxation, massent leur corps avec des huiles essentielles et dégustent des sous-vêtements comestibles.

«La vie est un dur combat dont la palme est aux cieux», disaient jadis les frères enseignants. C'est un peu moins juste aujourd'hui qu'à l'époque de mes brèves études, mais il n'en demeure pas moins qu'il faut savoir s'y prendre pour survivre et que certains sont plus doués que d'autres.

La consommation a bien meilleur goût

Un concessionnaire d'automobiles de Freehold, au New Jersey, s'est vu forcé d'expédier plus de 1 000 *lettres d'excuses* à des clients. Ceux qui appelaient pour faire valider la garantie de remplacement gratuit de soupapes déficientes sur certains modèles, tombaient sur une voix féminine des plus suggestives qui leur tenait des conversations vantant un mode d'allumage bien particulier. La ligne avait été connectée par erreur sur une ligne de conversations *porno.*

ॐ

Les habitants d'Arkhangelsk, en Russie, ravis de voir apparaître trois tonnes de saucisses sur les étalages désespérément vides de leur ville, affluaient pour s'en procurer. Tout le stock s'est écoulé avant que les autorités sanitaires locales aient pu faire savoir à la clientèle qu'on avait découvert des poils de *rat* dans des saucisses examinées au hasard.

ॐ

Agacée des tracasseries que lui infligeait l'administration de la municipalité de Beaulieu-sur-mer, en France, une restauratrice installa sa terrasse sur le plateau d'un camion. Après avoir grimpé quelques marches, les passagers-touristes se retrouvaient sur la plate-forme d'un véhicule qui partait en balade dans la ville le temps d'un repas.

ॐ

Le *service postal* est souvent cause d'irritation chez les destinataires de courrier que nous sommes. Ou les lettres n'arrivent pas ou bien elles arrivent avec tellement de retard qu'on a l'impression qu'elles ont voyagé à dos d'escargot. Deux lettres expédiées par un pilote américain, tué par la suite au-dessus de l'Italie durant la Deuxième Guerre mondiale, ont été finalement reçues 45 ans plus tard par le frère de leur auteur, au cours d'une cérémonie officielle à Washington. Les lettres, et celles de 90 autres soldats, avaient été découvertes par des ouvriers à l'intérieur d'un vieux sac de l'armée *oublié* dans le grenier d'une vieille femme.

L'argent n'a pas d'odeur, n'est-ce pas? Faux! Une entreprise londonienne estime que les factures imprégnées d'une forte odeur corporelle masculine sont payées plus rapidement. Le pulvérisateur d'*odeurs corporelles* qu'elle fabrique pour le traitement des factures lui permet de conclure que cette technique, qui fait appel à une substance appelée androstérone dont l'odeur est identique à celle sécrétée par les aisselles masculines, entraîne une réponse rapide aux lettres dont on a imprégné le papier parce qu'elles véhiculent un sérieux message «d'agressivité».

Des commerçants du port russe de Severomorsk, à court de fonds, ont imaginé une solution de débrouillardise: ils rendent la monnaie en biscuits, en petits sachets de sel et en... *préservatifs*.

Un *chercheur* d'une université texane est parvenu à créer, après trois ans de travail, une carotte brune. Pourquoi? On l'ignore.

Certains clients de *restaurants* estiment qu'ils font une faveur à un établissement que de s'y présenter. Mais le contraire peut être tout aussi vrai. À Boston, certains restaurants n'acceptent que les réservations des clients qui déclinent leur numéro de carte de crédit; s'ils font faux bond, ils ont la surprise de voir apparaître des frais de 25 $ sur leur prochain relevé mensuel de dépenses.

Le consommateur ne fait pas toujours l'objet d'autant de sollicitude de la part de ceux qui «veulent son bien». En 1992, la compagnie Pepsi des Philippines avait été mise dans le pétrin par une défaillance informatique: des milliers de capsules de bouteilles portant les chiffres 349 avaient valu à d'heureux buveurs de Pepsi de mériter un prix d'un million de pesos (50 000 $). Confrontée à l'obligation de verser des centaines de millions de dollars, la compagnie avait *changé les règles du jeu* en disant que seules les capsules portant un numéro complémentaire étaient admissibles. Les clients furieux de la mauvaise foi de la compagnie ont formé une association de défense. Ne manquant pas d'audace, la compagnie a organisé, avec l'aide de gangsters, des attentats contre ses propres camions de livraison pour discréditer l'association.

Les techniques savoureuses

À une ère où les combustibles non renouvelables sont remis en cause pour chauffer les domiciles et faire fonctionner les industries, des chercheurs britanniques ont trouvé une certaine vertu aux *excréments de poules*. La société anglaise Fibropower a entrepris la construction de deux usines capables de brûler jusqu'à 125 000 tonnes de ce carburant annuellement pour produire de la vapeur entraînant des turbines générant 12,5 mégawatts d'électricité. L'énergie ainsi produite suffirait à alimenter 12 500 foyers. Une première phase de l'utilisation est visible dans le village d'Eye où 1 200 foyers jouissent d'une alimentation électrique provenant de la combustion de lisier de poulet contenant des excréments mêlés à de la paille et à des copeaux de bois souillés. Selon Simon Fraser, l'entrepreneur qui a construit l'usine, le combustible est plus propre que le charbon; chaque poulet est responsable de la production d'environ un watt d'énergie.

Dans une autre veine d'ingéniosité, il convient de signaler le cas d'un fabricant de trombones britannique, Yamaha Kemble, qui est venu à l'aide d'un musicien à qui la pratique de l'instrument durant cinq années avait valu de graves douleurs dorsales. Grâce à des câbles de frein, il a conçu un système de *télécommande* qui permet au musicien de jouer du trombone en gardant une main posée sur les genoux.

Les Britanniques ont le goût sûr en matière de musique populaire. Les représentants de l'industrie ont fait des pressions auprès de la BBC pour qu'elle revienne à la pratique courante de faire chanter les chanteurs invités à l'aide du **lipsync**. Il semble que les prestations en direct des chanteurs populaires à l'émission très écoutée *Top of the Pops* aient été si mauvaises que les ventes s'écroulaient au sein du public adolescent, principal consommateur de cette musique.

Certains de nos lecteurs ont sûrement vu le film *Un condamné à mort s'est échappé* de Robert Bresson. Ils comprendront d'autant plus l'esprit d'invention de **pensionnaires de la prison** de Suffolk County de la région de New York qui ont perfectionné une façon de rendre des ficelles aussi coupantes que des scies de bijoutiers. Ils procèdent à plusieurs trempages et séchages de bouts de tissu dans des solutions d'eau et de produit abrasif jusqu'à l'obtention d'un outil fort utile pour venir à bout des métaux récalcitrants.

Mais leur ingéniosité pour l'évasion leur serait peut-être de peu d'utilité si leurs gardiens avaient prévu d'utiliser une **invention britannique** du nom de *Smokecloak* qui peut remplir de brume une pièce de la dimension d'un entrepôt en moins de 30 secondes, ce qui rend toute progression impossible. La détection d'un intrus déclenche dans l'appareil la vaporisation de glycol liquide qui restreint la visibilité à moins d'un mètre et qui est sans danger pour les personnes.

À défaut de **drogue,** certains trouvent des moyens étonnants pour fabriquer de l'alcool. Les détenus de la prison de Full Sutton, en Angleterre, avaient réussi à fabriquer quelque 320 litres de vin et spiritueux lorsque les gardiens eurent vent de l'affaire. Ils distillaient dans une cuve l'alcool fabriqué à partir de fruits achetés à la cantine et la fermentation était obtenue en faisant chauffer de l'eau dans des bouteilles en plastique ayant contenu du savon à vaisselle.

En Californie, un mur antibruit **résistant aux graffitis** a été mis à l'essai le long d'une autoroute. Fabriqué à l'aide de bouteilles en plastique et de pneus recyclés, le mur se nettoie au savon ou au dissolvant. Le nouveau mur coûte 15 % de moins qu'un mur en béton et absorbe 20 % plus de bruits. À Portland, dans le Maine, un fabricant a trouvé un autre usage aux bouteilles en plastique: il en fait des t-shirts. Cinq petits contenants en plastique seulement sont nécessaires pour produire la fibre de polyester dont on tisse chaque vêtement.

Une expédition britannique sur l'Everest a inauguré une ère nouvelle en se munissant de **toilettes portatives** spécialement conçues pour les grands froids. Ces vespasiennes en acier sont armées de pieux qui permettent aux alpinistes de les arrimer solidement au sol. La lunette est en bois; le plastique est trop froid pour la peau et risque de fendiller. Elles sont transportées en pièces détachées au sommet de la montagne et redémontées au retour pour leur transport au camp de base. Mais que fait-on du... contenu des toilettes? Mystère.

Les messages douteux

La publicité ouvre un champ incommensurable de **gaffes et de plaisanteries de mauvais goût.** Un exemple en est donné par une anecdote qui a valu à l'agence Barker McCormac, d'Afrique du Sud, la résiliation d'un important contrat par le distributeur des apéritifs Cinzano dans ce pays, Gilbey Distillers. Un encart paru dans un journal disait: «L'année prochaine, sur la compagnie aérienne sud-africaine, le mousseux sera un peu italien. (Pas le pilote, heureusement.)» Le tollé fut tel que des excuses furent présentées à la compagnie Alitalia et à la Chambre de commerce italo-sud-africaine. Le message avait été approuvé par des employés de l'agence pendant que leurs dirigeants étaient en vacances de Noël.

D'autres **publicités** s'avèrent plus réjouissantes autant pour le client que pour ceux qui les utilisent. À Vienne, la Croix-Rouge autrichienne qui manquait de sang a offert deux billets gratuits à tout spectateur qui donnait son sang avant d'aller voir le film *Dracula* de Francis Ford Coppola. L'organisme avait installé trois stations mobiles devant des salles où le film était à l'affiche.

Certains clients ne tiennent jamais pour acquis ce qu'affirme la publicité. Lena Collison, une Londonienne de 70 ans, trouvait que la boîte de haricots Heinz qu'elle avait l'habitude d'acheter offrait un contenu moindre en dépit du fait que son prix était demeuré le même. Elle *a pris la peine* de compter le nombre de haricots contenus dans la nouvelle boîte et de le comparer à celui d'une ancienne boîte qu'elle avait encore en sa possession. Résultat: 57 haricots en moins. La presse, alertée par la consommatrice outrée, est montée aux barricades et a obligé la multinationale à expliquer qu'elle avait adopté un format largement répandu dans la Communauté européenne et qui était sur le point de devenir un standard industriel. L'impavide vieille dame a estimé qu'il y avait quelque chose de pourri au royaume du Marché commun si on obligeait les Britanniques à limiter le nombre de haricots qu'ils étaient autorisés à manger.

Il existe des messages qui convaincraient Jean-Paul II de convier les femmes à la prêtrise et de permettre le mariage des prêtres. Un tel message a sans doute persuadé les éventuels clients d'un disquaire de Gainesville en Floride de bénéficier de son *offre inusitée*: il avait promis un rabais de 50 % du prix coûtant sur chaque transaction à quiconque se présenterait à son magasin arborant la nudité la plus totale. Une dizaine de jeunes... hommes se sont prévalus de son offre. Leur petit nombre s'explique par la décision de la police locale de mettre un terme à la promotion en menaçant les clients et le commerçant d'attentat à la pudeur.

L'utilisation du corps de la femme pour la vente de biens de consommation continue de soulever des débats. La compagnie Toyota de Sydney en Australie qui a voulu faire de l'humour en vantant les mérites d'un modèle à empattement large a *raté lourdement le bateau* en utilisant une femme enceinte nue avec la mention suivante: «Il n'y a pas d'endroit plus confortable que l'intérieur d'un corps large.» Outrées par l'allusion sans finesse de l'image à pleine page dans les quotidiens, les femmes australiennes ont fait tout un boucan, poussant la compagnie au pied du mur.

Le marché des sous-vêtements a connu un important accroissement au Brésil après que la mannequin Liliana Ramos eut embarrassé le président Itamar Franco en posant *sans petite culotte* à ses côtés durant le carnaval de Rio. Une compagnie locale a vite récupéré l'événement pour faire la promotion d'une culotte en dentelle très connue, au grand dam de la belle Liliana qui n'a pas apprécié qu'on utilise son nom sans lui en avoir demandé la permission.

La pratique d'insulter le client n'a pas perdu sa faveur chez certains commerçants. Un club de Concord, au New Hampshire, destiné aux hommes désireux de retrouver leur taille de jeune garçon, ne s'embarrasse pas de subtilité dans son dépliant publicitaire. On y lit: «Les mammifères marins de toute taille sont les bienvenus.» Le psychologue Michael Clampit, fondateur de l'établissement dont l'appellation se traduit par «Le groupe de perte de poids pour hommes pas râleurs», est d'avis que les insultes «sont l'expression de la solidarité et de la camaraderie entre hommes».

Les États-Unis n'ont pas le monopole de l'*outrance* en publicité, mais de nombreux exemples témoignent qu'ils y arriveront un jour. La petite ville de Hamburg, dans l'État de New York, a voulu glorifier le fait que le hamburger, le plus célèbre fleuron de la «gastronomie» américaine, y avait vu le jour. Pour masquer les graffitis qui enlaidissaient le réservoir d'eau municipal, l'administration a décidé de le transformer en hamburger, au coût de 50 000 $. On a l'art qu'on peut.

L'industrie du laxatif aux États-Unis aurait peut-être avantage à s'assurer les services d'une bonne agence de publicité. Le magazine *Newsday* a affirmé en effet que ses revenus avaient fondu de quelque 700 millions $ par année depuis que les gens ont adopté une alimentation plus équilibrée et à plus forte teneur en fibres. Notre époque plus sensibilisée à des **habitudes alimentaires intelligentes** en aura vu de toutes les couleurs, cependant: à Los Angeles, un service de rencontre appelé Vegi-Match se consacre exclusivement aux célibataires végétariens. Pour sa part, un oncologue de Cincinnati a préconisé l'imposition d'une taxe sur les aliments gras afin de subventionner la fabrication de produits sains.

ஐ

L'anonymat est la solution facile pour beaucoup de **petits minus** qui désirent passer à la postérité sans risques. Vous vous souvenez sans doute de cette histoire de seringue trouvée dans une «cannette» de Pepsi aux États-Unis? Le phénomène avait suscité un vent de panique chez les consommateurs et inspiré à plusieurs petits malins de «découvrir» des aiguilles dans leur breuvage. Bien que Pepsi n'ait jamais admis la réalité de l'affaire, elle n'a jamais été capable d'expliquer comment une seringue avait pu se trouver dans le récipient et a dû débourser 25 millions $ en campagnes publicitaires de toutes sortes pour se refaire une image.

ஐ

Pour certains, l'argent ne compte pas lorsqu'il s'agit de mener à bien un projet qui leur tient à cœur. Overlooked Opinion, une firme de recherche de Chicago, qui se spécialise dans **le marché des gais et des lesbiennes,** vend au coût de 1 495 $ (US évidemment) un recueil qui fait l'évaluation de la population gaie dans chaque région postale des États-Unis. La publication est destinée aux compagnies de mise en marché.

ஐ

Une compagnie américaine s'est mis **les pieds dans les plats** en réalisant un CD-ROM qui contenait l'équivalent d'un annuaire téléphonique de 10 millions de numéros: elle a, par erreur, inscrit des centres de massage ontariens reconnus sous la rubrique «prostitution». L'Association ontarienne des massothérapeutes ne l'a pas trouvé drôle.

La parole est le reflet de l'esprit

Nos gouvernements nous obligent à leur rendre hommage, une fois par année, dans le cadre de la cérémonie de la ***déclaration de revenus.*** Soucieuse de préparer une promotion qui conviendrait à son produit en ce temps de l'année, la compagnie Alka-Seltzer a demandé à des comptables de lui fournir des anecdotes amusantes de la part de leurs clients. Parmi les demandes de déduction les plus étranges, ils ont rapporté: l'entretien d'un singe, d'un enfant à naître, d'un ami collant, des frais de lavage de couches, de consultation d'une voyante, la perte d'objets volés qui n'appartenaient pas au contribuable, des dépenses d'éthylisme incurable, de services de rencontre, de cigarettes et d'utilisation d'un lit d'eau.

La publication «***d'excuses***» désopilantes est régulière dans les quotidiens. La police néerlandaise a publié son propre recueil des «moins pires excuses» présentées par des contrevenants: «J'ai soudainement été victime d'une mauvaise crampe au pied droit et je ne pouvais plus le retirer de l'accélérateur», «Monsieur l'agent, j'étais terriblement pressé car j'avais rendez-vous dans une banque de don de sperme», «Il y avait une guêpe sur le pare-soleil et je voulais voir à quelle vitesse elle partirait», «J'ai entendu un bruit dans le moteur à 120 km/h et j'ai voulu savoir s'il disparaîtrait à 140».

Communiquer avec les citoyens d'un pays qu'on visite relève parfois de la longue marche de Mao Zedong lorsque la langue nous est étrangère. Une compagnie d'enseignement à distance a lancé en Californie une série de cassettes comprenant les jurons et les phrases utiles à tout voyageur. Les premières cassettes sont en français, en allemand, en italien et en espagnol. On y trouve la façon correcte de dire à une jeune femme: «Puis-je vous photographier nue?»

Vous dites à vos amis que vous êtes contre les répondeurs pour dissimuler le fait que vous avez été incapable depuis deux ans de programmer celui qu'on vous a offert en cadeau? Il y a plus misérable que vous. Un individu de Eagan, au Minnesota, trop peu alerte pour se rendre compte que le répondeur qui lui demandait de laisser un message n'était pas celui de l'ami qu'il appelait, a *confessé* durant six minutes qu'il était l'assassin du concierge de son édifice, dont il avait caché le corps dans un réfrigérateur, laissant même son nom sur la bande enregistreuse. Le couple qui eut la surprise d'entendre le récit se fit un devoir d'apporter la bande à la police, qui n'eut aucun mal à retracer l'individu, au moment même où il s'apprêtait à se suicider.

La police britannique a eu fort à faire pour contrer la vague des *rave partys* organisés par des hippies nouveau genre, sillonnant le pays à bord de vieilles camionnettes délabrées. C'est que dans ces véhicules en apparence bons pour la ferraille, les hippies avaient installé des systèmes de *communications cellulaires et des télécopieurs,* fort utiles lorsqu'on est toujours en mouvement.

Les bonnes manières

Le vol d'automobiles de luxe est devenu un problème d'envergure à Hong Kong où les primes d'assurance ont connu une croissance phénoménale. Aussitôt volées, les voitures sont expédiées par vedettes rapides en Chine communiste où elles trouvent immédiatement preneurs. L'épouse d'un propriétaire de Mercedes qui tentait de rejoindre son mari par téléphone cellulaire fut estomaquée d'entrer en communication avec le voleur du véhicule qui lui dit qu'il était un professionnel de ce genre de choses et qu'il exerçait cette «profession» à plein temps. Avant de couper la communication, il eut la **gentillesse** de la complimenter sur la beauté du véhicule et de lui dire qu'il en était très satisfait. Un véritable Arsène... Wong quoi!

Il n'y a rien de trop beau pour un cheik ordinaire! C'est assurément ce que croit un prince saoudien non identifié qu'un embouteillage avait empêché, avec sa suite de 29 personnes, de se rendre à temps à l'aérogare Charles-de-Gaulle pour monter à bord d'un Concorde à destination de New York. Soucieux de ne point faire faux bond au client qui l'attendait à Los Angeles, le cher homme a immédiatement demandé à Air France d'affréter un autre Concorde pour quitter le plus tôt possible la capitale française. La compagnie aérienne **a tellement fait vite** que le pilote est accouru de chez lui sans avoir pu revêtir son uniforme. Coût de l'opération? 315 000 $, incluant le retour à vide de l'appareil.

À Nuremberg, au sud de l'Allemagne, les autorités sanitaires ont demandé aux 10 000 personnes à qui elles avaient distribué gratuitement des **condoms** dans le cadre d'une campagne, de ne pas les utiliser. Une analyse subséquente du produit avait démontré que les trois quarts éclataient à l'usage.

Aussi étrange que cela puisse sembler, la Chine, où réside le plus grand nombre d'êtres humains, a un problème de donneurs de sperme. Des **banques de sperme** peu scrupuleuses recrutent en effet des jeunes gens de qualité douteuse qui «s'épuisent» à fournir un sperme de mauvaise qualité selon le journal officiel du gouvernement. «Ces donneurs professionnels donnent au hasard et de façon excessive», regrette le journal en précisant que certaines banques non officielles recueillent le sperme d'un seul donneur, ce qui produit de nombreux bébés qui sont parents sans le savoir.

Mais la Chine n'oublie pas son cuisant problème de surpopulation. Des scientifiques ont mis au point un **spermicide** élaboré à partir du ver de terre commun et s'apprêtent à mettre prochainement sur le marché un prototype réputé très efficace.

※

Une idée farfelue peut toujours être rentable semble-t-il. La ville de St-Paul, en Alberta, qui s'est rendue célèbre pour avoir construit une *piste d'atterrissage pour soucoupes volantes,* a trouvé une autre façon d'exploiter son attraction touristique. Elle y a installé, au coût de 250 000 $, une réplique de soucoupe volante en métal, contreplaqué et caoutchouc, qui sert de kiosque d'information pour touristes. Le maire Paul Angevin n'a pas craint de déclarer: «En la voyant du haut du ciel, les Martiens vont se dire: On devrait peut-être se poser là.» La preuve de l'intelligence martienne reste cependant à faire puisque aucun n'a encore mordu à l'appât.

※

Les administrateurs du parc national du Grand Canyon, en Arizona, demandent aux éventuels touristes d'obtenir des *réservations* avant d'aller le visiter. Tellement de gens se pressent dans cet endroit que la visite en est devenue quasi impossible et la mise en service de moyens de transport en commun prendra des années avant de se concrétiser. Et les Européens qui croient que nous avons de l'espace à revendre! Nous avons surtout l'instinct grégaire.

V

comme dans... véhicule

Sur l'autoroute ailée,
dans mon beau char volé,
Dolorès, ô toi ma douloureuse!

Robert Charlebois

Les voyages sont avant tout question d'imagination. Certains individus sont restés toute leur vie chez eux, mais ont fait le tour du monde dans leur tête en lisant le *National Geographic Magazine.*

D'autres ne vont pas bien loin, mais font le trajet de façon originale. Ainsi, la postière rurale qui livre le courrier à mon domicile se déplace dans une petite voiture au volant à droite, ce qui lui permet d'ouvrir les boîtes aux lettres sans perte de temps et sans subir les intempéries.

Mais pour la majorité des gens, le voyage demeure la concrétisation d'un rêve inné. Tout simplement aller ailleurs, ne plus être dans son quotidien. Cela donne lieu à bien des détournements de rêves, comme vous pourrez le constater.

Crime sur roues...

Voler est un métier qu'on ne pratique pas nécessairement par gaieté de cœur. C'est le cas d'un Anglais qui avait dérobé une voiture dont le moteur avait été laissé en marche, le jour de Noël, à Hereford. La propriétaire du véhicule s'était précipitée à l'intérieur d'une maison pour y quérir sa nièce en proie aux douleurs de l'enfantement, et la conduire à l'hôpital. Constatant l'absence de sa voiture, elle eut la présence d'esprit de former le numéro de son téléphone cellulaire pour communiquer avec le voleur... qui répondit! Elle raconta dans quelle fâcheuse situation son geste avait mis la future mère. Le *voleur,* évoquant la vie difficile qu'il menait parce qu'il était sans travail, s'excusa alors de son geste, souhaita un Joyeux Noël et une Bonne Année à sa correspondante et laissa la voiture à l'endroit où il était rendu, à 40 kilomètres de là. Entre-temps, le mari de la jeune femme était enfin parvenu à faire démarrer son propre véhicule et put conduire lui-même les deux femmes à l'hôpital.

Wayne Kennedy, de Roblin en Ontario, s'est fait... emprunter son petit camion 4 x 4 par un *aimable voleur* qui a roulé sur une distance de 6 000 kilomètres durant onze jours avant de lui renvoyer son véhicule dans l'anonymat le plus complet. Il avait cependant eu la bienséance de lui laisser une note de remerciement sur le tableau de bord et... d'avoir fait effectuer une réparation de 350 $ au pot d'échappement.

En proie à ce qui semblait être un violent «délire religieux», un Américain s'empara d'un *autobus urbain* et y garda captifs les huit passagers encore à bord pour se lancer dans une équipée de 500 kilomètres sur les autoroutes. Sans jamais adresser la parole aux passagers, il s'est rendu jusqu'à sa maison, à Colton en Californie. Il a été abattu par la police sur le perron de sa demeure au moment d'y pénétrer; il n'avait pas obtempéré à l'ordre de s'immobiliser. Les passagers ont simplement dit que l'homme donnait l'impression de savoir conduire un autobus.

À Houston, au Texas, Patrick Johnson fut condamné à ne pas s'approcher durant 10 ans des autobus sous peine de se voir infliger 10 ans de prison. Il avait été arrêté précédemment après une course poursuite avec la police dans les rues étroites et encombrées de la ville. Depuis l'âge de 11 ans, avoua le prévenu, il ressentait une *passion irrépressible pour les autobus.* Revêtu d'un uniforme, Johnson proposait aux compagnies d'autobus de déplacer les véhicules sur les terrains de stationnement et en profitait pour accomplir chaque fois des balades de plusieurs centaines de kilomètres. Durant deux ans, Johnson emprunta une centaine d'autobus. Gentleman à la manière d'Arsène Lupin, une fois son vice assouvi, il restituait les véhicules à leur propriétaire après les avoir lavés et avoir fait le plein de carburant.

Dans ce qui semble être un *pacte pour le moins macabre,* quatre jeunes se sont enlevé la vie à bord d'une camionnette garée dans une rue de Los Angeles. Pour pénétrer dans le véhicule, les policiers durent cependant prendre la précaution de porter des masques: les malheureux avaient eu recours au gaz hilarant comme moyen de mettre fin à leurs jours.

Les belles autoroutes ne rendent pas les Américains plus intelligents. Le crime de *car-jacking* y est de plus en plus populaire. En 1992, on en rapportait déjà 28 000. Les voleurs se précipitent sur une voiture à l'arrêt à un feu rouge, expulsent sans ménagement le conducteur et s'enfuient sur les chapeaux de roues. Les zones urbaines à forte population sont les plus touchées. La police d'Atlanta a même publié des conseils aux automobilistes pour contrer ces attaques.

L'amour d'une auto ne se discute pas. À Nantes, en France, un conducteur d'automobile, alerté par les cris de son épouse alors qu'il passait un coup de fil dans une cabine, s'est précipité sur sa voiture mise en marche par un *jeune voleur* et s'accrocha à sa chemise par la glace baissée. Il fut ainsi traîné sur 400 mètres et subit de graves brûlures.

D'autres victimes déterminées ont plus de succès. Simon Gaudreau, de Saint-Alphonse-de-Granby (au Québec), s'apprête à partir au travail lorsqu'il aperçoit un adolescent qui s'enfuit avec sa fourgonnette. Il prévient aussitôt la police puis saute dans un petit camion et part à la poursuite du voleur qu'il serre de près. Affolé, le drôle fait une *fausse manœuvre* et dérape. Après quelques tonneaux, la fourgonnette s'immobilise sur le flanc gauche. Miraculeusement indemne au sortir du tas de ferraille, le voleur n'a pas tenté d'échapper à sa victime qui le surveillait de près et a été cueilli par les policiers.

Un *voleur peu perspicace* de la région de Niagara, en Ontario, a été coffré au moment où il s'introduisait dans une fourgonnette où prenaient place deux... policiers, chargés justement de faire échec aux voleurs de véhicules. L'homme avait d'abord forcé une glace latérale, puis constatant que la portière n'était pas fermée à clé, était monté à bord, aussitôt paralysé de surprise de se trouver nez à nez avec deux agents.

Un résidant *quelque peu dérangé* de Colmar, dans l'est de la France, était tombé amoureux d'une Renault 5 GT Turbo. Bien que totalement désargenté, il donna rendez-vous au propriétaire de la voiture qui désirait la vendre. À son arrivée, l'homme fut blessé d'un coup de couteau à cran d'arrêt et ne dut sa survie qu'à un autre client du garage où le rendez-vous avait lieu. L'agresseur, condamné à 10 ans de prison, a été décrit comme «un sujet infantile, à la limite de la débilité, qui voulait absolument s'approprier le jouet qui lui plaisait».

Au Massachusetts, on rapporte un *crime de lèse-auto* peu commun. Les voleurs percent des trous dans le pare-brise des voitures pour s'emparer de l'autocollant qui démontre qu'un véhicule a subi avec succès une inspection policière. Étant donné que le collant ne coûte que 15 $, la police soupçonne que ce n'est pas la valeur du document qui est en cause; on croit que ces collants sont ensuite apposés sur des automobiles volées ou en si mauvais état qu'elles seraient envoyées à la casse si elles étaient examinées. Les voleurs sont d'autant plus habiles qu'ils doivent dissimuler le mot *Void* (Annulé) qui n'apparaît que lorsque la pastille est décollée.

Les voleurs se spécialisent avec le progrès technologique. Le **vol des coussins gonflables** est de plus en plus signalé. Un coussin volé qui se vend 150 $ est refacturé 1 000 $ par l'installateur. Mais l'entreprise n'est pas sans danger: un gonflage intempestif peut expédier le cambrioleur à 20 mètres et a l'effet d'un coup de poing en plein visage d'un champion poids lourd.

Depuis la première fuite de voleurs dans une automobile (le 27 octobre 1901 à Paris), les **bandits motorisés** peuvent se vanter d'améliorations qui protègent les fuyards des balles des policiers en chasse, dont des blindages super-légers, des masques à gaz à déclenchement automatique et différents camouflages d'armes. La compagnie qui fabrique ce genre de dispositifs est à Ogden, dans l'Utah, et dessert à 98 % une clientèle internationale. Mais ces clients ont des goûts très précis: 80 % choisissent une Jeep Cherokee ou une fourgonnette Suburban. Si Bonnie et Clyde avaient su...

Deux frères qui n'appréciaient pas qu'un chauffeur de taxi d'Oradea, en Roumanie, leur interdise de **fumer** dans sa voiture, l'ont poignardé et ont enterré son corps dans une décharge. Mais leur crime était loin d'être parfait puisqu'ils ont été appréhendés.

Une équipe de télévision de Copenhague qui avait été prévenue qu'une «manifestation spontanée» devait se dérouler devant la prison de Vridsloeselille, au Danemark, a filmé à son grand étonnement l'évasion de **douze détenus** après qu'un complice de l'extérieur eut enfoncé le mur d'enceinte au moyen d'un bulldozer volé. Tous les fuyards (dont trois furent immédiatement repris) avaient été condamnés pour des crimes graves (meurtres, homicides et actes de violence).

Deux **prisonniers échappés**, à bord d'une Porsche volée, ont fait cavaler la police allemande derrière eux durant deux jours avant d'être obligés de se rendre et de libérer leur otage lorsqu'une flopée de voitures banalisées de la police les encercla... à un feu rouge. Les voleurs, infectés par le virus du sida, avaient attiré l'attention en jetant de l'argent par les fenêtres de l'auto.

Les voleurs allemands semblent faire preuve de distinction. Ils ont dérobé, au nez et à la barbe de policiers chargés de sa surveillance, la radio de la **limousine du ministre** de l'Intérieur Manfred Kanther. Quant au chef de police de Berlin, Hagen Saberchinsky, c'est sa Mercedes neuve qu'il s'est fait dérober; son chauffeur s'étant absenté quelques minutes, ce fut un jeu d'enfant pour les voleurs que de s'enfuir avec la voiture de fonction.

Après la chute du Mur, en 1989, 390 000 soldats de l'armée rouge se trouvèrent sans raison d'être dans les bases de l'ex-RDA. Plusieurs de ces bases aériennes servirent alors pour **expédier des voitures** volées à Berlin, en direction des pays de l'Est.

En Angleterre, on surnomme *ram-raiders* les voleurs qui s'emparent d'une auto pour **foncer ensuite à toute vitesse** dans les vitrines des magasins où ils s'emparent de toute la marchandise en montre. Ça c'est du service à l'auto!

Furieux d'avoir été expulsé pour désordre du casino de Blackpool où il venait de perdre 7 000 livres (10 000 $), un routier a utilisé son **semi-remorque** pour se lancer dans une expédition punitive contre l'établissement: il a embouti

24 voitures garées dans le stationnement faisant pour 100 000 livres (150 000 $) de dégâts.

&

À West Seneca, dans l'État de New York, un incident similaire avait en outre un caractère étrange. Un gigantesque bulldozer de 35 tonnes s'est mis en marche tout seul, *pour des raisons inexpliquées,* a franchi une distance d'un kilomètre, traversé une voie ferrée, évité de peu deux pylônes électriques et un magasin de location de vidéos pour aboutir au terrain de stationnement d'un concessionnaire d'automobiles où il a écrasé une quinzaine de voitures neuves sous son poids.

&

Les *chauffeurs de taxi* du Cap, en Afrique du Sud, n'entendent pas à rire lorsqu'il s'agit de protéger les droits acquis. Une bagarre entre membres de deux compagnies rivales a fait onze morts et une douzaine de blessés, dans un stade, lors d'une réunion publique destinée à aplanir les difficultés entre les deux regroupements.

&

Un policier de Bogotá a poussé un peu loin l'esprit de respect du règlement lorsqu'il a ouvert le feu sur *trois autobus* qui avaient franchi sans payer le péage menant à l'aéroport. Six passagers, dont quatre femmes, ont été blessés aux jambes.

&

Le consul d'Irlande à San Francisco, Declan Kelly, eut beau invoquer l'*immunité diplomatique* et refuser de subir un alcootest, il n'a pu échapper aux poursuites de l'État de la Californie pour avoir grillé un feu rouge en état d'ébriété et provoqué un accident de la circulation qui a fait cinq blessés.

&

Un Italien de 21 ans a été condamné à 22 ans de prison ferme à Vérone pour *avoir lancé une pierre* sur une voiture en marche et causé la mort d'une jeune femme de 25 ans. À l'été de 1994, plusieurs personnes avaient été blessées sur les autoroutes italiennes lorsque se développa cette pratique aberrante: des jeunes se tenaient sur des viaducs et laissaient tomber des pierres sur les automobiles.

René Le Mancq, un professeur d'électronique de Marseille, s'irritait de voir les bruyants *petits avions* d'un club de modélistes voisin survoler sa propriété. Il utilisa une onde radio pour en faire s'écraser une centaine, jusqu'à ce que le manège soit découvert et qu'il soit mis en accusation.

Les transports dangereux

À Islàmàbàd, au Pakistan, un *chauffeur d'autobus* a perdu la maîtrise du volant et le lourd véhicule a fracassé une barrière en ciment avant de plonger dans un fleuve. Bilan: 37 morts, dont onze membres de la même famille qui se rendaient à des... funérailles.

Le *camion* d'un chauffeur endormi au volant est entré en collision avec un autocar sur l'autoroute qui relie Sào Paulo à Rio de Janeiro, au Brésil, causant la mort du chauffeur d'autobus et d'un passager. Mais 12 autres passagers ont été tués par un autre car dont le chauffeur ne les avait pas aperçus lorsqu'ils quittaient l'autobus accidenté dans l'obscurité.

Deux survivants d'un *accident d'autobus* qui avait fait 58 morts à Umtata, en Afrique du Sud, ont raconté sur leur lit d'hôpital que les deux chauffeurs étaient en train d'essayer de changer de place tout en négociant un virage lorsque le véhicule, qui circulait dans la pluie et le brouillard, est tombé d'une falaise escarpée.

Une enquête menée par l'État de New York a démontré que la moitié des *conducteurs de camions* des États-Unis se sont endormis au volant à un moment ou l'autre de leur vie. La raison est autant l'alcool que la perte de conscience. 82 % des accidents impliquant des camions en résultent. Un tiers de ces accidents sont fatals.

Sur l'autoroute 94, au Michigan, une manœuvre de *trois camionneurs* qui circulaient de front au ralenti a causé un embouteillage de 16 km et irrité bien des automobilistes. Mais ces derniers se sont ravisés lorsqu'ils purent enfin doubler le bouchon. Les trois camions avaient encadré un automobiliste ivre qui zigzaguait dangereusement d'une voie à l'autre et l'avaient escorté jusqu'à une sortie.

ﻥ

Les funérailles semblent funestes dans certains pays. À Karaduru, en Turquie, 15 personnes ont été tuées et 12 autres blessées lorsqu'un *camion* a frappé de plein fouet la maison où elles assistaient à des funérailles. Le chauffeur, appréhendé après une fuite éperdue, n'avait pu négocier correctement son virage à cause de la vitesse excessive qu'il avait atteinte à ce moment.

ﻥ

Les voyageurs de retour de Moscou rapportent que les rues sont de plus en plus encombrées de véhicules et que la chaussée est grevée de nids-de-poule. Un journaliste de l'*Associated Press* a rapporté que «certains *conducteurs* les évitent en circulant sur les trottoirs où il est plus facile de prendre de la vitesse, du moins si les piétons s'écartent prestement».

ﻥ

Une conductrice fut découverte dans sa *camionnette accidentée* après deux jours et demi par un ouvrier du bâtiment, à 1,5 km seulement de l'aéroport de Dallas. Elle était vivante, mais en bien piètre état avec un poignet, une côte et les deux jambes fracturés, un poumon perforé et des entailles et des contusions. En dépit de la déshydratation, elle avait survécu en grignotant de vieilles pastilles de menthe trouvées au fond de son sac à main, puis des pilules pour cure d'amaigrissement. Son véhicule étant invisible de la route à cause d'énormes blocs de béton, Jamie Peavy s'était résignée et avait écrit au rouge à lèvres dans une glace: «On ne m'a pas tuée, c'est un accident.»

ﻥ

Certains accidents sont le fait de l'étourderie la plus remarquable. Un *chroniqueur automobile* britannique a causé pour

46 000 $ de dommages à une Jaguar XJ 220 flambant neuve dont il avait été invité à faire l'essai sur un circuit autrichien. Il a passé par erreur à la première vitesse alors que le véhicule roulait à toute allure. Le moteur de la coûteuse auto (elle se vend 415 000 livres, soit 960 000 $) a été complètement brûlé. Le président de la BMW, Bernd Pischeetrieder, a broyé pour sa part l'une des 25 McLaren existant dans le monde. La voiture, que conduisait le président réputé pour sa conduite sportive, a quitté la route de manière inexpliquée dans un virage près de Rosenheim, en Bavière. Le conducteur s'en est tiré avec de légères contusions

Sylvain Vézina, d'Auteuil au Québec, aidait un ami à souder une pièce de *camion.* Pour refroidir la pièce, il a versé dessus ce qu'il croyait être de l'eau. Mal lui en prit: le liquide était de l'essence et a aussitôt pris feu. Il a été brûlé au troisième degré au visage, aux mains, au ventre et aux jambes, mais a survécu.

Certaines histoires d'incendie et de véhicules sont plus drôles. Des touristes danois roulaient dans une *camionnette* près de Kristianstad, en Suède, lorsque des flammes surgirent du capot. En l'absence d'eau et d'extincteur, ils durent se résoudre à vider quatre bouteilles de vin pour étouffer les flammes. Quelle tristesse tout de même!

On a dû interrompre la circulation sur une autoroute au cœur de Montréal pour permettre aux pompiers d'éteindre un *incendie dans un matelas* coincé sous une automobile et provoquant une épaisse fumée noire. La chaleur du système d'échappement avait fait s'enflammer le matelas, tombé d'un autre véhicule.

Un jeune homme de 22 ans de Fort Saskatchewan, venu à Edmonton pour se faire extraire une dent de sagesse, faisait le récit de sa séance chez le dentiste à ses parents lorsque son père, à l'âme sensible, s'est évanoui de frayeur. Son pied s'est enfoncé sur l'accélérateur et la ***voiture emballée*** est allée heurter le véhicule qui les précédait. La mère a réagi promptement en s'emparant du volant pour sortir le véhicule de la circulation: la voiture a fait une embardée contre les véhicules environnants, a passé une courbe et a frappé un poteau de téléphone. À part ça, tout va très bien, madame la marquise!

Un motocycliste de Ste-Anne-de-Bellevue, au Québec, a perdu le contrôle de sa monture motorisée en pleine nuit et a heurté le muret d'un viaduc. L'homme a fait un vol plané et a atterri sur l'autoroute plus bas, ***sans se blesser.***

On vante souvent les nerfs d'acier des professeurs de conduite automobile. On oublie aussi que l'***examinateur*** qui fait l'évaluation du candidat au permis en voit aussi de toutes les couleurs. C'est ainsi qu'un fonctionnaire danois, intrigué du comportement tout à fait désordonné d'un postulant au volant, l'a fait rouler jusqu'à un poste de police où un test révéla un taux d'alcoolémie de 3,06! Le conducteur, qui avait précédemment perdu son permis pour conduite en état d'ébriété, avait voulu calmer son angoisse face à l'examen et se donner un peu de courage en ingurgitant quelques bières. Il a écopé 20 jours de prison et s'est vu interdire de se présenter à un nouvel examen durant cinq ans.

Djakarta en Indonésie est aux prises, comme la plupart des grandes agglomérations, avec un problème d'***embouteillage catastrophique.*** La police a dû emprisonner des enfants pour tenter de contrer une pratique qui faisait échec à toute tentative d'assainissement de la circulation. Par centaines, les enfants s'alignent le long des voies d'accès pour louer leurs services, à petits frais, aux automobilistes qui veulent se conformer à la règle de trois passagers minimum pour cir culer entre 6 h 30 et 10 h du matin.

Les rues de Bangkok sont tellement congestionnées que les autorités municipales ont interdit la ***circulation des éléphants,*** amenés en ville par des paysans pour se faire quelques sous. Ils permettent en effet aux touristes de passer sous leurs bêtes, ce qui est censé leur porter chance. Ils servent aussi de réclames publicitaires aux marchands d'ivoire. Le tout nouveau ministre Thaksin Shinawatra, chargé de solutionner le problème des engorgements routiers, a voulu examiner la question en hélicoptère, mais la limousine dans laquelle il se rendait à l'héliport fut prise dans un tel bouchon qu'il dut l'abandonner pour une motocyclette.

Air Canada dut annuler au tout dernier moment, le 1er novembre 1994, un vol de Londres à Halifax parce que le **pilote** de l'appareil était ivre. Vous sentez-vous en sécurité à bord d'un avion?

Le **ministre de l'Aviation** du Nigeria, Nsikak Eduok, a étonné les participants à un séminaire sur l'aviation civile à Lagos en déclarant que «certains des opérateurs de compagnies versaient des pots-de-vin à des inspecteurs de l'aviation civile pour obtenir des certificats attestant que leurs appareils étaient en état de voler. Ce sont des cercueils volants et je peux le prouver», a-t-il affirmé. On se sent mieux, n'est-ce pas?

Quelques minutes avant qu'un **Airbus russe** ne s'écrase au sol en Sibérie, le pilote était en train de donner «une leçon de pilotage» à son fils de 16 ans, selon l'enregistrement d'une des boîtes noires retrouvée sur les lieux de l'accident qui avait fait 75 victimes. Le seul fait de toucher au manche avait débranché le mécanisme de pilotage automatique.

Deux des trois passagers d'un **petit avion de tourisme** ont trouvé la mort lorsque leur appareil a percuté un âne qui se trouvait sur la piste de l'aérodrome de Moris, dans l'État septentrional du Chihuahua, au Mexique.

Décidément, les animaux et les avions ne font bon ménage. Un **Boeing 747** de la Malaysian Airlines, qui assurait la liaison entre Perth et Kuala Lumpur, a dû rebrousser chemin lorsque s'est déclenché un signal d'incendie. La chaleur dégagée par les 150 chèvres qu'il transportait dans ses soutes en était la cause. Les 264 passagers ont perdu six heures à attendre que l'appareil redécolle.

Un avion de la Northwest Airlines qui assurait la liaison Manille-Tokyo a dû *atterrir d'urgence* à Narita, au Japon, après qu'un passager, un touriste américain, eut été piqué par un scorpion qui s'était dissimulé dans son siège. Personne n'a pu expliquer la présence de l'animal qui a valu un séjour à l'hôpital à l'infortuné passager.

Henry Dempsey était aux commandes de son *Beechcraft 99,* au-dessus de Portland, dans le Maine, lorsqu'il entendit un bruit de ferraille à l'arrière. Après avoir confié la responsabilité de l'avion à son copilote, il se dirigea vers l'arrière pour trouver la cause du bruit. La vérification de la porte arrière fit qu'elle s'ouvrit soudainement devant lui. Il dut s'agripper durant 10 minutes à la portière, tantôt dans l'appareil tantôt suspendu dans le vide, le temps que son copilote procède à un atterrissage d'urgence. Il s'en est tiré avec des ecchymoses.

Les *pilotes* qui survolent Las Vegas sont confrontés à un problème aigu. Les spectacles lumineux aux rayons laser au-dessus des casinos les aveuglent totalement lorsque d'aventure le rayon pénètre dans le cockpit. Une récupération partielle de la vue peut prendre de trois à cinq minutes et une récupération complète peut nécessiter 45 minutes.

Les égarés

La conduite à gauche exige un volant... à droite. Forcément. Mais lorsqu'une voiture munie d'un tel volant roule sur les routes d'un pays où la conduite est à droite, il peut survenir des anecdotes fâcheuses. C'est ainsi qu'un digne citoyen britannique, qui a supplié de garder l'anonymat, a parcouru 150 kilomètres sur l'autoroute qui relie Toulouse à Narbonne, en France, sans se rendre compte qu'il avait *oublié sa femme* à un poste de péage. Descendu pour aller quérir un ticket d'autoroute, parce qu'il ne pouvait atteindre le distributeur accessible seulement aux voitures dont le volant est à gauche, il ne s'était point aperçu que sa tendre moitié était descendue pendant qu'il reprenait place au volant. N'eût été d'une furieuse envie de vider sa vessie, qui sait s'il s'en serait jamais rendu compte.

L'entraînement des pilotes sert également à les former comme navigateurs de première classe. Deux *pilotes américains,* lors d'un vol de Detroit à Francfort, n'ont pas fait honneur à leur métier. Ils ont viré du mauvais côté au-dessus de Londres et ont atterri à Bruxelles plutôt qu'au lieu de leur destination. Une simple erreur.

Mais qui semble courante! Les passagers d'un *Dash 8,* assurant, en 35 minutes, la liaison entre Chiayi, à Taïwan, et la capitale, Taipei, croyaient à un détournement lorsque leur appareil s'est finalement posé sur l'île lointaine de P'eng-hu. Le pilote confus s'est confondu en excuses: il s'était tout simplement trompé de destination. La compagnie l'a absous en disant que la faute était imputable à des assignations complexes.

Un pilote d'Alitalia qui assurait la destination Milan-Pescaria a déclenché une bagarre en règle après avoir averti les passagers de son avion avant le décollage qu'il avait décidé de *supprimer l'escale* d'Ancône pour rattraper les deux heures de retard subi à l'aérogare de Milan. La décision provoqua une véritable rixe entre les passagers, les uns voulant empêcher le décollage, les autres appuyant la décision du commandant de bord. L'intervention de la police a été nécessaire pour rétablir l'ordre. Après un nouveau retard, l'avion a enfin décollé, l'escale d'Ancône ayant été rétablie.

Plusieurs milliers de voyageurs ont eu moins de chance et ont dû patienter à l'*aéroport* de Rostov-sur-le-Don, en Russie, lorsque ce dernier a été fermé durant quatre heures parce que la direction de l'établissement avait «*oublié*» de s'acquitter de la facture du service météorologique. Plusieurs vols ont été retardés et de nombreux autres jusqu'à ce qu'un accord survienne entre l'aéroport situé à 1 000 kilomètres de Moscou et le service de météo du Caucase nord.

Un *passager éméché* a failli provoquer une catastrophe en s'emparant des commandes d'un avion-taxi qui roulait à 150 km/h et s'apprêtait à décoller de l'aéroport de Bridgeport (Virginie) en direction de Pittsburgh. Hurlant qu'il voulait descendre, Earl Cleaver a décoché un coup de poing au copilote qui voulait s'interposer. Finalement, ce sont des passagers qui finirent par l'attraper par un pied et par l'immobiliser pendant que le pilote freinait l'avion en catastrophe. La police a accueilli le passager récalcitrant dans une jolie cellule.

C'est dans un hôpital qu'on a dû expédier un Canadien de 47 ans, Raymond Reimneitz, durant une envolée d'un appareil de KLM de Toronto à Amsterdam qui a dû *atterrir d'urgence* à Glasgow, en Écosse. Plusieurs des 300 passagers ont commencé à s'inquiéter lorsque l'homme s'est jeté à genoux et a commencé à prier, avant de tenter de s'introduire dans la cabine de pilotage à plusieurs reprises. L'escale imprévue a duré trois heures, le temps de savourer un bon scotch, quoi.

Un couple de Toronto a été gratifié d'un *cadeau céleste* indésirable lorsqu'un bloc de glace bleu et vert a traversé le toit de sa résidence et a raté de peu son lit. Il s'agissait du contenu solidifié des toilettes d'un avion. Un porte-parole de l'aéroport international Pearson a reconnu qu'un incident de cette nature se produisait, mais rarement, au cours d'une décennie. L'épouse de George Neseveremko, Fanzia Zaig, a eu un commentaire moins évasif: «C'était un gros bloc de glace, plein d'excréments, qui sentait très, très, très mauvais et qui m'a fait lever le cœur.»

∫a.

Le pilote d'un Mac Douglas-80 d'Alitalia a dû procéder à un **atterrissage manuel** à Turin parce qu'un **téléphone cellulaire** non éteint à bord de l'appareil a interféré avec les instruments de bord. «Nous avons failli ne pas atterrir», a commenté le pilote peu amène.

∫a.

Le *Sunday Times* de Londres a procédé à une étude des **horaires des compagnies aériennes** qui lui a permis de conclure en 1995 que «les compagnies aériennes qui promettaient jadis que les réactés couperaient la durée des vols autour du monde prennent désormais plus de temps à transporter les passagers à destination». Sur certaines routes du ciel, «la durée du vol a presque doublé et certains signes laissent entrevoir qu'elle ne fera que s'allonger». Ça va bien…

∫a.

Les passagers d'un **train immobilisé** près de Birmingham en Angleterre entendirent avec étonnement une voix leur dire dans le haut-parleur: «Veuillez nous excuser pour le délai; le conducteur ne connaît pas la voie à prendre.» Des réparations sur la voie avaient obligé le conducteur à s'écarter de son chemin et il a fallu faire venir un autre conducteur, après une attente de 40 minutes, pour remettre le train sur les bons rails. Les conducteurs sont entraînés pour un nombre limité de trajets, ce qui explique la confusion du pauvre homme.

∫a.

L'unique passagère d'un **minibus** de la Société des transports de la Communauté urbaine de Montréal a dû prendre le volant du véhicule lorsque le chauffeur s'est endormi et est tombé en bas de son banc. Le minibus se dirigeait vers un lampadaire sur le terre-plein qui sépare deux voies d'un boulevard lorsqu'elle est parvenue à l'immobiliser. Le chauffeur, qui s'est réveillé alors qu'elle parlait avec la centrale de la STCUM, lui a demandé ce qui s'était passé, et a repris le volant pour la reconduire jusque chez elle, à Pierrefonds.

Roy Faubert, des environs de Guelph en Ontario, avait décidément de la suite dans les idées. Arrêté pour avoir conduit sa voiture alors que son permis était sous le coup d'une suspension, il s'est présenté en cour *tellement ivre* qu'il n'a pu répondre aux questions qu'on lui posait. À la date ultérieure où avait été reportée sa comparution, l'homme, toujours sans permis, a conduit sa voiture jusqu'au Palais de justice, mais toujours aussi imbibé que la première fois. Une fin de semaine derrière les barreaux l'a rendu plus lucide. Il s'est excusé auprès de la juge Marietta Roberts. «Je n'avais pas eu le temps de me dégriser», a-t-il avoué au magistrat qui s'est montré magnanime. Faubert a écopé deux sentences de prison de deux mois... à purger concurremment.

Mais la mésaventure d'un *conducteur allemand* est encore plus aberrante. L'homme de 38 ans fut mis sous arrêt à Gotha avec un taux d'alcoolémie de 4,48 grammes par litre de sang. Se sentant l'esprit légèrement embrouillé, il avait tenté de mettre sa voiture sur les rails du tramway pour se guider. Il fut facilement cueilli lorsque sa voiture resta bloquée. Curieusement, il était tout à fait en état de marcher droit, au grand étonnement de la police qui n'a pu lui retirer son permis puisqu'il n'en possédait pas.

Un *chauffeur de fourgonnette* en état d'ébriété qui circulait tous phares éteints sur une piste cyclable (sic) a blessé six jeunes cyclistes, dont un sérieusement, à Pointe-Calumet, au Québec. L'individu de 38 ans avait déjà été condamné pour une semblable offense.

Un camion évalué à 300 millions de dollars figure désormais au musée d'El Alamein en Égypte consacré à l'histoire de la Seconde Guerre mondiale. Le véhicule britannique d'époque a été découvert en bon état au milieu du désert. Même les munitions découvertes à bord étaient intactes. Il a fallu aux techniciens une simple opération de nettoyage (le camion était devenu le refuge des serpents) et la réparation d'une crevaison pour le remettre en marche. Il se trouvait à 2 000 kilomètres au sud d'El Alamein, où Allemands et Alliés se sont férocement battus jadis. Le chauffeur égaré avait parcouru toute cette distance grâce à 48 réservoirs retrouvés vides à bord. Son principal repas? Le lait. Plusieurs bouteilles vides furent découvertes dans le camion.

ja

Les conducteurs iraniens sont imprudents et ne respectent **aucune règle de circulation.** Bien qu'il n'y ait que trois millions de véhicules en circulation dans le pays des ayatollahs, on compte 37 000 accidents graves chaque année, qui font environ 2 000 morts. Avec 120 accidents pour 10 000 véhicules, le pays se place haut la main au premier rang, la moyenne dans le monde étant généralement de huit à douze accidents pour 10 000 véhicules.

Les profiteurs

Un conducteur new-yorkais dont le permis avait été suspendu 633 fois en cinq ans a finalement été coffré par la police. L'homme, qui avait été **interpellé plus d'une centaine de fois** pour des infractions routières, avait l'habitude de se présenter sous de fausses identités ou de donner de fausses adresses. Il ne se rendait jamais aux convocations des tribunaux qui prononçaient alors contre lui des suspensions de permis de plus en plus longues.

ja

Copenhague au Danemark a décidé de prendre les grands moyens pour lutter contre la **pollution.** 5 000 bicyclettes ont été mises à la disposition des citadins sur des supports installés à divers endroits. Contre un certain montant d'argent, n'importe qui peut louer une bicyclette; la somme est remise au locateur lorsqu'il replace la bicyclette sur son support.

ja

La ville de Washington a placé des observateurs et des caméras automatiques à une intersection achalandée pour découvrir quel genre de personnes grillaient les **feux rouges.** Un tiers des 1 373 automobilistes observés n'a pas arrêté son véhicule au signal lumineux. Une vérification des plaques minéralogiques a permis de constater qu'il s'agissait de jeunes conducteurs, inexpérimentés et plus souvent condamnés pour manquement aux règlements de la circulation que ceux qui s'immobilisaient. L'origine ethnique n'avait aucune influence sur le comportement.

Les **chauffeurs d'autobus** du comté de Broward, en Floride, peuvent porter des gants de caoutchouc mis à leur disposition par les autorités locales, s'ils le désirent, afin d'éviter d'attraper le **virus du sida** en manipulant les tickets. «Certains les mettent dans la bouche, d'autres dans leur pantalon ou leur soutien-gorge», a expliqué un chauffeur qui «préfère ne pas savoir où ils les ont mis.»

Depuis 1950, le père Orozco de l'église Notre-Dame-de-la-Santé de Colombie a recueilli quelque 7 millions $ à raison de 3 000 $ par dimanche. Ses paroissiens sont-ils généreux? Pas vraiment. En fait le bon père s'est trouvé une façon de **profiter de l'amour** des propriétaires d'automobiles: il leur demande 1 $ pour bénir leur voiture.

La mauvaise réputation que s'est value la Floride avec les attaques meurtrières contre les touristes a incité la compagnie de **locations d'autos** Avis à installer des «boutons de panique» à bord de ses véhicules. Le bouton qu'on enfonce alerte immédiatement une centrale qui peut repérer ainsi la position exacte d'un client.

Certains États américains font l'expérience d'un appareil électronique portatif qui permet à un contrevenant de régler immédiatement l'**amende** que vient de lui imposer un policier de la route.

Luc Gaudal, un chauffard de Roubaix en France qui avait tué une sexagénaire **en grillant un feu rouge,** avait du front tout le tour de la tête. Quelques heures après le décès de la dame, il s'est tranquillement présenté à un commissariat de police pour porter plainte pour des dégâts qui, prétendait-il, avaient été causés à sa voiture alors qu'elle était en stationnement à Lille. Mal lui en prit. Il fut aussitôt confondu grâce au signalement du véhicule relevé par des témoins et à la présence de cheveux sur le pare-choc enfoncé, laissés par la victime lorsqu'elle fut traînée sur une dizaine de mètres.

L'Association européenne de l'automobile a établi qu'il s'est vendu plus de Mercedes 600 (le modèle le plus luxueux) à **Moscou** en 1993 que dans tout le reste de l'Europe.

L'ivresse a eu du bon pour un individu de Calgary qui s'était endormi sur une **voie ferrée.** Le train qui lui a passé dessus sans le blesser d'aucune façon roulait lentement parce qu'il venait de quitter la cour de triage et son conducteur a pu l'immobiliser au-dessus de l'ivrogne. Lorsque la police l'a éveillé pour le tirer de sous le train, il s'est mis en colère parce qu'on avait interrompu sa sieste. Bons princes, les policiers l'ont mené à une gentille cellule où il a pu reprendre son roupillon.

La stagnation des ventes a inspiré à un **concessionnaire d'automobiles** de Rockland, en Ontario, l'idée d'échanger des véhicules contre n'importe quoi de valeur égale; motoneiges, bateaux, terrains, tout était passible de valoir un véhicule. Mais Michel Patenaude a eu la surprise de recevoir un appel d'un client qui lui proposait… 16 autruches. Il n'a pas hésité: il a remis à l'éleveur une Corvette décapotable de 1989 évaluée à 30 000 $, une fourgonnette de 18 000 $ et un «six-roues» de 9 000 $. Les 16 **autruches** adultes ont pris le chemin de la ferme d'un éleveur ami de l'homme d'affaires. Les autruches sont de plus en plus populaires en Amérique du Nord, d'abord pour leur viande qu'on compare au filet mignon sans gras ni cholestérol, mais aussi pour leurs plumes et leur peau qui fait un excellent cuir.

W

comme dans... wahhabisme

Allah égare qui Il veut, et Il guide qui Il veut.
Il est le puissant, le Sage.

Le Coran

L'intégrisme musulman est à l'ordre du jour en cette fin de siècle. Autant que l'intégrisme chrétien d'ailleurs. (Relisez le chapitre R...)

Les historiens du futur se chargeront d'expliquer les causes de cet engouement international pour l'étroitesse d'esprit. Fidèle au mandat que je me suis donné, je me confine dans la description d'agissements étonnants.

Non sans méditer la citation du Coran en exergue...

Les irréductibles

Un tribunal de Chardhjah a condamné 10 comédiens indiens à six ans de prison pour avoir interprété une pièce de théâtre dans laquelle des *fourmis* mangent les corps de Jésus, Mahomet et Karl Marx.

∾

Dans certains pays, les manifestations publiques de tendresse portent à *conséquence.* Un jeune homme du Caire, qui avait embrassé sa fiancée sous les yeux du juge présidant au procès de son frère, a immédiatement été condamné à 24 heures d'emprisonnement. La jeune fiancée, ayant l'audace de contester la décision du magistrat, a aussitôt été condamnée à la même sentence. Ironie du sort, le frère inculpé a bénéficié d'un non-lieu et a été libéré.

∾

Le baiser excite les passions colériques. Un jeune paysan de 22 ans d'Abou Moslem au sud du Caire, est devenu *hystérique* en surprenant sa jeune sœur de 16 ans en train d'embrasser son prof de 35 ans qui venait à la maison pour lui donner des leçons particulières. Il les a égorgés sur-le-champ et a taillé leurs corps en morceaux, les laissant baigner dans une mare de sang. Les «crimes d'honneur» abondent dans la province égyptienne où les jeunes filles doivent préserver leur virginité jusqu'au mariage.

Les *préjugés,* on s'en doute bien, ont aussi une influence sur le sort des travailleurs. Au Koweit, un journaliste a été condamné à trois mois de prison avec sursis et à une amende de 500 dinars (1 650 $) pour avoir osé critiquer le port du voile par les femmes.

Non loin de là, en Arabie Saoudite, *le plus haut fonctionnaire* de l'État a montré pour quelle raison il était si bien payé: il a décrété que le roi Fahd ne pouvait être critiqué. Est-ce que ça ne vous rappelle pas l'infaillibilité de vous savez qui?

Les ***drogués*** du Bangladesh, un pays musulman, se sont vu imposer une punition radicale par la police locale. On leur rase le crâne en forme de croix. On évite ainsi de remplir les prisons du pays où la drogue circule allégrement.

&

Les pays musulmans ne badinent pas avec la vente de l'alcool. Un citoyen yéménite a été ***décapité*** en Arabie Saoudite pour être entré clandestinement six fois dans le pays y vendre de l'alcool qu'il fabriquait. La religion musulmane interdit en effet la consommation de l'alcool et de la ***drogue***.

&

Un couple d'étrangers de Dubaï, aux Émirats arabes unis, reconnus coupables d'adultère pendant le ramadan, ont été ***condamnés*** à 370 coups de fouet, soit 270 pour l'homme et 100 pour la femme. Ils ont ensuite été expulsés.

&

Les tenants de l'Islam ne portent pas les Américains dans leur cœur, comme c'est bien connu. Le séisme qui a frappé Los Angeles en janvier 1995 a d'ailleurs suscité un commentaire bien particulier de la part du cheik Mohamed Metoualli el Charaoui, prédicateur qui attire des millions de téléspectateurs chaque semaine en Égypte. Selon lui, le tremblement de terre a été ***envoyé par Dieu*** pour punir les États-Unis de n'avoir pas aidé les musulmans de Bosnie. Durant la guerre, les jeunes musulmans de Bosnie se voyaient distribuer à l'école un pamphlet d'un groupe appelé «Renaissance de la tradition islamique pour la Bosnie-Herzégovine» qui leur enseignait qu'ils se transformeraient en singes ou en ***porcs*** s'ils continuaient d'écouter des chansons accompagnées d'instruments musicaux ou de voix féminines.

L'anti-américanisme sous toutes ses formes soulève des passions virulentes. À Téhéran, en Iran, l'annonce de l'inauguration d'un faux McDonald's a suscité des manifestations d'intégristes qui ont menacé le propriétaire «d'actions fermes», ce qui a suffi à le faire battre en retraite. Les ***intégristes iraniens*** mènent aussi un combat de tout instant contre

Coca-Cola qui a recommencé à vendre son produit chez eux, faisant fureur auprès des jeunes.

∾

La multiplication des antennes paraboliques sur les toits des maisons iraniennes permettant de capter les chaînes de télévision étrangères a suscité la colère des **conservateurs religieux**. Ils ont forcé le gouvernement à les interdire. Dans le langage des extrémistes, ces antennes étaient des «paraboles sataniques».

∾

Le sens de l'humour n'est pas le propre de l'Iran où les paris sont interdits. Un homme de 31 ans qui avait parié 25 $ avec son père qu'il pénétrerait dans la partie réservée aux femmes dans un autobus a été **condamné** à 20 coups de fouet par un tribunal islamique. Le parieur avait pris soin de porter un long manteau et un foulard, mais il avait négligé de changer de chaussures. Repéré par des passagères intriguées, il a dû subir leurs insultes et les coups avant d'être remis à la police.

∾

Plusieurs dizaines de villageois de Nayagaon, au nord de l'Inde, ont assisté sans broncher au **meurtre** à coups de hache d'un jeune homme de 19 ans et d'une jeune fille de 17 ans qui avaient enfreint les règles de leur caste en tombant amoureux. Les crimes ont été commis, sous les encouragements de la foule, par les oncles de la jeune fille qui appartenait à une communauté de marchands, tandis que son prétendant était cultivateur.

∾

Dans l'émirat d'Abu Dhabi, un couple d'Indiens non musulmans et non mariés a été **condamné** à 80 coups de fouet chacun pour avoir été surpris presque nus lors d'une descente dans leur appartement. La loi islamique (charia) ne badine pas avec l'adultère qu'elle punit du fouet, comme la consommation d'alcool en public.

Un technicien en informatique britannique de 30 ans, Gavin Sherrard-Smith, l'a appris à ses dépens: il a été condamné à

50 coups de canne sur la plante des pieds et à *six mois de prison* avant d'être expulsé du Qatar pour avoir supposément vendu une dizaine de bouteilles d'alcool à un résidant musulman. L'avocat de l'accusé a soutenu que son client avait reçu l'argent en guise de dépôt sur une voiture qu'il avait accepté de vendre à son camarade de travail et que les bouteilles d'alcool avaient été acquises légalement en vue d'une célébration entre Britanniques à son domicile.

◊

Les forces nordistes du Yémen ont exprimé leur mépris de l'alcool durant le conflit avec le sud en 1995. Lorsqu'elles ont pris Aden, elles ont brûlé et détruit toutes les caisses d'alcool qu'elles ont pu saisir. Elle avaient précédemment détruit à la roquette l'unique brasserie de la péninsule arabique, construite en 1981 avec l'aide de l'Allemagne de l'Est. Les 200 personnes qui y produisaient chaque mois des bouteilles d'un demi-litre ont été *réduites au chômage.* En 1993, la brasserie avait fait un profit net de 8 millions $ US.

◊

Dans l'ancienne république caucasienne du Daghestan, on a décidé d'avoir recours aux *peines ancestrales islamistes* pour corriger les jeunes délinquants. Deux jeunes voleurs à la tire de Izberbashe, pris sur le fait, furent enfermés dans des cages et promenés par toute la ville sur la plate-forme d'un camion avant d'être remis, rouges de honte, à leurs parents venus les récupérer à la mosquée. Les policiers qui voulaient s'interposer ont vite été réduits à l'impuissance par la foule.

◊

Les sanctions de l'ONU à l'endroit de l'Irak imposent d'importantes pénuries alimentaires. Le ministère du Commerce s'est montré *menaçant* à l'endroit des fermiers qui refuseraient de vendre leurs récoltes au gouvernement (à son prix évidemment). Un premier refus leur vaudra l'amputation de la main droite, comme pour les voleurs. On coupe une jambe aux voleurs récidivistes condamnés une seconde fois. Comme la loi qui punit les fermiers est la même que pour les voleurs, on peut croire que le commerce des céréales avec le gouvernement sera florissant tant que Hussein sera au pouvoir.

Les grandes opinions

Sous quelque ciel que ce soit, l'intégrisme musulman n'a de cesse d'imposer sa *rectitude morale.* Les fidèles de Singapour, qui constituent 17 % de la population de trois millions, se sont vu interdire de célébrer la Saint-Valentin parce que l'islam interdit aux hommes et femmes non mariés de se fréquenter. Le conseil religieux islamique de la ville estime qu'une telle pratique peut déboucher sur «des activités malsaines».

∾

Le ministre jordanien des télécommunications, Jamal Sarayrah, a enjoint les jeunes de cesser d'utiliser les «téléphones roses» annoncés dans plusieurs magazines. «Ces appels nuisent à la famille jordanienne et violent les *normes sociales* du pays.»

∾

À Çorum, en Turquie, le maire islamiste Mustafa Asila a *refusé que l'eau soit chlorée* parce que cela allait à l'encontre «des règles d'ablution de l'islam». Résultat? 22 personnes sont mortes et plusieurs centaines d'autres ont dû être hospitalisées à la suite d'une épidémie d'infection intestinale.

∾

Un groupe *fondamentaliste* pakistanais, le mouvement Jamaat-e-Islami, a réclamé l'extradition vers le Pakistan des écrivains Salman Rushdie et Taslima Nasreen, ainsi que de Michael Jackson et Madonna. Les deux chanteurs sont accusés de «répandre l'obscénité» dans leurs chansons, tandis que les auteurs sont mis en cause pour «blasphème».

∾

Les imams des mosquées des Émirats arabes unis ont déclaré conjointement que le *sida* «n'est que l'un des aspects de la punition infligée par Dieu à ceux qui sont sortis de son chemin et ont succombé à leurs désirs prohibés. La meilleure prévention contre ce mal est de s'en tenir fidèlement aux enseignements de l'islam qui interdisent la perversion et la mixité sexuelle coupable».

∞

Le mufti d'Égypte, Mohammad Sayed Tantaoui, juge «illicite» le tabac pour les gens pauvres qui n'arrivent pas à nourrir leur famille. «*Fumer* n'est pas souhaitable du point de vue religieux, mais toléré si le consommateur est aisé, ou s'il ne peut se concentrer sur son travail qu'avec le tabac.»

∞

Un heureux gagnant de 400 000 $ à la loterie malaise a préféré renoncer à cette petite fortune en invoquant des motifs religieux. Le résidant de Kuala Lumpur a reconnu avoir contrevenu aux *préceptes de l'islam* en achetant un billet de loterie, mais a excusé sa faute en disant qu'il était persuadé qu'il ne gagnerait pas. Bien que pauvre, le gagnant a préféré respecter cette fois l'enseignement de l'islam.

Le danger d'être une femme

Au Niger, un autre pays musulman, des habitants de Zinder ont *dévêtu en public* des lycéennes et des prostituées accusées par des marabouts (des zélés pieux) de porter des tenues «indécentes» et d'empêcher ainsi «la pluie de tomber». Les jeunes femmes soumises à la vindicte religieuse portaient des... minijupes.

∞

Trente-cinq ans après sa création et 800 millions d'exemplaires plus tard, la poupée Barbie demeure un symbole. De quoi, personne ne le sait, mais elle continue tout de même de faire parler d'elle; le marché chinois s'ouvre d'ailleurs à Barbie. Ailleurs, c'est plutôt de fermeture de marché dont il faut parler. Parce qu'il trouvait que «les courbes du corps ressemblent trop à celles d'une femme adulte», Khaled al Maskour, président du conseil chargé de mettre en œuvre la loi islamique, a décrété *l'interdiction de la pauvre Barbie* au Koweit. En dépit des protestations des parents qui souhaitaient qu'on s'en prenne plutôt à la violence des émissions télévisées américaines, le directeur administratif de l'École coranique du Koweit, Souleiman Madani, a soutenu la décision de son confrère, arguant que Barbie ressemblait trop à des statues de femmes, «prohibées dans l'islam». Il a justifié sa décision en disant: «Nous ne voulons pas que nos enfants copient le style occidental de vie, de corps ou de coiffure.»

∾

En Égypte, pays qui avait connu une vague d'occidentalisation à partir des années 50, le port du *hidjab* est de plus en plus observé. Il existe même au Caire des boutiques qui vendent exclusivement ce vêtement. Plusieurs femmes disent le porter ***pour éviter d'être harcelées*** par les hommes dans la rue.

∾

À Téhéran, en Iran, les forces de l'ordre appréhendent les femmes dont la tenue est jugée non conforme aux «***critères islamiques***», lesquels stipulent que la femme doit porter le ***tchador*** ou un imperméable sombre et un grand foulard cachant les cheveux. Dans ce pays où la rectitude religieuse est une question de vie ou de mort, les coupes de cheveux préoccupent au plus haut point les irréductibles de la loi islamique, toujours à l'affût d'une impie à châtier. Des inspecteurs hantent les salons de coiffure soupçonnés de commettre le crime de la coupe «à la mode» sur de jeunes collégiens écervelés. Peut-être parce qu'ils sont passibles de fermeture, les coiffeurs ont bien accueilli ces mesures et se sont engagés à éviter les coiffures «décadentes», selon le chef de la police de Téhéran.

∾

En Algérie, où des ***centaines de femmes ont été assassinées*** par les ultra-orthodoxes parce qu'elles refusaient de porter le *hidjab,* l'imam d'Alger, Cheikh Mekerbeb, a apporté une précision dans le dossier de la femme qui en a sans doute réjoui plusieurs. Il a déclaré que la femme devait être considérée «comme un être humain et non uniquement comme une femelle». Il a précisé en outre que la femme «a le droit de travailler, de sortir dans les lieux publics pourvu qu'elle s'habille et marche d'une manière pudique».

∾

La France a été secouée depuis quelques années par *la controverse autour du port du voile* par les fillettes musulmanes en classe. Le ministère de l'Éducation a demandé aux directeurs d'établissements scolaires d'interdire le port «ostentatoire» de signes religieux. Des protestataires soutenues par des militants islamistes ont parfois bloqué l'entrée des écoles et furent délogées par la police. Le philosophe français André Glucksmann trouve logique qu'on interdise le port du voile en classe parce qu'il est devenu «un emblème terroriste». Il ajoute: «Il n'y a pas d'exemple de catholiques ou de juifs tuant des coreligionnaires parce qu'ils refusent de porter une croix ou une kippa.»

∾

Les *femmes algériennes,* comme le démontre souvent l'actualité, s'exposent à la mort si elles refusent de porter le voile. L'Organisation de la jeunesse algérienne réplique en menaçant de tuer 20 barbus et 20 femmes voilées pour chaque assassinat par le Front islamique d'une femme non voilée. En somme, les femmes doivent rester chez elles dans le noir, quoi. Un tract islamiste algérien est non équivoque: «Celle qui porte le voile en entier, rien ne lui sera fait. Celle qui porte le foulard, que Dieu l'aide. Celle qui ne portera rien, le poignard l'attend.» Et si on demandait aux hommes de se dissimuler le visage sous un mouchoir comme les cow-boys des westerns de mon enfance? Ça ferait chic, non?

Le plus ahurissant dans cette histoire de voile, c'est que le *machisme* musulman semble susciter de l'attrait chez les Occidentales. Les féministes et les organismes chrétiens de femmes d'Angleterre n'en reviennent pas: des milliers de femmes britanniques se convertissent chaque année à l'Islam. La plupart sont des célibataires éduquées, précise le *Sunday Times* de Londres. La modernisation croissante des Églises anglaises pourrait en être la raison, croit-on généralement.

∾

La lapidation demeure, avec la décapitation, une *punition* encore en vigueur selon la loi musulmane. À Dera Ismail Khan, une Pakistanaise a été condamnée à mort par lapidation pour s'être mariée en secondes noces sans avoir divorcé de son premier mari. La cour a refusé de croire que son premier mari avait divorcé d'elle verbalement, procédure pourtant prévue par l'Islam. Le second mari a été condamné, lui, à cent coups de fouet. Égalité, égalité, quand tu nous tiens.

∾

Une Iranienne, mariée et mère de famille, a été *mise à mort par lapidation* à Qom, au sud de Téhéran, après avoir été reconnue «coupable d'adultère» par un tribunal islamique. Elle était également accusée de «collaboration avec un réseau de propagation de la prostitution». La foule est responsable de la lapidation des condamnés. Les hommes sont enterrés jusqu'à la taille, les femmes jusqu'aux aisselles.

∾

Des *milliers d'employées* philippines et d'autres pays asiatiques quittent difficilement les pays du Golfe chaque année en raison des mauvais traitements infligés par leurs employeurs qui refusent de leur payer leur salaire, les battent et les agressent sexuellement. Une adolescente philippine qui avait tué son employeur qui l'avait violée a échappé de justesse à la peine capitale lorsque le tribunal islamique des Émirats arabes unis a annulé un précédent verdict, sans explication. Un *juge du tribunal* avait même affirmé qu'elle était encore vierge bien qu'un examen médical ait démontré hors de toute doute que son hymen avait été déchiré.

∾

En Somalie, les *tribunaux islamiques* ont fleuri depuis la chute de l'ex-président Syad Barré en janvier 1991. L'un d'eux s'est illustré à Mogadiscio en procédant à l'exécution d'une sentence qu'il avait prononcée: le président de ce tribunal a coupé à l'aide d'un rasoir la lèvre d'une jeune femme pour la punir d'en avoir fait autant en mordant une camarade lors d'une dispute. Les trois juges ont d'abord pensé à permettre à la victime de *se venger* en mordant elle-même la lèvre, mais ils ont craint qu'elle n'arrache un morceau plus grand. L'utilisation de ciseaux a été rejetée pour la même raison. Finalement, un fonctionnaire du tribunal a tracé au stylo la portion exacte de la lèvre inférieure qui a été excisée au rasoir.

∾

Un journal iranien a critiqué le mariage d'un homme de 107 ans et d'une jeune femme de 20 ans, disant qu'il n'était que l'expression d'une *attitude chauvine* d'hommes souhaitant extérioriser leur... virilité (sic).

∾

La chirurgie esthétique pour les femmes n'est *pas bien vue* en Égypte. Le mufti Mohammed Sayed Tantatoui la juge contraire à l'islam. Pour lui, elle est «illicite si elle vise à mettre en relief les charmes (de la femme) car elle aurait pour but de changer l'être créé par Dieu».

Les concessions

Même les religions les plus austères doivent succomber à l'obligation de *s'adapter à l'évolution* si elles veulent se garder une certaine clientèle. Face à un besoin croissant de salles de cinéma et à la montée de l'intérêt pour la vidéo, toujours considérée comme illégale, l'Iran a dû se résoudre à transformer certaines mosquées en salles de projection. Les chefs de la religion islamique ont admis qu'ils perdaient du terrain dans la lutte aux films occidentaux «corrompus» que leurs ouailles visionnent en cachette sur des magnétoscopes. Des réseaux souterrains de location distribuent même des films pornos. Dans ce pays de 60 millions d'habitants, on évalue à deux millions le nombre de propriétaires d'un magnétoscope, bien que sa possession soit illégale. L'introduction frauduleuse d'antennes paraboliques force les autorités à accélérer le processus de conversion de certaines mosquées. L'Iran a perdu

130 de ses 400 salles de cinéma à la suite de la révolution religio-culturelle de 1979; certaines avaient été brûlées parce que considérées comme des lieux de perdition.

∾

La compagnie Toyota a dû interrompre la diffusion d'une campagne publicitaire à la télévision sud-africaine parce qu'elle mettait en scène un *porc,* ce qui offensait les musulmans locaux qui considèrent cet animal comme «sale et impur». Les dirigeants de la compagnie ont remplacé le porc par des... poulets.

∾

British Airways sait s'accommoder des *particularités* de sa clientèle. Sur l'envolée entre l'Angleterre et l'Arabie Saoudite, une «cabine familiale» non fumeurs est réservée aux femmes qui voyagent seules, ou avec des enfants, ou avec un compagnon dûment identifié. Les hommes célibataires, ou qui voyagent seuls ou encore en groupe, sont placés dans une autre section de l'appareil. Qui a dit que le *tchador* protégeait de la concupiscence?

∾

Les lois anti-blasphèmes en vigueur au Pakistan depuis les années 80 ont vu la **condamnation à mort** de six personnes. Aucune cependant n'a été exécutée. En 1995, un adolescent chrétien de 14 ans et son oncle furent reconnus coupables par un tribunal de Lahore d'avoir tracé des slogans anti-islamiques sur les murs d'une mosquée. Les slogans en question ne furent jamais cités au procès puisqu'ils étaient blasphématoires. Leur acquittement subséquent par la Haute Cour de Justice de Lahore déclencha des manifestations d'islamistes en colère qui firent huit blessés et se soldèrent par une centaine d'arrestations.

∾

En Arabie Saoudite, les coupables de crimes graves ont **la tête tranchée** après la prière du vendredi. En 1994, 58 personnes passèrent ainsi de vie à trépas. À la fin de 1995, on en comptait 176, soit beaucoup plus que le record de 120 établi en 1989. Mais il arrive que le bourreau n'ait pas à faire son office. Abdelaziz Atayya al Amri, 20 ans, reconnu coupable de meurtre, était à quelques secondes de recevoir le coup fatal lorsque le père de la victime proclama qu'il lui pardonnait. Conformément à la charia (loi islamique), le supplicié fut épargné. Il était mineur au moment du crime qu'on lui imputait.

X

comme dans... xénophobie

Une idée juste dans laquelle on s'installe,
à l'abri du vent et de la pluie
pour regarder les autres hommes
piétiner dans la crotte,
ce n'est plus une idée juste,
c'est un préjugé, rien davantage.

Georges Bernanos

Peut-on faire de l'humour autour de la xénophobie et des préjugés? J'en doute. Mais le phénomène est indéniable et se vérifie chaque jour.

Les préjugés sont le fumier qui aide à la croissance d'idées plus généreuses et les anecdotes qui suivent en témoignent.

Certains «créateurs» se sentent au-dessus de toute éthique. Mal en prit à un dessinateur à la pige engagé par la firme américaine AT & T pour illustrer son journal interne livré aux 300 000 employés. Il y avait **symbolisé les habitants** du continent africain par un singe, ce qui lui valut un congédiement immédiat.

♣

S'il est difficile d'endurer les étrangers, imaginez comment il peut être **difficile d'endurer ses proches** dans certaines circonstances. Durant la période de phobie nucléaire du début des années 60, des milliers d'abris furent construits aux États-Unis par des particuliers qui voyaient des communistes jusque dans leur soupe en conserve. Mais cette hallucination collective ne donnait pas toujours les résultats les plus exaltants. La famille Bachman, du New Jersey, qui avait tenté l'expérience de vivre deux semaines dans un abri domestique, a évoqué le souvenir de cette mésaventure pour des journalistes 30 ans plus tard. L'ex-épouse (le couple a divorcé peu de temps après l'expérience) a eu un commentaire haut en couleur pour son mari d'alors: «J'aurais pu le tuer.» L'une de ses quatre filles ne peut plus voir du Spam froid sans éprouver des envies de jeûne total. L'ex-épouse, victime d'une pneumonie, avait dû abandonner la partie avec leur bébé de 11 mois, pendant que son mari s'entêtait à rester dans l'abri avec les 3 autres fillettes âgées de 5, 4 et 2 ans. L'une d'elles a commenté: «Nous ne parvenions pas à croire en sortant que nous avions pu participer à cette expérience durant toute sa durée, sans nous entretuer.»

♣

Et pour ceux qui croient que la Terre n'a plus de secret, sachez que des scientifiques chinois ont mis au jour une forêt vierge de type karstique primaire dans la province de Guangxi (au sud du pays). Ils y ont étudié durant un mois 11 espèces de plantes rares ou en voie de disparition, plus d'une douzaine de variétés de champignons souterrains, 19 espèces d'animaux protégées et neuf sortes d'insectes méconnus. L'emplacement exact n'est pas révélé pour *le protéger des indésirables.* Voulez-vous parier qu'il s'y installera tout de même un jour un McDonald's?

♣

Le cas d'un couple chinois d'Anyi, dans la province du Jiangxi, a sans doute beaucoup contribué à alimenter les superstitions locales. Dans cet endroit reculé du sud-est de la Chine, la mère a donné naissance à un enfant... noir aux cheveux roux. Tous les examens auxquels on a soumis le garçon se sont révélés vains: la coloration de sa peau est inexplicable. On imagine la vie malheureuse qui attend cet enfant dans un pays où les Noirs sont considérés comme des *êtres inférieurs.* De violents affrontements ont opposé à maintes reprises des étudiants autochtones et des étudiants africains en Chine communiste, où on demande d'ailleurs à l'étranger de payer plus cher tout ce qu'il achète.

♣

Un tribunal de Los Angeles a accordé 1,25 million $ à Niles DeGrate, un avocat noir qui poursuivait le cabinet Eaton Corporation pour *discrimination raciale,* l'accusant de lui avoir fait perdre toute confiance en le conduisant à quitter un poste qui lui rapportait 50 000 $ par année. L'avocat, qui se défendait lui-même, était si démuni financièrement qu'il devait dormir dans les escaliers du tribunal. Un confrère s'étant joint à lui à quelques jours du procès, il a mieux pu préparer sa cause. La juge Florence-Marie Cooper a estimé qu'en dépit de l'insuffisance de preuves démontrant un licenciement abusif, il avait été largement prouvé que l'avocat avait subi un environnement marqué par «la discrimination, l'intimidation, les railleries et l'insulte, d'une façon suffisamment grave pour détériorer ses conditions de travail».

♣

Le Bhoutan est un petit État d'à peine 1,5 million d'habitants, jouxtant l'Inde et la Chine. Il est si *replié sur lui-même* qu'il ne laisse entrer que 3 000 touristes par année. Le visa n'est accordé que sur versement d'une somme de 220 $ par jour de séjour.

Un lapin est mort après avoir mangé un des biscuits britanniques destinés aux orphelins de la Géorgie. Ces biscuits, un présent «humanitaire» de la Grande-Bretagne aux pauvres enfants, avaient été fabriqués... en 1947. Leur aspect avait suscité une expertise par une agence gouvernementale géorgienne. Avec de tels *bienfaiteurs,* qui a encore besoin de tortionnaires?

♣

Les habitants de Reggio de Calabre ont été *suffoqués de voir* une équipe de télévision britannique jeter des préservatifs et des seringues pour faire plus couleur locale en tournant un reportage sur la dégradation du Mezzogiorno.

♣

À Boissiers, en Louisiane, le directeur d'une école et sa conseillère en orientation ont dû présenter des excuses à 16 *étudiants étrangers* d'un programme d'échange linguistique pour leur avoir adressé un message écrit dans lequel on leur demandait: «de ne pas choquer leurs hôtes américains avec leurs odeurs corporelles», et «d'adopter des pratiques quotidiennes d'hygiène». Le message avait été mis dans la boîte aux lettres de chaque étudiant étranger après qu'un enseignant se fut plaint de l'hygiène de certains de ses élèves. Trois d'entre eux s'étaient élevés contre de telles façons de faire.

♣

À Chicago, un couple blanc âgé ne pouvait supporter de voir les maisons de leur rue vendues de plus en plus à des *familles d'immigrants* généralement de couleur plus foncée que la leur. Ils ne tarissaient pas d'insultes et de menaces à l'endroit de leurs voisins dans l'espoir que le harcèlement finirait par les convaincre de déménager. Leur voisin immédiat, un Latino-Américain à l'emploi de la police municipale, a fini par en avoir assez au bout de neuf ans de méchancetés de toutes sortes et il a engagé un procès réclamant 10 millions $ pour violation de ses droits civils. Le juge ne lui a pas accordé cette somme, mais il a décrété que le couple blanc retraité devait mettre sa maison en vente et chercher un quartier où la vue des épidermes sombres ne les rendrait pas maboules.

Une ***question d'épiderme*** est également à l'origine du congédiement d'une jeune présentatrice blanche de la station WDIV de Détroit. Durant le bulletin de nouvelles qu'elle animait, un reportage sur les jeunes célibataires au cours duquel une jeune Noire disait préférer les homme «à la peau chocolat» fut suivi de la présentation d'un reportage sur l'anniversaire d'un gorille au zoo municipal. Michelle Leigh s'est ensuite adressée à ses deux coprésentateurs, un Noir et un Indien, pour leur dire en parlant de l'animal: «Est-ce qu'on peut considérer ça comme une peau chocolat?» Après plusieurs secondes de stupeur de la part des deux hommes, l'émission a pu continuer. Mme Leigh a été avisée ensuite de chercher un autre emploi, même si elle s'est excusée en soulignant que la sanction était trop sévère puisque ses propos n'avaient fait que «dépasser sa pensée».

♣

Le jour du cinquantième anniversaire de la libération du camp d'Auschwitz (27 janvier 1945), un animateur d'une station française, Fun Radio (ah! ineffable beauté de la langue de Molière!), s'est illustré lui aussi par des ***propos*** qui lui ont valu les foudres du Conseil supérieur de l'audiovisuel en disant du camp de concentration polonais que c'était «une maison de campagne à l'abandon dont il faudrait retaper la couverture».

Y

comme dans... yen

*En déclarant hautement que c'est en Orient que
la connaissance intellectuelle pure peut être
obtenue, tout en s'efforçant en même temps de
réveiller l'intellectualité occidentale, on prépare,
de la seule manière qui soit efficace, le
rapprochement de l'Orient et de l'Occident.*

René Guénon

Les journaux occidentaux manifestent un appétit démesuré pour les nouvelles en provenance du Japon. Le pays fascine et irrite tout à la fois.

L'ancienne première ministre de France, Édith Cresson, ne s'est-elle pas un jour mis les pieds dans la salade pour avoir prononcé des commentaires fort peu gentils à l'endroit de l'amour irrépressible des Japonais pour le travail?

Pourquoi accorde-t-on tant d'attention aux Japonais? Parce qu'ils fabriquent de meilleures voitures? De meilleurs téléviseurs? De meilleurs sushis? Ou tout simplement parce qu'on s'inquiète de leur ressembler bientôt?

La fixation sur le travail

C'est de notoriété courante que la société japonaise voue au travail un *culte* qui dépasse l'entendement des Occidentaux. Ce n'est pas au pays du Soleil levant qu'Alexandre pourrait être bienheureux. À Tokyo, un cadre supérieur, qui venait de mériter une promotion, a été battu à mort par quatre moniteurs au cours d'un stage d'entraînement destiné à le préparer à assumer ses nouvelles responsabilités. Le pauvre homme était à l'emploi d'une compagnie de... cosmétiques.

*

L'ardeur au travail était-elle à l'origine de la longévité du milliardaire japonais Taikichiro Mori, décédé d'une crise cardiaque à 88 ans? Reconnu comme le troisième homme le plus riche du monde, c'était un être simple qui ne buvait ni ne fumait. Le plus étonnant dans sa carrière de propriétaire des immeubles les plus en vue de Tokyo est qu'il était venu tard aux affaires. Ce diplômé en commerce avait enseigné jusqu'à l'âge de 55 ans lorsqu'il accepta de se joindre à l'entreprise familiale en 1959.

*

Les *employés japonais* pratiquent le culte du travail à un point tel qu'on croirait que c'est la seule façon à leur disposition de se rendre intéressants. Mais l'administration du Tokyo métropolitain a décidé de contrer le fléau du *workaholism*. Elle a instauré une mesure qui oblige à une journée de travail sans heures supplémentaires par semaine. Tout employé surpris à son bureau après 18 heures est expulsé sans ménagement; s'il résiste, il est privé de lumière.

*

Le Japon subit de fortes pressions de la part de ses partenaires financiers pour réduire la *semaine de travail* à cinq jours par semaine comme c'est depuis longtemps la règle dans les pays civilisés. Mais une enquête publiée par le quotidien *Yomiuri* a révélé l'angoisse des hommes d'affaires nippons face à l'éventualité de jouir de deux jours de congé par semaine. Trois pour cent des interviewés de 20 à 40 ans disaient ne pas savoir quoi faire durant la fin de semaine et 1 % avouaient se sentir mal à l'aise à la maison. 39,9 % voyaient dans ce congé supplémentaire une source de dépenses et 25 % confiaient se sentir plus fatigués le lundi matin après une fin de semaine de deux jours.

✳

Y a-t-il quelque chose de plus désespérant que la «réunion-nite» aiguë qui afflige la plupart des administrations? Son résultat le plus évident est d'engendrer l'ennui et de déclencher les bâillements. Le conseil municipal de Yokohama a mis à l'essai un *mode de travail* voué au succès: à la recommandation d'experts, il a décidé de tenir ses réunions debout. Plus fatigués, les participants ne s'endorment plus, mais se hâtent de clore les débats dans les plus brefs délais.

✳

Le Japon recèle certains *métiers* qui ne semblent pas avoir leur équivalent ailleurs dans le monde. L'agence japonaise pour l'environnement a engagé des personnes comme «renifleurs» pour découvrir les contrevenants à la loi antipollution.

✳

Hiroshi Ito, patron d'une petite entreprise du centre du Japon spécialisée dans la production d'appareils photographiques, aimerait bien lui aussi mettre des employés au chômage lorsque les affaires vont mal. Comme la convention collective le lui interdit, il met alors au repos ses... *robots.* Sauf ceux qui aident les employés dans l'accomplissement des tâches répétitives.

✳

La Cour suprême du Japon a confirmé, en appel, la condamnation à 10 mois de prison, avec sursis cependant, imposés à un pompier accusé d'avoir déposé un *chat* mort badigeonné de mercurochrome dans le bureau de son patron et des crottes de *chien* dans les poches de son uniforme. L'auguste cour a considéré le délit «comme une entrave évidente au travail». L'employé accusait son patron de favoriser un de ses collègues, ce qui lui mettait, de toute évidence, le feu au derrière.

Autres gens, autres mœurs

Les reptiles ont la *cote d'amour* au Japon. Un contrebandier de Bangkok fut appréhendé à sa descente d'avion à Tokyo pour avoir tenté d'y passer en fraude 121 tortues rares dissimulées dans un veston spécialement confectionné, 14 dans une bouteille de whisky et 35 autres dans un sac de voyage. Toutes les tortues étaient encore en vie. Le Japon est un grand importateur de carapaces de tortue utilisées dans la confection d'étuis à briquet, de chausse-pieds et de montures de lunettes. Tant pis pour la sauvegarde des espèces en danger lorsque des besoins aussi essentiels à l'espèce humaine doivent être satisfaits.

*

Croyant tromper tout le monde, le Japon continue de se livrer à la *chasse à la baleine* sous le couvert de ce qu'il appelle une pêche scientifique. Greenpeace a réussi en 1995 à interrompre les activités de trois baleiniers japonais qui chassaient allégrement à 1 200 km à l'intérieur de la zone de l'Antarctique interdite par une convention internationale. On évalue à plus de 300 le nombre de baleines que tuent chaque année les Japonais.

*

Le *mochi,* un épais gâteau de riz indigeste, est consommé pour célébrer le Nouvel An au Japon. En janvier 1996, le respect de cette *tradition* s'est avéré plutôt funeste: quatre résidants de la capitale sont morts étouffés, quatre autres ont été transportés à l'hôpital à l'article de la mort à cause de morceaux coincés dans leur gorge et 14 autres ont été hospitalisés avec espoir de survie jusqu'au prochain Nouvel An pour pouvoir recommencer cette pratique pour le moins périlleuse.

Dans un ***esprit de concurrence*** débilitant, certaines chaînes de télévision nippones produisent des émissions aussi grotesques que controversées. Un concours de la meilleure buveuse d'alcool présenté en direct par la chaîne Fuji a failli tourner au tragique. Sept des dix femmes de 21 à 44 ans à qui on demandait de boire 200 millilitres de whisky et d'autres boissons alcoolisées en trois minutes se sont mises à vomir en présentant les symptômes caractéristiques d'un empoisonnement à l'alcool. Elles ont été traitées dans un hôpital qui a dû en garder trois pour la nuit.

＊

Au Japon, on a résolu le problème des récoltes ravagées par les ***corbeaux***: on les mange. «Cela a bon goût», affirme Seigoro Ikeda, maire de Kisakata, localité rurale qui a mis cette pratique culinaire au goût du jour.

Mais tous les Japonais ne sont pas aussi expéditifs dans leur relation avec les animaux. À Tokyo, un ***canard*** qui s'était attiré la sympathie populaire après avoir volé pendant un mois avec une flèche qui l'avait transpercé de part en part a été libéré de son infortune par la clinique d'un jardin zoologique et a pu reprendre sa vie de canard.

＊

Certains professeurs poussent un peu loin le souci d'enseigner le sens des responsabilités à leurs élèves. Une ***enseignante*** de 28 ans de Tochigi, au nord de Tokyo, a été sévèrement blâmée pour son manque de discernement. À la suite de la disparition d'un sac contenant des dizaines de milliers de yens (quelques centaines de dollars) appartenant à l'association des parents d'élèves, elle a soumis ses trente écoliers âgés d'une dizaine d'années à la prise des empreintes digitales. Le sac en question fut trouvé, délesté d'une partie de son contenu, par un élève d'une autre classe à quelque temps de là, sans que la méthode du prof ait donné quelque résultat que ce soit.

＊

L'école n'est pas un milieu de tout repos. Le ***suicide d'un écolier*** de 13 ans de Fukuoka, laissant une note qui révélait

555

qu'il avait été victime de brimades et de persécutions durant neuf mois de la part de condisciples, a été l'occasion de publier des chiffres qui en disent long. Kiyoteru Okochi s'est pendu avec un fil électrique après avoir compris qu'on ne le laisserait jamais en paix même si on lui avait extorqué 11 000 dollars sous la menace. Son geste avait entraîné plusieurs autres suicides du genre au pays. Dans la seule année scolaire de 1994, 130 lycéens ont mis fin à leurs jours. Une étude auprès de 13 000 écoliers de 119 établissements choisis par tout le pays a permis d'établir que 36,1 % des élèves du niveau secondaire sont victimes de persécutions et de brimades. Le tiers de ces jeunes endurent les gestes de leurs tortionnaires sans jamais protester.

✳

Est-ce pour oublier la **cruauté de leur milieu** que certains étudiants se lancent dans des entreprises aberrantes? Hirokuyi Goto, un étudiant de 21 ans de l'université Keio de Tokyo, a établi un record mondial en récitant le chiffre pi, rapport de la circonférence d'un cercle à son diamètre, jusqu'au 42 194e chiffre après la virgule. Il a mis neuf heures, 21 minutes et 30 secondes (dont une heure, 26 minutes et 47 secondes de pause) pour battre le précédent record établi par un autre étudiant japonais, Hideaki Tomoyori, qui, lui, s'était arrêté au bout de 17 heures au 40 000e chiffre après la virgule.

✳

Le **suicide des personnes âgées** n'est pas aussi rare qu'on voudrait bien le croire. À Tokyo, une femme de 103 ans s'est enlevé la vie après avoir constaté que sa vue et son ouïe baissaient et qu'elle perdait l'appétit. Motif: elle «s'inquiétait de son avenir».

✳

Comme dans les pays occidentaux, la longévité inquiète le Japon. On y parle sérieusement d'abaisser l'**âge de la retraite** de 65 à 60 ans, pour faire accéder au travail un plus grand nombre de jeunes contribuables, depuis qu'il est devenu évident que le pays pourrait faire banqueroute au cours du XXIe siècle à cause d'un trop grand nombre de retraités.

Toujours au Japon, certains couples se voient forcés, après un divorce, de continuer à **vivre sous le même toit** en raison d'une situation économique difficile et du stress qu'engendre la nouvelle situation. Mais cette solution est à l'origine d'une pratique courante; le ministère du Travail évalue en effet à 200 000 le nombre de couples dont l'ex-mari a obtenu, au soulagement de l'ex-épouse, un poste à l'étranger ou dans une autre ville pour fuir l'indésirable vie en commun.

*

À Tokyo, une banque désireuse d'élargir sa clientèle a décidé de proposer des comptes d'épargne pour **animaux domestiques**. Chaque animal détient un livret d'épargne à son nom et une pochette spéciale où sont gardés photos et renseignements précis. L'histoire ne dit pas si l'animal peut procéder à un retrait en montrant patte blanche.

*

Un Japonais de 45 ans a jeté les membres de sa famille dans un état de choc en rentrant à la maison: remarquez qu'il y avait de quoi puisqu'ils avaient assisté la veille à son incinération. Le jeune frère du faux décédé et trois autres parents avaient pourtant formellement identifié son cadavre découvert par un *jogger*. Après avoir abasourdi sa famille, le **pseudo-ressuscité** a également stupéfait la police en allant s'identifier à un commissariat avec son frère. La police lui en voulait de ne pouvoir désormais identifier les... cendres de l'homme incinéré.

*

Automobiles et camions ne sont pas les seuls moyens de transport à faire ressortir le côté resquilleur de l'humanité. Un habitué d'un train de banlieue de Tokyo a été convaincu de **fraude** et condamné à payer une amende de 125 000 $, soit la somme qu'il aurait dû dépenser pour acquitter le prix de deux passages quotidiens durant cinq ans! Le cher homme exhibait subrepticement un laissez-passer expiré devant les contrôleurs qui se contentaient d'y jeter un coup d'œil au passage. Il a suffi qu'un jour un contrôleur plus curieux ou plus zélé demande à voir le laissez-passer de plus près pour découvrir le stratagème.

*

Les *petites culottes d'écolières* font l'objet d'un culte au Japon. Deux «hommes d'affaires» ont été mis en accusation pour avoir fait le commerce de petites culottes déjà portées par des fillettes et vendues dans des distributrices à l'intention des fétichistes. Mais comme la législation en vigueur sur la pornographie ne prévoit pas le cas des culottes usagées, l'accusation s'appuyait sur la loi régissant le commerce des antiquités et des objets d'occasion qui impose l'obtention d'une autorisation. Les deux commerçants avaient déjà procédé à l'installation de 87 distributrices, surtout près des écoles; un slip payé de 60 à 150 yens était revendu 3 000 yens. Toujours au chapitre de la fascination pour les sous-vêtements, signalons l'exploit de la société Kanebo qui a mis au point un caleçon pour homme imprégné de sueur, destiné à séduire les femmes. Il ne s'agit pas d'une violente odeur de vestiaire de joueurs de hockey, loin de là. Le tissu contient des millions de petites capsules emprisonnant une phéronome de synthèse que l'on trouve dans les aisselles. La friction du vêtement avec la peau entraîne l'éclatement des capsules et libère la senteur, assaisonnée de musc pour décupler l'excitation.

*

La ligne aérienne Virgin Airways croyait satisfaire une clientèle exigeante dans sa classe affaires en proposant un *service de massage* aux passagers à destination du Japon. Le service a fait long feu: les thérapeutes devaient constamment expliquer aux hommes d'affaires déçus que leurs services ne devaient pas être confondus avec ceux d'une prostituée.

La confusion est aussi à l'origine de la mésaventure d'un employé de bureau de Tokyo qui avait eu recours à un téléphone rose pour rencontrer une accorte jeune demoiselle qu'il invita à dîner. À la fin du repas, elle lui présenta une amie tout aussi sympathique et le trio décida de louer une chambre d'hôtel pour une petite partie de jambes en l'air. Dès la porte close, le **libidineux** employé fut attaqué, menacé d'un pistolet, matraqué et détroussé. Pensant à un jeu sadomasochiste, l'homme était aux anges. Mais il dut vite déchanter lorsqu'elles l'obligèrent à se dévêtir pour prendre des photos de lui nu qu'elles le menacèrent de publier s'il révélait le vol à la police. Ce qu'il fit néanmoins.

*

Les Japonaises en ont-elles assez du mythe de la geisha soumise? Une femme jalouse de la félicité familiale d'une collègue de travail a été appréhendée après l'avoir **harcelée** de 150 000 appels téléphoniques en huit ans.

*

En dix ans, la Malaisie, premier producteur de caoutchouc du monde, a vu ses exportations de **préservatifs** multipliées par six. Elle ne recule devant rien pour satisfaire sa clientèle et ses condoms «parfumés à la fraise» sont particulièrement populaires... au Japon. C'est sans doute pour s'harmoniser avec les collants désodorisants. La compagnie Benetton, renommée pour sa publicité provocatrice, y a lancé à l'essai des préservatifs *design* rouges ou verts pour tester le marché avant de s'attaquer au reste de l'Asie.

*

Tomohisa Fujino n'a que 22 ans, mais il est à la retraite: sa carrière de **lutteur de sumo** a été interrompue par une blessure au dos. Il ne lui reste pas d'argent mais un appétit insatiable. Lorsque la police l'a appréhendé pour avoir volé le sac à main d'une vieille dame, il n'a pu que déclarer: «Je mange deux fois plus que n'importe qui et je n'arrive plus à joindre les deux bouts.»

*

Après le séisme qui détruisit en bonne partie la ville de Kobe, les autorités municipales évaluèrent à 100 milliards $ le coût de la reconstruction de la ville. Ce qui permit à l'écrivain spécialiste du crime organisé, David Kaplan, d'écrire dans l'*Asahi Evening News* que les *yakuzas* (**la mafia japonaise**) allait se faire un petit bénéfice de 3 milliards $. Elle prélève en effet de 1 à 3 % de tous les contrats de travaux publics.

La *politesse* demeure une caractéristique nationale même pour les bandits. Dix jours après un vol à main armée à la Fukutoku Bank de Kobe qui leur avait rapporté 5,4 millions $ US, ses auteurs ont fait parvenir une lettre de remerciement à l'établissement dévalisé avec ces mots: «Merci beaucoup pour la prime. Un tel butin nous durera la vie entière.»

*

Le pays du Soleil levant est un paradis pour les sectes: on en compte 180 000, toutes très légalement recensées pour ne pas payer d'impôts. À Sukagawa, à 190 km au nord de Tokyo, l'une de ces *bizarres confréries* s'est illustrée de façon dramatique. La prêtresse Sachiko Eto a vu sa maison perquisitionnée à la suite de plaintes de voisins à propos d'odeurs nauséabondes. On y a trouvé les cadavres de quatre femmes et deux hommes battus à mort à l'aide de baguettes de tambour (sic) dans le but de les exorciser.

La technologie nippone

Les Japonais font dans les inventions raffinées en matière de besoins naturels. Trois grandes sociétés nippones ont mis au point des «toilettes intelligentes» capables de fournir un bulletin de santé quasi instantané à leur utilisateur. Sous l'évocatrice appellation de *asa ichiban* («première chose du matin»), les *toilettes de l'avenir* utilisent des senseurs pour analyser l'urine, annoncer à une femme qu'elle est enceinte, prendre la température, la tension et enregistrer le rythme cardiaque au contact des fesses sur le siège. Il est prévu que les données ainsi enregistrées seront transmises automatiquement par modem à un hôpital.

*

Le Japon dispute à la Suisse le titre de pays le plus riche du monde en termes de revenus *per capita,* ce qui explique les invasions touristiques très visibles. Pourtant, l'*absence de certains services* le place loin dans le groupe des pays les plus évolués. Ainsi, 99 % des foyers japonais sont équipés d'un téléviseur en couleurs, mais seulement 44 % sont raccordés à un système d'égout collecteur.

❋

L'Institut des ***télécommunications*** de Kyoto a procédé à l'expérimentation d'une technologie permettant à un Japonais, un Allemand et un Américain, chacun dans son pays, de converser dans leur langue au téléphone. En 10 secondes, l'***ordinateur,*** programmé pour traduire quelque 1 500 mots courants, a transformé chaque message en texte écrit qu'il a ensuite traduit puis réintroduit dans des circuits téléphoniques internationaux sous forme de signaux digitaux avant de les retransformer en message vocal dans le pays de destination. On imagine l'intérêt d'un tel appareil pour un pays comme le Canada qui n'a jamais solutionné son problème de bilinguisme.

❋

Qui n'a pas subi, coincé comme une sardine dans les transports en commun, la présence d'un voisin dont les écouteurs de baladeurs laissent percer une musique rythmée aussi peu intéressante qu'abrutissante? Mauvaise nouvelle pour les inconditionnels du respect des autres: Sony a mis au point une ***version vidéo*** de son célèbre baladeur qui sera mise en vente d'ici à quelques années. Le *Visortron* épousera la forme de lunettes de baignade et dissimulera deux minuscules écrans vidéo. On peut imaginer le problème d'avoir à endurer dans un autobus bondé un passager qui est en train de visionner un film d'Arnold Schwarzenegger et qui, sous le feu de l'action, entreprend de mimer ses gestes... Mais ne désespérez pas: la compagnie Nikon travaille pour sa part à produire des verres fumés qui passeront à une jolie teinte gris-bleu en neuf secondes et retrouveront leur transparence en moins de quatre. De quoi perdre de vue tous les énergumènes en moins de temps qu'il n'en faut pour les repérer.

On dirait d'ailleurs que les Japonais ne savent plus quoi inventer pour se rendre intéressants. La ***distributrice*** est un objet tellement commun qu'elle fait partie du décor de la vie quotidienne; à toute heure du jour ou de la nuit on peut s'y procurer bières, cigarettes et revues pornographiques. Mais la division des machines agricoles de la société Mitsubishi lui a trouvé une nouvelle fonction: des distributrices ont été mises à l'essai à Tokyo, porteuses de grandes variétés de légumes. On renouvelle chaque jour le contenu des appareils, pour en assurer la fraîcheur. Le prix d'une pomme de laitue est d'environ 1 $. Bientôt, aucun conjoint n'aura raison de dire en arrivant à la maison qu'il est arrivé trop tard pour passer à l'épicerie du coin.

*

Le progrès technologique peut aussi donner lieu à des manifestations d'un esprit tordu. La peur des odeurs corporelles a inspiré à une firme japonaise de mettre sur le marché des ***collants désodorisants*** pour satisfaire l'adolescente qui a horreur de ne pas se sentir fraîche. En 1989, une autre firme avait d'ailleurs lancé un chemisier déodorant qui supprimait tout effluve de transpiration.

*

Parmi les ***inventions japonaises*** rapportées par la presse, on note:
- un bandeau de tête pour les insomniaques qui imite le processus cérébral précédant le sommeil en déchargeant de petites impulsions électriques;
- une boîte téléphonique «***non fumeuse***» pour femmes, équipée d'un rafraîchisseur d'air, de fleurs, d'un miroir et de panneaux opaques jusqu'à hauteur d'yeux;
- la mise au point d'une technologie qui enlève l'encre des photocopies pour en permettre le recyclage;
- la création de vers à soie qui luisent dans l'obscurité.

*

Au Japon, où la surpopulation contribue à réduire l'espace vital, les moines d'un temple bouddhiste ont eu une idée pratique: ils ont entrepris l'édification d'un énorme ***tombeau haut de neuf étages*** et d'une capacité de 3 500 places au coût de 60 millions $. La situation des cimetières est catastrophique dans la région de Tokyo; au manque de place et à la cherté des terrains, s'ajoute le phénomène du vieillissement de la population. Une place au cimetière et une tombe coûtent environ 35 000 $. Certaines familles désespérées et confrontées à l'illégalité de disperser les cendres, contournent la difficulté en «*oubliant*» l'urne du parent dans un train. Les chemins de fer nippons sont en effet tenus d'organiser des obsèques pour les cendres non réclamées...

*

Les Japonais trouvent chez les animaux un exutoire à leur sollicitude inventive. La compagnie Sony a mis au point une toilette pour chat (coût unitaire: 1 460 $) qui permet au félin domestique de déféquer dans une cuvette installée au ras du sol. À son départ, un système à infrarouge actionne la chasse d'eau et fait sécher le siège. Une brasserie bavaroise de Schiltigheim, la Fischer, a procédé à des tests «d'eau énergétique» destinée *aux chats et aux chiens japonais*; elle contient des résidus de bière, des vitamines et des minéraux. On espère la vendre à ceux qui s'inquiètent de la qualité de l'eau du robinet.

*

Le Shinkansen, le train japonais à *grande vitesse,* a battu son propre record en atteignant la vitesse de 413 km/h. Il reste cependant à bonne distance du TGV français qui a atteint la vitesse record de 513 km/h en 1990.

*

Des chercheurs japonais mettent au point un *ordinateur* directement commandé par les *ondes cérébrales* et sont parvenus à lui faire reconnaître la voyelle «a» pensée par un homme. La prochaine étape sera de lui faire reconnaître un «oui» et un «non».

*

Dans Ebisu Garden, un des quartiers résidentiels les plus chers de Tokyo, l'hôtel Westin a été construit au coût de *3 milliards de dollars* et est la propriété de la brasserie Sapporo. Un grand magasin, une tour de bureaux, des appartements, des restaurants, des boutiques et l'hôtel sont groupés autour d'une copie conforme d'un... château de la Loire, construite avec des matériaux venus de France, faute d'avoir obtenu la permission de déménager pierre par pierre un des châteaux français.

✳

Les Japonais aiment les ressemblances. Une compagnie a entrepris la reconstitution d'une *réplique exacte du Titanic,* avec les dimensions exactes du paquebot, mais sans chambre des moteurs et sans troisième classe. Le navire flottant servira d'hôtel et de centre de conférences.

✳

Pour protéger ses arrières, le Japonais dispose désormais d'un canal radio qui lui permet de procéder à des appels téléphoniques où le *son ambiant* de l'endroit où il se trouve (lieu d'amusement, restaurant, etc.) est déguisé de façon impeccable. Indispensable au mari en goguette.

✳

Une étude du ministère japonais de l'Éducation a révélé que les deux tiers du million d'*enseignants* du secteur public sont incapables de se servir des *ordinateurs* installés dans leur école.

✳

Des *scientifiques japonais* ont démontré que les abeilles ont développé une tactique imparable pour se défendre contre les frelons qui peuvent décimer une ruche de 30 000 abeilles en trois heures. Dès qu'il apparaît dans la ruche, le frelon est entouré de plus de 500 ouvrières qui font monter la température ambiante à 47 °C, un niveau mortel pour l'intrus, mais tolérable pour une abeille.

✳

Le *sens de l'invention* des Japonais ne semble pas se manifester dans leurs choix de raisons sociales. Comme les Français, ils sont maniaques des mots américains qu'ils utilisent à tort et à travers. On a vu la Sanyo Sogo Bank changer son nom pour la… Tomato Bank. On vend un rince-bouche appelé Mouth Jazz, une mousse capillaire Need Up Gel et une crème à café Creap. La cigarette Winston jouit d'un slogan intraduisible, même par un Américain ou un Britannique: Big Relax.

Z

comme dans... zidovudine (ou AZT)

*Vivre, ce n'est pas être vivant,
c'est se bien porter.*
Martial

«Pourquoi te frappes-tu sur la tête avec un marteau?», demandait un loustic étonné à un énergumène. «Parce que je me sens tellement bien quand j'arrête de le faire», répondit l'autre avec conviction.

Il existe de toute évidence des conditions *sine qua non* pour se sentir en bonne santé. Ou, comme on le disait avec dérision dans les années 70: «Il vaut mieux être riche et en santé que pauvre et malade.»

Des générations d'hommes ont été formées ou déformées par la maxime de «Un esprit sain dans un corps sain». Est-ce que ça en valait la peine? À notre époque où les soins de santé sont devenus une denrée aussi rare que coûteuse, l'être humain a-t-il encore une chance de... mourir en bonne santé? On en douterait facilement à examiner son comportement quotidien.

J'écoute mon corps

La prochaine fois qu'un bien-pensant vous admonestera en prêchant les vertus de l'abstinence, rappelez-lui que des recherches archéologiques en Irak ont démontré que la civilisation était née du désir de l'homme de boire de la bière en groupe. Un archéologue américain a établi que les Sumériens connaissaient l'*art de brasser le houblon* il y a quelque 3 800 ans et que le précieux liquide était à la base du désir de l'homme de se tenir en compagnie de ses semblables. Le scientifique a même fait déguster une bière faite à partir d'une recette de 3 200 ans.

*

Une Américaine de 36 ans qui avait subi sans succès depuis six ans neuf *fécondations in vitro* a décidé de se passer de médecin pour obtenir le bébé qu'elle désirait. À l'aide d'une poire à arroser les rôtis qu'elle avait stérilisée au lave-vaisselle, elle a injecté le sperme de son mari à sa sœur cadette célibataire qui se tenait sur la tête. La sœur de 34 ans a donné naissance à un bébé en bonne santé après une grossesse normale.

Une Galloise de 36 ans, Jane Clemence, peut, elle, dire merci à son médecin: après huit ans de terribles souffrances, elle a enfin trouvé un spécialiste qui a eu assez de perspicacité pour lui faire subir une *radiographie*. L'examen a permis de détecter dans sa cuisse une aiguille à coudre de 5 centimètres. Les circonstances de la pénétration de l'aiguille dans la chair de la charmante dame n'ont pas été révélées.

*

La Chine a-t-elle l'intention de faire découvrir certains secrets aux étrangers? Dans les magasins Friendship, uniquement accessibles aux étrangers, on offre une drogue appelée Erect, contenue dans un tube en plastique relié à une petite pompe manuelle dont la manipulation permet aux mâles en peine de parvenir à une *érection de longue durée*.

Les Asiatiques sont plus pratiques: une compagnie sud-coréenne a confectionné un *caleçon chauffant* pour stimuler la production de spermatozoïdes, tandis qu'un inventeur chinois a mis au point une bille de bois à appliquer à différents endroits du corps pour combattre l'impuissance.

L'impuissance demeure en effet un sujet de préoccupation pour le mâle de nos sociétés, même les plus évoluées. Un médecin britannique a requis 5 000 volontaires pour une expérience destinée à vérifier son hypothèse: le Dr Vijay Kakkar, de l'Institut de recherche sur la thrombose, estime que des bains glacés servent non seulement à raviver la circulation sanguine et à combattre l'infection virale, mais aussi à combattre l'impuissance. Étrange... N'était-ce pas la solution miracle des curés des années passées pour garantir la pureté et l'abstinence?

*

Un médecin américain de Virginie, spécialiste en biostatique et en *neurochirurgie,* a mis au point un lit qui est toujours en mouvement: sa théorie veut que le mouvement aide les patients à surmonter les risques d'infection et les complications issues des pneumonies ou autres maladies respiratoires.

*

Chauves de tous les pays, méfiez-vous! Une étude médicale réalisée à Chicago a démontré que les *mâles chauves* de moins de 55 ans risquaient trois fois plus que leurs congénères chevelus de subir une crise cardiaque. Et si l'on porte une moumoute?

*

Des recherches récentes sur le sommeil démontrent que le lèche-vitrine et les sessions sous le séchoir à cheveux peuvent aider les *insomniaques* à trouver le sommeil. C'est ce que rapporte le quotidien britannique *The Independent*. Selon le professeur Jim Horne, de la Loughborough University of Technology, l'être humain est particulièrement «visuel» et plus il accumule d'images durant la journée, plus il aura de la facilité à trouver le sommeil.

L'un des grands mystères de la vie, c'est que les Français soient si énervés tout en étant les plus grands consommateurs de *tranquillisants* du monde. Selon un médecin qui a livré les résultats d'une étude, le surdosage et l'association à l'alcool sont particulièrement dangereux: «On a observé des états confusionnels et amnésiques provoquant des fugues et des comportements pathologiques.»

＊

Un médecin traditionnel d'un village du Cameroun est parvenu sans peine à expulser du ventre d'une jeune femme un ténia (ver solitaire) de 17 mètres! À jeun, la jeune femme s'est tenue, bouche ouverte, au-dessus d'une soupe épicée préparée par le médecin. Le ténia affamé est sorti de son corps et s'est enroulé dans l'assiette. Le médecin a refusé de donner la composition de l'*infusion.*

＊

La Chine n'en est pas à ses premières *prouesses médicales,* comme le veut la propagande officielle. Elle a mis sur le marché un dentifrice de superoxyde dismutase présumé capable de favoriser la résistance au vieillissement. Il faut souligner que la Chine fabrique déjà des cigarettes... anti-hémorroïdes.

Tous les patients ne peuvent se réjouir d'avoir fait l'objet de tant de sollicitude. Au bloc opératoire de l'*hôpital* de Vittoria, en Sicile, les médecins avaient une discussion si animée au-dessus de l'abdomen d'un homme de 72 ans en attente d'une opération de la prostate qu'ils ont fini par lui dire de se rhabiller et de revenir un autre jour. L'homme ne s'est pas fait prier pour obtempérer, sauf qu'il s'est dirigé droit sur le commissariat local pour y déposer une plainte.

＊

La publication d'un premier manuel des *médecines alternatives* a été tellement populaire aux États-Unis qu'on en a profité pour établir qu'environ 25 millions d'Américains consultent chaque année des professionnels des médecines douces. Ces consultations rapportent chaque année quelque 12 milliards $ en honoraires.

*

Des chercheurs d'Oxford qui se sont penchés sur le fameux «régime méditerranéen» qui permet une grande consommation de vin sans provoquer de maladie cardiaque ont trouvé un autre facteur important: l'ail. Une étude effectuée sur 952 personnes a permis d'établir que l'ail en poudre réduisait le *cholestérol* dans le sang de 8 %, tandis que l'ail pur ou réduit en huile avait une efficacité de 15 %.

*

Fred Dale de Blackpool, en Angleterre, pratique la «*thérapie du souvenir*». En concoctant des odeurs, il aide ses patients âgés à se rappeler des faits lointains; il utilise par exemple la suie d'un poêle qu'il associe à des odeurs pharmaceutiques pour stimuler le rappel d'un séjour à l'hôpital. Les personnes âgées peuvent ne pas se souvenir de ce qu'elles ont mangé deux heures auparavant, mais elles auront une vision nette de ce qu'il leur est arrivé il y a 50 ans.

*

La Chine compte plusieurs «bars à oxygène» dans ses régions industrielles telles que Pékin, Fuzhou, Hangzhou, Shenzhen et Shenyang pour permettre à ses clients d'échapper à la *pollution aérienne* importante qui assaille ces grandes villes et régions. Le patron d'un bar de Dalian, une ville du nord-est, a délivré des cartes à 350 policiers qui règlent la circulation leur donnant accès à un service d'oxygène gratuit chaque semaine.

*

Une étude de 128 000 cas effectuée sur une période de 10 ans par le Dr Arthur Klatsky, directeur du Kaiser Permanent Medical Care Program de la Californie, lui permet d'affirmer que les buveurs de café sont moins portés *au suicide et à la dépression.* Le thé aurait un effet similaire mais moindre. Mieux encore, la consommation de café permettrait de combattre la cirrhose du foie. Malheureusement, le café n'a aucune incidence sur la durée de vie et sa surconsommation demeure toujours aussi néfaste pour les personnes souffrant de maladie cardiaque.

*

Le *British Medical Journal* s'appuie sur une étude faite auprès de 140 000 personnes pour affirmer qu'on pourrait éviter la mort chaque année à quelque 100 000 personnes si chaque rescapé d'une crise cardiaque, d'une thrombose ou d'un pontage avalait une *demi-aspirine* par jour jusqu'à la fin de sa vie.

*

Les hommes britanniques disposent désormais d'une trousse de vérification de la vigueur de leur *sperme*. Si l'échantillon tourne au rose, c'est que le nombre de spermatozoïdes est élevé ou tout au moins suffisant pour fertiliser.

*

Moyennant un investissement indéterminé, mais sûrement élevé, les nouveaux parents de la région de Pittsburgh peuvent désormais faire *congeler le sang du placenta et du cordon ombilical* à la naissance de leur enfant. Ce sang est si riche qu'il peut être utilisé à la place d'une transplantation de moelle osseuse si leur enfant est atteint de leucémie.

*

Le Dr David Bihari du Guy's Hospital de Londres a suscité une polémique d'envergure pour avoir mis au point un *logiciel* destiné à décider de la vie ou de la mort des patients. Après inspection du dossier médical, l'ordinateur fait clignoter un cercueil s'il juge que le patient va survivre moins de 90 jours à un traitement. L'ordinateur a raison dans 95 % des cas. Le comité d'éthique de l'Association médicale britannique s'est élevé contre le procédé qu'il juge alarmiste et irresponsable.

*

Dans le but de réduire les coûts, l'*hôpital* de Moncton au Nouveau-Brunswick demande aux patients d'apporter tous les médicaments qui leur sont prescrits ou qu'ils sont en train de prendre au moment de leur hospitalisation. On ne leur a pas encore demandé d'apporter leurs draps et le savon pour les laver.

*

Les utilisateurs d'une *lotion* brésilienne destinée, selon sa publicité, à «relaxer» les cheveux, ont plutôt subi toute une commotion en se regardant dans le miroir; le produit, très irritant pour le cuir chevelu, faisait tomber les cheveux et leur donnait une belle teinte... verte!

La menace du tabac

La question de l'abus du tabac domine l'actualité. La décision de ne pas accorder de pontage coronarien aux patients qui refusaient de *cesser de fumer* a soulevé les passions en Angleterre. Les hôpitaux de Leicester et de Manchester ont en effet estimé qu'il était inutile d'utiliser leurs faibles ressources pour des patients qui, de toute manière, mourront prématurément puisqu'ils ont la moitié moins de chances de guérir totalement et occupent les lits plus longtemps. À Manille, aux Philippines, le ministère de la Santé a interdit de fumer dans les *hôpitaux* où les principaux coupables sont les médecins puisque 67 % des hommes et 33 % des femmes sont des fumeurs invétérés. Dans une école secondaire de Belmont, en Californie, les élèves se sont vu accorder des crédits pour suivre un cours de six semaines sur la manière d'arrêter de fumer. Croyant à tort que l'habitude est sans danger, les jeunes Américains sont de plus en plus nombreux à s'adonner à la chique du tabac, selon le Centre fédéral pour le contrôle et la prévention des maladies.

*

Les fabricants de cigarettes, conscients que la récession a conduit beaucoup de gens à renoncer à leur vice tout en protégeant leur santé, ont prétendu que leurs laboratoires s'escrimaient à mettre au point la *cigarette réutilisable.* Destiné à satisfaire les habitudes des nombreux fonctionnaires qui doivent sortir de leur lieu de travail pour en griller une en vitesse, le dispositif consiste en un «tube extincteur» qui permet l'extinction de la cigarette, de la conserver sans la briser ou salir le paquet et de la rallumer.

*

Les fumeurs doivent-ils se méfier autant de leurs congénères que du cancer? C'est ce que s'est dit un *fumeur britannique* qui avait refusé de s'abstenir de fumer dans un wagon pour non-fumeurs au pays de Galles. Le voisin de compartiment qui l'avait rappelé à l'ordre a tellement mal digéré son invitation à aller jouer sur la voie ferrée qu'il lui a asséné de nombreux coups de couteau au visage et au dos avant de prendre la fuite.

*

Soixante pour cent des hommes et 40 % des femmes de la Russie sont fumeurs avec les résultats que l'on présuppose sur leur santé. Le gouvernement a décidé d'adopter un *décret* interdisant la publicité sur les cigarettes et l'alcool. Il va même plus loin en interdisant du même souffle la publicité dans les médias pour les «médicaments non testés et les praticiens de médecine traditionnelle exerçant sans autorisation».

Pendant ce temps, dans les pays développés, *le nombre des fumeurs s'abaisse* annuellement de 3 %. Le problème est que la consommation mondiale s'élève de 10 % chaque année; en 1994, elle atteignait le chiffre astronomique de cinq trillions de cigarettes (soit 5 000 milliards), ce qui représente 1 000 cigarettes pour chaque adulte et enfant sur la Terre.

*

Une bonne façon de convaincre les mâles de cesser de fumer, comme l'a démontré une étude israélienne, c'est de leur apprendre un fait indéniable: la consommation de tabac diminue la *puissance sexuelle* parce qu'elle entraîne une contraction des vaisseaux sanguins. Une étude faite auprès de 886 patients israéliens atteints d'impuissance a démontré que 80 % ont suivi le conseil du Dr Alexandre Olchanietski du Centre de recherches médicales sur l'impuissance et la fertilité de Jérusalem. C'est une motivation très forte: la peur de

mourir d'une crise cardiaque ne convainc que de 15 à 40 %
de malades cardiaques selon des études effectuées dans
d'autres hôpitaux israéliens.

*

Selon le journaliste américain Joel Achenbach, «la littérature
médicale ne faisait pas mention du **cancer du poumon** il y a
cent ans. On ne l'a officiellement considéré comme maladie
qu'à partir de 1930». Dans un article consacré au tabagisme,
il précise: «C'est la tuberculose qui a popularisé la cigarette.
Le public craignait que les crachats des consommateurs de
tabac (pipe ou chique) ne transmettent la tuberculose. Il s'est
donc rabattu sur la cigarette, comme sur une mesure
préventive.»

*

Les scientifiques estiment que 1 % du *smog* qui flotte au-
dessus de Los Angeles est composé de **fumée de cigarette.**
Cette donnée est comparable à celle des émanations du
goudron des toitures, des garnitures de freins et des pneus qui
s'usent.

*

Selon le *New York Times,* seul un faible pourcentage des
cocaïnomanes, des héroïnomanes et des nicotinomanes par-
viennent à se libérer de leur intoxication. Des chercheurs ont
déclaré devant un comité d'études de la Food and Drug
Administration des États-Unis que 45 % des cocaïnomanes
trouvaient aussi difficile sinon plus difficile de s'affranchir du
besoin de la cigarette. 40 % des patients qui ont subi l'ablation du larynx à cause de la fumée du tabac retournent aussitôt
à la cigarette, certains allant même jusqu'à **utiliser l'orifice**
laissé dans leur cou pour inspirer la fumée.

*

Des chercheurs de l'école de médecine Southwestern de l'u-
niversité du Texas ont démontré que les os brisés des fumeurs
prennent deux fois plus de temps à se ressouder que ceux des
non-fumeurs. Leur hypothèse est que le tabac ralentit l'influx
sanguin dans les os.

L'État de la Floride a intenté une poursuite de 1,43 milliard $ contre les fabricants de cigarettes afin de recouvrer le remboursement des coûts des soins de santé résultant des maladies attribuables au tabagisme. Si la Floride gagne sa cause, les avocats qu'elle a engagés toucheront des honoraires de 350 millions $. Trois autres États américains ont intenté de semblables poursuites, mais ne peuvent compter, comme la Floride, sur une loi portant sur la responsabilité des tiers comme celle qu'a fait adopter le gouverneur Lawton Chiles.

Les maux des autres

Après s'être méfié de leurs diagnostics, faudra-t-il désormais craindre les *défaillances de santé de nos médecins*? La découverte d'un cas d'hépatite chez une ancienne patiente a obligé un hôpital de Stafford, au centre de l'Angleterre, à demander à quelque 1 000 patientes d'un obstétricien de subir un examen de dépistage.

*

Les soins de santé se dégradent, croyez-vous? En Californie, un nouveau réseau de télévision a vu le jour et fonctionne 24 heures par jour. Le Newborn Channel (le canal du nouveau-né) est destiné aux *jeunes mamans* qu'on expulse des hôpitaux après trois jours ou moins, sans avoir eu l'occasion de leur enseigner les techniques élémentaires de l'allaitement ou du bain à donner à l'enfant.

*

Les parents d'un bébé prématuré britannique né le jour de Noël auraient eu bien besoin de ce genre de conseils. En changeant les couches de son bébé, de retour à la maison deux semaines plus tard, la mère a eu la surprise de voir une *seringue hypodermique* lui sortir de l'anus. Personne n'a pu expliquer la présence de cet instrument dans le corps d'un enfant qui avait pourtant été radiographié à plusieurs reprises. Il faut dire qu'il s'en passe de belles dans cet hôpital des Cornouailles; un médecin y avait été suspendu, un mois plus tôt, pour avoir permis à une infirmière de pratiquer une appendicectomie à sa place.

✳

Le personnel médical qui s'occupait d'un patient à l'hôpital de Bakersfiled, en Californie, a été intoxiqué par les *émanations de gaz* semblant s'échapper du corps du patient. Le phénomène s'est également produit dans deux autres hôpitaux de la Californie au cours de la même quinzaine. Dans certains cas, les émanations avaient une si forte odeur chimique que le personnel a éprouvé de graves difficultés respiratoires et que deux infirmières ont dû être hospitalisées.

✳

En Afrique du Sud, sept greffes ont été réalisées à partir d'un *même donneur,* un jeune homme maintenu en vie à la suite de graves blessures à la tête. Plusieurs hôpitaux, dont le Groote Shuur où le Dr Christian Barnard réalisa la première greffe cardiaque en 1963, ont pu ainsi pratiquer des transplantations du cœur, des poumons, du foie, des reins et de la cornée.

✳

L'ancêtre italien d'une famille américaine a bénéficié à sa naissance, en 1780, et pour une raison totalement inconnue, d'un *gène* qui empêche de boucher les artères. Ses 38 descendants, âgés de 10 à 90 ans, défient toutes les lois de la nature: ce sont de gros fumeurs, qui mangent comme des goinfres les nourritures les plus grasses qui soient. La famille a au moins un bon côté: elle sert de sujet d'études à une équipe médicale américano-suédoise qui a entrepris de recréer artificiellement l'anomalie, dans l'espoir de trouver un remède aux maladies cardio-vasculaires.

Sida

Un infirmier d'un hôpital de Seattle a trouvé une façon inhabituelle de conscientiser son entourage aux *risques du sida.* Il s'est fait tatouer les mots *HIV positive* (séropositif) sur l'avant-bras. À la demande de son supérieur, il a d'abord dissimulé l'œuvre d'art sous une manche longue pour ne point effrayer les patients, mais a décidé ensuite de l'exhiber à nouveau. Il paraît qu'il se cherche du travail depuis lors.

*

À New York, cinq ans après le décès de son mari, une femme de 89 ans est décédée des *suites du sida* qui lui avait été transmis par son conjoint amateur de drogues. Les autorités médicales avaient d'abord attribué les symptômes pourtant bien évidents aux maladies propres à la vieillesse.

*

La *crainte de la contamination* par le sida a suscité bien des mesures de protection. Un dentiste néerlandais a inventé des housses en plastique pour les câbles des fraises et des rince-bouche tandis qu'une Française a fait breveter une couverture désinfectante pour téléphone. À Recife, au Brésil, les enfants des rues se fabriquent des préservatifs à l'aide de gants chirurgicaux dont ils coupent les doigts et qu'ils attachent avec des élastiques. Le malheur est qu'il n'est pas rare que ces *condoms* improvisés demeurent dans le corps de la personne avec laquelle ils ont eu un rapport.

*

Le ministère de la Santé du Brésil a dû modifier une *campagne télévisuelle* recommandant le port du condom pour se protéger du sida parce que le message montrait un homme en train de dialoguer avec son *pénis* qu'il appelait *Braulio*. Il s'agit d'un prénom masculin populaire et la vague de protestation a été telle qu'on a dû trouver une autre appellation. Dans ce pays où une capote porte le nom poétique de «petite chemise de Vénus», la campagne destinée à rejoindre les couches les moins scolarisées, donc les plus réfractaires au port du prophylactique latex, a été vilipendée par l'incontournable Église catholique qui a déclaré sans rire que «c'était une erreur grossière de dissocier le pénis de la personne».

*

Signe des temps, de plus en plus d'agressions sont commises à Paris par des braqueurs qui brandissent des seringues supposément infectées par le sida. Il s'agit la plupart du temps de *toxicomanes en manque* qui ont besoin d'argent rapidement. «Plus besoin de tirer, de tuer ou de blesser, a commenté un policier de la capitale, il suffit de faire très peur.» À Londres, un Britannique de 24 ans a été condamné à 30 mois de prison pour avoir pratiqué ce genre d'extorsion. Lorsque la seringue n'était pas assez convaincante, il brandissait un couteau ensanglanté.

*

Une quinquagénaire chinoise venue s'établir en France en se prétendant médecin a été condamnée à un mois de prison avec sursis et l'équivalent de 7 500 $ pour avoir *fait croire* à des sidéens et des cancéreux qu'elle pouvait les guérir à l'aide de cataplasmes et de tisanes apportés de Hong Kong.

*

Une firme allemande, la UB Plasma, fermée en 1993 sous l'accusation d'avoir vendu des produits sanguins contaminés par le sida, avait une façon originale de recruter des donneurs. Elle soûlait les itinérants à l'aide de grandes quantités de vin avant de leur *prendre leur sang.* Il va sans dire que les «clients» étaient nombreux à revenir à ce qui représentait un véritable «bar ouvert» selon un ancien employé.

*

On estime à 10 000 le nombre de *nouveaux cas d'infection* par le sida découverts chaque jour dans le monde, selon l'Institut national des allergies et des maladies infectieuses des États-Unis. En Asie, où le virus n'a été repéré qu'en 1990, on évaluait à 3,5 millions le nombre de personnes porteuses en 1995.

Bizarrerie médicale

Un réfugié du Timor oriental se plaignait aux médecins australiens qui l'examinaient d'être sujet à des crises d'apoplexie et de ressentir une paralysie du côté gauche. Dans la *bosse* qui s'était formée sur sa tête, les chirurgiens ont découvert un ver qui s'était logé dans son cerveau. Poursuivi par l'armée indonésienne, l'homme avait survécu trois ans dans la jungle en se nourrissant de grenouilles et de serpents crus.

Une jeune femme de Manchester, en Angleterre, a étonné les médecins à deux reprises en un an. **Sans être en mesure de l'expliquer,** elle a commencé à lire et à écrire de droite à gauche, incapable de faire autrement. Quelques mois plus tard, un article sur la défaite de son équipe de football favorite lui ayant fait faire un geste de désappointement, elle s'est heurté la tête contre une petite table près du sofa où elle lisait. Comme il faut s'y attendre dans ce genre d'histoire, elle a aussitôt recouvré une aptitude normale à la lecture et à l'écriture.

*

Parvenu trop tard à l'hôpital pour se faire recoudre le pouce tranché d'un coup de scie, un garde-forestier polonais a bénéficié d'une opération originale. Des médecins de Szczecin lui ont *greffé* à la place l'un de ses grands orteils. Il a recouvré l'usage normal de tous ses doigts à quelque temps de là.

*

Le service à l'auto aux restaurants de *junk food* semble avoir inspiré au centre médical de l'université du Kansas d'inoculer aux **conducteurs d'automobiles** un vaccin antigrippe. L'expérience, très courue, a été tentée sur une petite route longeant l'université. Chaque conducteur n'avait qu'à patienter quelques minutes en remplissant un formulaire, à répondre à quelques questions et à tendre le bras avant de reprendre la route.

*

Bien que des scientifiques aient émis l'hypothèse que le tabagisme, la mauvaise alimentation et la vie sédentaire avaient augmenté le taux de l'*ostéoporose* chez la femme, l'examen de 700 squelettes féminins datant des XIe au XVe siècles par le Ancient Monument Laboratory de Londres démontra que l'ossature des femmes de cette époque connaissait les mêmes problèmes que celle des femmes contemporaines. Une autre étude effectuée à Barton-upon-Humber sur 3 000 squelettes de plus de 1 000 ans a démontré que l'ostéoarthrite était une maladie courante chez ceux qui avaient survécu aux fléaux de l'enfance; il s'agit d'une inflammation des cartilages des articulations. Une autre étude, effectuée celle-ci en Syrie sur des squelettes vieux de 10 000 ans par le Dr Theya Molleson du London's Natural History Museum, a permis d'établir que le passage de la chasse à l'agriculture s'est avéré douloureux pour les femmes dont toute la charpente osseuse a subi des déformations à la suite des longues heures qu'elles devaient passer dans des positions difficiles pour recueillir et moudre le grain que les hommes cultivaient.

*

Le foie des hommes **grands buveurs d'alcool** parvient difficilement à métaboliser l'œstrogène, ce qui a pour effet de donner la forme de seins à leurs pectoraux, selon un article du Dr Thomas Struttaford, paru dans le *Times* de Londres. Les paumes de leurs mains acquièrent une coloration écarlate semblable à celle des femmes enceintes, indice d'un problème au foie.

*

Le Dr Oliver Alabaster, directeur d'un institut pour la prévention des maladies à Washington, a émis une opinion originale. Il suggère de taxer les produits culinaires au **contenu en lipides** trop élevé de façon à forcer les manufacturiers à en réduire la teneur en gras, lequel est à l'origine de nombreuses maladies.

*

Au cours des 10 premiers mois de 1995, les cas de **syphilis** ont augmenté de 140 % à Moscou par rapport à la même période l'année précédente.

*

Le Dr Antonio Garcia, de Cuba, a mis au point le Morased, un remède contre la migraine **à base de laitue.** Des tests effectués sur 1 000 personnes souffrant de maux de tête chroniques ont démontré un taux de guérison de 85 %. Le médicament a aussi pour effet de réduire le taux d'irritabilité des patients.

*

À entendre le carnage sonore qui émane de la majorité des stations de radio, on ne peut que craindre les effets sur ses premiers auditeurs, les jeunes. Une étude réalisée à Irvine, en Californie, a permis d'établir un fait intéressant. Des étudiants qui avaient été soumis à des *tests de raisonnement* les ont mieux réussis après 10 minutes d'écoute d'une sonate de Mozart, qu'après dix minutes de relaxation ou 10 minutes de silence. La chercheuse, Frances Rausher, en conclut que la sonate a déclenché une activité des cellules du cerveau qui sont les mêmes que celles utilisées pour le raisonnement. Les effets de la pièce musicale ont disparu 25 minutes après que les étudiants eurent écouté leur genre de musique. Une étude publiée par l'Association médicale américaine affirme de son côté que l'écoute de Mozart et de Bach en ambiance dans les salles d'opération réduit les tensions chez les chirurgiens. Elle fait baisser leur tension artérielle et leur rythme cardiaque.

*

Le Dr Grogory Yadoukh de Moscou pratique l'*acupuncture* avec de drôles d'aiguilles: des abeilles vivantes. Il s'agit d'une technique millénaire en Russie. En plus de la piqûre, le venin dégagé par le dard guérirait les tendinites, les rhumatismes et l'arthrite.

*

Deux chercheurs de l'université de Toronto affirment que l'usage répété de la motoneige est responsable du fait que la *taille moyenne des Inuit* de sexe masculin diminue depuis une vingtaine d'années. Chez les femmes, une diminution semblable serait due au fait qu'elles ont changé de régime alimentaire et qu'elles ne portent plus leurs enfants sur le dos. De 1970 à 1990, les chercheurs ont noté une diminution de 1,7 centimètre pour les hommes et de 2,4 centimètres pour les femmes.

*

À Bergen, en Norvège, s'est ouvert un *hôpital pour les hypocondriaques.* Le responsable du projet, le Dr Ingvard Willelmson, dit de ses patients «que leurs maux sont peut-être imaginaires, mais ils n'en souffrent pas moins beaucoup». La clinique n'est ouverte qu'aux patients… en bonne santé. Évidemment.

Les ***phobies à caractère social*** sont en croissance aux États-Unis. 6,7 % des Américains souffriraient de la peur de manger en public. Elle entraîne de l'anxiété, des absences de l'école ou du travail, l'absence de liens d'amitié et l'usage des drogues.

∗

Un thérapeute de Philadelphie, Steven Rosenberg, utilise l'*hypnotisme* pour venir en aide à des patients qui souffrent de douleurs chroniques, de migraines, d'engourdissement des membres ou d'intolérance à la chaleur. Lors d'une vague de chaleur insupportable, son propre climatiseur est tombé en panne. Pour survivre, M. Rosenberg s'est auto-hypnotisé pour se convaincre qu'il faisait frais. Avec succès. «C'était la seule façon de survivre», a-t-il commenté.

∗

Le psychiatre américain Donald Black estime que la fluvoxamine peut être utilisée sur les intoxiqués de la société de consommation, les ***acheteurs obsessionnels*** qui se ruinent pour acquérir des produits qu'ils ne désirent pas vraiment ou dont ils n'ont pas besoin. Le médicament, qui agit au bout de quelques jours ou de quelques semaines, est utilisé normalement pour combattre le comportement compulsif, une pathologie caractérisée par des pensées ou des rites incontrôlés, comme de se laver les mains à tout bout de champ.

∗

Neil Rosenburg, fondateur de l'International Institute for Inhalant Abuse, dit que l'habitude propre aux adolescents d'inhaler des vapeurs de solvant n'a besoin que de six mois pour causer des ***dommages irréparables*** au cerveau, aux poumons, aux nerfs, aux reins et aux os. Il peut s'ensuivre une forme de la maladie d'Alzheimer, dit-il: «Les adolescents ont des problèmes de mémoire chroniques et de la difficulté à lire, à écrire et à calculer.» Leur démarche devient celle d'une personne en état d'ivresse, leur vision se brouille et leur audition s'atténue au point qu'il n'est pas rare de voir des jeunes au début de la vingtaine forcés d'utiliser une prothèse auditive.

Incidemment, *la maladie d'Alzheimer,* qui ne fut véritablement identifiée qu'en 1907, a été décrite par l'écrivain
Jonathan Swift (1667-1745) dans *Les Voyages de Gulliver.* De
ceux qu'il appelle les Immortels de Luggnagg, il dit qu'ils ne
peuvent se souvenir de ce qu'ils ont appris après le mitan de
leur vie et, lorsqu'ils parlent, «oublient le nom des objets,
celui des personnes, même celles qui sont leurs parents ou
amis les plus proches». L'anesthésiste John Lewis, qui a traité
du cas de Swift dans la revue médicale *Lancet,* estime que
l'écrivain souffrait probablement aussi de la maladie.

∗

Les individus de toutes les races rougissent, quelle que soit
la couleur de leur peau. C'est l'avis du Dr S. Feldman de
l'université de Rochester qui a consacré 40 ans de sa vie au
phénomène. La rougeur ne se manifeste pas que sur les joues,
les oreilles, le haut de la poitrine; chez les peuplades habituées
à vivre dénudées, elle peut apparaître aussi bien sur l'abdomen
que sur les bras. Le rougissement n'existe pas chez le petit
enfant; il ne se manifeste que lorsqu'on lui a appris à avoir
honte. Enfin, hommes et femmes rougissent aussi fréquemment, particulièrement entre la puberté et la trentaine.

∗

Deux scientifiques de l'université de Bristol, en Angleterre,
croient avoir découvert un «gène du *suicide*» après avoir
analysé le sang de personnes qui avaient fait des tentatives
de suicide. Ces gens souffriraient d'une déficience d'une substance chimique présente dans le cerveau humain, le 5-HT.

Index

A

Avarice: 13

Amour des animaux: 13-15, 31-33, 208, 254, 293-294, 313, 356, 366-395, 405, 450, 557

Amour obsessif: 12, 15-20, 24, 102, 170, 206, 440

Animaux dangereux: 32, 107, 125-126, 273, 378, 382, 387-388, 426

Automobiles et automobilistes: 58-59, 100, 105, 127, 137, 146, 172, 178, 182, 191, 202, 208, 249-250, 253, 263, 265, 270, 281, 283, 288, 292, 306, 330, 341, 412, 507, 512, 530

Autobus: 484, 513, 514, 517, 526

Avion: 290, 387, 488, 518, 558

B

Bien-pensants: 55, 59, 198, 200, 202, 248, 254-255, 260, 294, 309, 316, 350, 415-416, 481, 487, 566

Bigamie: 12, 447

Bizarrerie: 43, 55, 224-225, 412, 517, 560, 577-578

C

Camions et fourgonnettes: 36, 65, 90, 219, 512-514, 516-520, 527

Catholique: 408-409, 414, 416

Chats: 155, 370-372, 374, 382, 389, 394, 553, 563

Chance: 190, 195, 269-276

Chiens: 31, 58, 126, 155, 253, 372, 374, 376-378, 381-382, 385, 390-391, 393, 395, 430, 553

Condoms: 93, 122, 256, 300, 310, 324, 347, 416, 418, 451, 458, 469-470, 499, 508, 548, 559, 576

Conséquences funestes: 23, 36, 115, 153-154, 161, 199, 220, 361

Courage: 165, 251, 295

Crimes d'enfant: 62, 123-124, 127

Du même auteur

Réflexions humoristiques

Ne riez pas, ça pourrait être votre voisin, Éditions Logiques, 1993, 219 pages.

Ne riez pas, votre voisin est devenu fou!, 1993, Éditions Logiques, 218 pages.

Ne riez pas, votre voisin a le SPM*, Éditions Logiques, 1994, 184 pages.

Si tu m'aimes, baisse le siège!, Éditions Logiques, 1994, 184 pages. (Adaptation de l'américain.)

Roman

Les Frincekanoks, Éditions Logiques, 1994, 208 pages.

Contes

Noëls, autos et cantiques, Éditions Logiques, 1995, 179 pages.

---

* Le syndrome du petit minus.

comme dans...

imprimerie gagné ltée

IMPRIMÉ AU CANADA